卫春回 著

理想与现实的抉择

中国自由主义学人与『中间道路』研究

(1945-1949)

中国社会科学出版社

图书在版编目（CIP）数据

理想与现实的抉择/卫春回著．—北京：中国社会科学出版社，
2010.1

ISBN 978 - 7 - 5004 - 8648 - 0

I.①理… Ⅱ.①卫… Ⅲ.①自由主义—研究—中国—近代
Ⅳ.①D092.5

中国版本图书馆 CIP 数据核字(2010)第 059313 号

责任编辑　李　　是
责任校对　王兰馨
封面设计　杨　　蕾
技术编辑　李　　建

出版发行　中国社会科学出版社
社　　址　北京鼓楼西大街甲 158 号　　　邮　编　100720
电　　话　010—84029450(邮购)
网　　址　http://www.csspw.cn
经　　销　新华书店
印　　刷　北京君升印刷有限公司　　　　装　订　广增装订厂
版　　次　2010 年 1 月第 1 版　　　　　印　次　2010 年 1 月第 1 次印刷
开　　本　710×1000　1/16
印　　张　22.25　　　　　　　　　　　插　页　2
字　　数　350 千字
定　　价　42.00 元

目　录

序　一

史全生

1945 年抗战胜利以后，随着国、共谈判和政治协商会议的召开，中国的自由主义学人们提出了"第三条道路"或"中间道路"的主张，并且成为 40 年代中后期中国政治生活中的一个十分重要的内容。这些自由主义学人们是一个怎样的人群？这时他们为什么要提出中间道路的主张？他们对国、共两党的态度如何？中间道路最后的结局，以及这些自由主义学人们最后的政治归宿又是如何，等等，都是值得人们深刻研究探讨的问题。然而过去在极"左"和阶级斗争笼罩的年代里，人们对之噤若寒蝉，不敢研究和讨论。直到八九十年代以后，才开始慢慢地思考和讨论这些问题，陆续出版和发表了一些学术著作与论文。卫春回在这一学术思潮的推动下，选择这一课题作为自己博士论文研究范畴，这对推动该课题研究的深入发展，并进而推动中国近现代史研究的全面深入发展，具有积极的现实意义和理论价值，也具有很大的挑战与学术的前瞻性。

在论文中，作者运用历史唯物主义和马克思主义人文社会科学的理论和方法，对 40 年代中后期的自由主义学人与中间道路展开了全面深入的论述，从这些自由主义学人们的出身、基本队伍、思想源流、政治平台、40 年代的历史语境，他们的参政模式，"中间道路"的提出、讨论与形成过程，以及国、共两党决裂后他们队伍的分裂，直到"中间道路"的"破产"与他们不同的归宿为止。因此，该书给人的第一印象就是全面。过去还很少有人对自由主义学人们展开过如此全面的论述。

卫春回的这部著作不仅论述全面，而且十分深刻，写出了许多创新的特点，提出了一系列新的观点，因而是一部很有学术价值和水平的学术专著。

首先，其突破了以往教条主义程式化和公式化的框框，而赋予一种说理的实事求是的客观的研究方法。在那极"左"的年代里，学术界总喜欢用一些教条主义程序化的公式套用学术问题，说什么在政治上非左即右，没有中间道路可走，"中间道路是走不通的"，"改良主义是走不通的死胡同"等等，从而使许多学术问题失去了研究的价值和意义。作者则一反过去极"左"的教条主义学风，对抗日战争胜利以后那段生动的历史事实进行了实事求是的客观论述，并通过论述进一步指出：抗日战争胜利以后国、共双方即进行谈判，并召开了政治协商会议，这本身就是在走"第三条道路"，既非实行国民党一党专政的政治，亦非共产党提倡的社会主义，而是一条和平民主建国的"中间道路"。这也符合当时广大民众的意愿，因为在抗日战争时期，广大民众饱受了家破人亡，妻离子散的苦难，抗战胜利以后他们都迫切希望有一个和平安定的环境，重建家园。这也是广大自由主义学人们所希望走的道路。所以在抗日战争时期已经激发出强烈的爱国热情的自由主义学人们，便抓住了这一机会，积极参政议政，并利用他们各自与国、共两党的人脉关系，积极推动国、共两党的谈判与合作。由此可见，这"中间道路"不是谁想提就随便提出来的，而是当时客观的政治形势所造就了的。自由主义学人们正是在这样的现实政治基础上，才正式提出这一"中间道路"的政治和思想主张的。

同样，作者也以说理的方式论述了国共、谈判破裂以后，爆发了激烈的政治、军事冲突。同时自由主义学人们也是一个思想十分复杂的群体。他们中许多人是民主社会主义者，一方面在政治上主张欧美的民主模式，在经济上却主张苏联的计划经济，在思想上中间偏左，在感情上与共产党比较接近。另一部分人则对马克思主义存有疑虑，在国民党政府的拉拢之下跟着国民党跑了，从而导致了自由主义学人的大分化，分别向国、共两党靠拢，并最终与之结合在一起，从此中间势力便不复存在。"中间势力"不复存在了，"中间道路"自然也消失了。通过这些具体论述表明：自由主义学人们的"中间道路"不是因为走不通而"破产"的，而是"中间势力"分化消失的结果。

其次，作者突破了以往组织史的框框，而赋予自由主义学人们以"学人"的概念。早在八九十年代就有学者从民主党派史的角度对他们进行过研究，相继出版了一些著作和学术论文。但通常所谓"民主党派"概括不了他们整个群体。因为"民主党派"毕竟是一个有限的团体，只能吸收他们中的一部分人或代表参加。而自由主义学人是一个很广泛的社会群体。他们自称"占全中国人口的绝大多数，……民族资产阶级和小资产阶级，都是今天的中间阶层"。他们中间的许多人并没有加入任何党派，纯粹以个人名义在各报刊或集会发表政见和思想主张，以超然的姿态独立于舆论界，或与一些志同道合的学人三五成群结成没有任何组织约束的学会社团。同时，正如作者在文章中所说，以往的各"民主党派"史主要着重于各党派组织沿革与重大的组织活动以及政治斗争的研究，而忽略了对他们思想主张的深入探讨。他们虽然也阐述了各"民主党派"的党纲党章，论述了他们的政纲或宣言，但也都是高度概括了的公式、口号和观念形态，而对他们一些成员个人的思想主张和政见，则缺乏细致入微的研究。而本书中所命名的"自由主义学人"不仅包括了各"民主党派"人士，也包括了各"民主党派"以外的所有自由主义知识分子，将他们统统纳入到自己的研究视野。而且研究政纲政见首先得从思想入手，思想是一切行动的指导。所以该书着重探讨了自由主义学人们的思想，从他们众多的文章著作中揭示他们的思想，以及对各种社会问题的见解，从中勾勒出中间道路的思想基础。这就将该课题的研究提升到一个新的高度，为以后这一领域的研究发展建造了一个新的学术平台。

第三，点面结合，巧妙构思是这本书的又一个特点。自由主义学人是一个非常广泛的社会群体，要在一篇博士论文中将他们各种各样的政治思想主张全面而真实地表达出来，并一一予以论述，非有大手笔的学者是很困难的。但是作者通过点面结合的办法，将他们巧妙地编织在一起，形成了一个整体，对他们的政治思想主张予以一一论述。面上以这些自由主义学人的同人刊物如《观察》、《世纪评论》、《新路》、《展望》、《大公报》、《文汇报》、《新民报》等等，与各民主党派如民盟、民建、民进、民社、九三等等为考察对象，点就是当时影响较大的学者教授和社会活动家们如张东荪、张君劢、梁漱溟、罗隆基、施复亮、储安平、萧公权、吴景超、刘大中、蒋硕杰、吴恩裕等等为代表。通过对这些同人刊物的发刊词、宗旨，各民主党派的党纲、党章、宣言，以及各自由主义学人们的个人文章、著作的研究论述，基本上将这些自由主义学人们的政治思想主张，以及他们对国、共两党的认识，全面而真切地揭示无遗。这也充分显示了作者非凡的文字组织能力与功底。

第四，学风朴实无华。时下一些年轻学者著书作文，总爱抬出一些西方著名的思想理论家的思想理论相标榜，说自己的这部著作、文章，是根据某某人的什么思想理论来写的，可从其通篇文章著作中，根本看不出某人思想理论的任何痕迹，给学术界造成了一种浮夸虚伪的学风。作者的这篇博士论文则一改这种虚张声势华而不实的浮夸学风，在绪论中明确表示：该论文依然主要依赖于传统的史学研究方法，即通过实证的、比较的、辨析的、归纳与总结的基本手段，建立自己的分析框架。同时还借鉴和运用了社会学、政治学、经济学等学科的基本理论和方法，对若干相关问题进行专门化或综合式的探讨。这是很朴实的学风，没有半点做作，可文章的研究却非常深刻。当然我们也不反对学习西方先进的思想理论与文化，非但不反对而且应该积极提倡。但学习西方先进的思想文化必须与中国的具体实际相结合，不能只抄录几句空洞的字句作标签。而且西方的思想理论是研究了西方的社会实际提出来的，并用以解决西方的社会实际问题的，而中国与西方的国情不一样，不能将西方的思想理论用来生搬硬套，必须根据中国的实际来研究中国自身的具体问题。当年的自由主义学人们就是这么做的。同样，作者在这本书中也充分体现了这一精神。

第五，作者在论述过程中也提出了一系列新的观点。即如在论述自由主义学人们所创办的各种同人报刊时指出：过去长期以来，人们一直都将《大公报》视为自由主义者右翼的喉舌，其实不然，其与各自由主义学人的同人刊物之间的"左右分野并不十分明显，自由主义原则与理想，显然是他们共同坚守的底线"。作者并引用《大公报》1948年2月7日的社评说："大公报不属于任何党派，它的地位是独立的，却不是所谓的'中立'。大公报的传统作风，大公报同人信奉自由主义"。这与当时其他各自由主义学人报刊的表述是基本一致的。关于自由主义学人的基本价值观念，作者引用了大量的历史资料指出：虽然自由主义学人们对经济民主与政治民主的认识分歧很大，但在政治方面基本上多采取英美式的自由主义与民主主义，在经济上较多采取苏联式的计划经济与社会主义，即将苏联社会主义的经济制度与英美的自由民主政治制度结合在一起。在外交上他们兼亲美、苏。而且作者认为：自由主义学人们所谓的"中间路线"也并不是不偏不倚的绝对的中间路线，而是"中间偏左的路线"，与左翼的共产党人的路线比较接近。作者引用施复亮1946年4月13日在《文汇报》上的一篇文章说："第三条路线（即中间路线）却只跟第一条路线（即国民党路线）相反，并不跟第二条路线（即共产党路线）相反，实际上是跟它相近的，甚至还可以说在某一定的范围内是实现第二条路线所要经过的必经阶段。"亦即由于辛亥革命的失败，没有完成资产阶级民主革命的任务，此时首先要完成这一民主革命的任务，以后再逐步实现社会主义，等等，等等。这些新观点都给人耳目一新之感。

此外，该论文资料丰富翔实。作者大量运用了当时自由主义学人们在各报刊发表的文章与他们的专著、文集，以及当年对自由主义学人们产生巨大思想影响的西方政治家的理论著作，还大量利用了八九十年代以来关于自由主义学人研究的各专著论文，并大量吸收了港、台与海外有关的研究成果。这些丰富翔实的资料为该论文的学术质量打下了坚实的基础，极大地提升了其学术价值。

当然，作为一部博士论文，不可能将有关这一课题的所有问题都能全部解决，以后随着学术研究的发展和深入，还将有许多新问题出现，而且即使现时已经解决了的学术问题，随着以后新的资料的发现与学术思想理论的提高与发展，还将会重新出现其他问题，需要进一步展开深入研究与探讨。诸如一些重要的自由主义学人个人与其总体的评价问题，他们的传统观念，自由主义学人们各自的思想，他们为新中国成立与建设所作出的贡献，以及他们中许多人的悲惨结局等等，都值得后人进一步地研究，总结历史的经验教训，希望学术界写出更多这方面的专著论文。

2009年12月于南京龙江

序　二

郑大华

　　自由主义是少数几种对近代中国社会产生过广泛而深刻影响的思潮之一。它自清末由西方传入中国后，大致经历过三个发展阶段，第一阶段是 19 世纪末 20 世纪初，这是自由主义理论的被引入、被阐释和初步形成阶段，其代表人物主要有严复和梁启超；第二阶段从五四新文化运动到 30 年代中期，这是自由主义从一种思想观念发展成为一种思想流派，并开始深入到社会的各个层面，对思想、文化、教育、文学、艺术、新闻、出版等发生越来越重要影响的阶段，其代表人物主要有胡适以及以他为中心的一批学人。第三阶段从抗战到 1949 年中华人民共和国成立前，这是自由主义从一种思想观念、思想流派发展成为一种介于国共两党之间的政治力量，积极参与当时的政治活动和斗争的阶段，这也是自由主义走向高涨、继而又从高涨走向衰落的阶段，其代表人物主要有张君劢、张东荪、罗隆基等中间党派领导人和《观察》杂志主编储安平等人。

　　学术界对第一和第二阶段的自由主义有较为深入的研究，出版或发表了大量研究成果，相对来说对第三阶段尤其是抗战胜利后的自由主义的研究则较为薄弱，除有学者研究储安平和他主编的《观察》杂志以及中间党派（如民主同盟）争取和平和民主的活动外，还没有人对抗战胜利后的自由主义作一综合性的系统研究，而这一时期是自由主义特别高涨但又很快走向衰落的时期。抗日战争胜利后民主建国的特殊历史机缘，极大地激发了以大学教授为主体的自由主义学人宣传自己的思想理念和渴望政治参与的热情，他们一方面通过创办报刊等舆论手段针砭时弊、抨击时政；另一方面直接组党参政，形成国共之外颇有影响的中间党派。"观念性人物"与"行动性人物"互为呼应，力图使中国走一条既不同于国民党的大地主大资产阶级专政，也不同于共产党的无产阶级专政，既和苏联的政治制度不同，又与英美的经济制度有别的所谓第三条道路。但随着内战的全面爆发，作为一种介于国共之间的政治力量的自由主义因失去既有的活动空间而从中国的政治舞台上很快消失。与此相联系，作为一种社会思潮的自由主义也很快衰落了下去。解读这一时期具有高度浓缩意义的自由主义及其实践，无疑有助于我们更好地认知中国语境下自由主义的特有命运。卫春回博士的《理想与现实的抉择——中国自由主义学人与中间道路研究（1945—1949）》一书，以抗战胜利后的自由主义学人群体作为研究对象，力图从中国自由主义的主体性角度，剖析和解读这一群体特有的思想状态和政治活动方式，从而在一定程度上弥补了学术界对这一时期的自由主义缺少综合性的系统研究的不足。

通读全书，给我印象最深的有以下几点：第一，以实证研究的方式，对自由主义学人群体给予了系统梳理。研究自由主义，当然离不开对自由主义的主体，亦即自由主义者的研究。但哪些人算为自由主义者？学术界历来存在着狭义与广义的理解。依据狭义的理解，只有那些对自由主义理论和观念有深入了解，并给予全面认同的人才能算为自由主义者；而广义的理解认为，那些思想观念并不十分纯正，但大致上能认同宪政、主张自由的人就可将之划入自由主义者的行列。该书的作者取的是广义。我也是广义理解的赞同者。因为在近代中国，那种对自由主义理论和观念有深入了解、并给予全面认同的所谓纯正的自由主义者不说没有，有也是凤毛麟角。严复、梁启超虽然对自由主义的传入和阐释居功甚伟，严复甚至被有些学者称作中国的"自由主义之父"，但实际上他们的自由主义思想并不十分"纯正"，他们往往是站在中国的文化背景和现实需要的立场上来理解和认同自由主义的，比如在个人自由与族群自由发生矛盾或冲突何者优先的问题上，他们往往自觉或不自觉地背离个人自由优先于族群自由这一自由主义的基本原则，而更强调族群和国家的利益，严复就曾在《〈民约〉平议》中宣布："今之所急者，非自由也，而在人人减损自由，而以利国善群为职志。"梁启超的《新民说》也一再强调："自由云者，团体之自由，非个人之自由也"。就是被视之为中国近代自由主义"大师"的胡适，虽然反对"牺牲个人自由以求国家自由"，但还是强调"大我"的观念，主张"争你们个人的自由，便是为国家争自由！争你们个人的人格，便是为国家争人格！自由平等的国家不是一群奴才建造得起来的"。其落脚点仍然是国家。严复、梁启超、胡适都是如此，更遑论他人。概而言之，该书选择了40年代后期颇具代表性的80余位学人，从多方面对他们的整体状况进行了梳理：一是理清他们的国内外教育背景、师承关系以及职业状况、学术专长等，这些学人的资料相当分散，搜集起来并非易事，可以看出作者为此花费了很大工夫；二是比较全面地论述了自由主义学人关注的主要问题和观点，作者以自由主义学人在政论期刊发表的各种文论为主要依据，不仅有量化和定性分析，而且与时局的变化紧密结合，勾勒出自由主义学人思想与政治倾向发展的动态轨迹；三是注意比较自由主义学人之间的同异，包括都市环境、党派特征、期刊经营方式、撰稿人的构成、撰稿人的思想观点、政治倾向等；四是梳理了这一批学人的思想学术渊源，以往学术界较多关注的是拉斯基民主社会主义思想对40年代自由主义学人的影响，而该书作者则特别注意到，部分自由主义学人师承于当时并不走红的哈耶克，并深受自由保守主义的影响，代表了40年代自由主义学人思想状态的另一种倾向，这是难能可贵的。经过这四个方面的梳理，读者第一次对抗战胜利后自由主义学人群体的各方面情况有了较为全面系统的了解。

第二，结合思想史与政治史研究，从思想观念、公众舆论和政治运动三个层面，系统考察了抗战胜利后中国自由主义在政治、经济、社会、文化方面的理论、主张与实践。如前所述，学术界对中国自由主义的研究取得了一些成果，发表或出版了不少文章和著作，但检视这些成果，我们就会发现，或者是从思想史的角度，研究某一个人（如严复、胡适）、某一群体（如"现代评论派"、"独立评论派"、"胡适派学人"）或某一时期（如五四时期、三十年代、抗战时期）自由主义思想的演变；或者是从政治史的角度，解读中间党派（如民盟）的政治活动、某一时期（如三十年代、抗战时期）的民主宪政运动，很少将自由主义思想与民主宪政运动有机地结合起来，进行多维度、多视角的考察。实际上，自由主义思想与民主宪政运动之间既存在着一种互为影响的辩证关系，先有自由主义思想，后有民主宪政运动，自由主义思想是民主宪政运动的指导，而民主宪政运动的开展，则进一步深化自由主义思想，丰富自由主义思想的内容，同时又因近代中国的具体国情，自由主义思想和民主宪政运动之间往往存在着差异性或不同步性，所谓理论上的巨人，行动上的矮子，便是对这种差异性或不同步性的形象概括。该书认为，在思想观念的层面上，这一时期的自由主义学人具有自主性和创造力，他们构建的理想制度，凸显了"经济民主"的重要性，这种对社会公正的关注表明自由主义向社会领域的扩展，是中国自由主义具有重要意义的新发展；在舆论议政的层面上，这一时期的自由主义学人充满了批判精神，他们标榜并且能够以"独立的、客观的、超党派"的立场，来思考和处理国共两党、美苏两国以及其他与国事相关的若干重大问题；在政治实践的层面上，这一时期的自由主义学人是软弱和无奈的，他们始终坚守和平改良路线，反对国共两党以武力进行政争，希望通过谈判等和平手段，实现政治民主化，军队国家化，经济工业化，从而使中国走上一条和平、民主、富强的道路，这虽然彰显了自由主义者的政治理性，但却与中国政治的贯有逻辑产生了严重冲突，其自身也在不断的政治参与中走向分化，并最终分道扬镳，不是跟共产党走，就是投入到国民党阵营，或者是远走海外，过一种"花果飘零"的生活。通过这三个层面的考察，读者第一次对抗战胜利后自由主义在政治、经济、社会、文化方面的理论、主张与实践有了深入了解。总体上看，这三方面相互关联的考察是很有说服力的，体现了自由主义者的多重面相和矛盾性，尤其是书中对自由主义从高涨走向衰落，所主张的"第三条道路"最终没有成为历史选择的原因分析，既有新意，也合情合理，站得住脚。当然，其中的个别观点，还有进一步推敲的余地。

第三，引用的资料十分丰富。"论从史出"，有一分材料说一分话，有十分材料说十分话，没有材料则不说话，这是历史研究的一个基本原则。然而自 20 世纪 90 年代以来，受客观社会环境的影响，学术界浮躁之风盛行，一些人不看资料尤其是第一手资料，就在那里高谈阔论，动辄写出洋洋洒洒少则万字、多则数万字，甚至数十万字的论文或著作来。当然，不看资料尤其是第一手资料所发表的高谈阔论，在多大程度上符合历史真相，这值得怀疑。与此种现象相反，卫博士的著作所引用的资料尤其是第一手资料十分丰富，粗略统计，达百种之多。这些资料主要来源于以下几方面：一是当时的报刊，如《观察》（上海）、《世纪评论》（南京）、《新路》（北京）、《时与文》（上海）、《经济评论》（上海）等多种期刊，以及《大公报》（上海、天津）、《文汇报》（上海）、《新民报》（南京）等多份报纸。二是时人的论著：如张东荪的《理性与民主》（上海商务印书馆 1946 年版）、《思想与民主》（上海商务印书馆 1946 年版）、《民主主义与社会主义》（上海观察社 1948 年版），吴恩裕的《民主政治的基础》（上海商务印书馆 1947 年版），萧公权的《自由的理论与实际》（上海商务印书馆 1948 年版），周鲸文的《论多数人的政治路线》（香港时代批评社 1947 年版），潘光旦的《自由之路》（上海商务印书馆 1946 年版）等。三是文献、文集、日记、回忆录：如中国民主同盟会文史资料委员会编的《中国民主同盟历史文献（1941—1949）》（文史资料出版社 1983 年版），中国历史档案馆编的《中国民主社会党》（北京档案出版社 1988 年版），孟广涵编的《政治协商会议纪实》（重庆出版社 1989 年版），傅斯年的《傅斯年文集》（天津人民出版社 1996 年版），储安平的《储安平文集》（东方出版中心 1998 年版），潘光旦的《潘光旦文集》（北京大学出版社 1997 年版），黄炎培的《黄炎培日记》（《中华民国史资料丛稿》增刊第 5 辑，中华书局 1979 年版），浦江清的《清华园日记 西行日记》（增补本）（生活·读书·新知三联书店 1999 年版），钱昌照的《钱昌照回忆录》（中国文史出版社 1998 年版），徐铸成的《徐铸成回忆录》（生活·读书·新知三联书店 1998 年版），［美］舒衡哲著、［美］李绍明译的《张申府访谈录》（北京图书馆出版社 2001 年版）等。正因为该书是在占有大量的资料尤其是第一手资料的基础上写成的，所得出的一些观点和结论也就能言之成理，持之有据，符合或基本符合历史实事。

除上述三点之外，该书的文笔也给我留下了很深的印象。我国史学向来有文史不分家的优良传统，一个好的史学家，也是优秀的文学家，即所谓"出文入史"。如司马迁的《史记》，既是一部千古不朽的史学巨著，也是一部非常优秀的文学著作，被称为是"无韵之离骚"。但现在这一优良传统受到挑战，有的文章和著作只是一大堆材料的堆积，毫无文字优美可言，读起来非常枯燥无味，提不起兴趣；有的只是罗列国外新名词，不知所云。而春回著作文笔则十分流畅，具有很强的可读性，至少读起来一点也没有感觉到累。研究史学的人，往往抱怨自己的著作发行量少，没有读者，因而出版难，出版社不愿做赔本的生意。当然，不可否认，史学著作出版难的确有其社会方面的原因，但除社会原因外，史学著作普遍的选题狭窄、文笔枯燥恐怕也是原因之一。春回的著作在这方面可以说是难能可贵的。

以上是我通读了春回的大作之后得出的一些印象，对错与否，读者自有判断。但就我个人的认识而言，这是一本非常优秀、很见功力的学术著作。

我和春回结识于2006年。那年8月，我在烟台主持召开了一个"中国近代史上的民族主义"国际学术研讨会，春回参加了那次会议，她提交的参会议文，谈的便是抗战胜利后自由主义学人的民族主义取向问题。后来她又多次参加我主持召开的国际或国内学术会议，提交的论文大多与抗战胜利后的自由主义有关。后来我才知道，她的博士论文写的就是抗战胜利后的自由主义，该书便是在她的博士论文的基础上，又花了好几年的工夫修改而成的。人们常以"十年磨一剑"形容为学的不易和扎实，春回的这本书前后差不多也经历了十年之久。这是该书能取得成功的重要原因。我也希望春回在以后的研究中，再接再厉，写出更多更好的学术著作来。

拉拉杂杂写了上面这些话，权为序。

2009年12月于北京

绪　论

　　20世纪40年代是中国自由主义学人非常活跃的一个时期。如果将自由主义在中国的发展历史作一个代际划分，其时的自由主义学人当属第二代的自由主义者，[1]他们不仅秉承着五四以来的自由主义传统，而且多年欧美留学的文化背景，使他们具备了更加纯正的自由主义品性。最重要的是，抗战胜利后民主建国的特殊历史机缘，为40年代自由主义者提供了一个前所未有的展示平台。这一时期自由主义学人宣传理想和渴望政治参与的热情空前高涨。他们一方面通过创办报刊等舆论手段针砭时弊、抨击时政；另一方面直接组党参政，形成国民党和共产党之外颇有影响的中间党派。"观念性人物"与"行动性人物"互为呼应，构成了中国政治发展格局中引人注目的"第三种力量"。可以肯定，这几年是自由主义者充分传播其思想文化理念，并试图付诸实践极为活跃的一个时期，其现实的社会影响力在中国自由主义发展史上实属罕见。

　　与40年代自由主义者的活跃相比，学界对这一时段的研究要冷清得多。笔者所作的考察表明，大多数的自由主义研究集中在五

[1]许纪霖对中国知识分子有一个代系划分。他认为，1915年以后崛起的中国知识分子是第一代现代意义的知识分子，他们大多出生于1880—1895年之间。20世纪30—40年代，又一代知识分子崭露头角，这一代人实际上可以分为前后两批，前一批人出生于1895—1910年之间，后一批人出生于1910—1930年之间。本书的划分大致与此相同。参见许纪霖《中国知识分子十论》，上海：复旦大学出版社2003年版，第82—83页。

四时期或二三十年代，40 年代中后期有分量的研究不多，系统性的研究著作暂时阙如，这与其时自由主义者的实际状况并不相称。实际上，梳理这一时期的自由主义，不仅有助于连贯中国自由主义的发展脉络，同时也可在更大程度上展示那一段波澜壮阔的历史画卷。

从思想层面看，自由主义的社会理想在这个阶段有了重要的拓展。与早期的自由主义相比，40 年代的自由主义者在政治民主之外，更突出了经济民主的价值，并强调政治民主与经济民主合而为一，也就是寻求资本主义和社会主义之间的制度折中。他们最有代表性的说法是："在政治方面比较多采用英美式的自由主义与民主主义，同时在经济方面比较多采用苏联式的计划经济与社会主义"，就是在"所谓资本主义与共产主义之间我们想求得一个折中方案"。[1]这种具有强烈修正色彩的自由主义理想，一方面来源于"民主社会主义"和"新自由主义"的影响，同时也是对社会现实严重不公的敏感回应。尽管作为一种理论它还不够清晰完整，但其重要性在于，他们将自由主义扩展到社会领域，使社会公正问题获得了空前彰显，这是中国自由主义的一个重要发展，代表了近代中国思想界对社会公平与和谐一种视角的认识。应该说，这种探索方向对今天乃至未来的现代化建设均具有不可低估的借鉴意义。

就现实政治的角度说，40 年代后期自由主义者倡导的中间路线最具典型意义。自 1927 年国民党与共产党分道扬镳后，便不断出现一些具有中间色彩的政治派别，但很难说他们已形成了"中间路线"。典型意义的中间路线是在抗战胜利后，尤其是在"内战"爆发之后形成的。中间路线乃是 40 年代自由主义者理想的建国道路，即以和平方式实现政治民主化、军队国家化、经济工业化。这是不同于国共两党的一条改良性的政治路线。在特殊的时代背景下，这条路线经历了从高潮迅速走向衰落直至破产的历史过程。解读这一段急速发展变化的自由主义实践，无疑有助于人们更好地认知中国语境下自由主义的特有命运。同时，对于国共两党为核心的武装斗争而言，自由主义者特殊的发言和参政方式成为衡量中国政治形态的另一种标尺。换言之，对 40 年代中间道路及其命运的探究，决不局限于自由主义者本身，从某种意义说，它所揭示

的社会改造途径，对于整个中华民族都具有重要的
多重启示价值。

　　作为中国政治客观存在的第三种力量，自由主
义者是中国历史演进的重要参与者和见证者。众所
周知，在中国近现代历史进程中，国共两党的政治
斗争及其力量的消长，决定着中国社会的前途。学
术界在这方面已有大量的研究。但不可忽略的是，
"中间势力"在40年代中后期已经成为中国社会政
治生活中一股重要的政治力量，他们对国共两大政
治势力起着某种制约作用，其聚合与分化以及与国
共两党的亲疏关系，从一个侧面展示着近代中国政
治发展的历程。同样重要的是，这一时期的自由主
义者以空前的热情对现实政治予以关怀和批判，其
范围涉及关乎国是民生的所有的重大问题。这些论
说与评判不仅体现着"中间势力"特有的政治理
性，也为人们从更宽广的角度完整地认识中国社会
发生的巨变提供了珍贵的历史资料和重要的关注视
角。正像有学者所言："只见主流不见支流，或者
只见支流不见主流，都不能正确反映一条河流的全
貌。观察历史、认识历史也是一样"。[2] 显然，研究
40年代后期的自由主义，可以极大地丰富对这一段
历史复杂性、多样性以及完整性的认识。

　　基于上述考虑，本书将40年代后期中国自由
主义学人群体作为研究对象，剖析和解读他们特有
的思想状态和政治活动方式。全书分为六章。第一
章重点考察40年代后期中国自由主义学人的思想
渊源以及这一时期特殊历史语境对自由主义者的影
响，并对最具代表性的自由主义者的基本生存状态
给予分析说明。第二章划分梳理自由主义者参与政
治的两种模式：创办报刊议政；组建政党参政。尤
其对数种有影响的自由主义期刊及汇聚其间的学人

〔1〕张东荪：《一个中间性的政治路线》，中国人民大学中共党史教研室编《批判中国资产阶级中间路线参考资料》第四辑，北京：中国人民大学出版社1958年版，第177页。
〔2〕张海鹏：《序》，闻黎明：《第三种力量与抗战时期的中国政治》，上海：上海书店出版社2004年版，第2页。

作了较为详细的考析。第三章全面考察"中间路线"的产生和演变过程。包括"中间路线"的提出，"中间路线"的主要内容，围绕"中间路线"展开的两次讨论等。第四章从思想层面深入考察和辨析40年代自由主义者的社会理想。主要内容有自由主义者对政治民主以及相关的一系列基本问题的认知与理解；对经济领域以所有制为中心的一系列问题的认识与理解；政治民主与经济民主合而为一的社会理想的确切内涵，以及几种颇具代表性的学说。第五章具体展示了现实政治中自由主义者有别于国共两党的中间立场。主要体现在他们对国共两党及其政权的认识与评价；实际的居间调停与和平主义立场；对政府若干举措的评价；对美苏两国的态度以及矛盾的"美国情结"等。第六章以自由主义阵营的分化及"中间道路"的破产为线索，分析他们由不同的政治取向到逐步分化，乃至最终作出自觉或无奈的选择。结束语部分对自由主义学人及中间道路在中国的历史命运给予反思。

全书展示着三个层面的自由主义者：第一，思想层面的自由主义者，颇具自主性和创造力。他们不仅与世界潮流保持高度同步，同时也对社会现实予以深切关注，其构建的政治民主与经济民主合而为一的社会理想，将社会公正问题置于前所未有的高度，显示出自由主义在社会领域的扩展。他们对中国现代性问题的一系列思考和探究，成为中国现代化进程中不可忽略的重要思想资源。第二，舆论议政的自由主义者，极具批判精神。"独立的、客观的、超党派的"立场充分体现着自由主义者的自我定位，由此他们以足够的批判态度面对两大政治集团以及与国是相关的若干重大问题，正是在各种评判中人们才更准确地把握了他们对自由主义的认知和理解。第三，政治实践中的自由主义者，表现最为软弱和无奈。自由主义者始终坚守和平改良路线，这的确彰显着中间势力特有的政治理性，然而守望于秩序中的变革，与中国政治的贯有逻辑产生了严重冲突，其自身的兴亡表明他们终究无力生存于现实政治的逻辑之外。应该说，通过三种路径的交互考察，可以多角度多层面地呈现自由主义学人的整体面貌。概括而言，自由主义学人作为观念的创造者和阐释者，在思想领域的探究具有相当的超现实能力，他们始终关注于人类与社会的基本发展态势，此种终极关怀是自由知识分子最基本的品质。但在现实中的自由主义者却无法离开制度与话语环境的制约，因而理想与现实之间的背离是自由主义者在特定时期必然遭遇的困境，其自身的悲剧性命运也由此而注定。

从研究方法上说，本书主要采用了实证研究、比较研究、理论研究等。实证研究的运用表现在两方面：一是以日记、回忆录、口述历史、档案及相关的其他参考资料为主，对中国自由主义学人的基本状况予以梳理考订；二是以自由主义期刊发表的各种文论为主要依据，对书中所涉及的学人、关注的问题和主要观点进行分析，并将其置于年代推移和时局变化中，动态地考察自由主义学人思想和政治倾向的发展轨迹。比较研究贯穿于不同地域、不同期刊、不同观点的分析以及自由主义理论在西方与东方语境下的不同境况。理论研究则借鉴政治学、经济学、社会学等学科的基本理论和方法对若干自由主义者最为关注的理论问题进行专门化或综合式的探讨。总之，希望通过本书的研究，读者们能对 40 年代后期中国的自由主义有一个更加完整和系统的了解。

第 一 章

20世纪40年代中后期中国自由主义
学人的思想源流与历史语境

20世纪40年代的中国自由主义学人是后"五四"时代的自由主义者，他们大多出生于世纪初期，40年代正是年富力强的"黄金时段"，考察他们的思想特征和政治活动方式，有两方面的背景值得特别关注。首先，需要了解自由主义学人的学术传承，因为任何一个群体或流派的思想状态都不会是无源之水、无本之木，追溯其渊源流变和来龙去脉是认识这一群体的开端。其次，历史人物均属于他们生活的时代。展示这一时期的国际环境，尤其是中国抗日战争胜利后特殊时代所赋予的选择与机遇，对于理解身处其时的自由主义者实乃不可或缺。

第一节　基本特征和思想源流

从思想理路看，中国自由主义自20世纪20年代就已出现的民主社会主义倾向在40年代后期获得了进一步的发扬光大。探究这种思想状态的形成，需要关注于这一时期自由主义学人的思想背景。应该说，欧美等国的留学经历是40年代中国自由主义者最主要的思想来源之一，其时欧洲盛行的费边社会主义、拉斯基的民主社会主义均与自由主义学人有着教育背景上的渊源。还应注意到，部分自由主义者师承于当时并不走红的哈耶克，并深受自由保守主义的影响。当然，中国传统文化的若干基本内核也潜移默化地影响着这些自由主义者。

一　传承与流变

自由主义理念作为一种"援西入中"的产物已有一百多年的历史，其源头可以追溯到清末。从基督教传教士最初将自由主义的一系列理念如"民主"、"自由"、"权利"、"议会"等输入中国，经林则徐、魏源等人的传播，已在中国士大夫阶层中产生了一定的影响。不过，可以称为中国自由主义先驱的是学界公认的严复和梁启超。限于篇幅，这里不展开对两人的思想述评，但海内外研究的共识表明，严复与梁启超的自由思想在很大程度上是以国家政体为核心的。他们所理解的西方自由主义传统，主要是看重其国家富强的工具性意义，基本忽略了对"个人为不可化约的价值"的认识。从本质上讲，自由主义在中国所扮演的角色，从来都不是一种单纯意义的学说流派，它始终是作为救国方略之一被中国的有识之士所看中，其工具性价值不仅在早期具有近代意识的知识分子那里具有重要地位，而且这一思想倾向延续贯穿于中国自由主义的整个发展历史，可以说，工具性价值与意义价值的内在冲突与张力是中国语境下自由主义最主要的特征，也是中国自由主义与西方自由主义最重要的区别所在。

有论者注意到，对中国早期自由主义的研究相当明显地集中于个别人物的思想分析，这种研究格局的形成似乎源于实际的思想资源状况，即中国的自由主义思想本身并没有预留可供拓展的研究空间，以个别人物难以推及一种有代表性的思潮或发展趋向。然而，当历史进入20世纪初期时，自由主义思想在中国背景下的阐述，显然已不仅仅属于个别思想家。以"五四"新文化运动为标志，自由主义思想开始以群体方式呈现出来，并形成了逐渐强大的社会影响力。考察自由主义群体的形成，首先要注目于近代社会新型知识分子的产生和聚集。"新式教育"培养出来的新型知识分子，随着其社会功能的转化，他们聚集的方式也发生着与"士"阶层颇为不同的变化，地域因素在聚合中的成分不断下降，而相同的教育背景和思想趋向，使他们更易于走向一个新的"共同体"。罗志田在分析西方思潮冲击下近代中国思想权威的转移时曾提示，失去重心的近代中国，思想界和整个社会都形成一股"尊西崇新"的大潮，而新的"崇拜"的形成过程也是中国社会权威转移的过程。[1]单就读书人说，传统的科举制废除以后，留学生从边缘进入主流社会就足以见证这种趋势。实际上，20世纪20—30年代，以留学生为主体的新型知识分子，日益成为中国学术的中坚力量。

现代中国自由主义者作为群体力量的呈现，正是在这个与西方文化最为接近的留学生群体中诞生。而他们彼此走向结合的方式，则是借助于人文刊物的创办。章清在研究中指出，中国自由主义的传播方式与西方自由主义不尽相同，在讨论西方自由主义思想传统时，重要思想家的著作往往是体现该时代自由精神的媒介，如洛克的《政府论》、卢梭的《社会契约论》、孟德斯鸠的《法意》、亚当·斯密的《国富论》、康德的《道德形上学导论》、穆勒的《自由论》等成为把握西方自由主义的重要基础。而中国却反映出颇为特殊的历史情形，往往是以人文刊物，而非个别人的作品，作为辨别的基础和分水岭。[2]现代中国自由主义思想史的重建离开了这些报纸杂志，几乎无从入手。事实上，中国自由主义的发展踪迹正是通过各个时期不同的自由主义期刊得以印证。从20世纪初期的《新青年》杂志到20年代胡适派学人的《努力周报》、《新月》杂志，30年代的《独立评论》杂志，以及本文论及的40年代的《观察》、《世纪评论》、《新路》等杂志。可以说，创办同人刊物，乃是中国自由主义学人一以贯之的汇聚方式。

从思想特征看，五四以后的中国自由主义逐渐开始演化出不同的流派和趋向，有两个路向值得注意，一是美国思想家杜威影响下的实验主义，一是英国工党理论家拉斯基影响下的民主社会主义，前者以胡适为代表，后者以张君劢、张东荪为代表。到了40年代，民主社会主义在中国的风头日劲，原本就互相趋同的两种思想倾向此时愈加走向合流，从而促成同人群体范围的扩展，这突出表现在自由主义学人在40年代的刊物中有更具规模的汇聚，仅《观察》杂志列举的撰稿人就有78人之多，而实际撰稿者更多此数倍。其中，相当一部分20—30年代活跃的"胡适派"文人依然是中坚，包括吴景超、潘光旦、吴泽霖、梁实秋、陈衡哲、王造时、叶公超、任鸿隽、蒋廷黻、傅斯年、周炳琳、陈之迈、萧公权、陈序经、董时进、郑林庄等。除此之外，一些非胡适派学者及一批年轻的新生代学人如蒋硕杰、刘大中等则构成40年代自由主义学人另一重要组成部分。40年代中国自由主义同人刊物数量的大增，也使自由主义学人发表言论的领地大为扩展，许多人经常同时在几个刊物中发表见解。应该肯定，40年代后期是中国自由主义学人最具议政热情的一个时期。

在政治操作层面，中国自由主义者也从未停止过探索，20世纪20—30年代，自由主义的政治活动便时有发生，如"好政府运动"、"联省自治运动"、"制宪救国运动"、"人权运动"、"宪政运动"等等。不过，这些运动的规模和影响力都很有限，"讲学复议政"的主导宗旨决定其参与政治的"业余性"。而40年代特殊的历史机缘，催生出一批对现实中国政治更感兴趣的自由主义学人，他们以空前的热情投入实际的政治活动。曾经是"新月派"成员的罗隆基、王造时以及参加过《努力周刊》的张君劢几乎成为半职业化的政治活动家，他们对自由主义的思考不仅是学理的，更是实际操作的，设计整体性的社会改造方案成为他们极为热衷的事情，组建政党也成为必然的选择。中国民主同盟与其他党派的建立与活动，在40年代尤为引人注目，进而成为国民党与共产党之间的第三种力量，对当时中国的政治格局产生了重要的影响。

与任何历史人物一样，自由主义者亦属于他们生活的时代。40年代后期的中国自由主义学人，不仅延续着前代学人的特质，同时又赋有特殊的时代色彩。他们一方面汇聚于人文报刊，另一方面又组党参政，议政与参政的规模和社会影响力均是前代所不能比拟的。学者许纪霖特别注重这一时段的自由主义运动，的确不无道理。

二 背景分析

本书研究的中国自由主义学人，应该有两个层面的理解，一是狭义的自由主义者，主要指那些对自由

〔1〕参见罗志田《新的崇拜：西潮冲击下近代中国思想权势的转移》下，《中华文史论丛》第61辑，上海：上海古籍出版社2000年版。

〔2〕章清：《"胡适派学人群"与现代中国自由主义》，上海：上海古籍出版社2004年版，第33页。

主义理论和观念有深入了解，并给予较全面认同的人。一是比较宽泛意义的自由主义者，他们不一定在思想观念方面十分纯正，但他们的文化背景和生活状态体现着自由主义学人的主要特征。就 40 年代后期而言，他们一方面以学人身份积极"议政"，另一方面又是各中间党派的参与者，借用学者殷海光的说法，本书的关注视野包括了"观念上"和"行动上"两方面的人物。下面对一些代表性人物的基本背景列表予以陈述：

姓名	出生年份	籍贯	任职	教育背景		党派关系
				国内	国外	
马寅初	1882	浙江绍兴	前重庆大学商学院院长	天津北洋大学	美国哥伦比亚大学经济学博士	
马叙伦	1885	浙江余杭			留学日本	民进
王芸生	1901	直隶静海	《大公报》总主笔			
王赣愚	1906	福建福州	南开大学教授	清华大学		
冯友兰	1895	河南唐河	清华大学文学院院长	北京大学	美国哥伦比亚大学哲学博士	
伍启元	1912	广东台山	清华大学教授	沪江大学	英国伦敦经济学院经济学博士	
任鸿隽	1886	浙江吴兴	前四川大学校长，中国科学社社长	上海中国公学	美国哥伦比亚大学化学硕士	
全慰天	1917	湖南南县	清华大学社会学系教授	西南联合大学		
许德珩	1890	江西九江	北京大学教授	北京大学	留学法国，政治学专业	九三学社
李浩培	1906	江苏宝山	武汉大学教授	东吴大学	留学英国，国际法专业	
刘大中	1914	江苏武进	清华大学教授	唐山工学院	美国康乃尔大学经济学博士	
刘绪贻	1913	湖北黄陂	武汉大学教授	清华大学	美国芝加哥大学人类学硕士	
陈之迈	1908	广东番禺	中国驻美国大使馆参事	清华大学	留学法国，政治学专业	
陈友松	1899	湖北京山	清华大学教授		留学美国，教育学专业	
陈衡哲	1893	湖南衡山	前北京大学教授	清华大学	留学美国，文学专业	

续表

姓名	出生年份	籍贯	任职	教育背景		党派关系
				国内	国外	
陈振汉	1912	浙江诸暨	北京大学经济系教授	南开大学	美国哈佛大学文理学院哲学博士	
张申府	1893	直隶献县	清华大学哲学系教授	北京大学	留学法国、德国	民盟
张印堂	1902	山东泰安	清华大学地理系主任	燕京大学	留学英国，地理学专业	
张东荪	1886	浙江杭县	燕京大学教授		日本东京帝国大学哲学系	民盟
张君劢	1887	江苏宝山		南京高等学堂	德国柏林大学政治学博士	民社党
何永佶	1902	广东番禺	重庆中央政治学校教授		美国哈佛大学政治学博士	
吴元黎	1920	（今上海）	中央银行经济研究处	圣约翰大学	英国伦敦政治经济学院经济学博士	
吴世昌	1908	浙江宁海	中央大学教授	燕京大学	英国牛津大学高级讲师（1948年)	
吴恩裕	1909	辽宁沈阳	中央干部学校教授	清华大学	英国伦敦政治经济学院政治学博士	
吴洋霖	1898	江苏常熟	清华大学教授	清华大学	美国俄亥俄州立大学博士	
吴景超	1901	安徽徽州	清华大学社会学系教授	清华大学	美国芝加哥大学社会学博士	
宋则行	1917	（今上海）	暨南大学经济系教授	南开大学	英国剑桥大学经济学博士	
巫宝三	1905	江苏句容	中央研究院社会科学研究所研究员	清华大学	美国哈佛大学经济学博士	
严仁赓	1910	（今天津）	浙江大学法学系教授	南开大学	美国哈佛大学文理学院经济系研读	
沙学浚			中央大学教授			
季羡林	1911	山东临清	北京大学东方语言文学系教授	清华大学	德国哥廷根大学哲学博士	

续表

姓名	出生年份	籍贯	任职	教育背景		党派关系
				国内	国外	
杨人楩	1903	湖南醴陵	北京大学历史系教授	北京师范大学	英国牛津大学历史学系	
杨西孟	1900	四川江津	清华大学教授	北京大学	留学美国，经济学专业	
邹文海	1908	江苏无锡	暨南大学法学院院长	清华大学	英国伦敦大学政治学博士	
周子亚	1911	浙江杭州	浙江大学法学院教授	中央政治学校	德国柏林大学，国际法专业	
周炳琳	1892	浙江黄岩	北京大学法学院院长	北京大学	美国哥伦比亚大学文学硕士	
周鲠生	1889	湖南长沙	武汉大学校长		法国巴黎大学法学博士	
周鲸文	1908	辽宁锦州	《时代批评》主编		美国密歇根州立大学	民盟
罗隆基	1898	江西安福	《民主周刊》社长兼编委	清华大学	美国哥伦比亚大学政治学博士	民盟
宗白华	1897	江苏常熟	中央大学教授	同济大学	留学德国，美学专业	
郑林庄	1908	广东中山	燕京大学教授	燕京大学	留学美国，经济学硕士	
胡　适	1891	安徽绩溪	北京大学校长	清华大学	美国哥伦比亚大学哲学博士	
贺昌群	1903	四川马边	中央大学历史系教授	上海沪江大学	留学日本	
施复亮	1899	浙江金华		浙江第一师范	留学日本	民建
费孝通	1910	江苏吴江	清华大学教授	清华大学	英国伦敦大学哲学博士	民盟
郭有守	1900	四川资中	联合国教育科学文化组织委员		法国巴黎大学文学博士	
赵家璧	1908	江苏松江	良友图书公司总编辑	上海光华大学		
赵守愚	1900	浙江兰溪	清华大学经济系教授	清华大学	美国哈佛大学统计学博士	

续表

姓名	出生年份	籍贯	任职	教育背景		党派关系
				国内	国外	
赵廼抟	1897	浙江杭县	北京大学经济系教授	北京大学	美国哥伦比亚大学哲学博士	
钱端升	1900	(今上海)	北京大学政治系主任	清华大学	美国哥伦比亚大学硕士、哈佛大学法学博士	
徐 盈	1912	山东德州	《大公报》特派员	南京金陵大学		
徐道邻	1906	江苏萧县	同济大学教授		德国柏林大学法学博士	
徐毓楠	1913	江苏无锡	清华大学教授	清华大学	英国剑桥大学哲学博士	
翁独健	1906	福建福清	燕京大学教授	燕京大学	美国哈佛大学、巴黎大学历史学博士	
夏炎德	1911	(今上海)	复旦大学教授	暨南大学	英国伦敦大学政治经济学院	民建
黄炎培	1878	江苏川沙	主持上海、重庆中华工商专校等		留学日本	民建
梁实秋	1902	(今北京)	前北京大学教授	清华大学	留学美国,文学专业	
梁漱溟	1893	广西桂林	主持勉仁文学院	直隶公立法政专门学校		民盟
笪移今	1909	江苏句容	上海银行经济研究专员			九三
曾昭抡	1899	湖南湘乡	清华大学化学系主任	清华大学	留学美国,化学专业	
傅 雷	1908	江苏南汇	主办《新语》半月刊	上海持志大学	留学法国,文学专业	民进
傅斯年	1896	山东聊城	中央研究院历史语言研究所所长	北京大学	英国伦敦大学、德国柏林大学研究院,历史学专业	
龚祥瑞	1911	浙江宁波	北京大学政治系教授	清华大学	英国伦敦大学政治经济学院政治学硕士	

续表

姓名	出生年份	籍贯	任职	教育背景		党派关系
				国内	国外	
蒋廷黻	1895	湖南邵阳	中国驻联合国代表兼安理会代表	湘潭益智学堂	美国哥伦比亚大学历史学博士	
蒋硕杰	1918	湖北应城	北京大学教授		英国伦敦大学政治经济学院经济学博士	
雷海宗	1902	直隶永清	清华大学教授	清华大学	美国芝加哥大学哲学博士	
陶孟和	1889	（今天津）	中央研究院社会研究所	南开大学	英国伦敦大学经济学博士	
滕茂桐	1914	安徽舒城	光华大学教授，中国经济研究所常委	燕京大学	英国剑桥大学经济学硕士	
潘光旦	1899	江苏宝山	清华大学教务长	清华大学	美国哥伦比亚大学社会学硕士	民盟
蔡维藩	1898	江苏南京	南开大学教授	南京金陵大学	留学美国，世界史专业	
楼邦彦	1912	浙江鄞县	北京大学教授	清华大学	留学英国，法律专业	
储安平	1910	江苏宜兴	《观察》主编、复旦大学教授	光华大学	英国伦敦政治经济学院	
韩德培	1911	江苏如皋	武汉大学法学系教授	东南大学	美国哈佛大学法学专业	
萧乾	1910	（今北京）	《大公报》主笔、复旦大学教授	燕京大学	英国剑桥大学研究生	
萧公权	1897	江西泰和	燕京大学教授	清华大学	美国康乃尔大学哲学博士	
樊弘	1900	四川江津	北京大学经济系教授	北京大学	英国剑桥大学经济研究院研究生	
戴文赛	1911	福建漳州	中央研究院天文所研究员	燕京大学	留学英国，天文学专业	
戴世光	1908	（今天津）	清华大学教授	清华大学	美国密歇根大学数理统计硕士	

表中所列人物主要是经常在自由主义报刊中发表有关时政文论且颇具影响的积极议政者，也有部分实际政治的活动者。应该说他们都是当时最为活跃或最具代表性的自由主义者。通过考察，大致可以对他们的背景特征作如下简要概括：

首先，年龄结构。这里考察的78位自由主义者中，大体可以分为两个年龄段，前一个年龄段，即19世纪末出生的人，包括胡适、马寅初、许德珩、施复亮、张君劢、张东荪、梁漱溟、萧公权、任鸿隽、傅斯年、周鲠生、周炳琳、罗隆基、冯友兰等，共26人，约占表中人物的30%。他们中多数人参加过五四运动，是介于第一代和第二代之间的人物，其中张东荪、张君劢、施复亮、梁漱溟、萧公权、傅斯年、罗隆基等颇为活跃，并有相当的影响力。自由主义大师胡适当时的影响力远不如前，但年轻一代的自由主义者仍然视其为前辈和精神领袖。后一个年龄段是人数众多的第二代自由主义者，表中所列为52人，他们大多出生于1900—1910年之间，40年代表现尤为活跃，这些正处于人生最佳时期的中青年学人，以其旺盛的精力和相对成熟的思想，成就了他们一生中最可书写的辉煌。

其次，教育背景。这些学人中，19世纪末出生的若干人有留学日本的经历。而出生于20世纪的第二代自由主义学人，几乎全部具有多年英美留学的教育背景，其中很多人学习过多门学科，且大多取得了博士或硕士学位，这表明他们均接受过西方现代学术较为严格的训练。现代学术的训练过程，也是对自由主义思想方法认知和掌握的过程。比之前代学人，他们对自由主义原典的研读不仅充分细致，了解也相对比较透彻。更重要的是，无论是否以研究现代政治为自己的专门之业，他们都对西方社会以及民主政治制度有切身的经历和感受，因而对西方社会的思想基础——自由主义的理解，不仅是知识的，更是体验的。这一特点使他们成为与自由主义有着特殊联系的一个群体，对自由主义的诠释也常常更具有说服力。

最后，职业状况与特点。这些自由主义学人基本上任职于文化教育部门，主要是北京大学、清华大学、燕京大学、南开大学、中央大学、武汉大学、中山大学、复旦大学等中国的高等学府。现代学术的严格训练，使他们归国后很快成为各自领域出类拔萃的专家或学术代言人，在教育界、学术界享有较高的声望。此种背景，决定他们中间的大多数人，对实际政治的理解和介入相当理想化。他们仍旧以做学问的方式参与政治，因此报刊"议政"成为多数人的选择，他们也十分乐意以超脱的方式来处理与政治的关系，不愿陷入实际政治斗争的纠纷之中。即使是组党参政的自由主义者，多数也并非以政党为职业，这只是他们关心时政的又一种表现方式而已。整体上看，"政治的业余性"在自由主义学人中表现相当突出（中间党派的领导人情况有所不同），尽管与前代学人相比，他们的确更加具有政治热情，但依然没有改变"讲学复议政"的基本行为方式，也就是说，文化事业的传播始终是他们安身立命的根基。自由主义学人的基本生活状态，决定着他们政治活动的基本方式。

三　费边社会主义和拉斯基思想

20 世纪 40 年代中国自由主义学人的主要思想来源，与他们的留学经历密不可分。这批学人大多在 20—30 年代留学英美等国，此时正是西方传统自由主义走向衰落，而各种形式的修正主义大行其道的时期，尤其是英国的民主社会主义思潮非常盛行，这对当时的留学生们产生了重大影响，应该说，中国自由主义学人基本的思想特征正是在留学时期形成的。

民主社会主义是西方近百年来一种主要的社会改良思潮，它产生于 19 世纪末资本主义最发达的英国。从其思想渊源看，至少有如下一些社会思潮在其形成过程中产生过重要影响。首先是 19 世纪初的"空想社会主义"以及后来法国的蒲鲁东主义、德国的拉萨尔主义等形形色色的社会主义流派，这些流派的共同特点是在不触动自由企业制度的条件下，争取工人生活劳动条件的改善，并依靠国家的帮助最终和平实现社会主义。这种观点直接影响了民主社会主义政治思潮的形成。同时，西方占主导地位的传统自由主义理论也是民主社会主义思潮的重要渊源之一，边沁的功利主义、密尔的自由观等都可以在民主社会主义中找到其理论表现，尤其是自由、民主优先的价值理念对民主社会主义的渗透随处可见。此外，马克思主义作为 19 世纪最强大的社会思潮，对民主社会主义也产生了不可忽略的重要影响。

可以说，民主社会主义的理论来源是相当复杂和多元的，其融通的色彩相当强烈。对40年代中国的自由主义学人而言，费边社会主义和英国工党理论家拉斯基（Harold J. Laski）对他们产生过直接的影响。

（一）早期的民主社会主义——费边社会主义

费边社会主义是民主社会主义的最初表现形式，最早出现于19世纪末叶的英国，是英国知识分子团体——"费边社"（The Fabian Society）的思想理论。费边社的历史可追溯到1883年成立的"新生活同志会"，由美国人托马斯·戴维逊倡导成立的此组织探讨用博爱的原则组织"公社生活"的可能性。但该团体成立不久即产生分歧，一部分成员分离后于1884年成立了费边社，[1]他们怀疑戴维逊的主张，希望有更为具体和现实的社会改革纲领。稍后入社的悉尼·韦伯（1857—1947）和萧伯纳（1856—1950）成为费边主义形成时期的主要思想代表。他们深入考察和研究英国政治与经济发展的特点，在吸收前人思想成果的基础上提出了自己的"渐进主义"主张，第一次世界大战之前，费边社已成为一个具有独特理论的社会主义团体。归纳起来，他们的渐进主义思想主要是由"社会有机体论"、"进化史观"以及社会改造目标几部分组成。

斯宾塞的"社会有机体"学说深深地影响着费边主义的思想家。他们认为社会处于永恒的动态之中，"社会有机体"的

〔1〕1884年，"新生活同志会"一部分成员从中分裂出来，成立了费边社。"费边社"以古罗马著名武将费边命名，借费边采用迂回等待、避免直接面对决战而最终取胜的战术立意，以表明其推行政治改良主义的意图。1884年4月出版的费边社第一号论文的扉页上，印有他们的社铭："适当的时机必须是等待的，就象费边和汉尼拔打仗的时候那样。那时尽管有许多人谴责费边贻误战机，他还是极其耐心地等待。然而到战机到来的时候，又必须象费边那样狠狠地打，否则等待是徒劳无益的。"由此摆脱了"新生活同志会"的伦理式说教，走上一条较为实在的改变现存社会状况的道路。参见〔英〕柯尔著，何瑞丰译《社会主义思想史》第3卷，上册，北京：商务印书馆1978年版，第116页。

变迁不是革命的突变，而是平衡、稳定的渐变，决定其兴衰存亡的因素是"效率"（efficiency），社会的优胜劣汰不在于单个成员的强弱，而在于有机体的效率。所谓效率，就是"社会有机体"内部功能的表现，这种功能是由社会与个人之间的关系来调节的。费边主义者反对传统自由主义放任的个人主义，他们以"社会有机体"理论来解释社会与个人的关系。即社会并不是个人的集合体，社会是独立的实体，正像人的生命与细胞，单个细胞的生生灭灭不足以影响生命整体，而一旦生命的整体不能继续存在，那么所有的细胞将面临死亡的威胁。由此费边主义者得出结论："社会的生命高于任何一个成员的生命。"[1]每个社会成员都应该把社会的公益当做个人的最高目的。同时，费边主义又用"社会有机体学说"反对马克思主义的"阶级斗争学说"。他们认为由于个人生存的最高目的是社会公益，因此社会活动是由人们之间的互助构成的，"每一个有机体的各单位以自觉的节制与协调，来代替他们互相残杀的竞争"[2]。社会各阶级的利益冲突并非不可调和，互助是人们先天固有的一种气质，人们可以在一个共同的社会有机体内和睦相处。

在历史观方面，费边主义者受到当时流行的"庸俗进化论"的影响，认为历史发展的动力是多元的，不仅是马克思主义所言的经济因素，政治和观念的因素同样是历史发展的动力，社会主义的建立不必通过阶级斗争，完全可以由历史的稳定进化自然而然地得以实现。在他们看来，英国19世纪的经济史是一部社会主义不断进步的纪录，从自由竞争到股份公司及垄断企业的扩张，显示了自由企业制度对自身的否定。它为国家接受大工业提供了条件，是通向社会主义的经济基础。从政治进化观来说，民主政治的确立是资本主义向社会主义进化的重要保证。这表现在民主国家的权力在不断增强，政府干涉的范围越来越大，集体主义性质的社会立法日益增加，由此导致了国家性质的逐渐变化，它从社会的强制力量日益演变为全体公民的代表。就思想观念的进化而言，社会主义所显示出的观念和前景具有无法抵抗的力量，已经取代了放任的个人主义思想，成为一种时代精神。总之，费边社会主义者认为，历史的进化不可避免地要将社会制度导向社会主义，或者说正在一点一滴地实现着社会主义，因而暴力革命的方式是没有必要的，经过渐进的宪政改革道路，社会主义同样能够实现。

费边社会主义在对资本主义批判的基础上，提出了他们改造社会的目标。这就是实现"生产资料国有化"、"分配社会化"、"管理民主化"。在生产资料国有化方面，他们深信工业组织和生产资料归国家所有是实现社会主义的重要措施。20世纪以来费边社成员不断提出铁路、卫生、银行、煤矿、电力等行业国有化的各种方案，并认为只要把若干经济部门收归国有，就可以消除贫困，缓和社会冲突，实现社会主义。在国有化理论的基础上，他们进一步提出"分配社会化"的经济目标。韦伯夫妇在《工业民主》一书中指出，分配社会化的具体政策是确定"国民最低生活标准"并使之有保障。也就是说，只有首先实现"国民最低生活标准"，才可以逐步实现"分配社会化"，而且分配的原则是绝对平等的。萧伯纳提出"人人皆有，否则人人皆无"则是这种分配观念的典型代表。"管理民主化"是费边主义另一社会改良目标。费边主义认为，通过代议制的不断民主化可以加强对社会的控制，促使生产、分配、交换纳入有计划的经济体制，从而实现以民主的方式管理社会经济。在他们看来，现代国家的职能主要是在民主的前提下对社会经济事务进行统一的管理："最好的政府就是能够稳健而成功管理最多企业的政府。"[3] 国家不是消极镇压人民的工具，而应该是积极改善人民生活最强有力的机构。当"国家是人民的代表与委托人"[4] 时，国家的性质已发生了根本的变化。

费边社会主义总体基本特征是将西方社会传统的自由民主政治与社会主义相结合，反对阶级斗争和暴力革命学说，主张在宪政民主的前提下，通过和平渐进的逐步改良方式实现以公有制为基础的社

〔1〕[英] 悉尼·韦伯：《社会主义的历史基础》，[英] 萧伯纳主编：《费边论丛》，袁绩藩等译，北京：生活·读书·新知三联书店1958年版，第114页。

〔2〕[英] 悉尼·韦伯：《个人主义的困境》，转见徐大同主编《20世纪西方政治思潮》，天津：天津人民出版社1991年版，第126页。

〔3〕[英] 悉尼·韦伯：《个人主义的困境》，转见徐大同主编《20世纪西方政治思潮》，第129页。

〔4〕[英] 萧伯纳主编：《费边论丛》，袁绩藩等译，北京：生活·读书·新知三联书店1958年版，第222页。

会主义。费边社会主义者还力求把自己的理论渗透到工人运动中去，引导英国工人走一条民主改良的道路。而英国工党所实施的策略也的确在很大程度上受到费边社会主义的强烈影响。

费边社会主义对留学英美的中国自由主义学人产生了很大的吸引力。20 年代末期形成的著名的"新月派"大多都是费边主义的信奉者。尤其是 1929 年在《新月》月刊之外组织的"平社"更是模仿费边社的一个学人论政团体。该社的核心人物是胡适、罗隆基、徐志摩、梁实秋、叶公超、丁西林、吴泽霖、潘光旦等。费边社对他们的影响有两个方面：一是议政方式的效仿。罗隆基曾专门撰文论述费边社的历史和议政方式，强调讲学与议政并重。胡适提议，"平社"应仿效费边社的议政方法，由每人分担一方面的问题作专门研究，撰写论文并提请讨论。这当中涉及的问题包括政治、经济、文化、历史、财政、国际、种族、道德、法律、教育、性等诸多方面，其成果先后在《新月》登载。这些文章又依照费边社编辑出版《费边论丛》的办法，合刊为一部《中国问题》丛书，1931 年出版后引起了中国社会的广泛关注。二是费边主义思想的影响。费边主义的"社会有机体"学说、渐进改革的进化观以及社会改造目标等基本理论颇受这些中国自由主义学人的青睐，他们有计划地译介了当时费边社最著名的思想家拉斯基的主要文章和著作。各自的研究成果和思想状态也无不受到费边主义的深刻影响。《新月》学人中的多数成员后来成为 40 年代中国自由主义学人中的中坚人物，如罗隆基、王造时、梁实秋、闻一多、潘光旦、吴泽霖、叶公超、储安平等，可以说他们的思想主张与费边主义是一脉相承的。

（二）拉斯基学说及其影响

哈罗德·约瑟夫·拉斯基（Harold J. Laski, 1893—1950），英国工党著名的政治理论家，费边社的主要成员，1945—1946 年曾出任英国工党主席。拉斯基 1914 年毕业于牛津大学新学院（New Collage, Oxford），同年 9 月受聘于加拿大麦克吉尔大学（Mcgill Univ.），1916 年先后执教于美国哈佛大学、耶鲁大学。1920 年返回英国，在伦敦大学政治经济学院（The London School of Economics and Political Science）任教，1926 年成为政治学教授。在长期的执教生涯和政治活动中，拉斯基获得了极高的声望，其影响遍及世界各地。拉斯基一生笔耕不辍，生前出版的专著多达 25 种。

拉斯基早期的政治思想是在英国传统自由主义和费边社会主义的交互影响下形成的。1920 年前后拉斯基信奉自由主义多元国家学说，激烈地批评以国家为中心的政治一元论，认为所谓至高无上的"国家主权说"完全是虚构的，实际上国家不过是社会团体中的一个，它与工会、教会等没有地位高下之别，只是职能不同而已。《主权问题研究》（1917）和《现代国家中的权威》（1919）是这一观点的代表著作。

1920 年拉斯基返回英国后，通过韦伯夫妇与费边社和工党发生了密切联系，其思想也发生了很大变化。从 1922 年开始，拉斯基以三年的时间完成巨著《政治典范》（1925），因此一举奠定了他在欧美学界的权威地位。该部著作修正了他早期多元主义国家观，构造了一个宏大的调和学说来平衡国家、社会和个人的关系。有研究者指出：一方面，拉斯基从早期激烈反对一元主义国家观的立场退后一步，承认议会民主制在国家治理和改革中的中心地位，并视其为控制资本主义力量和使平等机会成为可能的一种手段。另一方面，拉斯基一定程度上保留了早年的多元论立场，强调国家须严守界限，保持社团的自主性以分散国家权力。同时，拉斯基还强调个人自由、言论自由、思想自由的重要性。[1]总体上看，这个时期拉斯基的思想还是比较偏重自由主义的。

30 年代随着资本主义世界经济危机爆发和法西斯主义的上台，拉斯基的思想发生了比较大的转变，对能否通过民主政治的方式实现社会主义一度产生怀疑。在拉斯基看来，民主政治的发展前景不是法西斯主义的独裁就是共产主义的暴力革命，这

[1] 参见翁贺凯《在社会主义与自由主义之间——拉斯基和他的中国信徒，1923—1933》（未刊稿），第 9 页。

两者都不是他所希望的。他认为如果劳动阶级采用暴力，推翻民主制，结果必然会出现毁灭工人组织的极权政治，因此无产阶级和资产阶级都不应走极端。此时的拉斯基自称是"马克思主义者"，并运用唯物史观的某些原理来阐述他的国家理论。代表这一时期的主要著作有《民主制度的危机》（1931）、《国家的理论和实际》（1935）、《欧洲自由主义的兴起》（1936）等。

第二次世界大战爆发之后，拉斯基民主社会主义理论获得了进一步发展和完善，发表于1943年的《论当代革命》最能集中反映这一时期的观点。在这部著作中，拉斯基积极倡导"同意的革命"，就是用民主的、协商的方式实现对资本主义的"和平革命"。用他的话说，是在"设法维持我们文明社会里的那些民主过程"的同时，使各个阶级人民在充分合作，一致同意的前提下"重新确定（人类）共同的伟大生活目标"[1]。而这个共同的伟大生活目标就是一个"计划化民主"的社会。换句话说，"同意的革命"旨在保存现有的民主政治，"计划化社会"则是要吸收社会主义公有制的若干长处。民主和社会主义的结合将使人们进入一个"和平、幸福、稳定"的崭新世界，这正是民主社会主义的理想。

拉斯基理想的"计划化社会"有如下特征：首先，重要生产资料"国有化"。他预计第二次世界大战后世界将步入计划化时代，"重要的生产资料由全社会拥有和控制，直接为其本身利益服务"[2]。国有化的主要内容包括四个方面：国家控制信贷和资本；土地国有化；国家控制对外贸易；交通、运输、能源、动力国有化。同时，拉斯基还极力主张国家赎买大型垄断企业。其次，"计划化社会"的经济权要民主化。国家的经济管理人员不能是那些与工业相关的既得利益者，因为他们"唯一效忠对象必须是他所服务的国家"[3]。议会是国有化产业的最高管理机构，一切计划必须经议会批准，内阁是计划经济的执行者。再次，"把自由纳入平等"应该是计划化民主国家通行的重要原则。拉斯基认为，资本主义社会中自由与平等是相背离的，自由实际上意味着不平等，它只是特权阶级牺牲大多数人的利益而获得的自由，这是一种"消极的自由"，或者说是少数人发财致富的手段和屏障。而在"计划化民主国家"，人们有了一个高于一切的共同目标——社会福利，这使消极自由转变为积极自由。在这种国家中，每一个人不仅具有平等的权利，社会还给予他发挥创造性的一切机会，"在那里，人民大众有完美的个性"[4]。当自由被纳入平等的范畴时，自由与平等才能得到真实的体现。

拉斯基对20—40年代中国自由主义学人的影响可以说无人能及。当时留美留英的许多中国学生慕名拜师其门下。拉斯基的好友马丁曾回忆说："我记得战前不久有一次听中国驻伦敦大使说，当社会主义似乎仍然通过同西方修好而不是与之为敌来获取胜利时，如果哈罗德访问中国，他定会受到他许多门生的热情款待，其人数之众多足以举行一次盛大的公众集会。"[5]中国自由主义学人中，有在美国受拉斯基指导者，更多的是在伦敦大学政治经济学院受业其门下者。据孙宏云的研究：1916—1920年拉斯基任美国哈佛大学讲师，主要讲授欧洲史、英国史以及政治思想史，同时潜心研究国家主权问题。这段时间听过拉斯基授课的有在哈佛和哥伦比亚大学研读的中国学生雷沛鸿、张奚若、金岳霖、徐志摩、蒋廷黻等，他们对拉斯基都充满钦佩。20年代在伦敦政治经济学院受拉斯基指导的中国学生有钱昌照、陈源、徐志摩、杭立武、罗隆基、王造时等。30年代进入伦敦政治经济学院学习的有程沧波、储安平、龚祥瑞、吴恩裕、楼邦彦、伍启元、邹文海、王铁崖、樊得芬、费孝通、萧乾、滕茂桐、胡寄窗、蒋硕杰等。[6]其中程沧波、龚祥瑞、邹文海和吴恩裕直接师

〔1〕〔英〕拉斯基：《论当代革命》，朱曾汶译，北京：商务印书馆1965年版，第190页。

〔2〕〔英〕拉斯基：《论当代革命》，朱曾汶译，第340页。

〔3〕〔英〕拉斯基：《论当代革命》，朱曾汶译，第205页。

〔4〕〔英〕拉斯基：《论当代革命》，朱曾汶译，第396页。

〔5〕〔英〕金斯利·马丁：《拉斯基评传》，奚博铨译，北京：商务印书馆1995年版，第298—299页。

〔6〕参见孙宏云《拉斯基与中国：关于拉斯基和他的中国学生的初步研究》，《中山大学学报》2000年第5期。

从拉斯基，龚祥瑞和吴恩裕的毕业论文还得到过拉斯基的亲自指点。[1]
由上可见，30—40年代活跃的中国自由主义学人中有相当一部分与拉
斯基存在教育背景上的渊源关系。

　　拉斯基对中国自由主义者产生的影响是多方面的。从"平社"时期
开始，中国的自由主义学者们就对拉斯基的著作予以译介，到40年代
为止，被译介的拉斯基著作主要有：《共产主义论》（黄肇年译，上海新
月书店1930年版）、《政治典范》（张君劢译，上海商务印书馆1931年
版）、《政治》（邱新白译，上海新月书店1931年版）、《现代国家自由
权》（何子恒译，上海商务印书馆1932年版）、《国家往何处去》（张虹
君译，天津新民学会1935年版）、《国家的理论与实际》（王造时译，上
海商务印书馆1937年版）、《民主政治在危机中》（王造时译，长沙商务
印书馆1940年版）等，其他的单篇论文和时评在30—40年代的自由主
义杂志中更是时有所见。这些著作和论文很有时代特点，对中国现实有
足资借鉴的重要意义。正像王造时在《民主政治在危机中》的译者序中
所称："这书的内容虽然是以英国为主要的背景，但其理论的涵义是一
般的。"[2]

　　20—40年代最受中国自由主义者关注的拉斯基学说主要是以下
几方面：第一，多元主义国家学说。张君劢和萧公权对多元主义国家
学说颇有研究。张君劢在读过拉斯基著作《现代国家中的权威》后很
是心仪，并称这是与拉氏神交之始[3]。他对拉氏的多元政治论尤为
推崇，认为在拉氏理论中国家、社团、个人是社会的三大政治元素，
各有一定范围，不能彼此偏废，应"求其相剂于平衡"，这三项元
素，并非"三个层次"，没有轻重高下，应该等量齐观。不过，在张
君劢自己的立国主张中并未突出"社团"一项，他觉得中国难以形成
强大的社团，因此只强调个人与国家两项，即自由与权力的平衡。
"其实一个国家对于自由与权力，仿佛人之两足，车之两轮，缺其一
即不能运用自如。"[4]张君劢进而指出："个人自由寄托于国家身上；
国家全体亦赖个人之自由而得其巩固之道。此即今后立国之要义。从
这观点来说，中国民主政治之一线光明，既在自由与权力平衡之
中。"[5]显然，张君劢是采用拉斯基的思路考虑中国状况下政治权力与自

由的平衡问题。1931 年，张君劢翻译了
拉斯基的新作《政治典范》，并在正文
前附长文《赖氏学说概要》，对拉斯基
的政治思想给予很高的评价：

　　　　　　一时代之政象，有其一时代之
学说为之后先疏附，以陆克（通译
"洛克"）之《民政论》为 17 世纪
英国政治之代表，以边沁之《政治
零拾》与穆勒之《自由论》、《代议
政治论》为 19 世纪上半期英国政
治之代表，则现代之政论家可以代
表英国者，舍菲滨（通译"费边"）
协会之槐伯（通译"韦伯"）夫妇、
工党之麦克洞纳（通译"麦克唐
纳"）氏、基尔特社会主义者之柯
尔氏，与新近学者之赖斯几（通译
"拉斯基"）氏外，无可他求矣。我
所以独好赖氏者，槐氏等专为政治
上一种主义鼓吹，而赖氏于政治学
有全系统之说明，故继承陆克、边
沁、穆勒之正统者，殆赖氏矣
乎？[6]

在张君劢看来，拉斯基是洛克、边沁、
密尔之后英国自由主义政治思想的正统
继承者，代表着自由主义新的发展趋
向。

　　20 年代在美国密苏里大学和康乃尔
大学研究院研读政治学的萧公权也将拉
斯基等人提出的多元政治理论作为重要

〔1〕参见吴恩裕《拉斯基教授从学
记》（上），《客观》（重庆版）
第 10 期，1946 年 1 月 12 日；
龚祥瑞《龚祥瑞自述》，《世纪
学人自述》第 4 卷，北京：十
月文艺出版社 2000 年版。

〔2〕［英］拉斯基：《民主政治在危
机中》，王造时译，长沙：商
务印书馆 1940 年版，第 1 页。

〔3〕张君劢对拉斯基学说的偏好，
得益于拉斯基的学生徐志摩、
金岳霖、张奚若等的宣传，他
们私下屡向张君劢介绍拉斯基
学说，徐志摩还赠张君劢拉斯
基著作《现代国家中的权威》，
读后张君劢对拉氏更加推崇。
参见《赖氏学说概要》，第 1
页。［英］拉斯基：《政治典
范》，张君劢译，前附文。上
海：商务印书馆 1931 年版。

〔4〕张君劢：《立国之道》，商务印
书馆 1947 年版，第 95 页。

〔5〕张君劢：《立国之道》，第 99
页。

〔6〕《赖氏学说概要》，第 1 页，
［英］拉斯基：《政治典范》，
张君劢译，前附文。上海：
商务印书馆 1931 年版。

的研究对象，先后写成硕士论文《多元国家的理论》和博士论文《政治多元论》。[1] 1927 年萧公权的博士论文在英国出版，拉斯基看到后"称赞这本书之功力与吸引力，都非常雄厚，是政治学界五年来的唯一佳著"[2]。不过，与张君劢不同的是，萧公权对多元主义的研究，在肯定其历史贡献的同时，更多地分析了拉斯基学说的若干矛盾。从 1932 年萧公权所著《拉斯基政治思想之背景》一文中可以看出，他对拉斯基的学说提出三方面的疑问：其一，拉斯基"虽自命继边沁之薪传，实亦得功利主义之面目而弃其精神"[3]。其二，拉斯基一面接受格林的伦理个人主义，一面又拒绝其据此而成立的公意说，"遂不免自陷于一种矛盾之地位"[4]。其三，拉斯基应用詹姆士宇宙多元论于政治哲学是失败的。其原因是拉斯基虽主张政治权威多元，但"同时又未计划相当之以执行之施用之"[5]。而且拉斯基所采用的多元论与其思想背景中的其他原则自相矛盾：如国家权威与社团权威之间的矛盾、多元论与伦理个人主义之间的矛盾等。[6]可以看出，萧公权对拉斯基的多元论重在从学理角度分析其思想渊源及其得失。作为一个对自由主义哲学有深入研究的学者，萧公权的评价无疑值得注意。笔者赞同有些学者的分析，尽管萧公权对拉斯基学说有所质疑，但实际上拉氏的思想还是颇能引起萧公权共鸣的，[7]正如他在一篇文章中所言：

> 吾人于赖（拉）氏学说虽有所论评，而实同情于其基本之态度。赖氏既非旧式之个人主义者，亦不采极端之社会主义。就其全部思想观之，实为一种折中综合之新论。而其综合之原则，则为一种富有人文主义色彩之伦理观念。[8]

应该说，拉斯基在《政治典范》中就已体现出的自由主义与社会主义的折中思考路向是中国自由主义者十分青睐的。

第二，拉斯基对共产主义学说的批评，也很受中国学人的注意。1927 年拉斯基出版《共产主义》，该书对共产主义从学理上作了比较系统的叙述和批评，在西方世界风靡一时。正处于国共之争中的中国自由主义学者，很快对此作出了反应。《新月》杂志 2 卷 2 号刊登了南开大学黄肇年翻译的该书第一章引论及徐志摩的按语："拉斯基教授为现代政治学学者中最卓绝的一人,亦为在学理上掊击共产主义最有力的一人。但他在他的《共产主义》的书内,他取的是完全学者的态度,从历史及学理方面作研究,绝无一般专作宣传反共产者的粗犷与叫嚣的不愉快。本书早经评定为剖析共产学说最精深亦最可诵的一部书。"[9]黄肇年全译本于1930年由新月书店出版发行,张奚若在《现代评论》上撰文评论该书,认为这是一部少见的以公正学术立场对共产主义进行学理评述的著作并分析指出,拉氏思想的立足点是:一方面厌恶资本主义,不满于贫民主义,希望他们进行改良;另一方面赞成共产主义的理想,但不赞成它所采取的方法。这种思想理路仍然是民主社会主义。

第三,对于民主政治的制度设计,拉斯基的观点也颇具吸引力。30年代受过拉斯基指导的龚祥瑞回忆说:"拉斯基的著作和讲授,使我推翻了30年代风行的国家论和形式主义的法律观,深信文官制度只有在'民主政治'的框架内才能

〔1〕萧公权1921—1923年就读于美国密苏里大学哲学系,在余宾教授指导下,研究拉斯基的多元国家理论,完成两万余字的《多元国家的理论》硕士论文。1925年萧公权转赴康乃尔大学哲学系继续研究该课题,写成八万余字的《政治多元论》论文,不久该文被列入"国际心理学哲学及科学方法丛书",由英国一家著名书局出版。但该著至今未有中译本。参见萧公权《问学谏往录》,上海:学林出版社1997年版,第53、73页。

〔2〕黄大受:《怀念先师萧公权教授》,《传记文学》(台北)14卷4期,第58页,1969年4月。

〔3〕萧公权:《拉斯基政治思想之背景》,《迹园文录》,台北:联经出版事业公司1983年版,第6页。

〔4〕萧公权:《拉斯基政治思想之背景》,《迹园文录》,第14页。

〔5〕萧公权:《拉斯基政治思想之背景》,《迹园文录》,第19页。

〔6〕萧公权:《拉斯基政治思想之背景》,《迹园文录》,第19—20页。

〔7〕参见张允起《宪政、理性与历史:萧公权的学术与思想》,北京:北京大学出版社2005年版,第32页。

〔8〕萧公权:《评张士林译赖斯基〈政治典范〉》,《天津益世报·政治副刊》1930年5月27日。

〔9〕徐志摩:《共产主义的历史的研究》按语,第1页,《新月》2卷2号,1929年4月10日。(《新月》每期每篇文章单独编页码,并非连续——笔者注)

建立和发展，而'民主政治'的根本问题则是公民（包括公务员在内）对国家——现实世界中的政府——的态度问题。那就是事务官，一方面要毫无顾忌地发表和负责大臣（政务官）不同的意见，另一方面又要无条件地服从政府和大臣的决定……这种独立性，即统一性和精巧性，对我具有极大的吸引力。"[1]由此龚祥瑞对英国的民主程序和"自然公正"的法制产生了极大的兴趣，回国后在西南联大政治系大力宣传民主个人主义和社会改良主义合成的"政治康拜因"以及文官制与议会制相结合的"行政托拉斯"，并按照西方国家的模式对中国的行政体制改革拟出了一个初步的研究计划。

第四，拉斯基的民主社会主义思想最受40年代中国自由主义者的欣赏和推崇，40年代以后拉斯基主要强调两个方面的内容：第一，他认为主要生产资料应"由全社会拥有和控制"，并实施计划经济，这一点受到中国许多自由主义者赞赏。在经济制度的选择中，他们普遍赞同生产资料公有制，不少学者如张东荪、萧公权、吴恩裕、萧乾、陈振汉等都主张国家统制下的计划经济。第二，拉斯基强调"把自由纳入平等"是"计划化民主国家"通行的主要原则。也就是说，资本主义社会少数人享受的自由实际上意味着不平等，"计划化社会"应当把自由纳入平等的范畴，使自由与平等真正得到体现。拉氏对平等价值的强调，备受中国自由主义学人的关注，他们对经济平等和社会安全的高度重视，对全民平等与自由的热切追求，均体现着拉斯基式的民主社会主义的思考。

要准确评估拉斯基思想对中国自由主义者思想走向的影响，无法回避的问题是拉斯基思想的多变和自身的复杂性。关于拉斯基政治思想的发展，论者有不同的划分方式。[2]拉斯基本人对自己思想发展的基本判断是：以30年代初为转折点，其思想大致经历了"民主社会主义"（"多元主义"，Pluralism）和"近马克思主义"（Quasi-Marxism）两大阶段。中国自由主义者究竟接受的是哪个阶段，或者说是哪种思想状态的拉斯基值得认真分析。从上文的介绍可以看出，中国的自由主义者大多欣赏拉斯基思想中的民主社会主义色彩，而对于30年代以后"近马克思主义"的拉斯基则态度不一。吴恩裕对拉斯基运用许多马克思主义的方法关注资产阶级和无产阶级的矛盾以及社会平等问题，颇为接受。他的博士论文《马克思的社会及政治思想》[3]，就是在拉斯基指导下完成的。40年代吴氏对计划经济的推崇、对自由平等关系的解释和界定都充满了拉斯基式的马克思主义倾向。王造时在30年代翻译了拉斯基的著作《民主政治在危机中》和《国家的理论与实际》后感慨地说，拉斯基的思想"这几年来有急剧的变化。回想1929—1930年我在伦敦听他讲课，与他在一块讨论的时候，他的思想还是不出进步的自由主义的范围。现在我译完这书之后，我很惊异他的思想前进的深远了。1929年起的世界经济的不景气，以及1930年后国际政治的急变，尤其是侵略国的穷兵黩武，以及法西斯主义的抬头，大概给了他极深刻的印象"[4]。"这两本书可代表拉斯基政治思想的转变，并且是1930年来，世界各国政治急剧变动的反映。"[5]与王造时态度不很明朗相比，张奚若对拉斯

〔1〕龚祥瑞：《龚祥瑞自述》，高增德等编《世纪学人自述》第4卷，第218—219页。

〔2〕有论者将1925—1933年视为拉斯基的费边社会主义时期；有论者将1930年代视为"拉斯基—马克思主义"阶段，将1940年代视为拉斯基的"社会民主主义"阶段，还有Peter Lambza "Laski's ideological metamorphosis"一文中更以1914—1925、1925—1926、1926—1929、1929—1932、1933—1939、1939—1950六个时段考察拉斯基的意识形态演化。参见翁贺凯《在社会主义与自由主义之间——拉斯基和他的中国信徒，1923—1933》（未刊稿），第3页。

〔3〕吴恩裕本打算做《黑格尔的国家论》，但拉斯基得知吴恩裕在中国国内出版过《马克思的哲学》，便劝他进一步研究马克思学说。吴恩裕后申请改读博士学位，得到拉斯基同意，论文定为《马克思的社会及政治思想》。在吴恩裕写作博士论文的过程中，拉斯基不仅在学问上悉心指导他，而且关心中国前途，希望中国能真正统一，以对抗日本侵略。拉斯基还慷慨解囊，两次帮助吴恩裕度过经济上的困难，使吴恩裕得以完成学业。参见吴恩裕《拉斯基教授从学记》（上），《客观》（重庆），第10期，1946年1月12日。

〔4〕王造时："译者序"，第1页，参见［英］拉斯基：《国家的理论与实际》，王造时译，上海：商务印书馆1937年版，第1页。

〔5〕王造时："译者序"，第1页，参见［英］拉斯基：《民主政治在危机中》，王造时译，第1页。

基思想的急剧变化则表示了不满。1936年拉斯基的新作《欧洲自由主义的兴起》出版后，张奚若撰文称该书"乃是对于自由主义一种富于极端挑战性的唯物史观式的解释"。他认为拉斯基对马克思和唯物主义的态度是不明智的："一个人尽可相信共产主义，不必定要相信马克斯主义；尽可接受马克斯主义的革命部分，不必定要接受它的唯物史观部分；尽可承认唯物史观的相当部分，不必定要承认它的全部分，更不必拿它的全部分去解释人类的全历史。"[1]不能理解拉斯基思想转变的中国学人一直持续到40年代，一位叫郑学稼的学者专门撰文对拉斯基思想的演变给予剖析，极不满意他对马克思主义的过于亲近，并认为："拉斯基的思想，是不对自己负责的！"[2]也许正是因为这一原因，拉斯基1943年和1944年的两部重要著作《论当代革命》和《信仰、理性与文明》在当时没有被及时译介。在郑学稼看来，这两部著作仍然是赞颂革命，标榜苏联，而指责自由主义的。

对拉斯基颇有研究的翁贺凯指出，拉斯基思想的复杂性首先在于他对于社会主义和自由主义的双重忠诚和矛盾。[3]另一位论者约翰·斯坦利认为拉斯基毕生都处于社会主义与自由主义的思想张力之中。[4]拉斯基始终追求"劳工政治"，主张社会公善与福利国家，社会主义色彩非常浓厚。但他同时也毫不妥协地捍卫个人自由与思想自主。即使是在30年代思想倾向左转后，拉斯基一方面认为一场推翻私有财产制度的社会主义革命必然同时宣布自由主义的终结；另一方面他也强调，传统上与自由主义相联系的若干重要价值观，如个人自由与民主制将在新的社会主义制度中得以保留，而且这场革命也将是"同意的革命"。拉斯基的朋友马丁说："拉斯基决不会成为一个彻底的马克思主义者，因为他基本上信奉个人自由，信任西方人而不是苏联的'新人'；因为他希望能够赎买大多数的有产阶级，说服他们接受新的制度；因为他虽然相信有一种赞成暴力革命的强大趋势，却并不认为那是不可避免的。"[5]笔者认为，从拉斯基整体的思想状态和政治立场来看，民主社会主义倾向是贯穿始终的，尽管有时偏向自由主义，有时偏向马克思主义。拉斯基在思想理论方面的变化和不确定，正反映了民主社会主义在意识形态上的多元化特征。当然，万变不离其宗的是，民主社会主义就是要调和自由主义和社会主义两大成分，实现一种既不同于资本主义，又不同于社会主义，既保留资本主义民主制，又吸纳社会主义公有制的新制度，即拉斯基所称的"计划化民主国家"。显然，这正是打动中国自由主义者最有力的武器，他们在整体倾向上非常向往这种兼容并取的社会改造方案。后面的讨论可以更具体地看出他们受到的影响。

四　哈耶克与自由保守主义

即使在民主社会主义思潮风靡欧洲的时候，仍然存在一股强劲的反对潮流，这就是以弗里德里希·冯·哈耶克（Hayek, Friedrich August 1899—1992）为代表的自由保守主义，在西方经济学界，它也被通称为新自由主义（注意政治和经济含义上的不同称谓）。自由保守主义的矛头直指民主社会主义及西欧福利国家运动，认为国家的过度干涉，不仅会造成对经济自由的威胁，而且在政治上也会趋向于新的极权主义。代表这种观点的重要著作是1944年哈耶克发表的《通往奴役之路》。

哈耶克政治思想的中心是向当时占统治地位的"国家干涉"倾向挑战，捍卫西方传统的自由主义，批评以平等观念为基础的现代多元民主主义。哈耶克认为，看似温和的民主社会主义尽管出自善意，但其政策却会导致大相径庭的结果，即产生现代奴役制。"民主社会主义，最近几代人的伟大乌托邦，不仅不能实现，而且为之奋斗还会产生某种完全不同的东西，以至现在对之抱有希望的那些人中几乎没有人会准备接受这种结果。"[6]在哈耶克看来，实现社会主义的特殊

〔1〕张奚若：Laski, The Rise of European Liberalism（书评），清华大学《社会科学》2卷3期，第601页，1937年4月。（清华大学《社会科学》第2卷共4期，页码均为连续——笔者注）

〔2〕郑学稼：《拉斯基思想的演变》，《中流》1卷2期，第8页，1948年5月20日。

〔3〕参见翁贺凯《在社会主义与自由主义之间——拉斯基和他的中国信徒，1923—1933》（未刊稿），第25页。

〔4〕转见翁贺凯《在社会主义与自由主义之间——拉斯基和他的中国信徒，1923—1933》（未刊稿），第26页。

〔5〕[英]金斯利·马丁著，奚博铨译：《拉斯基评传》，第103—104页。

〔6〕[英]哈耶克：《通往奴役之路》，王明毅、冯兴元译，北京：中国社会科学出版社1997年版，第36页。

方法是导致良好愿望落空的根本原因，"社会主义意味着废除私有企业、废除生产资料私有制，创造一种'计划经济'体制，在这种体制中，中央的计划机构取代了为利润而工作的企业家。"[1]这种非市场的排斥竞争机制的社会制度是非常危险的，它不仅使人们失去了经济自由，同时也失去了政治自由。"如果所有的生产资料都落到一个人手里，不管它在名义上是属于整个'社会'的，还是属于独裁者的，谁行使这个管理权，谁就有全权控制我们。"[2]唯有以私有制和自由竞争为基础的市场经济才是人们获得自由的必然保障。

作为经济自由主义的倡导者，哈耶克对福利国家极为推崇的凯恩斯的"国家干预学说"同样持批评态度，他提出了"自发秩序"概念，认为在追求自己目的的个人之间会自发形成一种秩序，它是人类行动的结果，但不是人类有意识设计的结果。就市场秩序而言，它的优点在于使个人可以追求无论是利己或利他的目标，而彼此的竞争则是一个发现（知识）的过程，竞争之所以具有价值，完全是因为它的结果不可预测，并且其结果不同于任何人有意要达到或能够达到的目标。总之，哈耶克经济理论的出发点是进行市场竞争的个人及其自发形成的秩序。

需要注意的是，尽管哈耶克非常强调自发性的竞争，但却与"自由放任"的自由主义经济保持距离。他认为，政府所扮演的仍然是一个积极角色，即提供一个规则和制度的框架，以使自由秩序健康成长。政府的权力应该严格限制在实行公正行为的普遍原则的范围之内，同时不排斥政府维持最低收入水平的使命，因为这是安全的保证；政府也应为公民提供某些公共产品，但这不意味着赋予政府提供这种服务的排他性权力，实行机会开放是必要的，一旦发现了私人企业提供这类服务的方式，就应当加以采用。

就现在的目光看，40年代的自由主义学人也是不乏敏锐的。他们既积极地引进和介绍当时世界主流的政治经济学说，如上文提到的费边社会主义、拉斯基的民主社会主义、凯恩斯的经济理论等。同时也注意到当时并不走红的反对派学说，作为自发型经济自由主义兼古典自由主义复兴者的哈耶克，已引起了他们相当的关注。较早注意到哈耶克的学者是潘光旦，在1946年9月出版的《自由之路》论文集中，潘光旦提到了哈耶克的新作《通往奴役之路》，并对哈氏批评希特勒的德国与共产主义俄国的极权主义表示赞同，但对他将经济自由与计划经济看做不能两立，反对一切计划经济的观点"不赞成"，认为这难免"失之偏激"。在潘光旦看来，个人主义与社会主义各有弊病，偏执任何一端都是不妥当的。[3]在民主社会主义占主流影响的情形下，大致可以判断出，当时多数的自由主义者应该与潘氏的看法接近。

另有一部分学者则明显受到哈氏思想的影响。我们下文将要提到的几位坚持市场经济的学者，如清华大学教授吴景超、刘大中、北京大学教授蒋硕杰等，都在其论述中引用过哈耶克和另一位著名经济自由主义学者希克斯（Hicks, John Richard）的观点。哈耶克的影响主要体现在两个方面。一是注重经济自由。自由主义学者坚持市场经济的重要理由是为了保证个人经济活动的自由，包括消费自由、择业自由、生产要素的合理配置等。二是民主政治建设。他们接受哈耶克关于全面的计划可能导致集权的思想，认为经济制度的选择与政治制度密切相关，只有在市场经济的前提下，真正意义的民主政治才能建立。尤其是对市场经济论述相当有力的青年学者蒋硕杰，40年代曾是哈耶克的学生，其博士论文经由哈耶克和希克斯的考核通过，他一生都未放弃经济自由主义的立场，且取得了重要成果。[4]

此外，还应该注意另一位青年学者吴元黎，在1947年介绍当时的经济思潮中特别提到哈耶克，称哈氏在反对中央计划学

〔1〕［英］哈耶克：《通往奴役之路》，王明毅、冯兴元译，第37页。

〔2〕［英］哈耶克：《通往奴役之路》，王明毅、冯兴元译，第101页。

〔3〕参见潘光旦《自由之路》，《潘光旦文集》第5卷，北京：北京大学出版社1997年版，第300页。

〔4〕蒋硕杰博士论文，听从哈耶克建议，撰写了《真实工资及利润率之变动与商业循环之关系》，获得伦敦大学"赫其森奖"的银奖。以后几十年的学术生涯，也颇受哈耶克的影响。他综合了可贷资金和利息流动偏好理论，并对预防性货币需求理论、国际资本流动和远期外汇理论作出了重要贡献，获得国际经济学界的推崇。参见陈慈玉等《蒋硕杰先生访问记录》，台北：远流出版社1995年版，第34—35、176—179页。

者中颇具代表性——"英名经济学者海约克氏（Hayek）的主张，即可为例。"[1]他认为哈耶克所主张的经济自由主义，与19世纪的放任主义不同，是在"经济法治"的前提下进行的。"资本主义社会，依据这类意见，虽有改革的需要，但既无自动没落的必然趋势，也不可率意取消。因为惟有在自由式经济制度下，才可以保全政治自由；而政治上人权的保障，乃人类精神生存之寄托。否则生不如死，只顾目前饭碗，不计自由，人类尊严势必全失。"[2]关于经济平等的问题，吴氏介绍如下："但是，无论如何社会组织的目的是自由；自由的两大部门——政治自由和经济自由——又是不能分离的。至于达到经济上完全平等，乃根本不可能，反之，亦惟有减少不平等，自由式的基础才能巩固。"[3]吴元黎对哈耶克主要思想的介绍与分析非常准确，其赞同的倾向也相当明显。

由上可以获知，40年代中国的自由主义学人不仅对哈耶克有所关注，而且一部分学者还深受其影响，体现出中国自由主义学人的另一种思想倾向。以往的研究者更多地注意了他们对民主社会主义和新自由主义的接受，认为了解哈耶克的人寥寥无几，赞同其思想的更是凤毛麟角，[4]这种判断应该说并不准确。实际上，其时中国学人的思想状态非常开放与多元。尽管在当时的历史语境下哈耶克的学说远不像20世纪90年代以后得到普遍的重视，但其确实存在的影响是不应当被忽略的。

五　民本思想与"大同学说"

表面上看，近代中国各种思潮中，"援西入中"的自由主义与传统文化最具排斥性。从新文化运动对中国文化传统的全盘反思起，自由主义便与传统文化形成了某种意义的对峙，加之自由主义群体特殊的教育背景，使他们与中国传统文化似乎又多了一层隔膜。于是，自由主义常常被置于文化虚无主义的境地，遭到文化保守主义甚或激进主义的强烈攻击。但是，事实表明，血脉相连的中国文化是全民族所共有的，在中国自由主义思想的成长历程中，传统资源始终是一个无法剥离的重要元素，无论它以什么面貌加入中国现代文化的构建，其作用都是不容低估的。对于40年代的自由主义学人而言，世界性的社会主义潮流使他们更容易从中国文化中寻找到相互印证的资源。换一个角度说，中国传统文化固有的平等、平均的"民本思想"和"大同学说"使他们对各种形式的社会主义学说抱有天然的好感，中国的传统文化与西方文化正是在这里找到了一种最为接近的契合点。

在中国的文化资源中，平等平均的民本思想源远流长。早在商周时的《尚书》便有"安民则惠、黎民怀之"[5]，"怀保小民，惠鲜鳏寡"[6]，"柔远能迩，惠康小民，无荒宁"[7]等说法。孔子认为"君以民存，亦以民亡"，因而仁者"爱人"[8]是至关重要的。孟子进一步提出了"仁政"学说，并宣称"民为贵，社稷次之，君为轻"[9]，尽管孟子并没有民比君贵的意思，但他将劳动者问题放在政治学说的首位，体现出浓厚的民本意识。在春秋战国的其他文献中，还可以频繁地发现"保民"、"爱民"、"仁民"、"恤民"、"息民"、"得民"、"贵民"、"裕民"、"利民"等一系列词汇，其中蕴涵的重民倾向一目了然。需要指出，在宽泛的民本概念中，民生是最核心的内容，即强调人民物质生活的改善。正如孟子所言："是故明君制民之产，必使养足以事父母，俯足以蓄妻子，乐

〔1〕吴元黎：《现代经济思潮的趋势》，《观察》2卷9期，第8页，1947年4月26日。

〔2〕吴元黎：《现代经济思潮的趋势》，《观察》2卷9期，第8页，1947年4月26日。

〔3〕吴元黎：《现代经济思潮的趋势》，《观察》2卷9期，第8页，1947年4月26日。

〔4〕参见许纪霖《现代中国的社会民主主义》，《二十世纪中国思想史论》（下），上海：东方出版中心2000年版；黄岭峻《激情与迷思——中国现代派民主思想的三个误区》，武汉：华中科技大学出版社2001年版。

〔5〕《尚书·皋陶谟》，孔令河《五经注译》（上），济南：山东友谊出版社2001年版，第359页。

〔6〕《尚书·无逸》，孔令河《五经注译》（上），第466页。

〔7〕《尚书·文侯之命》，孔令河《五经注译》（上），第511页。

〔8〕《论语·颜渊》，杨伯峻：《论语译注》，北京：中华书局1980年版，第131页。

〔9〕《孟子·尽心下》，杨伯峻：《孟子译注》，北京：中华书局1960年版，第328页。

岁终身饱，凶年免于死亡；然后驱而之善，故民之从之也轻。"[1] 只有
关心劳动人民的生活，统治者的地位才能巩固。先秦思想家以民生为
核心的民本思想一直持续不断地被后世开明统治者和儒士们继承发扬，
从而成为中国传统文化的重要内容之一。

　　以平等平均为核心的"大同学说"，在中国文化中也占有独特地
位，始终被后来者不断提及阐释。"大同学说"最经典的表述是《礼
记·礼运》中一幅"天下为公"的蓝图：

> 　　大道之行也，天下为公，选贤与能，讲信修睦。故人不独亲
> 其亲，不独子其子。使老有所终，壮有所用，幼有所长，鳏寡孤
> 独废疾者皆有所养。男有分，女有归。货恶其弃于地也，不必藏
> 于己；力恶其不出于身也，不必为己。是故谋闭而不兴，盗窃乱
> 贼而不作，故外户而不闭，是谓大同。[2]

这段言简意赅的文字，体现出如下平等思想：首先，主张社会共同占
有生产资料，共同占有社会财富；其次，主张人人参加社会劳动，任
何人没有不劳而获的特权；再次，主张由全体社会成员选举德才兼备
的"贤才"来管理社会，不以天下私于一家；最后，主张对所有成员
一视同仁，友睦相处，老、幼、鳏、寡、孤、独、残、疾等都得到社
会的照顾和供养，人们没有贫富之分、贵贱之别。按照《礼记》的思
想逻辑，早在夏、商、周三代以前就已经实现了"天下为公"，后来变
成了"天下为家"；"三代"以来的小康社会虽不比"大同"，但比当代
好多了。由此可见，中国古代的大同思想实际上是对原始平等的怀念
和期盼，具有浓厚的复古主义色彩。

　　"民本思想"和"大同学说"对近代以来的中国许多思想家都有重
要影响。自由主义的先驱严复，对西方社会的批评最先集中在社会的
不平等和贫富不均，绝非偶然。即使在《原强》这样以西方体制为参
照，揭露中国深刻危机的文章中，严氏仍然清醒地认识到西方各国存
在的严重贫富悬殊问题，"盖世之所以得致太平者，必其民之无甚富亦
无甚贫，无甚贵亦无甚贱；假使贫贵富贱过于相悬，则不平之鸣，争
心将作，大乱之故，常由此生"。[3] 严氏在赞美西方社会的同时，对西

方社会贫富不均及其可能引发的后果特别注意。中国人接受社会主义思想很大程度上是为了避免西方社会已经暴露出来的严重问题，所以他们对社会主义的理解也主要集中在经济领域的平等平均。孙中山以民生主义代替社会主义，就是建立在这种理解之上："社会主义的范围，是研究社会经济和人类生活的问题，就是研究人民生计问题"[4]。他考察西方所得出的结论与严复一样，由此而萌生出"予欲为一劳永逸之计，乃采取民生主义，以与民族民权问题，同时解决"[5]。民生主义因而成为"三民主义"中最引人注目的问题。

孙中山对社会主义的关注，备受40年代自由主义者推崇。他们认为"三民主义与民主社会主义的原则是完全符合的"[6]。尤其是民生主义，实乃是社会主义的中国式表述：

> 民生主义在求人民的丰衣足食，也注意到住和行，用时髦的话说，是经济民主。要做到经济民主，财产分配，土地政策等必须有革命性的改变，天然的要倾向社会主义，所以他（孙中山）在民生主义最后一讲中曾说民生主义即社会主义，即共产主义一类的话……他用温和的民生主义来改良人民的生活，同时也替这个社会打了防疫针。[7]

可以看出，自由主义者所理解的社会主义主要是经济民主，这表明他们与近代许多具有

[1]《孟子·梁惠王上》，杨伯峻：《孟子译注》，第17页。

[2]《礼记·礼运》，孔令河：《五经注译》（上），第1487页。

[3] 严复：《原强修订稿》，卢云昆编：《社会剧变与规范重建——严复文选》，上海：远东出版社1996年版，第26页。

[4] 孙中山：《三民主义十六讲》，孟庆鹏编：《孙中山文集》，上册，北京：团结出版社1997年版，第235页。

[5] 孙中山：《三民主义十六讲》，孟庆鹏编：《孙中山文集》，上册，第235页。

[6] 李时友：《认清世界·把握时代》，《世纪评论》2卷10期，第13页，1947年9月6日。

[7] 吴世昌：《中国需要重建权威》，《观察》1卷8期，第5页，1946年10月19日。

同样文化关怀的思想家具有相同的思考路向，其中蕴涵着颇多中国固有观念和道德正义感。

"大同学说"在中国社会存在的广泛影响使现代许多人对"社会主义"毫不陌生。《礼运》对"大同社会"的经典描述成为中国人认知社会主义的基础。蔡元培就据此说："我们中国本有一种社会主义的学说。"[1]尽管"大同学说"不能等同于现代意义的社会主义，但这一传统资源对人们接受和了解社会主义提供了一种中国视角的思考。近代继承"大同学说"并发扬光大的是康有为的《大同书》。这是一部充满空想社会主义色彩的著作，而根据已有的研究成果，《礼运》是康有为著作中社会主义思想的主要来源，《大同书》也因此颇获自由主义者好评，萧公权30—40年代后期研究中国政治思想史，对康有为的社会主义思想甚为赞赏，他后来表示："在本世纪的前二十年，各种社会主义，从乌托邦社会主义到马克思主义，从社会化的资本主义到全然的共产主义，都可见之于中国知识分子的著作之中。康有为的《大同书》可能是最有系统，最有想象力的著作。"[2]"他（指康有为——引者）创造了'一个新理想'，因此他可自称为中国最伟大的乌托邦思想家，与西方杰出的乌托邦主义者匹敌。"[3]这不仅是对康有为，也是对中国"大同学说"的极大肯定。

应该说，在自由主义者构建中国理想制度的图景中，传统思想具有潜移默化的重要影响，是他们不可或缺的思想资源之一。

第二节　20世纪40年代中后期的历史语境

20世纪40年代中后期，中国的历史语境有两个重要特征：第一，抗日战争以来，在国民政府的开放政策影响下，民主建国诉求渐趋高涨。战后民族矛盾的消失，使民主建国进入一个新的转折时期。政治选择可能性的增加，焕发了各方政治势力的参政热情，自由主义学人的汇聚正是得益于这个特殊的历史机缘。第二，战后西方自由主义的情形是：以英国工党为首的欧洲"民主社会主义"实践蓬勃发展，同时"新自由主义"也在美国社会开始广泛流行。此种融入社会主义因素的世界性自由主义修正潮流，无疑对中国自由主义者产生着重要影响。

一　民主建国的历史机遇

抗日战争在中国现代史上具有特殊的地位，它不仅是一场空前的民族战争，同时也是一场空前的政治动员，它为战后政治格局的形成奠定了重要基础。

（一）抗战时期国民政府的开放政策与"民主宪政运动"

抗战初期，为了动员全民族参战，国民政府在中共和各抗日党派的推动下，实施了一系列政治方面的改革和开放政策，主要包括：通过各种方式基本上承认了长期处于敌对状态的中共及第三党、青年党等各抗日党派为合法政党，并给各党派以公开出版报刊和组织民众团体等活动的自由；为团结各党各派共商国是，先后召集了"国防参政会"和"国民参政会"，并使国民参政会成为抗战时期全国的临时民意机构；还陆续建立了地方民意机关，省参议会和市、县参议会。这些措施对于动员各方力量坚持抗战起了重要作用。

一系列开放政策的实施，使战时中国各党派的政治活动有了更大的余地和空间，比较突出地表现在"国统区"的两次"民主宪政运动"。1939—1940年的宪政运动，其核心是要求国民政府制定真正符合民意的宪法，并及时召开国民大会。在运动期间，原有的数个中间党派建立了"统一建国同志会"，实现了初步联合。此后又利用调停国民党与共产党的关系之机，用非法和合法相结合的方法，于1941年成立了"中国民主政团同盟"，为中间党派的进一步发展提供了组织保障。1943年9月，国民政府在强大国际压力下，作出战后一年内召开国民大会、颁行宪法、实行宪政的决议。各中间党派利用这一时机再度发起宪政运动，要求从速结束"党

〔1〕蔡元培："社会主义史序"，林代昭等编《马克思主义在中国——从影响到传入到传播》下册，北京：清华大学出版社1983年版，第98页。

〔2〕萧公权：《康有为思想研究》，汪荣祖译，台北：台湾联经出版事业公司1988年版，第463页。

〔3〕萧公权：《康有为思想研究》，汪荣祖译，第474页。

治"（国民党的专制），实行宪政。"民盟"1944 年 5 月发表的《对目前时局的看法和主张》中指出："中国必须成为一个十足地道的民主国家，这已经超过了理论的阶段，而须从事实上予以切实的表现，并且民主体系的形成已刻不容缓，万万不可向战后推宕。"[1]他们创办《宪政月刊》[2]，组成"民主宪政促进会"，并多次举办集会或座谈会，向社会各界宣传宪政主张，产生了广泛的群众影响。但总体上看，两次宪政运动的目标都不十分集中和明确，其文章与论述基本上限于对未来的讨论和描绘，对现实问题的干预力甚小。黄炎培看到了这一点，他指出："如一群饥民，不思眼前如何得食，而争研究明午之菜肴如何方为精美。"[3]眼前如何得食，代表了"第三方面"对宪政运动的反思。

许多研究者都注意到，1944 年是抗战以来中国社会剧烈振荡并产生重要变化的一年。由于国民党正面战场豫湘贵战役的大溃退，导致了"大后方"民众对国民党执政能力产生了前所未有的怀疑，使宪政运动进一步走向高涨。从国际方面看，美国罗斯福总统以西方的民主思维方式，希望中国能组建联合政府，一劳永逸地解决国共矛盾。此意不仅告知掌握国家权力的蒋介石，也由美国驻华大使馆秘书谢伟思转达给中共领导人毛泽东和周恩来。[4]在此背景下，中共审时度势，于1944 年 9 月提出了"联合政府"口号，将第二次民主宪政运动推进到一个新的高度。如果说宪政只是提供了一个"研究明午菜肴"的前景，那么联合政府则提供了"眼前如何得食"的可能性。联合政府就是多党联合执政，它最大限度地代表了中间力量的政治利益，因而一经提出就显示了巨大的政治吸引力。一个月后，"民盟"发表政治主张，郑重表示："立即结束一党专政，建立各党派之联合政府，实行民主政治。"[5]在联合政府的旗帜下，中共与"民盟"建立起统一战线。尽管两者对联合政府的理解并不完全相同，但这个口号的确将中共统一战线政策最大限度地具体化，从而也最大限度地调动了中间方面的积极性。

与政治开放相配合，抗战期间"大后方"的经济也得到了相应的发展。首先，国民政府在战时条件下致力于"大后方"经济的开发，大规模的厂矿内迁，揭开了"大后方"开发和建设的序幕。据业师史全生的研究，围绕着以中国西南地区为中心的经济发展战略，国民政府在工业、农业、交通运输三方面给予建设和投入，推动了后方经济的发展，对稳定后方经济，扩大正面战场提供了必要的物资保障。其次，随着经济开发与建设，"大后方"的经济获得了迅速发展。新设工厂逐年增加，尤其集中在纺织、化学、机器制造三个行业。工业产品的产量也迅速增长，在民族资本比较集中的部门，面粉、火柴比战前增长一倍强，棉纱、机制纸、工具机则增长两倍以上。并逐步形成了11个工业区，上百种工业部门，生产的产品几乎包括了当时中国有生产能力的所有产品，形成一个基本可以自给的较完整的工业体系。在交通运输方面更是有了长足的进步。农业方面的情况虽有起伏，但粮食做到了基本自给。[6]总起来看，在1942年时"大后方"的经济呈普遍的发展态势。

伴随经济的发展，工商界要求政治改革的愿望也愈显突出。特别是在第二次"民主宪政运动"中，他们的"问政"活动逐渐频繁。除多次举行座谈会外，"中国西南实业协会"、"迁川工厂联合会"、"中华全国工业协

[1]《中国民主政团同盟对目前时局的看法和主张》（1944年5月），中国民主同盟中央文史资料委员会编：《中国民主同盟历史文献，1941—1949》（以下简称《中国民主同盟历史文献》），北京：文史资料出版社1983年版，第18页。

[2]《宪政月刊》于1944年1月1日在重庆创刊，发行人黄炎培，主编张志让。该刊至1946年3月停刊，共出27期。参见闻黎明《第三种力量与抗战时期的中国政治》，第216—217页。

[3]《黄炎培日记》，1944年4月30日，《中华民国史资料丛稿》增刊第5辑，北京：中华书局1979年版。

[4]1943年11月召开的美国、英国、苏联、中国参加的开罗会议，美国总统罗斯福向蒋介石建议中国需要建立一个联合政府。1944年6月美国副总统华莱士访华期间再次转达了罗斯福的意见。同时，罗斯福的建议被美军中印缅战区延安观察组（即"迪克西使团"）抵延安的美国驻华大使馆二等秘书谢伟思于1944年8月转达给中共领导人。参见闻黎明《第三种力量与抗战时期的中国政治》，第294页。

[5]《中国民主同盟对抗战最后阶段的政治主张》（1944年10月9日），中国民主同盟中央文史资料委员会编：《中国民主同盟历史文献》，第32页。

[6]史全生：《中华民国经济史》，南京：江苏人民出版社1989年版，第432—444页。

会"、"国货厂商联合会"以及"中国生产促进会"五个工业团体，联名起草了《解决当前政治经济问题方案之建议书》，送交国民党五届十一中全会，要求以民主精神改变政治经济政策，立即实行民主宪政，进行政治改革。章乃器、吴蕴初、吴羹梅等30多位工业界代表，联名发表宣言，指出国民政府在此国难深重之时，当"与民更始"，"一新气象"，以期"迎最后胜利"。工商业人士作为新兴阶层的代表，他们对政治改革的自觉意识，表明中间力量社会基础的进一步扩大。

可以看出，抗战期间中国民主诉求已经被提升到相当的高度，其社会参与和动员程度都超过了以往任何时期。经过两次宪政运动，尤其是中共关于联合政府口号的提出，使民主宪政成为有操作可能性的政治要求，这预示着战后的中国将会面临更大规模的政治民主风潮。正如有研究者指出，战后中国"第三种力量"的活跃，是战时活动基础的延续。[1]蒋介石的"文胆"陈布雷曾在胜利之时忧心忡忡，他已警觉到八年抗战是国民党执政由盛转衰的转折点，经过这样一场战争，这个政权赖以生存的基础已经被掏空。然而他或许还没有意识到，当胜利来临之际，执政的国民党还面临着权力重新分配的严峻问题。

（二）战后民主建国热情的高涨和自由主义学人的汇聚

1945年8月抗日战争胜利，意味着中国的民主建国进入了一个重要的转折时期，这对国内所有的政治势力都是一次难得的历史机遇。民族矛盾的消失，使积聚甚多的民主建国诉求以前所未有的程度彰显出来，各种政治势力无不以"和平"、"团结"、"民主"为号召，以寻求在民主建国进程中应有的位置，重建家园成为中国社会各阶层迫切的共同愿望。

政治选择可能性的增加，使充满了"精英意识"的中国自由主义者热情勃发，他们普遍滋生出"我辈不出当如苍生何"的使命感，力图将追求多年的民主之梦付诸实践。在他们看来，战后中国在国际性民主潮流的驱动下，必定会走上全面的民主化改革：

> 经过这次世界大战，国际间民主组织的完成，虽然尚待全世界人士的努力；然而世界上的一切国家，必一律成为民主国家。今后的世界，不容许非民主国家的存在，这是不容质疑的事实。

其实国际间民主组织的成败，世界能否成为民主世界，亦在依靠这个条件。换句话说，倘世界上有一个非民主和反民主的国家存在，国际间的民主组织就绝对不能成功，而世界也不能成为民主世界。这种国际环境，这种世界潮流，同时亦就确定了中国的前途。明白些说，今后的中国，非成立一个民主国家不可。因为非民主的国家，在今日的世界上，已没有存在机会。[2]

这种判断表明，民主前途不仅是"应当"的，而且是"必然"的，中国只能走上民主之路，别无他途。

民主建国的强烈诉求，使中国的自由主义者们形成了空前的汇聚。首先，他们以一贯的方式汇聚于自由主义报刊，发挥着舆论议政的重要功能。最具影响力的《观察》杂志创办人储安平这样表示创刊初衷："抗战虽然胜利，大局愈见混乱。政治激荡，经济凋敝，整个社会，已步近崩溃的边缘；全国人民无不陷入苦闷忧惧之境。"[3]时局与国是的艰辛，让他们无法坐视：

> 我们这个刊物第一个企图，要对国是发表意见。意见在性质上无论是消极的批评或积极的建议，其动机则无不出于至诚。这个刊物确是一个发表政论的刊物，然而决不是一个政治斗争的刊物。我们除大体上代表着一般自由思想分子，并替善良的广大人民说话以外，我们背后别无任何组织。我们对于政府、执政党、反对党，都将作毫无偏袒的评论；我们对于他们有所评论，仅仅因为他们在国家的公共生活中占有重要的地位。[4]

〔1〕参见闻黎明《第三种力量与抗战时期的中国政治》，第2页。

〔2〕《中国民主同盟临时全国代表大会政治报告》（1945年10月11日），中国民主同盟中央文史资料委员会编：《中国民主同盟历史文献》，第72页。

〔3〕编者：《我们的志趣和态度》，《观察》1卷1期，第3页，1946年9月1日。

〔4〕编者：《我们的志趣和态度》，《观察》1卷1期，第3页，1946年9月1日。

这个宗旨非常清楚地表明，自由主义学人对政治发表意见，完全出于对国运的高度关注。正是由于许多自由主义学人对中国特定现实有着共同的感受，战后以时政评论为宗旨的刊物，一时风起云涌，数量大增。

其次，自由主义者集聚于各种中间党派，试图参与实际的政治重建。中间党派的代表——"民主同盟"，在这一时期格外活跃。与此同时，若干新党派也在战后建立，其中比较有影响的六个党派是：1945年12月成立于重庆的"民主建国会"、1945年12月成立于上海的"民主促进会"、1946年5月成立于重庆的"九三学社"、1945年10月成立于重庆的"三民主义同志联合会"、1946年4月成立于广州的"中国国民党民主促进会"、1945年12月成立于重庆的"中国人民救国会"。中间党派对战后中国的设计充满了自由主义的向往："把中国造成一个十足道地的民主国家，是中国民主同盟的责任。"[1]"由于和平、合作及民主乃是全世界的主流，再加上中国人民的一致要求，中国所应走的道路便只有一条——和平、团结、民主、统一。今后的中国一定要成为一个和平、团结、统一的国家，一定要成为一个民主的国家。"[2]各中间党派以不同于国共两党的"中间路线"相号召，形成了国共之外的"第三种力量"。

对于自由主义学人而言，现实政治的需要的确是促使他们聚集在一起的重要契机。但是另外一个因素也同样不容忽视，这就是基于自由主义理想之上的彼此认同。作为后"五四"知识分子，中国自由主义者起初就具有的强烈启蒙意识，在这一代自由主义者中依然普遍存在。考察中国当时各种政论类的自由主义报刊，除了时政评论外，还有相当篇幅介绍各国的政治经济状况、学术流派、文化教育体制、科学发展成就、诸种社会问题，以及文学艺术、戏剧音乐等等，内容涉及政治学、经济学、社会学、人类学、文化学、伦理学、心理学以及文化比较等诸多方面。显然，他们力图通过对人类社会基本发展状态的多角度探究，给青年以人生态度和思想方法的有益启迪。《观察》的第二个定位恰是表达了这一愿望："我们还有另外一个在程度上占着同样重要的目标，就是我们希望对于一般青年的思想的进步和品性的修养，能够有所贡献。"他们希望每一个青年都有健康的生活态度和现代化的头脑：

> 我们期望每个青年都有健康的人生态
> 度——人生的目的非仅图一己的保暖而实另有
> 所寄；都有现代化的头脑——思想的方法现代
> 化，做事的方法现代化。我们国家一线前途全
> 系于今日一般青年肩上。冲动、偏狭、强横，
> 都是以造乱而不足治乱；自私、麻木、消沉，
> 带给国家的是死气而非生气。我们极望这一刊
> 物发表的文字，它所包含的看法、态度、气
> 息，能给一般青年读者以有益的影响。[3]

"五四"以来的启蒙精神依然是自由主义者们共同
的关注，这个"公共领域"无疑是他们建立彼此认
同的重要基石。

综合而言，时代的机遇，强化了自由主义者"我
辈不出当如苍生何"的时代使命感。特殊时代与强烈
自主意识的结合，使自由主义者们形成了空前的汇
聚，不论是"议政"还是"参政"，都在中国自由主
义发展史上留下了浓墨重彩的印记。

二 欧洲"民主社会主义"的兴起

第二次世界大战后国际局势发展的一个重要特
征是"民主社会主义"思潮的兴起，以英国为首的
西欧国家不仅民主社会主义思潮盛行，而且各国
"社会党"的力量普遍加强，大多数都取得了执政
党和主要在野党的地位。他们积极推行"福利国
家"政策，取得了相当突出的实践成就。1945年英
国工党执政后的若干举措尤受世人瞩目。此种国际
背景对中国自由主义者的思想及实践产生着极大的
影响。

〔1〕《中国民主同盟临时全国代表大会政治报告》（1945年10月11日），中国民主同盟中央文史资料委员会编：《中国民主同盟历史文献》，第71页。

〔2〕《中国民主同盟南方总支部成立大会宣言》（1946年1月1日），中国民主同盟中央文史资料委员会编：《中国民主同盟历史文献》，第113页。

〔3〕编者：《我们的志趣和态度》，《观察》1卷1期，第3页，1946年9月1日。

　　"福利国家"政策乃是 20 世纪以来多种社会思潮综合的产物。"福利国家"的理论基础是民主社会主义理论，它是工党政府的思想理论基础。同时，"新自由主义"和"凯恩斯主义"也是"福利国家"政策形成的重要因素。20 世纪初，以伦·霍布豪斯、约·霍布森为代表的英国"新自由主义"者提出扩大国家对社会生活干预的主张，认为国家在就业、教育、住宅等方面可以进行有目的的管理和控制，积极促进自由的发展。约·凯恩斯和提出著名"社会保障及有关服务报告"的威·贝弗里奇（W. Beveridge）在思想上与霍布豪斯思想一脉相承。完全有理由说，"福利国家"是民主社会主义、凯恩斯主义和"新自由主义"的共同产物。正像英国前首相艾德礼所言："我们的任务在创立一个进取性的新制度——一个以个人自由、计划经济、民主主义和社会公理所融合而成的制度。"[1]

　　在实践方面，西欧各国社会党人把"福利国家"政策变成了一套可进行实际操作的国家福利制度。具体说，就是通过加强国家对社会经济活动的管理和监督，扩大社会福利，以高额累进所得税去限制私人资本，实现国民收入的公平分配，消灭资本主义社会贫富悬殊的社会现象；同时提供更多的社会服务和充分的社会就业，建立有效的社会保障系统，使国民可以享受一套从"摇篮"到"坟墓"的社会福利制度。这就是所谓的"经济民主"，即社会经济生活的民主化。为此，"福利国家"推行了一系列对资本主义的改造方案：第一，实现生产资料的社会化。英国费边主义和工党一直把社会所有与国有化看成同义语，1945年，英国工党政府率先实行大规模的国有化，先后对煤炭、铁路、钢铁、电力、运输部门实行全部或部分国有化，甚至对英格兰银行也实行了国有化。第二，大兴福利措施。工党政府通过了一系列包括就业、生活最低保障、医疗卫生、住房基金、养老抚育等社会保障立法，相当程度地改善了下层劳动群众的生活状况和劳动条件。第三，扩展国家职能。工党政府奉行凯恩斯主义"国家干预"政策，使社会自由放任的状态逐步向社会的计划统筹过渡，国家指导下的计划经济成为英国经济的重要特征。通过这些措施，拉斯基设想的"计划化社会"在英国的社会实践中得到了多方面贯彻，一时，英国好像成了民主社会主义的理想乐园。工党领袖艾德礼 1948 年公开宣称，英国已建成"福利国家"。

　　英国民主社会主义的实践极大地影响着中国自由主义学人的思想

状态。他们密切地关注着工党政府的各种举措。战后中国自由主义报刊中，介绍英国工党政府及其各种政策的文章连篇累牍，比较有代表性的有：《工党英国的路向》、《英国式的新民主主义——英国民主之发展进程》、《英国工党政府及其社会革命——人民在不流血的和平气氛中得到了社会革命的实效》、《英国的抉择》、《英国工业国有诸问题》、《英国工党政府对于民营事业的管理办法》、《钢铁国营议案与工党内部困难》、《原则与经验的联姻——谈英国社会主义计划经济的范围》、《自由、管制、国营——谈英国社会主义计划经济的实施》、《英国的社会安全计划》、《到社会安全民族健康之路——论英国"国民保险法"与"国民保健法"之实施》、《我国政党改革与英国工党》等等。可以看出，中国自由主义者对英国工党的民主社会主义实践充满了向往。

社会安全制度是自由主义者最为关注的问题。任教清华大学的社会学家吴景超在《英国的社会安全计划》中列举了英国各种社会保险措施，并评论说："英国的社会安全计划，也可看作一种均贫富的方法，由富人那儿提取一部分的资金，加上工人自己所交纳保险费，来办社会福利的事业……社会安全计划，又是一种提高消费的办法，其作用在减低储蓄，加增消费，其效果可以使全民就业的理想，易于维持，高水准的国民收入，易于达到。"[2]复旦大学教授夏炎德在比较了英国福利制度的发展历程后，对英国 1948 年颁行新的社会保险制度给予高度评价："新制度完全根据社会福利的新概念，依照整个的计划，并且建筑在科学的基础上。它与旧制度不同其面目，普遍、平等、而有效。"[3]任何人都有加入这种制度的权利，任何人都必须参加保险。经过这样一套有计划的社会安全制度的

[1]《大公报》社评：《国际第三方面势力的抬头》，天津《大公报》1948 年 1 月 19 日。

[2]吴景超：《英国的社会安全计划》，《世纪评论》2 卷 11 期，第 10 页，1947 年 9 月 13 日。

[3]夏炎德：《到社会安全民族健康之路——论英国"国民保险法"与"国民保健法"之实施》，《世纪评论》4 卷 4 期，第 4 页，1948 年 7 月 24 日。

实施：

> 任何人，只要是英国国民，他们"从摇篮到坟墓"（Cradle to Grave）的一生生活都不会没有着落；儿童可以得到国家的赡家补助费，失业者可以得到国家以保险津贴，贫苦者可以得到救济津贴，年老者可以得到国家的养老津贴，总之一生到老可以不愁。从那天起，英国人民个个可以高枕而卧，生计的焦虑与意外的恐惧都成过去的事，而中国圣哲所讴歌的大同之治以及柏拉图共和国中所描写的理想境界即将见诸事实。[1]

如此理想的社会制度无疑是当时世界最进步的，"为人类社会辟一新天地"[2]，"而英国人的首先领导各国走向社会安全的大道，尤其值得我们钦佩、仿效！"[3]

其他一些欧洲国家，如法国、德国、意大利、瑞典等国社会党的政策和实施情况也同样受到中国自由主义者的关注。对西欧社会主义的分析，清华大学伍启元教授的看法很具代表性。他说，西欧是世界上除美国以外工业化程度最高、生产力最强的区域，也曾是资本主义力量最发达的地区，但第二次世界大战后，"不只在英法，而且在西欧的其他部分，社会主义已经成为政治的主流，无论愿意与否，是无法加以阻止的。即使将来社会主义的政党有时会落选，其他政党也无法阻止潮流的趋向的。"[4]西欧社会主义的特点是，社会主义政党依照各国议会政治的常规，用选举的方式获取了实施社会主义的机会，他们推行社会主义的方法是渐进温和的。从基本的政策来说，西欧国家的侧重点主要在国有政策和社会安全方面：

> 西欧国有政策的实施范围，不及东欧那么广泛。在英国，目前国有政策除原有的邮政、广播等外，只包括中央银行、煤、电、交通等最基本的事业。法国等大陆国家的情形也相同。大约西欧社会主义最重要的特点，就是"社会安全制度"，即使人人自出生至死亡，均能享有免除贫乏的权利。[5]

西欧社会主义国家也推行计划经济，但与苏联和东欧的计划经济有相当差别。英法两国的"计划"特点是"保持个人经济活动以相当大的自由，而政府只在最基本处对经济计划与限制。这一种计划是西欧经济的特点"[6]。在大多数自由主义者眼里，西欧各国政府推行的福利国家政策和民主社会主义，是中国制度选择中极有价值的一种样板："中国应依照西欧英法两国的模型，在政治方面采行民主政治，而在经济方面采行温和社会主义"。[7]显然，以英国工党为代表的西欧民主社会主义的思想与实践，受到中国自由主义学人高度的赞赏和推崇，而且成为他们思想构成中不可忽略的重要组成部分。

在自由主义者的分析中，东欧是更接近"苏联模式"的社会主义："在东欧，社会主义实行的程度虽不如苏联，但社会主义的色彩已较任何西欧国家为重。"[8]这些国家的特点是，政府大都是以共产党和社会党为主的联合政府（或单独执政），其主要经济政策是土地改革、混合所有制、重要产业实行国营和计划经济。虽然这些还有一些本国的特色，但基本上是以苏联式社会主义为模板的："每个国家都依照苏联五年计划的模型，实行计划经济（如波兰的三年计划和捷克的两年计划）……在这些计划之外，东欧国家和巴尔干大部分国家的主要经济政策是扩大国营范围和实行土

〔1〕夏炎德：《到社会安全民族健康之路——论英国"国民保险法"与"国民保健法"之实施》，《世纪评论》4卷4期，第4页，1948年7月24日。

〔2〕吴景超：《英国的社会安全计划》，《世纪评论》2卷11期，第10页，1947年9月13日。

〔3〕夏炎德：《到社会安全民族健康之路——论英国"国民保险法"与"国民保健法"之实施》，《世纪评论》4卷4期，第4页，1948年7月24日。

〔4〕伍启元：《从世界潮流论中国出路》，《观察》2卷7期，第4页，1947年4月12日。

〔5〕伍启元：《从世界潮流论中国出路》，《观察》2卷7期，第4页，1947年4月12日。

〔6〕伍启元：《从世界潮流论中国出路》，《观察》2卷7期，第4页，1947年4月12日。

〔7〕伍启元：《从世界潮流论中国出路》，《观察》2卷7期，第4页，1947年4月12日。

〔8〕伍启元：《从世界潮流论中国出路》，《观察》2卷7期，第4页，1947年4月12日。

地改革。大体说来，东欧的经济已可算是属于苏联经济的体系。如果苏联经济可以说是深红色的话，则东欧经济已经是红色了。"[1]

著名学者张东荪对东欧的社会主义颇有研究。他认为，社会主义可以划分为苏联、西欧、东欧三种类型，而中国最可以模仿的应该是东欧类型：

> 我却以为中国反可以吸纳在这样的一个广泛类型之中。这个类型就是战后东欧几个国家所实行的，他们自称的，新民主主义。当然，这几个国家亦不完全绝对相同。就中，依我看，捷克是最合乎理想的标准。芬兰有其深厚的根底。波兰亦绝不如外间所传的那样偏倚。南斯拉夫的情景究竟如何，决不能以美国一方面的反共宣传而加以断定。[2]

同时，他指出，东欧式民主与苏联有两点不同：一是多党并存，联合执政；二是经济上的混合方式，有私人资本、国家资本、合作社经营，土地则实行合理的再分配。"我以为如果把这几点当作原则，这都是中国今后所当取法的。尤其我所赞成的是学术自由纯采西洋文化的传统的自由空气。"[3] 比较那些更加赞赏西欧民主的学人而言，张东荪对民主社会主义的理解偏重于社会主义，他所主张的"新型民主"是建立在民主主义与社会主义概念同构的观念之上的。关于这一点，后文还有进一步的论述。

总起来看，欧洲的民主社会主义实践对 40 年代自由主义学人的思想状况产生着重大影响，尤其是以英国工党为代表的西欧民主社会主义实践备受关注，反映出当时中国自由主义主流的思想趋向。

三　"新自由主义"与罗斯福"新政"

自由主义是西方最具历史传统和最为主流的思想形态，它的形成、发展和变化昭示着西方数百年来社会与政治的风云变幻。可以说，西方所有的思想流派都不同程度地带有自由主义的印记。简而言之，传统自由主义产生于 17 世纪的英国，它是以理性主义和个人主义为基础的。其最基本的内涵是：保障个人自由，维护个性发展；国家的建立基于契约，国家的权力必须受到限制；推行代议制民主，以自由选举保障人权的实现。18 世纪末到 19 世纪，随着自由主义思想在政治生活中的不断巩固，它的原则日益扩大到经济领域。亚当·斯密（1723—1790）、大卫·李嘉图（1772—1823）、詹姆斯·密尔（1773—1836）等自由主义思想家，都是围绕着国家经济问题对个人自由与国家作用的关系进行论述。他们竭力倡导经济自由、契约自由和竞争自由，提出国家应奉行放任主义，不干涉经济生活和社会生活，赋予个人更大的自由活动空间。耶利米·边沁（1748—1832）则将功利主义奉为自由主义的理论基础，用功利原则论证个人自由，提出国家的目标是保证"最大多数人的最大幸福"。

　　对传统自由主义进行重大修正的是约翰·密尔（1806—1873），他把对自由问题的探讨扩展到更为广泛的社会领域，提出个人自由与社会控制的界限是个人的行为是否危害了他人。他还明确指出，应当实行有限度的放任主义，国家对社会经济生活要实行一定程度的干涉。密尔使传统自由主义思想发生了重大转变，他的主张成为传统自由主义向现代自由主义过渡的津梁。从 19 世纪末期开始，随着各主要资本主义国家先后完成自由资本向垄断资本的转变，传统自由主义开始迈向现代自由主义。19 世纪 70 年代末和 80 年代初，托马斯·希尔·格林（1832—1882）最先提出以道德学说为基础的"积极自由"论，强烈主张彻底抛弃自由放任主义，实行国家对经济生活和社会生活的全面干预。19 世纪 90 年代以后，以牛津大学教授学者为主体的格林信徒，形成英国"新自由主义"派别，他们奉行的理论成为西方现代自由主义的先导和典型。其中伦纳德·特劳尼·霍布豪斯（1864—1929）和约翰·阿

〔1〕伍启元：《从世界潮流论中国出路》，《观察》2 卷 7 期，第 4 页，1947 年 4 月 12 日。

〔2〕张东荪：《关于中国出路的看法——再答樊弘先生》，《观察》3 卷 23 期，第 3 页，1948 年 1 月 31 日。

〔3〕张东荪：《关于中国出路的看法——再答樊弘先生》，《观察》3 卷 23 期，第 3 页，1948 年 1 月 31 日。

特金森·霍布森（1858—1940）最具代表性。他们主张个人与社会的和谐统一，国家应当积极发挥作用，有效地干预社会的政治、经济、教育等活动，为公民提供广泛的公共福利。从 20 世纪初开始，新自由主义逐渐成为英国官方政策的重要基础。然而，政治动乱和经济危机，以及持续十多年的两次世界大战使新自由主义在欧洲遭到沉重打击，逐渐趋于衰落。第二次世界大战后，英国新自由主义得到复苏，并成为英国及其他西欧国家战后复兴的指导思想之一。

　　与现代自由主义在英国的形成和发展不同，美国的自由主义思想并没有经历一个从传统向现代的逐渐转变过程，也没有出现与格林类似的理论先驱。美国现代自由主义的形成完全是美国 20 世纪政治实践的需要，也是美国资本主义发展的必然产物。由于垄断的加剧，越来越多的自由主义者感到社会经济的不平等，并认为这种不平等已经威胁到自由主义理想的实现。沃尔特·韦尔（1873—1919）、赫伯特·克罗利（1869—1930）是美国最早明确表述现代自由主义原则的思想家。他们从美国的现实出发，主张扩大国家干涉权力，为实现个人自由而强调公共利益。个人利益与公共利益的和谐，取决于人们的公正行为，取决于共同的社会理想。这种与英国现代自由主义思想原则相同的现代自由主义主张，极大地影响了西奥多·罗斯福（1858—1919）和伍德罗·威尔逊（1856—1924），他们先后推行"新国家主义"和"新自由"运动，对美国政治、经济实施了系统改革。而 30 年代经济危机以后富兰克林·罗斯福（1882—1945）推行的"新政"（New Deal）更使现代自由主义原则声名大振。

　　对于 20 世纪 40 年代中国的自由主义者而言，他们关注的目光一方面是欧洲尤其是英国工党为首的民主社会主义实践，另一方面，则是美国罗斯福新政乃至以后新自由主义原则在美国社会经济中的广泛运用。20 年代末期，自由放任政策一度在美国重新推行，国家的"消极"姿态引起了社会的重大混乱。1929—1933 年席卷资本主义世界的经济危机使美国首当其冲，整个国家经济濒于崩溃。面对严峻的社会现实，强调国家干预的现代自由主义再度成为美国思想与实践的主流。罗斯福执政后提出复兴（Recovery）、救济（Relief）、改革（Reform）的"三 R 计划"，试图通过国家对社会经济活动全面而有力的干预，创建一种能够被控制的资本主义制度。美国总统富兰克林·罗斯福主张，个人自由不仅应当受到保护，还要有所发展。国家干预正是为保护和发展个人自由创造条件。"自由得以继续存在的唯一确实的屏障，就是一个坚强的足以保卫人民利益的政府，以及坚强而又充分了解情况足以对政府保持至高无上统治的人民。"[1]为了建立一个使人民"免除恐惧和饥饿"的政府，国家要限制过分的自由竞争，控制垄断，消除特权，更公平地分配国民收入，稳定物价和工资；还要提供就业机会，振兴公共事业，创建社会福利。罗斯福"新政"使"福利国家"的概念开始注入美国人的观念之中，英国"新自由主义"勾画了几十年的梦想，在美国变成了现实。

与英国的"新自由主义"相比，美国的现代自由主义有两个重要的理论特征：首先，强调中央集权和政府效率。罗斯福认为，中央政府的政治力量是有计划、有组织地使用的。为了增强自由与民主，推行各种有助于普及经济福利的措施，政府要比以往任何时候更积极地干预和改变社会状况。欲达此目的，政府一定要发挥出高效能，这是其强大威力之所在。其次，积极倡导平等思想。早在20世纪初，威尔逊就提出把"平等"作为自由主义的理想之一。杜威把人们经济上的平等机会作为自由权利的前提。罗斯福进一步指出，由于经济上的不平等，一度赢得的政治上的平等已经失去意义。如果少数人全面掌握着他人的财产、金钱、劳动乃至于生命，则许多人的生活就不再是自由的，人们也不再能够追求幸福。因此，必须为人们的平等权利作出担保，扩大权利范围就是在给人们提供机会平等。

罗斯福的"新自由主义"博得中国自由主义者

[1]罗斯福：《独裁不产生于坚强有效的政府，而产生于软弱无效的政府》，《罗斯福选集》，北京：商务印书馆1982年版，第182页。

的一片叫好。他们不断提到罗斯福总统 1941 年提出的"四大自由"中"免予匮乏的自由",[1]认为这是对经济平等的充分肯定,它意味着经济平等也是人们自由权利中不可或缺的一项重要内容。傅斯年在《罗斯福与新自由主义》一文中说:"百多年来,自由主义虽为人们造成了法律的平等,却帮助资本主义更形成了经济的不平等,这是极可恨的。没有经济的平等,其他的平等是假的,自由也每每不是真的。"[2]可见,平等不再是自由的外在条件,而是与自由具有等同的地位。张君劢说:"19 世纪人权论,以信仰、结社、宗教、财产为重,现在则推广到劳动权、生产权,可以说从前为个人主义,现在为社会主义。同一人权,其中意义一贯,决无冲突。"[3]扩大人民权利范围的"新自由主义"主张,显然是中国自由主义者非常向往的。

处于对罗斯福"新政"的热切期望,中国自由主义者格外关注曾经担任过罗斯福政府副总统职务的华莱士,这位美国平民利益的代表者,1948 年组织进步党参加美国大选,中国各中间派媒介对此作了大量报道,在他们看来,华莱士是罗斯福"新政"的继承者,是美国进步力量和"新自由主义"的希望所在。当时任总统杜鲁门出乎所有人意料蝉联美国总统后,政治学学者何永佶撰写《杜鲁门的胜利就是华莱士的胜利》一文:

今试把杜氏竞选时所作的新政诺言,集合起来有以下各点:(一)社会安全措施(Social security 即人民失业、老年等等保险)。(二)劳工集体议资(准许工人以罢工及其他手段获得合理工资)、劳资关系改善,及最低工资之规定。(三)政府大量助民建屋,及严格管制房租。(四)农民置产、耕作、及销售等等,政府予以财政援助。(五)电力公有(即庞大电力公司,如 TVA 不许私家电厂经营,俾使民众能获得便宜的电力动力)。(六)申令民族权利平等(即禁止美国国内白黑人种待遇之不平)。(七)改善租税制度(即加重富人及大公司的所得税,减轻中下等人家的所得税)。(八)废除现下的 Taft-Hartley 劳工法,恢复一九三五年故罗斯福总统新政时代的 Wagner 劳工法。以上几点,均系华莱士倡导的东西，杜鲁门拿过来而得胜利，直不啻华莱士的胜利。[4]

杜鲁门是凭着"新的'新政'"（New New Deal）赢得了连任，"这不能不归功于罗斯福总统的'荫庇'"[5]。不论是罗斯福、华莱士，还是杜鲁门，最让中国自由主义者倾心的是他们对"新自由主义"的贯彻和推崇。

实际上，"新自由主义"与"民主社会主义"在强调社会福利和平等原则上，有很大的趋同色彩。关于这一点，当时中国的自由主义者们普遍认同。傅斯年指出，所谓"新自由主义"，就是在自由主义中补充社会主义的成分。学者吴元黎说："所谓新自由主义，实际上与英国工党已行的政策，极其相近。"[6] 在"新自由主义"的经济思想中，"对于近年来经济学者对充分就业和社会安全之着重，有过犹不及之感"[7]。正是因为此种相同，它才汇聚成一种要求"经济平等"的国际性潮流。不过与"民主社会主义"相比，"新自由主义"更注重自由的价值，并从根本上坚持着自由企业制度：

美故罗斯福总统首将"免于匮乏之自由"（Freedom from want）列为人类四大自由之一，其对平等之基本观念，于斯可见。罗氏的意见亦可以代表其他人的意见。然而他们绝不愿意在"平等"的旗帜之下，

[1] 1941年1月6日，罗斯福总统在国情咨文中，表述了一个基于四项"人类最根本的自由"之上的世界秩序：言论自由、信仰自由、免于匮乏的自由和免于恐惧的自由，并宣称四项自由将为世界各地的人民所享有。参见埃里克·方纳著，王希译《美国自由的故事》，北京：商务印书馆2002年版，第314页。

[2] 傅斯年：《罗斯福与新自由主义》，重庆《大公报》1945年4月29日。

[3] 张君劢：《二十年来世界政潮激荡中我们的立场》，中国第二历史档案馆编《中国民主社会党》，北京：档案出版社1988年版，第95页。

[4] 何永佶：《杜鲁门的胜利就是华莱士的胜利》，《观察》5卷14期，第6页，1948年11月27日。

[5] 何永佶：《杜鲁门的胜利就是华莱士的胜利》，《观察》5卷14期，第6页，1948年11月27日。

[6] 吴元黎：《现代经济思潮的趋势》，《观察》2卷9期，第8页，1947年4月26日。

[7] 吴元黎：《现代经济思潮的趋势》，《观察》2卷9期，第8页，1947年4月26日。

消灭了几十百年中争取的自由。他们认为"经济民主"不是真的民主。罗氏曾说过"竞争式的经济体系（The competivite economy即资本主义社会）并没有失败，实在是还没有认真地开始。"这句话可以代表反对社会主义与反对中央设计制度一般人的态度。[1]

因此，吴元黎对"新自由主义"有如下结论："与其说它是一种变态的社会主义，毋宁说它是改善了的新资本主义，因为它建基于根深蒂固的私产制度上，以及私产及合法之自由支配为政治及经济自由之最后保障。它复承袭西欧自由思想与人文主义的精神。"[2]应该说，这种判断和认识相当准确，也是大多数自由主义学人的共同看法："在罗斯福总统的新政下，资本主义会受到若干修正，但美国的主要倾向，还是维持（在若干修正下维持）资本主义。去年十一月的大选（指1946年杜鲁门当选总统的大选——引者注）更明白地表示美国选民是主张维持资本主义和经济自由主义的。"[3]当然，美国的自由企业制度毕竟对传统的自由放任有所修正，这是令中国自由主义者颇为鼓舞的。

　　由上可见，20世纪40年代整个西方社会都在对传统自由主义作出重大修正，加入若干社会主义因素，不仅是"民主社会主义"的追求，也是"新自由主义"的旨趣所在。由此，将政治民主与经济民主合而为一，成为一种国际性潮流。考察中国自由主义者的思想状态和制度选择，此种背景的重要意义实在不可忽略。

第二章

20世纪40年代中后期中国自由主义学人的政治参与模式

抗战胜利后千载难逢的时代机遇，使中国的自由主义者普遍生出"我辈不出当如苍生何"的时代使命感，他们以特有的方式积极参与民主建国。一方面，自由主义学人创办各种政论报刊，大力宣传和鼓吹自由主义的建国理念，对现实政治予以全方位的评判。另一方面，一些热衷于实际政治的自由主义者，投身于各种中间党派的建立和活动，力图对中国的政治格局产生现实的影响。应该说，中国的自由主义者在历史提供的有限时间和空间中，为自由主义的发展留下了浓墨重彩的印记。

第一节　文人论政

创办报刊是中国自由主义学人汇聚的主要方式，他们由此形成了堪称强大的舆论议政力量。傅斯年曾对胡适表示："与其入政府，不如组党；与其组党，不如办报。"[4]傅氏的想法，代表了这一群体对独立批评立场的捍卫，也代表着大多数自由主义者的选择。抗战胜利后中国自由主义者创办的报刊之多，批评政治之激烈都是空前的。

〔1〕吴元黎：《现代经济思潮的趋势》，《观察》2卷9期，第8页，1947年4月26日。

〔2〕吴元黎：《现代经济思潮的趋势》，《观察》2卷9期，第8页，1947年4月26日。

〔3〕伍启元：《从世界潮流论中国出路》，《观察》2卷7期，第4页，1947年4月12日。

〔4〕《傅斯年致胡适》（1947年2月4日），中国社会科学院近代史研究所中华民国研究室编《胡适来往书信选》下册，香港：中华书局香港分局1983年版，第170页。

一 风起云涌的同仁报刊

20世纪40年代后期是中国各种民间报刊发展最为迅猛的时期之一，特别是自由主义的同人刊物数量之多、分布之广都是前所未有的。据不完全统计，1946年，仅在国民政府机构正式登记注册的报纸杂志就有984家，若加上未登记注册的实际达到1832家，总发行量为200万份，[1]其中有相当大比重是政治类时评刊物。遗憾的是，据笔者考察，学界对这一时段相关报刊的研究甚少，除了对《观察》和《大公报》有较为详细的研究外，其他的报刊杂志或者很少被提及，或者语焉不详。其实，无论就新闻史的连贯性，还是中国自由主义思想的发展演变进程，这一时期的自由主义报刊都具有重要的史料和学术价值。

（一）自由主义期刊

由于可资借鉴的研究成果很少，笔者根据个人不甚全面的资料涉猎，对当时较有影响的若干自由主义政论期刊作一些梳理和概括。大致而言，抗战胜利后中国的自由主义期刊，主要集中在自由主义者会聚的三个主要城市——上海、南京、北平（北京）。上海既是中国的经济金融中心，同时也颇具自由文化的传统，战后许多自由主义学人再聚沪上，使之成为自由主义期刊最集中的一个城市。比较有影响的期刊有《观察》、《时与文》、《中国建设》、《经济评论》、《中坚》、《周报》、《民主》、《再生》等。1946年国民政府还都南京，作为政治文化中心，这里自然有一批自由主义者，他们创办了《世纪评论》、《展望》、《主流》等若干颇有影响的杂志。北平从来都是人文荟萃之地，集中了中国最主要的高等学府，一批秉承五四传统的自由主义学人创办了《民主周刊》、《知识与生活》、《新路》、《周论》、《自由批判》等。此外，由于香港特殊的位置和环境，也汇集了一批自由主义者，《时代批评》是当地比较著名的自由主义杂志。

上述政论性期刊的主要特点可归结如下：第一，这些期刊高度关注中国的时政，它们基本上采用周刊形式，及时对时政予以多角度的观察和评说，由于篇幅比报纸宽松，分析与评论更加细致和透彻。

第二，这些政论类刊物，大多具有综合性，它们不仅注重时政评说，还广泛地涉猎各国政治经济状况，学术思潮与流派、诸种社会问题、科学发展、文化教育等。第三，尽管刊物的出版地点不同，但撰稿人基本上是全国范围内的知名学者，尤其是几个有影响力的自由主义刊物，如《观察》、《世纪评论》、《新路》、《知识与生活》、《中国建设》等，其主要撰稿人大致相同。第四，上述自由主义期刊中，有一些是党派机关刊物，比如《民主周刊》、《再生》、《国讯》等[2]，这些刊物的撰稿人相对更加集中，其观点也更多一些党派特点。第五，这些刊物的主旨虽大体一致，但各自仍有不同的偏向，有的刊物左一些，如《时与文》、《周报》、《民主》等，有的刊物右一些，如《中坚》、《主流》等，不同观点之间常常有争论甚至是论战。应该注意到，这些刊物的供稿者，并不全是真正的"自由思想分子"，尤其是一些偏左的期刊，常有一些隐瞒身份的中共地下党员。

以下选择有代表性的三份自由主义杂志做一具体分析。

1.《观察》周刊

《观察》周刊的创办者是当时兼任复旦大学教授的储安平，它的前身是1945年11月在陪都重庆创刊的《客观》周刊，储氏担任前12期主编，时间虽短，却已在西南地区有了不小影响。储安平后来回忆说："在精神上，我们未尝不可说，《客观》就是《观察》的前身。"[3]1946年初，储安平即开始酝酿回上海创办一份更加具有自主权的刊物。1946年9月1日，以股份制为经营方式的《观察》周刊正式在上海创刊，到1948年

〔1〕北京广播学院新闻系编：《中国报刊广播文集》第1辑，北京：广播出版社1980年版，第59页。

〔2〕《民主周刊》，为中国民主同盟机关刊物；《再生》，为中国社会民主党机关刊物；《国讯》，为中华职业教育社刊物。

〔3〕储安平：《辛勤·忍耐·向前——〈观察〉第一卷报告书》，《观察》1卷24期，第3页，1947年2月8日。

12 月 15 日停刊，《观察》共出版发行五卷，总计 114 期。此刊出版后，很快在同类刊物中取得了令人瞩目的成绩，其发行范围由全国各大城市逐渐扩展到乡镇，并在广州、武汉、昆明、重庆、西安、北平、台湾等地发行有航空版，最高发行量曾达到十余万份，订阅者包括学界、政界、军界、银行等多种行业的人，成为全国最具影响力的政论性期刊。

《观察》的撰稿人群体十分引人注目[1]，他们均是当时很有影响力的学界名流，同时也是中国出色的自由主义者。1947 年 9 月《观察》股东会的记录显示，该刊所约 78 位撰稿人中实际写过文章的有 55 人，约占刊稿量的 75％左右，[2] 这意味着《观察》聚拢了一批颇具影响力的自由主义者，从而奠定它在同类刊物中的特殊地位。笔者统计，时政方面撰稿 3 篇以上的作者有伍启元、何永佶、吴世昌、吴恩裕、李纯青、李浩培、沙学浚、孙克宽、张东荪、笪移今、傅斯年、费孝通、杨人楩、楼邦彦、潘光旦、蔡维藩、钱端升、韩德培、萧公权、储安平等。当然，《观察》撰稿人不只是封面的列名者，其他一些有影响的自由主义者，如施复亮、梁漱溟、田汝康、王绳祖、朱自清、吴晗、吴景超、吴元黎、严仁赓、周炳琳、樊弘、刘绪贻、周绶章、庄智焕、王铁崖等均为该刊撰写过多篇文章，可以说，《观察》的撰稿者代表了 20 世纪 40 年代中国自由主义者议政的水平与规模。

《观察》的政论与时事报道，客观公正且极具特色，开设的十多个栏目中，以政论为主的"专论"很有分量，它们分为两大类，一是学理性颇强的政治文化问题的探讨，包括自由主义者理想的社会制度、当代社会的发展趋势、现实政治中的第三种力量等。另一类是时事评论，涉及当时所有的热点问题，如"战"与"和"的问题、学生运动问题、经济政策问题、政府机构问题、美国对华政策问题等。这些内容充实的政论，不仅体现着撰稿人的自由主义立场，也饱含着他们对国运的深切关注，很能引起国人的共鸣。"观察通信"栏目所发表的时事报道，以犀利写实的笔锋对政治、经济、军事各方面的现实状况，给予及时客观的追踪报道，成为读者了解时局真相的重要窗口。

《观察》同时还致力于五四以来中国自由主义者们孜孜以求的思想

启蒙，力图为青年树立正确的人生信念和思想方法。《观察》所选的78位撰稿人，从事的学科研究范围相当广泛，不仅有社会科学的诸种门类，也包括了自然科学的若干学科。其开辟的十余个栏目从社会学、人类学、伦理学、文化比较、科学发展等多种角度探究了人类面临的根本问题，充分体现着自由主义者人类关怀意识和文化使命感，富有启迪意义。可以看出，中国的文化建设依然是他们心向往之的伟大事业。

《观察》以其强大的自由主义者撰稿人阵容，犀利的政论、客观的时事报道、深厚的文化关怀确立了自己在自由主义刊物中的重要地位，其影响力与代表性均是毋庸置疑的。

2.《世纪评论》周刊

《世纪评论》是1947年1月创办于南京的一份颇有影响的自由主义期刊，筹划者是曾经在国民政府担任过职务的自由主义学人何廉[3]。据他回忆，1946年6月离开政府后，即有想法在政治活动中心——南京创办一份类似于《独立评论》的时政类刊物："我认为我们应该请一些人共同工作，在作为政治中心的南京刊行发表意见的周刊，多少有点像

〔1〕《观察》所列78位撰稿人是：卞之琳、王芸生、王讯中、王赣愚、伍启元、任鸿隽、吕复、何永佶、沈有乾、吴世昌、吴恩裕、吴泽霖、李纯青、李浩培、李广田、沙学浚、周子亚、周东郊、宗白华、季羡林、胡适、胡先骕、柳无忌、徐盈、孙克宽、马寅初、高觉敷、许君远、许德珩、陈之迈、陈友松、陈衡哲、陈瘦竹、陈维稷、夏炎德、曹禺、梁实秋、张印堂、张沅长、张忠绂、张东荪、张德昌、笪移今、黄正铭、郭有守、章靳以、冯至、冯友兰、程希孟、曾昭抡、傅雷、傅斯年、费孝通、杨刚、杨绛、杨人楩、杨西孟、叶公超、雷海宗、赵家璧、赵超构、潘光旦、蔡维藩、刘大杰、楼邦彦、钱能欣、钱清廉、钱歌川、钱端升、钱钟书、鲍觉民、戴文赛、戴世光、戴镏龄、韩德培、萧乾、萧公权、顾翊群。

〔2〕参见《〈观察〉周刊社史料一组》，《档案与史学》1997年第6期。

〔3〕何廉（1895—1975），湖南人，早年留学美国研习经济，1926年获美国耶鲁大学哲学博士学位，回国后在南开大学经济系任教，并承担南开经济研究所科研任务。1936年应翁文灏之邀，在行政院办公厅工作，后转入农本局、中央设计局、经济部工作。1946年6月，脱离政府工作。

《独立评论》的性质。"[1]金城银行西南管辖行经理戴自牧捐赠 20 万美元做为启动费用。周刊主编张明纯，曾在美国攻读政治学，取得耶鲁大学博士学位，也曾供职于政府。但实际主持刊物的是清华大学社会学教授吴景超。[2]《世纪评论》出刊之后，很快就得到了社会认可，"《世纪评论》于 1947 年 1 月的第一周开始出版，在很短时间之内就得到社会的公认"[3]，成为一份著名的自由主义政论周刊。

《世纪评论》的撰稿人群体亦相当有实力。笔者统计，政论类文章撰稿 3 篇以上的主要撰稿人有吴景超、康永仁、萧公权、何永佶、李时友、严仁赓、崔敬伯、钱实甫、杨西孟、潘光旦、周绶章、楼邦彦、邱昌渭、陈序经、樊弘、夏炎德、刘廼诚、刘绪贻、巫宝三、王公亮、吕克难、徐毓枬、平情、浩然、志徐等。此外，杨人楩、傅斯年、陶孟和、孙斯鸣、沙学浚、费孝通、吴恩裕、蒋廷黻、翁文灏、朱自清、谢挟雅等也有文章发表。这些人大多也是《观察》的撰稿人，他们都是中国自由主义者中最为活跃的人物，同人们又多了一块发表言论并相互交流的重要园地。

《世纪评论》在内容上分为社论、专论、时事纪要和文艺四部分。每期开篇的社论对时政与重大事件给予态度明确的评说；专论的形式与《观察》颇为相像，既有学理性的，也有时政性的，主要涉及政治、经济、军事、文化、外交等诸多方面；"时事纪要"为新闻和国内大事综述，配合专论，成为一个颇有特色的栏目；文艺随笔方面也相当突出，梁实秋后来结集传世的《雅舍小品》首先在这里连载，费孝通传世的《乡土中国》也是以"杂话乡土社会"的题目在此连载。

就现实的政治态度言，《世纪评论》的表现相对比较温和，虽然该刊曾首载过傅斯年言辞激烈的《这样的宋子文非走开不可》，[4]但大多数文章的总体态度与言辞还是较为克制的，这与身在当时的首都可能有一定的关系。该刊于 1948 年 11 月 13 日停刊，共出版四卷，92 期。

3.《新路》周刊

1948 年创刊于北平的《新路》周刊，是值得关注的又一份自由主义精英杂志。该刊筹办人钱昌照，早年留学英国，曾担任过国民政府资源委员会委员长职务。[5]据钱昌照回忆，1947 年去北平清华大学吴景超和刘大中两家拜访，商谈中萌生了创办刊物的想法："朋友们聚在一起，谈到想办一个杂志，批评时政，对国民党和共产党都批评。杂志的名字，就叫《新路》，是我想的。""我们又商定筹设一个机构叫'中国社会经济研究会'，其性质类似英国的费边社。"[6] 1948年3月，中国社会经济研究会在北京正式成立，会员有50多人，主要由北京大学、清华大学、燕京大学及中央研究院的著名教授和学者组成，是一个纯粹的学术研究机构。研究会成立后，唯一活动就是于该年5月出版了《新路》周刊，"社经会和办刊物的经费是我筹的，资委会出了些钱，宋子文也出了些钱，但宋并不知道办刊物的事。"[7] 多年来，学界一直强调该研究会及《新路》杂志有美国和官方财政的支持背景，但实际情况不过如钱昌照所言。最重要的是，这个机构的成员以及刊物发表的文字，足以证明其独立立场。

与此前创刊的《观察》和《世纪评论》相比，《新路》周刊不失其特色。首先，编辑和撰稿人的构成更加年轻。钱昌照说：

〔1〕何廉：《何廉回忆录》，北京：中国文史出版社1988年版，第272页。

〔2〕参见沈卫威《自由守望——胡适派文人引论》，上海：上海文艺出版社1997年版，第360页。

〔3〕何廉：《何廉回忆录》，第272页。

〔4〕据何廉回忆，《世纪评论》刊有傅斯年有关批评宋子文文章的1卷7期，"不到半天时间，在上海市面就见不到了。这并不是说《世纪评论》发行量空前地突然增加，而是一定有人从报贩手中全都买去了。我立刻到《大公报》馆找到经理胡霖，把我自己手里的一份登有傅斯年文章的《世纪评论》给他看。我告诉他说这一期在市面上谁也买不到，问他能否在《大公报》上发表，他立刻同意了。就在第二天早上，这篇文章在《大公报》上发表了。这篇文章与1949年春宋子文辞去行政院长职务是有很大关系"。参见何廉《何廉回忆录》，第276页。

〔5〕钱昌照（1899—1988），江苏常熟人。早年赴英国留学，入伦敦大学经济学院获硕士学位。1928年回国后在国民政府中担任过多种职务。1945年5月，当选为中国国民党第六届候补中央执行委员，1946年5月，任经济部资源委员会主任委员，10月任行政院资源委员会委员长。1947年7月，任国防部国防科学委员会委员，1948年秋出国考察，1949年6月由香港回北平。据他自己回忆，《新路》周刊是在辞职后出国前的一段时间里创办的。

〔6〕钱昌照：《钱昌照回忆录》，北京：中国文史出版社1998年版，第101页。

〔7〕钱昌照：《钱昌照回忆录》，第101页。

"《新路》的班子是：周炳琳总负责，经济编辑是刘大中，政治编辑是钱端升和楼邦彦，文艺编辑是萧乾。"[1]《新路》的撰稿人，一部分与前述两个杂志的撰稿人相同，如吴景超、潘光旦、杨人楩、楼邦彦、严仁赓、李浩培、吴恩裕、吕克难、萧乾等，此外还吸收了一批非常年轻的学者，特别是刘大中、蒋硕杰、徐毓枬、龚祥瑞、滕茂桐、王铁崖、陈振汉、全慰天等，他们当时只有 30 余岁，学成归国不久，这些青年学者，不仅了解最新的国际学术动态，还有数人在国内参与过实际工作，具有一定的实践经验，他们的论说非常值得关注。

《新路》文论的重要特点是非常注重学理性和研究性。他们对一些专门问题的讨论相当系统，表现出强烈的问题意识和探讨精神。比如《关于美国的经济制度》、《苏联是否民主？》、《用和平方法能否实现社会主义？》、《社会主义的经济是否需要计划？》、《混合制度与计划经济之间的选择》、《美苏经济制度述评》、《政治民主与经济民主》、《经济制度之选择》等都是非常有系统的理论问题的讨论与论述。与现实政治相关的论题也运用了同样的探讨方式：如《现政府是否有改善的希望？》、《现行保甲制度应否存在？》《美苏和平是否可能？》《中国、交通、农民三行的商股是否应行收归国有？》等。《新路》经常运用多人讨论的阐释方式，营造出一种畅所欲言的宽松氛围，为挖掘展示各种不同看法提供了良好的交流平台。

应该说，《新路》创办虽晚，但其超然独立的态度和颇具分量的文论，使其在众多的中间派刊物中脱颖而出，迅速引起了广泛的关注。当然，在国内政局非此即彼的激烈斗争中，《新路》与同类刊物的处境只能是尴尬的。据钱昌照回忆："办了这个刊物，进步人士乃至共产党人指责它阻挠革命，而国民党方面认为是'反革命'言论。""香港方面的保守和进步舆论都对它不满。而蒋介石则横施压力，先是严重警告，12 月 30 日国民党政府社会部又勒令其停刊。"[2]《新路》实际上只存在了半年多时间，出版 30 期即告夭折。

上述三种重要的自由主义期刊，都是在 1948 年底停刊，其他同类期刊也基本相同。他们的命运乃是中国特定环境下自由主义者难以为继的真实写照。

（二）自由主义报纸

相比 20 世纪 40 年代新创期刊，代表中国自由主义者立场的报纸一般都有比较长久的历史，其中，《大公报》、《新民报》、《文汇报》是战后最具影响力的自由主义报纸。

关于《大公报》的创办背景以及基本情况，学界已有论述，本文不再重复。作为一份最著名的自由主义倾向的报纸，《大公报》周围所聚集的自由主义者非常值得关注。张季鸾、胡政之、王芸生等《大公报》中坚，无疑是坚定的自由主义者。尤其是40年代担任《大公报》主笔的王芸生，撰写过大量贯穿自由主义思想的社评，在当时的知识分子和普通民众中产生过相当影响，从而奠定了他在中国自由主义新闻史上特殊的地位。值得注意的是，《大公报》不仅在代表本报立场的社评中坚持自由主义立场，还通过开辟"星期论文"专栏，邀请著名的自由主义学人撰文，使该报成为在知识分子中颇有影响的自由主义言论阵地。

"星期论文"专栏始创于1934年1月1日，其最初用意是邀请京津地区的著名学人撰写文章，以加强报纸与知识界的联系，扩大其在学术界和青年学生中的影响。[3]"星期论文"以兼容并包的自由主义用稿政策，言论独立和思想自由感召学界及社会各界名流，作者队伍逐年增多，特别是1936年《大公报》上海版创刊后，重心自天津南移，撰稿者更是扩大到全国范围。根据《大公报》报人统计，从1934年1月到1949年6月，"星期论文"共刊出750余篇文章，作者多达200余人。[4]有学者指出，在《观察》没有出现之前，《大公报》的"星期论文"几乎成了国内独树一帜的、具有最高知识水准和理性风度的自由主义园地。它

[1] 钱昌照：《钱昌照回忆录》，第101页。

[2] 钱昌照：《钱昌照回忆录》，第102页。

[3] 1934年1月1日，《大公报》在显要位置刊出了《本报特别启示》："本报今年每星期日，敦请社外名家担任撰述"星期论文"在社评栏地位刊布。现已商定惠稿之诸先生如下：一、丁文江先生；二、胡适先生；三、翁文灏先生；四、陈振汉先生；五、梁漱溟先生。六、傅斯年先生；七、杨振声先生；八、蒋廷黻先生。参见《本刊特别启示》，《大公报》1934年1月1日。

[4] 方蒙、谢国明《大公报的"星期论文"》，周雨编：《大公报人忆旧》，北京：中国文史出版社1991年版，第78页。

为《观察》不仅准备了充分的作者队伍，也为后者作了丰富的思想和经验积累。[1]实际上，即使在《观察》和其他一些自由主义期刊出现后，"星期论文"依然是自由主义学人发表政见的重要园地，"星期论文"的大多数作者也成为上述期刊的主要撰稿人。

"星期论文"关注的核心是与民主建国相关的一系列问题，这是抗战胜利后中国自由主义学人共同致力的目标。具体说，战后的建都问题、复员问题、东北问题、经济政策问题、学生运动问题、内战问题、对外政策问题等都在"星期论文"中有所反映，尤其是如何推动中国的宪政步伐，实现自由主义的理想更成为讨论的重点。这些积淀着中国现代人文传统的思考，有力凸显了《大公报》的自由主义色彩。由于"星期论文"的作者群基本上具有英美文化背景，这也意味着张季鸾、胡政之一类留学日本的自由主义报人，真诚地与留学英美的自由主义学人合力并进，从而集合成为具有强大力量的民间自由主义阵营，他们对中国思想舆论界的影响与贡献有目共睹，决非是对当政者"小骂大帮忙"可以了结。

《新民报》是创刊于战前的一份自由主义报纸。[2]创办人陈铭德和邓季惺，在抗战后期延揽到一批入蜀名士为撰稿人，其采编队伍也相当庞大，主要骨干罗成烈、张恨水、赵超构、张友鸾等，都是具有自由主义倾向的知识分子。1946年10月该报在南京复刊，提出"中间偏左，遇礁即避"的办报方针。《新民报》对战后中国时局的主张与态度，主要是反对暴力解决争端，呼吁国内和平；反对一党专政，主张多党协商；反对独裁，主张民主自由；反对外交上的"一边倒"，主张理性外交等。这些主张充分表现了自由主义所尊崇的基本原则。该报还于1946年10月开办了一个自由主义气息浓厚的综合性副刊——《呼吸》，著名自由主义作家聂绀弩担任主编，常刊载辛辣笔调的妙文抨击极权政治。

《文汇报》是当时又一份有影响的自由主义报纸。[3]该报于1945年8月在上海复刊，由著名自由主义报人徐铸成主持，宦乡、陈虞孙、柯灵等人也参与编辑工作，其他新聘人员大多具有自由主义倾向。马叙伦、郑振铎、傅雷等为《文汇报》撰写的"星期评论"，更壮大了自由主义的力量。该报始终为中国民主自由的前途大声疾呼，并对"第三方面"寄予厚望，发表了大量的相关评论，仅在1946年12月，就集中刊出了《重建第三方面》、《新的和平攻势》、《第三方面没有中立》、《再论第三方面》,《所望于第三方面者》、《第三方面的组织问题》等文章,彰显着自由主义的鲜明立场。

有说法认为,《大公报》代表民间的右翼,《文汇报》代表民间的左翼。如果仅依据 1947 年 5 月《文汇报》、《新民报》、《联合晚报》三家民间报纸被国民政府查封,而《大公报》幸免于难,不足说明问题。从各报的言论上看,《文汇报》的确激进一些,但总体言,三家报纸的左右倾向并不十分明显,自由主义原则与理想显然是它们共同坚守的底线。

二　"独立的、客观的、超党派的"立场

20 世纪 40 年代后期的自由主义报刊都以"独立的、客观的、超党派的"立场自居,这在各自的发刊词和若干文论中表现尤为突出。所谓"独立的、客观的、超党派的"立场可以反映在以下三个方面:

(一)独立的理念与主张

自由主义报刊体现的理念与主张是独立客观的,既不同于国民党也异于共产党。《观察》在发刊词中即确立了"放言论事"的基本原则,即该刊同人共守四项信约:民主、自由、进步、理性。民主,体现在政治和经济两个方面,"不但政治民主,并需经济民主";自由,表

〔1〕参见张育仁《自由的历险——中国自由主义新闻思想史》,昆明:云南人民出版社 2002 年版,第 467 页。

〔2〕《新民报》1929 年 9 月 9 日在南京创刊,该报在创刊后的相当一段时期受制于四川军阀刘湘,直到 1938 年才摆脱由此带来的尴尬。抗战八年中,该报在陈铭德、邓季惺的主持下得到了空前的发展和壮大,特别是在坚持自由主义办报方向的同时,逐步完成了向现代企业化管理的过程,成为战后一份重要的自由主义报纸。参见张育仁《自由的历险——中国自由主义新闻思想史》,第506—507 页。

〔3〕《文汇报》正式创刊于 1938 年 1 月 25 日。创办人严宝礼将《大公报》著名报人徐铸成延揽至《文汇报》,从此,徐铸成一生与《文汇报》紧密联系在一起,成为《文汇报》的核心与象征。参见徐铸成《徐铸成回忆录》,北京:生活·读书·新知三联书店 1998 年版,第 75—80 页。

现为各种基本人权的实现，"我们要求人人获有各种基本的人权以维护每个人的人格，并促进国家社会的优性发展"；进步，冀望于中国社会的全面发展，"我们要求在政治、经济、教育、军事各方面的全盘现代化，我们希望人人都有现代化的头脑"；理性，乃是人类最可宝贵的素质，"我们要求一个有是非有公道的社会，我们要求各种纠纷冲突都能运用理性来解决。唯有这样，才能使一切得到合理的发展，才能加速一切建设的成功"[1]。四项信约的解释与说明，完全体现着自由主义的基本理念与追求。"只要无背于前面的四个基本原则，在这一个刊物上面，我们将容纳各种不同的意见。"[2]

《世纪评论》在发刊词中同样大力彰显着自由主义理念，他们认为自由主义主要是一种人生态度和观念：

　　　　这种态度的特点是广大的同情心，有接受新潮流的雅量，本着理智的指示，使政治经济能负起现代的使命。自由主义所要求的是个人人格的尊重，批评精神的提倡，科学观念的培植。自由主义是动的、现实的、创造的，没有一成不变的信条，没有固定或武断的主张。它的对象是现实，不专恃权威，不依赖传统，而是以理智去审查现实的要求。[3]

对自由主义精神本质的理解与认识，是确保中间立场的最好武器。换言之，只要采纳自由主义的态度和方法，就是坚持了独立客观与超党派的立场。

《新路》同人则将自己的宗旨具体化为三十二条基本主张，包括政治、外交、经济、社会及其他方面五个部分。政治的关键是"政治制度化，制度民主化，民主社会化"；外交则"以内政的协调，谋外交的协调"，从而建立独立的外交政策；经济方面则强调，国家应有统筹安排与合理政策，以促进中国的现代化和工业化；社会及其他方面主要是注重教育、医药卫生、劳工福利等各种社会保障制度的建立和推广。[4]这三十二条主张充满了民主社会主义色彩，核心是建立政治民主与经济民主合而为一的社会制度。《新路》特别指出，三十二条基本主张只代表这个学术同人团体（中国社会经济研究会）对中国未来发展的一种基本看法，这是讨论的起点而非终点，真理只有在理性的探讨中方可获得。此种思想倾向和探讨问题的态度与方式，无疑是对独立客观与超党派立场的很好诠释。

（二）现实政治中客观的超然态度

自由主义报刊在现实政治中普遍追求独立客观与超然态度，也就是说，不为实际利害所驱动的独立性被特别看重。具体表现在两方面：

第一，自由主义报刊无不强调自己的无党派背景，并以此作为言论客观独立的有力证明。《观察》申明：

> 本刊为一超党派之刊物，观察客观，发言公正，绝对独立，绝对超然。"[5]

《世纪评论》也宣称：

> 我们相信在目前言论界不入于杨即入于墨的状况下，一种真正超然的刊物，还有其存在的价值。我们这个小小的刊物没有党派的背景，没有宣传的作用，本着独立不羁的精神，从事现实问题的探讨。[6]

《新路》则更是郑重表示：

> 在此，我们要郑重声明一点，就是中国经济研究会，并非一个政党组织，所以这三十二条也并非党纲。在一个天下不归于杨，则归于墨的社会里，一个团体，对于社会上许多重要的问题，有所主张，而又声明其组织并非政党，自然会引起许多人的怀疑。但是在宪政的社会里，这是一件极其普通的事。[7]

〔1〕编者：《我们的志趣和态度》，《观察》1卷1期，第4页，1946年9月1日。

〔2〕编者：《我们的志趣和态度》，《观察》1卷1期，第4页，1946年9月1日。

〔3〕本社：《发刊词》，《世纪评论》1卷1期，第1页，1947年1月4日。

〔4〕本社：《中国社会经济研究会的初步主张（三十二条）》，《新路》创刊号，第24页，1948年5月15日。

〔5〕《第一次股东会记录》，《观察》周刊社史料一组，《档案与史学》第22页，1997年第6期。

〔6〕本社：《发刊词》，《世纪评论》1卷1期，第1页，1947年1月4日。

〔7〕本社：《发刊词》，《新路》创刊号，第1页，1948年5月15日。

《大公报》在社评中说：

> 大公报不属于任何党派，它的地位是独立的，却不是一般所谓的"中立"。大公报有自由主义的传统作风，大公报同人信奉自由主义。[1]

《新民报》表态：

> 我们愿意忠于国，忠于民，但是坚决不效忠于任何政治集团。[2]

《文汇报》也强调：

> 我们绝对是一张民间报纸，绝无背景。[3]

没有党派背景显然是自由主义者引以为豪的事情，这是他们可以超然独立的首要前提。

不仅如此，在自由主义学人看来，无党无派还意味着他们最能代表人民的利益和立场。《展望》对这一看法表述得很清晰：

> 本刊同人，力量虽然微薄，却很愿意始终站在多数人民的立场上，代表多数人民的利益和要求说话。除了多数人民的利益，没有我们自己的利益；除了多数人民的要求，也没有我们自己的要求。我们认为：只有站在多数人民的立场，才能根据多数人民的利益和要求，提出有利于多数人民的意见。[4]

《新民报》在复刊词中说：

> 本报是一个民间报纸，以民主自由思想为出发点，不管什么党、什么派。是者是之，非者非之。只求能反映大多数人群的意见和要求，决不讴歌现实，也不否认现实。[5]

《文汇报》办报方针称：

> 所有爱国的各界同胞，都可以利用我们宣传正义，研讨问题；所有民间疾苦，社会隐病，我们都愿意尽情揭露，以求解决。[6]

不受党派利益困扰，坚持民众立场是自由主义报刊的重要出发点。

第二，言论自由与批评自由，是客观独立立场的又一个重要标准和尺度。《文汇报》明申办报方针是：

> 实行宪政，势在必行，有待报纸之启迪民智，必赖言论的自由。是以本报本着言论自由的最高原则，发表社论，力求大公无私。[7]

《新民报》称：

> 在言论方面，要求不受任何党派意见之束缚，追求真理，明辨是非。[8]

《展望》认为，自由批评是了解人民愿望的主要手段。只有采取自由批评的态度，才能真正认识多数人民的利益和要求，了解当前一切问题的真相，提出合情合理而又切实有效的解决办法：

> 任何意见，只要符合这一原则，认真讨论问题，不含意气，不涉谩骂，我

〔1〕社评：《政党、和平、填土工作——论自由主义者的时代使命》，《大公报》1948年2月7日。

〔2〕陈铭德、邓季惺：《〈新民报〉春秋》，重庆：重庆出版社1987年版，第50页。

〔3〕社论：《关键就在今年》，《文汇报》1946年1月1日。

〔4〕本社：《发刊词》，《展望》1卷1期，第1页，1947年10月7日。

〔5〕本报：《复刊词》，《新民报》1946年10月10日。

〔6〕社论：《关键就在今年》，《文汇报》1946年1月1日。

〔7〕社论：《今后的本报》，《文汇报》1948年8月23日。

〔8〕本报：《本报五社八版言论编辑方针》，《新民报》1947年4月14日。

们都愿意发表，偏左偏右，均非所计；唯心唯物，更无成见。这
是我们的发言标准和发言态度。[1]

《新路》强调自由批评对获取真理的重要性：

> 我们自己不敢说是看到真理的全面，因而并不摆出包办真理
> 的面孔，凡是我们所提出的理论与事实，假如别人能以相反的理
> 论与事实来批评我们，我们都愿意诚恳的，虚怀的与他商讨。有
> 人认为思维矛盾的揭露，以及对立意见的冲突，是发现真理的最
> 好方法。这是对的。我们愿意在本刊中，提高讨论的水准，以理
> 论应付理论，以事实反驳事实，以科学方法，攻击盲从偏见。[2]

《观察》指出宽容的精神最需要提倡：

> 政治上的看法，见仁见智，容各不同，但我们的态度是诚恳
> 的，公平的。我们希望各方面都能在民主的原则和宽容的精神下，
> 力求彼此的了解。[3]

言论自由与批评自由是民主与宽容原则的具体体现，各自由主义报刊
皆以此相标榜，反映了自由主义的根本要义。

这些自由主义报刊还强调，言论与批评自由，决不意味着丧失自
己的立场。坚持正义的是非判断，保持不偏不倚的态度，是最基本的
品质。《新民报》重申：

> 要做一个纯民间性的报纸，它只能以是非和正义做出发点，
> 以主观之良心裁判，配合客观上人民大众之要求，不偏不倚，表
> 达舆情，取舍好恶，决于读者，其余知我罪我，皆非所计了。[4]

《文汇报》称：

> 使本报成为一真正独立的民间报，代表人民利益说话，而不

是依违两可，在党派间看风色，行市之
所谓中立报纸。[5]

储安平同样要求《观察》：

> 本刊为一自由主义刊物，稍偏左之
> 文字亦刊，稍偏右之文字亦刊，刊物本
> 身则力求居中，不偏不倚。[6]

在自由主义者看来，不偏不倚是自由主义报
刊与其他党派报刊的区别所在，公正客观正
是体现于此。

自由主义报刊的品性，还表现在办报人对
理想的执著追求和恪守。储安平说：

> 在这混乱的大时代，中国需要的就是
> 无畏的言论，就是有决心的肯为言论而牺
> 牲的人物！假如我们只能说些含含糊糊没
> 有斤两的话，那老实说，今日中国言论界，
> 担当这一部分工作的人已经很多，用不着
> 我们再来献身言论，从事争取中国的自由、
> 民主、和平的言论工作。[7]

在日渐恶劣的政治环境下，他们作足了充分准
备，不屈从任何外来压力，保持独立本性：

> 我们绝对不愿因为外来干涉的意见而
> 改变我们的编辑政策。我们的编辑政策是
> 独立的，不受外来干涉。我们在商标上标
> 明 Nonparty（无党派）和 Independent（独
> 立）两字，Independent 是我们的主要精神

[1] 本社：《发刊词》，《展
望》1卷1期，第1页，
1947年10月7日。

[2] 本社：《发刊词》，《新
路》创刊号，第1页，
1948年5月15日。

[3] 编者：《我们的志趣和态
度》，《观察》1卷1期，
第4页，1946年9月1
日。

[4] 本报：《复刊词》，《新民
报》1946年10月10日。

[5] 本报：《今后的文汇报》，
《文汇报》1945年1月
25日。

[6]《第一次股东会记录》，
《观察》周刊社史料一
组，《档案与史学》1997
年第6期，第22页。

[7] 储安平：《风浪·熬炼·
撑住——〈观察〉第三
卷报告书》，《观察》3
卷24期，第8页，1948
年2月7日。

之一。而我们所以如此者，就因为我们认为：要维持完整的人格，必须保有独立的意志。这个原则是我们绝对不能放弃的。[1]

《新路》学人也表示：

> 我们这一班人，都不以骂人见长，所以凡是以谩骂来对付我们的，我们只有藏拙，不与计较。同时我们这一班人，也以刚毅自矢，凡想以武力来压迫我们，要我们改变主张的，我们也决不低头就范。[2]

《文汇报》的方针代表了自由主义报刊的普遍精神：

> 本报有"富贵不能淫，威武不能屈"之高尚品格，今后仍当保持。[3]

自由主义报刊的生命力，实在蕴涵于独立精神的捍卫中。

（三）独立的经营方针

从实际操作和表现看，自由主义报刊确实贯彻了"独立的、客观的、超党派的"立场。储安平曾说："不仅刊物的立场、态度、水准等，能符合我们的理想，并且这个刊物的机构在办事上也能多少贯彻我们的精神。"[4]从实际情况看，自由主义报刊主要是在经济和人事两方面维护着自身的独立：

第一，经济上保持民间经营。《大公报》的独立经营策略非常成功。不同时期及不同"地盘"的当权者，都曾试图以巨款收买和控制《大公报》，但均遭拒绝。曾任职于《大公报》的李纯青先生在谈到经营自由与论政自由的关系时，有一段意味深长的话："大公报经济独立，不接受政治津贴。在旧社会，这一点十分重要。如果经济不独立，向政治集团伸手要钱，它就必然要受到那个政治势力的支配，不能自由发言。言论自由建筑在经济自由之上。"[5]《新民报》曾经有数年时间受制于四川军阀刘湘，抗战后期完成了民间企业的股份制合作，确保了经济上的独立地位。《文汇报》也是一份纯粹的民间股份报纸。

在重要的自由主义期刊中，《观察》的经营最具独立性。《观察》周刊采用股份经营制，由发行人、主编、编辑和工作人员投资入股，首期股额为600万元。由于发行销量甚好，经费的后续和自给不成问题。第二卷出满后，储安平总结："在经济上，本刊的发行数足以证明本刊可以自给，无须仰求'外援'，因此我们认为，本刊的经营足以为中国的言论界开辟一条新的道路，并给一切怀有成见的人们以新的认识：即办刊物不一定要靠津贴，刊物本身是可以依赖发行收入自给的。"[6]《观察》股东每年分红，还赠送股份给一些对刊物有较大贡献的作者和职工。可以说，《观察》是很典型的民间集股的同人刊物，即使从经营角度看，也是一个相当成功的案例。

与《观察》经营状况相比，《世纪评论》和《新路》有所不同，前文曾述，两家的启动费用是捐款和资助。何廉在回忆《世纪评论》时曾说，由于该刊很快得到社会承认，"事实证明戴自牧的捐赠款项是有富余的，此外，还能够很成功地收进广告费"[7]。可见它在经济上也是可以自给的。《新路》的创办费用由钱昌照一手筹措，相关的经营状况不得其详。需要注意的是，何廉和钱昌照有极为相似的经历，他们分别留学于美国和英国，回国后任职于国民政府，属于技术官僚的类型。离任后利用各自的人脉关系，筹措资金创办刊物。由于他们的中间立场，两个刊物在经济上，并没有与政府或官僚资本发生直接的关系。特别是两位筹办人骨子里学人本色未改，他们与刊物聚拢的自由主义作者非常契合，同人刊物的个性完全没有受到影响。

[1] 储安平：《吃重·苦斗·尽心——〈观察〉第四卷报告书》，《观察》4卷24期，第8页，1948年8月7日。

[2] 本社：《发刊词》，《新路》创刊号，第1页，1948年5月15日。

[3] 社论：《今后的本报》，《文汇报》1948年8月23日。

[4] 储安平：《辛勤·忍耐·向前——〈观察〉第一卷报告书》，《观察》1卷24期，第3页，1947年2月8日。

[5] 李纯青：《为评价大公报提供史实》，周雨编《大公报人忆旧》，第312页。

[6] 储安平：《艰难·风险·沉着——〈观察〉第二卷报告书》，《观察》2卷24期，第8页，1947年8月9日。

[7] 何廉：《何廉回忆录》，第275页。

从两个刊物所发表的文字足可判断，它们确实是独立的、无任何党派关系的同人刊物。

第二，编辑自身确保个人的无党派和独立性。上述各种自由主义报刊非常注重内部编辑人员的无党派身份和独立性。1947年储安平在给胡适的信中说：

> 当我在筹备本刊最艰苦的时候（去年春天，股款迄难筹足），南京方面约我几次，我都未加考虑，因为今日之士，太慕功名，太希望从政，但是我觉得一个有为之士，他应当看得远，拿得定，做他最好的，以尽忠于他的国家。刊物出版以后，我除了我的寓处、社里、学校三处之外，任何集会不参加，任何人物不周旋，这就表示，我不以这个刊物为私人进身之阶，不以这个刊物为活动的根据。今日中国需要者，就是有浩然之气的人。[1]

可以看出，储安平以非常严格的自律保持着自己和刊物的独立性。《时与文》的编辑也声明："刊物本身必须始终维持超党派的立场，负责人不参加任何实际政治活动。"[2]

《大公报》"不党、不卖、不私、不盲"的"四不"社训，鲜明地体现着民间自由主义报刊自身恪守的原则。"大公报同人信守司马迁'戴盆何能望天'的作风，既许身言论，就不旁骛，尤其相戒不兼任公职，也不做实际的政治活动。"[3]《文汇报》同样维护着这个传统：

> 新闻记者应有定见，对于真理和国家民族的利害大义，不容含糊歪曲；也不许有私见党见。另一方面，新闻界不许以新闻做买卖，所有业务以外的收入，职业以外的酬报，都不该收，严格地说，就是说人情，索便利，也等于变相的贿赂，间接的买卖。凡是自重自尊的新闻从业人员，都应该守身如玉，保持这点清白。[4]

从业人员自身的操守，始终是自由主义报刊非常强调和注重的，在实际工作中，他们也确实保持着良好的信誉和形象。《新民报》在1947年的股东会上，免去了两位经理的职务，原因是他们加入了"中国民主社会党"，有违《新民报》的超党派立场。

应该说，无论是态度观念，还是现实行为，"独立的、客观的，超党派的"立场的确反映着自由主义报刊的基本品质。关于能否真正保持"独立的、客观的、超党派的"立场始终是一个颇有争议的问题。按照阶级分析的标准，所谓独立与客观是根本不存在的。但是，回到具体的历史语境，我们会发现，自由主义报刊左右为难的生存状况，以及1948年底被国民党当局的封杀，都是源自于他们特殊的发言位置。也就是说，他们确立的社会批判立场，其立足点是自由主义者自己的价值理念。从这个意义上讲，它们的确维护了其自身的"独立的、客观的、超党派的"立场，并由此赢得了真实的悲剧意义。

第二节　组建政党

组建政党是抗战胜利后自由主义学人热衷的参政模式之一。据统计，抗战胜利后短时间内在中国组建的大小政党有千余个，其中几个有影响的中间党派表现极为活跃。这些中间党派的纲领和宗旨表现出比较大的一致性，即普遍主张与国共两党不同的"第三条道路"。但在国共对立的现实政治中，中间党派的态度则还是有偏左和偏右的分别。

一　纲领与建党特点

与文人论政不同，结集为政党的自由主义者，是通过本党的纲领和现实政策来反映他们共同的追求和意志。其建党方式则体现出不同于国民党与共产党的自由主义特色。

〔1〕《储安平致胡适》（1947年1月21日），《胡适来往书信选》下册，第169—170页。

〔2〕本社：《停刊告别读者》，《时与文》3卷23期，第2页，1948年9月24日。

〔3〕社评：《政党、和平、填土工作——论自由主义者的时代使命》，上海《大公报》1948年2月7日。

〔4〕社评：《记者节自我检讨》，上海《文汇报》1946年9月1日。

（一）纲领和现实政策

"民盟"、"民建"、"民进"、"民社"、"青年党"等政党是抗日战争胜利后几个最具代表性的中间党派，比较各党派纲领可以发现，他们在思想特征上有相当大的一致性。在政治方面，皆以西方民主政治为中国政治体制的蓝本，人民的基本权利、议会制度、地方自治、以法治国等民主政治的精髓被高度强调；在经济方面，他们多以经济民主相号召，主张确立国有与私有并存的财产制，国家对经济实行部分的计划与干预，努力提高人民的生活水准，保障人民有不虞匮乏之自由；在社会保障方面，国家应健全教育、医疗卫生及社会保险制度，力行劳工福利政策。可以说，抗战胜利后中间党派的纲领大都以"民主社会主义"为基本取向。即使以"国家主义"为最高目标的青年党，战后修正的政纲，也吸纳了政治民主与经济民主共有的精神："本国家主义之精神，民主政治之原则，内求和平与自由，外保安全与独立，以建设全民福利的现代国家，并促进平等合作的和平世界。"[1] 当然，不同政党之间还是存在差别，这一点下文还有更详细的分析。整体而言，中间党派的纲领宗旨，是第二次世界大战后民主社会主义思潮在中国本土的反映，它充分体现了中间党派不同于国共两党的第三种政治理想。

就现实政策看，中间党派寻求不同于国共两党的"第三条道路"："拿苏联的经济民主来充实英美的政治民主，拿各种民主生活中最优良的传统及其可能发展的趋势，来创造一种中国型的民主，这就是中国目前需要的一种民主制度。"[2] 这种民主制与国共两党都有所不同，因而是一条独立的路线，罗隆基后来回忆："这条路线，我们当时认为既非国民党的路线，也非共产党的路线，既非英、美的路线，亦非苏联的路线。我们当时幻想在英、美帝国主义同苏联社会主义两者之间寻求一条新的路线，即所谓的第三条路线。"[3] 具体而言，就是实现政治民主化、军队国家化、经济工业化。政治民主化意在使执政的国民党开放政权，军队国家化旨在共产党放弃独立的武装，这里彰显着中间党派特有的政治理性。

（二）建党方式和成员构成

中间党派的参政方式和组织成员构成，颇具自由主义特色。首先，中间党派皆以和平政争为手段，参政的理念和方式都是仿照西方宪政体制下的政党竞争。中国最具实力的"民盟",其成立之初就明确宣称,它是以言论和理性为依据的党派联合,不以武力为其后盾:"这一联合的构成,从旁来看,似有一个因素在。就是大家都没有武力,作其政治要求的后盾。此为联合内的构成员(各党派和个人)之一共同点,而以与联合外的两大方面相较,则此为其一重大之不同点。他们的前途,只能以言论、以理性去活动,争取大众的同情拥护。这样就启发出来,培养起来中国政治上的民主势力。只有民主势力培养起来,才能奠定国内永久的和平。"[4]没有武力支持,是中间党派与国共两党的最大区别,而且在他们看来,唯有理性的政争才是政党政治的正途,因此,中间党派始终呼吁国民党与共产党同样不要依恃武力,而以政治协商的方式实现各自的政治利益。

其次,中间党派的组织结构呈松散状态。这些中间党派,虽然都以自由主义为信仰,但此种信仰主要是基于思想的相同性和对社会现实的共同感受,很难藉此形成高度统一的意识形态。与国共两党相比,尤其是与采纳列宁主义建党原则的共产党相比,这种不足更显而易见。列宁主义的建党原则,解决了在思想文化日益多元化的时代,如何确立党内统一的意识形态,并由此对其成员形成强大的约束力和向心力问题。而持自由主义态度的政党势必不会有此种举

〔1〕转见李时友《论中国青年党》,《世纪评论》3 卷 15 期,第 11 页,1948 年 4 月 1 日。

〔2〕《中国民主同盟临时全国代表大会政治报告》(1945 年 10 月 11 日),中国民主同盟中央文史资料委员会编《中国民主同盟历史文献》,第 77 页。

〔3〕罗隆基:《从参加旧政协到参加南京和谈的一些回忆》,《文史资料选辑》第 20 辑,北京:中华书局 1961 年版,第 205 页。

〔4〕《中国民主政团同盟的成立宣言》(1941 年 10 月 6 日),中国民主同盟中央文史资料委员会编《中国民主同盟历史文献》,第 11 页。

动，他们所遵从的自由主义原理不可能让他们接受完全统一的意识形态，各持己见的自由主义者的结合，实际上是相当松散和缺乏凝聚力的。

储安平对"民盟"的分析揭示了此种联合的脆弱：

> 民盟是一个很勉强集合而成的政团，民盟里的人物，各有各的教育背景，各有各的政治看法，各有各的历史环境，他们只是在一个相同的情绪下集合起来的，就是"反对国民党"，这是他们唯一联系的心理中心。民盟到底是一种政党的做法，还是一种运动的做法呢？就过去情形观之，似属于后者而非属于前者。[1]

实际上，"民盟"建立之初，即将自身定位于党派的联合体："这是一联合体，不是单一组织。他本身不是一个政党，而是许多党派的联合。……他只是为了当前时势需要，而作此联合行动。"[2]这种基于共同目标的政治联合体，其内部的复杂可想而知。民主政团同盟成立之初由青年党、国家社会党、第三党、救国会、中华职业教育社、乡村建设派组成，各党派之间只是一种合作，而非合并。也就是说，三党三派依然是盟外独立自主的党派，入盟的各党派成员皆是根据自愿原则，履行入盟手续的跨党派盟员，双重党籍身份，使民盟的纪律约束失去效力。罗隆基曾回忆："遇到民盟的政策同某一个党有了分歧的时候，某些跨党的盟员何去何从就成了问题。民盟由于有了这类实际的困难，就无法执行严格的纪律。"[3]1944年9月政团同盟改组为"民盟"，党派限制取消，无党派人士可以个人身份加入"民盟"，无党派盟员的增加，强化了"民盟"的政党性质，但其程度依然是有限的。

另一方面，这些中间党派的组织机构也不甚完备和周密。"民盟"的组织机构还算是比较完备的，在中央机构之下，建立了各地方组织，以昆明支部最为突出，1944年底，其盟员已近200人，华北、西北、东南各地也陆续建立了总支部或支部。[4]单一党派中，建党于1923年的青年党，不仅建党时间最早，组织也最完备，1947年全国15个省市的大部分县已建立了地方组织，形成了中央到地方的一整套机构。[5]但其他党派如"民建"、"民进"、"农工"、"九三"等，地方组织机构就比较少，一些规模较小的党派根本就没有地方组织机构。总体上看，中间党派的组织管理比较松散，有人评价当时的中国民主社会党："说到党员，该党自称有十多万，实际上很有限，而且迄无确切的登记，其成分多为各自成家的亲友、门生。"[6]可见，该党的入党程序和纪律约束很是松弛，这种情况在各党派中是相当普遍的。

再次，成分构成和领导人。中间党派的主要成员是知识分子和中小有产阶级，包括学者、教授、作家、记者、学生、自由职业者、公务员、企业家、军人，也有少数的工人和商人，他们属于社会的中间阶层。这一批人对政治充满了热情，但却缺乏实际的社会动员能力，一般说，中间党派成员很少做基层的群众工作，正像有人对中国民主社会党的评价："因为该党自有史以来从未作过基层工作，没有与老百姓发生过任何接触，也没有阶级作后盾，所以，严格地说，民社党是一个只有上层，没有基层，只有形式没有内容的政治集团。"[7]其他党派也大多如此。中间党派的领导人多是知识界、实业界的学者或专家或名流，他们主要凭借自身在社会上的较高威望，赢得该党派的社会地位。大致讲，这些领导人作为政治领袖的才华并不突出，他们缺乏实际的政治经验，对党内的整合也缺少手段。储安平曾对"民盟"的数位领导人作过一个基本符合事实的评

〔1〕储安平：《中国的政局》，《观察》2卷2期，第7页，1947年3月8日。

〔2〕《中国民主政团同盟的成立宣言》（1941年10月6日），中国民主同盟中央文史资料委员会编《中国民主同盟历史文献》，第10页。

〔3〕罗隆基：《从参加政协到参加南京和谈的一些回忆》，中国人民政治协商会议全国委员会文史资料研究委员会编《文史资料选辑》第20辑，第196页。

〔4〕参见张巨成《中国民主同盟在云南（1941—1945）》，《思想战线》1994年第6期。

〔5〕参见袁柏顺《关于中国青年党研究的几点思考》，《湘潭师范学院学报》1998年第4期。

〔6〕李时友：《论中国民主社会党》，《世纪评论》3卷22期，第8页，1948年4月1日。

〔7〕李时友：《论中国民主社会党》，《世纪评论》3卷22期，第8—9页，1948年4月1日。

价，他认为，张澜、沈钧儒等几位老先生"实在都是过去的人物了"，黄炎培实际的政治经验最丰富，"但是我们也不能不说，黄先生也是过去的人物了"。张君劢、张东荪、罗隆基是当前的核心人物，但是他们各自的弱点也是显而易见的："张君劢先生（现已脱离民盟）在政治生活方面，他是一个宪政学者，一个最好的政论家，然而他只是一个论政的人物，而不是一个从政的人物，他至多只宜于任国会议员，而不宜于掌行政责任。张东荪先生也不适宜从事实际的政治生活，他是一个哲学家，一个思想家，他在政治方面最能贡献的还是思想及言论方面。若以现代的标准言之，严格说来，在今日民盟的领导人物中，适宜于实际政治生活者，恐怕只有罗努生（隆基）先生一人。罗氏中文英文都好，口才文笔都来，有煽动力，有活动力，而且对于政治生活真正有兴趣。可惜罗氏的最大弱点是德不济才。"[1]当时其他学者也有与储安平类似的看法。不能说储氏的分析完全准确，但可以肯定的是，中间党派的领导人如张君劢、张东荪、梁漱溟、左舜生、马叙伦、章伯钧、许德珩等大多都以论政见长，他们是书生式的从政者，实际政治经验和能力的欠缺，使其在复杂的政治环境中，难有进退自如、游刃有余的政治谋略，这是与国共两党的又一重大差距。

总起来看，中间党派是在民主诉求的前提下集结而成，他们企图通过现实政治的参与实现"民主社会主义"的理想。中国的政治环境和自由主义者的特性决定其组成的政党，必定是松散和脆弱的，这便预示着，他们不仅无法和国民党与共产党相抗衡，自身还会在政治参与的过程中不断走向分化与解体。

二　现实政治中的不同取向

尽管中间党派一再强调自己的中间立场，但在国共两党相互对立的现实政治中，他们实际的政治态度不可能保持中立，在各种复杂因素影响下，中间党派的政治立场不断发生分化，青年党和民社党与国民党更加靠拢，而以民盟为代表的其他党派则与共产党协同并进。

前文的探讨表明，各中间党派的政纲和主张有相当多的共同性。但

是，共同之中的区别也不容忽略，其中各党派
的经济主张最能反映他们的政治倾向。青年党
一贯主张保障私有财产制度，他们在土地和资
本问题上都不主张过多的国营和国家干预，希
望给民营经济以最大的发展范围和自由。以
"民主社会主义"为鹄的"民社党"，其主张较
青年党为左倾，更多地强调公有制和国家干预
的内容，对社会福利的追求也相当突出；而
"民盟"的社会主义色彩则更为浓厚，他们不
仅青睐于英国工党的"民主社会主义"实践，
对苏联的计划经济也多有称赞。纲领和主张的
差异，反映着思想认识的不同取向，这是盟友
间彼此走向分化的重要原因之一。

就现实政治的选择看，纲领偏右的青年党，
其政治态度始终是右倾的，一方面他们反对国
民党一党专政，主张实现全民政治，同时其反
共立场也十分明确。曾任青年党五常委之一的
林可玑说："'中国民主政团同盟'最初创始
人，为中国青年党主席曾慕韩（琦）先生，先
生当年在法国为反共创立'中国青年党'，抗
战期中亦为反共创立'中国民主政团同盟'，
先生一生认定共产党必为中国之大患，抗战期
中虽号称政党休战一致对外，但先生早已洞察
共产党之居心，心有所危，乃拟将国共两党之
外的各种社团力量，联合起来，成立一个'第
三势力'而在抗共这个基本宗旨上，则与国民
党相一致，而收到广大反共的效果。"[2]青年党
作为"民盟"最重要的发起人之一，其规模和
实力乃各党之首，在大西南的四川，该党尤其
"有较为雄厚的力量"，是"联系各方与平衡各
方的一个重要筹码"[3]。政团同盟成立后的很

〔1〕储安平：《中国的政
局》，《观察》2卷2
期，第7页，1947年
3月8日。

〔2〕林可玑：《从"中国
民主政团同盟"到
"中国民主同盟"的
一段回忆》，《传记文
学》（台湾）45卷5
期，第35页，1984
年11月。

〔3〕周淑真：《中国青年
党在大陆和台湾》，
北京：中国人民大学
出版社1993年版，
第180页。

长一段时间，青年党在盟内三党三派中的地位都十分突出。由于"民盟"中的其他党派基本上中间偏左，经过 1944 年政团同盟改组为"民盟"和 1945 年"民盟"临时全国大会，无党派盟员和其他党派人员占了绝对优势，青年党在"民盟"中的实力受到很大限制和削弱。政协会议召开前，青年党因名额问题与"民盟"的分歧愈加扩大，此后，该党脱离"民盟"。1946 年青年党无条件参加国民大会，表明它实际上已站在国民党一边。有学者称："等到三十五年十一月十日国民大会开幕声中，便由左舜生发表书面谈话，首先毅然参加，分配的代表为一百名。照曾琦（中国青年党的创始人——引者注）的解释，青年党之所以无条件参加国大，是因一向反对一党专政，今国民党既取消一党专政，与青年党的主张已经相合，故愿共同步入宪政大道。"[1]

继青年党之后，"民盟"之中的第二大党"民社党"也脱离"民盟"。以张君劢为首的国家社会党，建党时间长，在国内颇具影响，1946 年 8 月，国家社会党与海外的民主宪政党合并改组为民主社会党后，开始具有离心倾向。不久，该党不顾"民盟"劝阻，执意单独参加"国大"，终与"民盟"走向分裂。与青年党不同，张君劢及"民社党"一直反对国民党在没有中共和"民盟"参加的情况下召开"国大"，但终究选择"有条件参加""国大"，[2] 实在与张氏浓厚的宪政情结密切相关。以"宪法之父"蜚声国内的张君劢，在制宪行宪的诱惑下放弃了曾经坚守的原则。在他看来，执政的国民党是国家权力的中心，要制宪行宪，实现中国的现代化建设，必须依靠国民党，"民社党"参加"国大"，是自由主义者责任的体现，是对国家负责。储安平将张君劢的此番行为称为"政治家的理想与情感问题"："'国大'既然势在必开，宪法既然势在必制，而张氏一生献身立宪大业，则他自比较他人更关心于这部宪法的内容。更期望较为理想的宪法能够制成，所以他仍参加'国大'召开前夜在南京举行的几次审议宪草（宪法草案）的会议，并与国民党总裁交换函件：假定国民党总裁能保证这部宪法在'国大'通过，他声明他将同意他所领导的民社党参加'国大'。张氏主要的目的：和谈须待从长努力，先将宪法通过了再说。由于这一种'理想与感情'的背景不同，他遂走了与民盟不同的道路。我们对于民社党的参加'国大'是不赞成的，但是对于张氏的用心和动机是了解的。"[3]储安平的这一论说，比较切近地反映了张君劢当时"宪法情结"中的心态。然而此一举动，不仅遭到其他自由主义者的非议，而且导致了"民社党"与"民盟"的最后分裂。

政团同盟改组后的"民盟"，其政治态度经历了中间偏左到"一面倒"的转变。政协会议期间，"民盟"与共产党在许多方面颇为默契，会后他们坚持政协会议精神，拒绝参加"国大"，不承认"国大"制定的宪法，不参加"改组"政府。青年党和"民社党"退出后，"民盟"进一步加强组织建设，1947年1月召开一届二中全会，强调"民盟"基础的广泛性，主张吸收更多的无党无派的中间分子加入，强化政党性质，以利于政策的贯彻执行，并保持中间偏左的一贯政治态度：

民主同盟的组织是独立的，政策是自主的。我们不否认，站在政团的立场，对国共两党的党争，民主同盟是个第三者，我们应该保持不偏不倚的态度。但民盟既是一个独立自主的政团，我们依据我们的政纲以争取国家及人民福利，民盟

[1]李时友：《论中国青年党》，《世纪评论》3卷15期，第12页，1948年4月1日。
[2]所谓"有条件参加"，是指民社党参加"国大"有先决条件，即国民党保证通过张君劢起草的《中华民国宪法》，结束训政，实现宪政。在此前提下，民社党向国民党提交参加"国大"代表名单，但张君劢本人不列名其中。参见郑大华《张君劢传》，北京：中华书局1997年版，第483页。
[3]储安平：《论张君劢》，《观察》1卷19期，第3页，1947年1月4日。

> 对国事（是）自然应该明是非辨曲直。是非曲直之间就绝对没
> 有中立的余地。民主同盟的目的是中国的民主，是中国的真民
> 主。民主与反民主之间，真民主与假民主之间，就绝对没有中
> 立的余地。[1]

也就是说，追求民主是"民盟"处事的准则，其左倾是因为当政者
右倾。

对于"民盟"偏左的倾向，储安平另一种角度的分析也值得注
意："要知道实际政治不能完全摆脱权术，从战略上说，民盟和共产
党互为呼应，实为必然，两者的目的都要削弱国民党，在这个前提
下，两者当然要并行联系的，假如一定要说如此就是民盟被共产党
利用，则我们也未尝不可说，民盟也利用了共产党。故此事不足奇，
亦不足为民盟之病。只要国民党一日保持其政权上的优势，民盟与
共产党可能继续维持其联系的步调。"[2]策略是以现实政治需要为依
据的一种暂时行为，实际上"民盟"与共产党在思想上的距离依然
很大。梁实秋在评论好友罗隆基时说："罗隆基不是共产主义者，他
的思想离共产党还远得很，他为了政治的策略而拉上共产党做'同
路人'，这心情我能谅解，一个政治家不能多树敌，在必要时还要纵
横捭阖组织联合战线先来应付一个共同的目标。"[3]储安平与梁实秋
是了解"民盟"领导人的，他们深知这些自由主义者的思想状况，
因而其判断大致不错。

如果说，"民盟"解散前，表现出左倾有策略方面的考虑，那么
"民盟"解散后的"一面倒"则是现实环境逼迫的结果。1947 年 10 月
28 日，官方的中央新闻社发表《政府宣布民盟非法》的声明，对"民
盟"活动严加取缔。11 月 6 日，"民盟"总部被迫宣布解散，各地组
织和广大盟员先后转入地下。1948 年 1 月，"民盟"在香港召开一届
三中全会，检讨了过去的政纲政策，决定放弃"中间路线"，实行与
中共公开全面的合作，这表明"民盟"已全然左倾。至此，中间党派完
全走向了左右分化。

"民盟"组织的演变，真实地展示了中间
党派在 20 世纪 40 年代的生存状况，在现实政
治中他们不得不走向不同的政治选择，不是把
"宪政"希望托付于当政的国民党，就是把民主
理想希冀于日渐强大的共产党，而他们自身则
始终没有成为真正意义上的"第三种力量"。

〔1〕《中国民主同盟一届二中
全会政治报告》（1947
年 1 月 10 日），中国民
主同盟中央文史资料委
员会编《中国民主同盟
历史文献》，第 265—
266 页。

〔2〕储安平：《中国的政局》，
《观察》2 卷 2 期，第 7
页，1947 年 3 月 8 日。

〔3〕梁实秋：《罗隆基论》，
《世纪评论》2 卷 15 期，
第 19 页，1947 年 10 月
11 日。

第三章

"中间路线"的形成与讨论

"中间路线"实质是自由主义者及中间党派所主张的第三条道路。毛泽东在 1952 年的一次谈话中曾说过：在中国共产党和国民党斗争的时候，两党对立，很自然地会产生"中间路线"。[1]也就是说，只有在国共之争的特殊背景下，才可能出现中间形态的政治路线。自 1927 年国共分道扬镳后，已有一些具有中间色彩的政治派别，但很难说形成了"中间路线"。典型意义的"中间路线"是在抗战胜利后，尤其是在国共内战爆发之后形成的。本章对中间路线的形成过程、中间路线的主要内容、特点以及围绕中间路线的两次讨论予以梳理分析。

第一节 "中间路线"的形成

"中间路线"是抗战胜利后中国特殊政治形势下的产物。政治协商会议期间，以自由主义者为主体的"第三方面"发挥了重要作用，"五项决议"基本符合他们对民主政治的理解和追求。内战爆发后，决议的实现已无希望，自由主义者开始以"中间路线"相号召，并形成了比较完整的"中间路线"的理论形态。

一 参与政协会议

政治协商会议是民国历史上非常特殊的一个事件。从国内方面说，政协会议主要是延续"重庆谈判"的政治走向，解决遗留的中共解放区问题，因此国民党方面较为积极，"第三方面"出于一贯的政治理念自然极其热衷。而中共则提出将政协会议的主要议题转向政治问题，从而体现中共的政治攻势。与此同时，一个超强的国际背景构成了对政协会议的强力监护。1945年12月15日，在美国政府特使马歇尔即将来华之际，杜鲁门总统发表对华声明，强调民国政府要扩大基础，容纳国内其他主要政治分子加入。27日，在苏联首都莫斯科举行的美国、苏联、英国三国外长会议发表公报，有关中国问题特别指出，中国的现政府必须改组。在此背景下，政治协商会议于1946年1月10日正式召开。各党各派及无党派代表38人，共聚一堂，理性地商讨国是，这是史无前例的一次纯政治性会议，也是"第三方面"对国是最有代表性的一次参与和实践。

在38位政协代表中，国民党代表8人，共产党代表7人，[2]民主同盟代表9人。民盟代表是：张澜、罗隆基、张君劢、张东荪、沈钧儒、张申府、黄炎培、梁漱溟、章伯钧。青年党代表5人：曾琦、陈启天、杨永浚、余家菊、常乃德。无党派代表9人：莫德惠、王云五、傅斯年、胡霖、邵从恩、钱永铭、缪嘉铭、李烛尘、郭沫若。各代表团除正式代表外，还设有若干顾问，"民盟"代表团的顾问阵容很强大，政治顾问：邓初民、彭一湖、杜斌丞等。经济顾问：马寅初、章乃器、周谷城、施复亮等。宪法顾问：张志让等。法律顾问：史良等。教育文化顾问：潘光旦、陶行知、侯外庐、闻一多等。他们都是知识界一流的专家和学者。

从正式代表的数量上看，国民党与共产党两党只占了15名，其余23名都属于"第三方面"。中共领导人周恩来对全部的政协代表作过一个政治分析：政协代表虽然由多个党派与无党派人士

〔1〕黄炎培传达毛泽东对于民主建国会方针的指示，1952年7月2日，转见齐卫平《中国现代史上的中间路线是何时形成的?》，《历史教学问题》1991年第5期。

〔2〕政协会议中8名国民党代表是：孙科、张群、吴铁成、陈布雷、陈立夫、张厉生、王世杰、邵力子。共产党7名代表是：周恩来、董必武、王若飞、叶剑英、吴玉章、陆定一、邓颖超，参见秦孝仪主编《中华民国重要史料初编——对日抗战时期》第七编，战后中国（二），台北：中国国民党中央委员会党史委员会1981年版，第62页。

组成，但从政治上讲，实际上由三方面力量构成，即国民党、共产党、"第三方面"，国共两方面的立场大体上是确定的，值得研究的是"第三方面"代表的立场选择问题。周恩来按两个标准为"第三方面"作了政治归类：第一，通常的政治立场，也就是对待国民党与共产党的立场；第二，超国共的立场，即赞成民主与否。按第一个标准，青年党的五位代表，以及胡霖、傅斯年、莫德惠、钱永铭，可划为国民党一方。而郭沫若、章伯钧、沈钧儒、张申府以及罗隆基、张东荪、缪云台、李烛尘，则可划为中共一方。居中者为黄炎培、梁漱溟、张澜、王云五、邵从恩、张君劢。然而按照第二个标准看，上述阵营便起了分化。首先青年党不能与国民党保持一致，同时国民党内部也有多人赞成均权，即各省自治问题。其他人士也是赞成民主的。故此，周认为，就这个标准看，"国（民党）方不及我（中共）整齐"，"君主派不如新旧民主派占优势"。[1]周恩来的两个标准是很准确的，它表明"第三方面"尽管在国共之间有不同倾向，但在民主建国问题上，他们有很大的一致性，因此第二个标准的人数显然要大于第一个标准。正是在这个根本问题上的共同性，使"第三方面"在政协会议中发挥了重要作用。

这次政协会议的讨论围绕着五方面的问题展开：政府改组问题、和平建国纲领、军队国家化、国民代表大会、宪草修改原则，核心是废除一党（国民党）"训政"，实现民主宪政的国家政体。梁漱溟对上述五个议题及其相互之间的关系有一个说明：

> 政治协商会议的目标与任务既在实行宪政，那就必须先起草宪法，然后提交国民大会通过，所以设宪草小组和国民大会小组。而国民大会之召集不能由国民党一党包办，须由各方面共同召集，因此就须改组国民政府，容纳各党派参加政府，这样就设立了政府组织小组，协商政府改组事宜。政府改组后，宪政实施前，这一段时间如何施政，需要有一个共同纲领，所以又设立了施政纲领小组。此外，由停战会议而产生的停战执行小组，只管调处停战，而两党军队如何变成国家的军队，如何实现军队国家化，如何裁军整军，还需要协商解决，所以又设立了军事小组。[2]

由于这些问题是彼此相关联的，所以只有五方面的问题都形成协议，政协会议的目的方能达到。

在会议五个问题的讨论中，"第三方面"代表均发表了重要意见。在关于政府改组的讨论中，针对国民党的提案，"民盟"代表罗隆基发言说，国府委员须经国民党通过，"这些人是否要向国民党的机关负责"？国民党提案中政府委员联署才能提出提议，"参加府委的党外人士永远难有建议权，更谈不上否决权"[3]。所以罗认为，国民党的扩大政府提案，仅是形式上的扩大，事实上仍由国民党把持，这与政府改组的本意不相符和。各民主党派认为废除一党"训政"应是政府改组的核心和主旨，因此国民政府委员应有更广泛的社会基础。政府改组协议的最后结果是，在未实施宪政前，国民政府委员会为国家最高的权力机关，国民政府委员中一半是国民党员，其余的半数由各党派和无党派人士担任。协议未规定国府委员须经国民党中央委员会会议通过。[4]

在关于和平建国纲领的讨论中，张申府发言说："共同纲领正是所谓剧本，是要共同遵守的。过去就是政府爱怎么办就怎么办。由寡头一党变成各党共同，在过渡期间要有一个根本临时的法，必须有这样一个法，才能共同遵守。"张申府将"共同纲领"赋予了"临时约法"的性质，就是要取消原有的约法。至于纲领的条款，张进一步说明："我以为既是临时的，而且是纲领，条文不可太多，要是荦荦大端的原则而不是具体事项。"[5]罗隆基也表示了大致相同的看法，纲领的性质"应承认其性质

〔1〕周恩来：《关于国共谈判》，中共中央文献研究室编：《周恩来一九四六年谈判文选》，北京：中央文献出版社 1996 年版，第 12 页。

〔2〕中国文化书院学术委员会编：《梁漱溟全集》第 6 卷，济南：山东人民出版社 1993 年版，第 897 页。

〔3〕《罗隆基代表民主同盟提出改组政府三原则》，重庆《新华日报》1946 年 1 月 15 日。

〔4〕政治协商会议就政府改组问题达成协定：国民政府委员共 40 名，国民党 20 名，其余 20 名由各党派和无党派人士担任。协议未规定国府委员须经国民党中央通过。参见秦孝仪主编《中华民国重要史料初编——对日抗战时期》第七编，战后中国（二），第 214 页。

〔5〕陈布雷记录 1 月 5 日会议发言，秦孝仪主编《中华民国重要史料初编——对日抗战时期》第七编，战后中国（二），第 158 页。

等于现阶段之宪章。"[1]建国纲领承认现存的各政党均为合法,且具有平等的地位。其他所涉及的具体问题,分别在几个专门小组讨论后,将结果收入"共同纲领"。比较而言,纲领小组的争论大约是最平静的。

会议讨论的军事问题的核心是军队国家化,实现军党分离成为讨论的焦点。对这个问题,"第三方面"的态度相当明确和彻底。青年党的提案提出:"实行军党分离,以免政争变为兵争。全国国防军应独立于一切党派之外,任何党派均不得以军队为政争之工具。"[2]实现这一原则,必须做到三点:"第一,须禁止现役军人参加任何党派,其已有党派关系之现役军人,应一律宣布退党,始可继续担任军职。第二,须禁止一切党派在军队内部有公开的或秘密的党派组织及活动。第三,须禁止一切军队实施含有党派性之政治教育。"[3]这是三个切中要害的具体措施。"民盟"有关军事问题提案较为简要,其核心是"全国所有军队应即脱离任何党派关系,而归属于国家",为此"现役军人脱离党籍"[4]。梁漱溟曾对"民盟"提案给予说明:"民主同盟的提案与青年党的提案大体上相同,只有详略的不同。"[5]民主建国会向政协会议提出的意见也主张,军人必须脱离党籍。可见,各民主党派均把军人必须脱离党籍问题,看作军党分离的核心。此外他们还强调大量裁兵,将军队的耗费用于科学研究和工业建设。应该说,在军队国家化问题上,"第三方面"的主张最没有顾忌也最为彻底,但他们却受到了拥有军队的国民党与共产党的联合抵制。有关军事问题的协议通过了两项折中原则:军党分离,就是在军队内,军人可以有党籍,但不得有党团组织,也不得有党派活动。军政分离,就是军队在驻地不得与当地政治发生任何关系,只能进行训练,不负责地方防务,军队供给由中央统一筹划。

在有关国民大会讨论中,最有争议的是原有的"国大代表"资格是否继续有效。"民盟"和中共的意见是全部"国大代表"应重选,理由是:当初"国大代表"选举时,中共与其他党派均处于非法状态,未能参选,选举是由国民党一手包办的。另外,"五五宪草"规定,"国大代表"任期6年,而今已近10年,其代表资格早已失效[6]。罗隆基在讨论中表示"如维持旧代表,则须进行民意测验,由工商文化学生等知识分子举行。"[7]无党派代表王云五则提出一项折中方案,一方面赞成维持旧代表资格,另一方面提议,将旧有的名额拿出来,公平分配给各党派，这样新旧代表的比例大致相当。[8] 这个折中方案被会议接受。

宪草修改是一项十分复杂的问题，政协会议的任务是制定一个"宪草修改原则"。宪草修改的核心是建立议会制。在朝党和在野党围绕着五权制与内阁制、国会制展开争论。在朝一方主张五权制，总统制；而各民主党派则主张国会制，内阁制，以及省自治，他们认为，如果按照"五五宪草"的"五权制"制定宪法"将是世界上一部

〔1〕陈布雷记录1月5日会议发言，秦孝仪主编《中华民国重要史料初编——对日抗战时期》第七编，战后中国（二），第164页。

〔2〕《青年党提出"停止军事冲突实行军队国家化案"》，中国人民大学中共党史教研室编《批判中国资产阶级中间路线参考资料》（第四辑），北京：中国人民大学出版社1962年版，第102页。

〔3〕《青年党提出"停止军事冲突实行军队国家化案"》，中国人民大学中共党史教研室编《批判中国资产阶级中间路线参考资料》（第四辑），第102页。

〔4〕《中国民主同盟提出"实现军队国家化并大量裁兵案"》，中国人民大学中共党史教研室编《批判中国资产阶级中间路线参考资料》（第四辑），第99页。

〔5〕《梁漱溟对民主同盟提案的说明》，中国人民大学中共党史教研室编《批判中国资产阶级中间路线参考资料》（第四辑），第99页。

〔6〕国民党原拟1937年召开国民代表大会，为此，1936年搞了一次"国大"选举。当时规定，"国大代表"由三部分构成：一，区域和职业代表1200人，由各省、直辖市、各行业选举产生；二，政府遴选的代表，即政府指定代表240人；三，国民党中央委员为当然代表，当为240人。由于1937年7月抗日战争全面爆发，"国大代表"未全部选出，国民代表大会也未能如期举行。1945年国家领导人蒋介石宣布召开国大后，"国大代表"资格问题遂引起了争议。重庆谈判时国共就此有过磋商，未能解决，留给了政协会议。国民党方面的意见是，原区域和职业代表名额中，尚有240名未选，政府遴选代表240名也未选出，共480名，这些名额提供给中共和其他党派。参见邓野《联合政府与一党训政——1944—1946年间国共政争》，北京：社会科学文献出版社2003年版，第292页。

〔7〕《会议简述》（政协会议第八次会议），秦孝仪主编《中华民国重要史料初编——对日抗战时期》第七编，战后中国（二），第201页。

〔8〕王云五：《岫庐八十自述》，台北：商务印书馆1967年版，第360页。

最不民主的宪法。"[1] 问题的难点在于，"五权制"是国民党创始人孙中山先生的制宪学说，不宜全盘推翻，寻求一种"五权制"与"国会制"折中的方案，成为"第三方面"热衷的事情。宪法专家张君劢设计了一个以"五权制"为外壳，以英国议会制为实体的"偷梁换柱"的方案。其特点是：由公民直接投票行使选举、罢免、创制、复决四项权力，而公民的这种直接投票，便称作国民大会。这样，既保留了"国大"这一名称，又解决了直接民权问题。实际上，这一主张将"国大"无形化了，造成了"国大"既无具体机构，也不能为选举代表举行会议，仅剩下一个名称，而实质乃是西方式的"大选制"。更重要的是，在保留"五院制"的名义下，注入英国式的"内阁制"和"国会制"。具体设计为：行政院（内阁）对立法院（国会）负责，立法院对行政院不信任时，可以推翻内阁，而行政院如有自信，也可要求总统解散立法院，实行大选，产生新的立法院。行政院长相当于英国的首相，总统相当于英国的国王。然而，这个设计对蒋介石的地位极为不利，蒋如欲做总统，地位较稳，但无实权，如欲做行政院长，较有实权，但地位不稳，随时有倒阁的危险。张君劢这套方案提出后，"在野各方面莫不欣然色喜，一致赞成；尤其是周恩来简直是佩服之至，如获至宝。"[2] 政协宪法草案修改原则，最终接纳了行政院对立法院负责；省可以制定省宪这两条重要的民主宪政原则。

政治协商会议的议题看似复杂，其实质却很简单，就是结束中国的一党"训政"，实现多党制的国家体制。可以说，政治协商会议五项决议是"第三方面"民主建国理念在现实政治中表现最充分的一次。罗隆基对政治协商会议的评价很有代表性："共产党的让步多，蒋介石的苦恼大，民主同盟的前途好。"[3] 各方妥协的结果是，国民党承诺放弃垄断的国家权力，中共承认"三民主义"和国民党及蒋介石的领导地位，国内各党派由此可以展开合法和平的政治竞争。对于这样一个基本符合民主政治原则的结局，"第三方面"的自由主义者们颇感欣慰，张君劢代表"民盟"所致的闭幕词便表达了这种心情："此次政治协商会议给大家无上安慰，就是有了和平以后，自然可以民主，不用武力，自然能采用法律的解决，或政治解决途径。此次协商会议成功，既以和平解决，统一与团结的效果，自随之而来，民意亦随之实现，走上政治的路线，亦自在其中。所以这一次种种协议，我们民主同盟不论在野在朝自愿竭诚拥护的。"[4]

二 "中间路线"的明确提出

自由主义者和中间党派在抗战胜利之初，已经在大张旗鼓地宣传他们的政治主张，并谋求在民主建国进程中得到体现，不过当时并没有明确使用"中间路线"的说法。重庆谈判和政协会议期间，国共关系以和平谈判为主，特别是中间党派发挥重要作用的政协会议及其决议，使自由主义者和中间党派认为国共之争似乎步入了一个他们所渴望的良好轨迹，中国有可能就此走上民主建国的理想之路。

无情的事实是，国共战火再起，和平局面陷于绝境，寄托着自由主义厚望的政协决议成为一纸空文。面对此种状况，自由主义者一方面坚持维护政协决议，另一方面将自己不同于国共两党的主张明确以"中间路线"相标榜。从历史资料看，大量提倡"中间路线"的文章出现在1946年6月中国内战爆发以后，张东荪著名的《一个中间性的政治路线》、施复亮的《何谓中间派》、《两条道路，一个动力》都写于1946年6月到8月间。《大公报》主笔王芸生回忆，该报一些主要的"中间路线"文章也是7、8月以后开始刊载的。1946年底到1947年上半年还形成了一个有关"中间路线"的讨论热潮。可以说，内战爆发，政协决议无法付诸实际，成为自由主义者和中间党派彰显"中间路线"的重要原因。在现实政治中，只有独立的"中间路线"最能表达他们的政治理想和愿望。

自由主义者揭橥的"中间路线"主要有以下特征：

（一）关于"中间路线"的性质

"中间路线"可以分思想和现实两个层面。就思想本质言，中间路线力求在资本主义与共产主义之间形成一种折中的制度选择。张东荪在《一个中

〔1〕社评：天津《大公报》1946年2月26日。

〔2〕梁漱溟：《我参加国共和谈的经过》，中国文化书院学术委员会编《梁漱溟全集》第6卷，第900页。

〔3〕罗隆基：《从参加政协到参加南京和谈的一些回忆》，中国人民政治协商会议全国委员会文史资料研究委员会编《文史资料选辑》第20辑，第230页。

〔4〕张君劢：《民主同盟代表张君劢在政协会上致闭会词》，中国人民大学中共党史教研室编《批判中国资产阶级中间路线参考资料》（第四辑），第104页。

间性的政治路线》中指出，在所谓的资本主义与共产主义之间想求得一个折中方案：

> 　　这个中间性的政制在实际上就是调和他们两者。亦就是：在政治方面比较多采取英美式的自由主义与民主主义；同时在经济方面比较多采取苏联式的计划经济与社会主义。从消极方面来说，即采取民主主义而不要资本主义，同时采取社会主义而不要无产专政的革命，我们要自由而不要放任；要合作而不要斗争，不要放任故不要资本家垄断，不要斗争故不要阶级斗争。这样的一个新方案当然有待于详细的研究与具体的制定，不过不妨先把这样的原则与方针揭示出来，作为立国的基础。[1]

兼采两种制度之长，形成适度折中，是战后自由主义者基本的思想特征。这种充满修正色彩的思想状态，反映着复杂的思想文化内涵，欧洲的"民主社会主义"、美国的"新自由主义"、苏联的社会主义建设、中国的传统文化等都对自由主义者产生着重要的影响和制约。第四章对此还有详细阐述，此不展开。

　　从现实层面看，"中间路线"是指中间派不同于国共两党的政治经济和外交政策，简言之，即促进政治民主化、军队国家化、经济工业化，在外交方面兼亲美苏。施复亮说："中间派的政治路线在政治上必须实现英美式的民主政治，但决不能为少数特权阶级（在今日中国是官僚资本家，买办资本家和大地主）所操纵，在经济上必须发展民主资本主义，奖励民生必需品的扩大再生产，但决不容许官僚买办资本的横行和发展，且须保护农工大众以及一切被雇佣者的利益，提高其购买力和生活水准。""对美苏两国采取同等亲善政策，既不助美反苏，亦不助苏反美，始终保持独立自主的精神，充作美苏合作的桥梁，决不做美苏冲突的牺牲品。"[2]应该说，"中间路线"的现实政策是极具针对性的，政治民主化，其矛头指向执政的国民党，要求其开放政权；军队国家化，则指向共产党，意在督促其放弃拥有的武装，这是体现"第三方面"特有政治理性的一条政治路线。作为中间势力，其现实作用是要在国民党和共产党之间作一种调和，"乃是要把他们中偏右者稍稍拉到左转；偏左者稍稍拉到右转，在这样右派向左，左派向右的情形下，使中国得到一个和谐与团结，并由团结得到统一。"[3]

（二）关于"中间路线"的社会基础

自由主义者认为，中间路线存在的基础，源自于中国社会特有的社会结构。他们分析指出：中国社会结构的特征是两头小，中间大，所谓两头，是指官僚、地主、资本家、买办等形成的一端，以及产业工人和贫农组成的另一端，他们占人口的极少数。中间则是指占人口绝大多数的中间阶层：

中国是一个落后的，农业手工业占优势的小生产制的社会，阶级分化还不十分严重，中间阶层还占全中国人口中的绝大多数。民族企业家、手工业者、工商业从业人员、知识分子（公教人员及自由职业者）、小地主、富农、中农（自耕农和一部分佃农）等，都是今天的中间阶层。简单说，民族资产阶级和小资产阶级，都是今天的中间阶层。[4]

在自由主义者看来，国民党、共产党和中间党派分别代表中国三种不同的社会阶层。尽管国民党的"三民主义"理论体系并不是为官僚、地主、资本家和买办服务的，但其所作所为却完全是代表这一群人的利益，而与中国大多数人的要求和利益完全相反。"今天在国人的心目中，国民党便是'腐败''倒退''反动'的代名词。这也是说，从行动上判定国民党是代表这一极端，这一极端是压迫中国的多数人，同时是以中国多数人民有形无形的作了敌对，它自然也就是中间阶层革命的对象。"[5]国民党的行为表明，他们是少数利益集团的代表者，已经与大多数人民形成了事实上的对立，因而是社会革命的对象。

[1]张东荪：《一个中间性的政治路线》，中国人民大学中共党史教研室编《批判中国资产阶级中间路线参考资料》（第四辑），第177页。

[2]施复亮：《何谓中间派》，上海《文汇报》1946年7月14日。

[3]张东荪：《一个中间性的政治路线》，中国人民大学中共党史教研室编《批判中国资产阶级中间路线参考资料》（第四辑），第179页。

[4]施复亮：《何谓中间派》，上海《文汇报》1946年7月14日。

[5]周鲸文：《论多数人的政治路线》，中国人民大学中共党史教研室编《批判中国资产阶级中间路线参考资料》（第四辑），第268—269页。

从理论上说，共产党代表的是中国社会的另一端。以实现社会主义和共产主义为目标的共产党，其赖以存在的基础是无产阶级的产业工人，中间阶层则是铲除和消灭的对象。但中国的现实是，无产阶级的数量微乎其微，因此共产党的现实路线实际上采纳了中间性的政治路线。"但吾人必须记取，共产党最终目的还是摧毁这条路线，也可以说过河拆桥的办法。同之，在行动上，它懂得中国这个落后的国家，不能容其等待无产阶级产业工人形成阵容，再行发动，乃提前行动，转移其重心到非正当对象的农民，而又以武装力量为其发展的保障。"[1]

自由主义者因之得出如下结论：国民党和共产党分别代表中国社会的两个端点，其社会基础都不算雄厚。中间派所代表的才是社会广大的中间阶层，其社会基础最为广大：

> 它（中间阶层）有雄厚的主力军，它担负今日中国走向民主政治的任务，也担当工业化的任务。这是历史付（赋）给它的使命。它是今日中国改造建设的中坚力量，只有它才能给中国引上正当的途径。[2]

正是因为中间派具有广泛的社会基础，肩负着重要的历史使命，"所以它的政治立场必须站在大多数人民的立场上，必须拥护大多数人民的利益。要拥护大多数人民的利益，在今天必须采取民主的进步的政治路线，因为民主和进步都有利于多数人民。"[3]"中间路线"的主张者认为，只有拥有广大社会基础的"中间路线"，才能公正无私地代表中国大多数人民的利益。

就中国社会的结构而言，自由主义者的上述分析基本是准确的。但问题的关键是，中间阶层是一个空泛而模糊的概念，它包括了以农民为主体的若干要求和愿望并非完全一致的社会阶层，他们各自的利益分化在现代社会演变中已经日趋明显。作为整个中间阶层的代表，只能是一种概念化的想象。事实是，中国的自由主义者尽管充满了社会责任感，并以"社会良心"的角色为民众利益不断地伸张呼吁。但实际上，自由主义者与广大中间阶层的民众依然存在着很

大的隔膜，他们不仅与农民缺乏联系，即使是与
新兴的城市中产阶层也没有建立起相应的利益关
系。因此，理论上的代表无法通过必要的手段和
渠道转变成现实中的代表。这种空谈与共产党所
进行的有效的民众动员完全不能等量齐观，就这
个意义说，中国的自由主义者并不真正理解中国
共产党。

（三）关于"中间路线"的实现方式

自由主义者认为，"中间路线"是一条和平
改良路线。从本质上讲中间派就是改良派，因
此改良的道路是中间路线必然的选择。同时，
就中国的现状看，改良的道路更加符合人民的
愿望。施复亮分析了几点原因：第一，中国人
民经过多年战争，生活已经极端痛苦，再经不
起暴力革命的惨痛牺牲。第二，中国要加速走
上政治民主化和经济工业化道路，需要安定的
社会环境，革命道路势必会妨碍中国现代化的
进程，使国家蒙受损失。第三，国共两党长期
争斗，结果只有兵联祸结，改良的道路可以让
两党停止武装冲突，走向团结合作。第四，美
苏两国矛盾是当前国际间的主要矛盾，要维护
世界和平，做美苏之间的桥梁，也只有走改良
道路。"因此，今天无论从多数人民主观的愿望
来说，或从国内外客观的情势来说，都有走改
良道路的必要和可能。""目前大多数人民，都
愿意走和平改良的道路，所有中间派的政治集
团，也都想走这样的道路。"[4] 既然改良道路符
合大多数人民的愿望，所以这条道路也代表着
国家利益和人民利益。不过，施复亮并没有完
全否认革命，"倘若反动派一定不许人民走改良
的道路，那就必然会逼迫人民走上革命的道

〔1〕周鲸文：《论多数
人的政治路线》，
中国人民大学中共
党史教研室编《批
判中国资产阶级中
间路线参考资料》
（第四辑），第269
页。

〔2〕周鲸文：《论多数
人的政治路线》，
中国人民大学中共
党史教研室编《批
判中国资产阶级中
间路线参考资料》
（第四辑），第270
页。

〔3〕施复亮：《何谓中
间派》，上海《文
汇报》1946年7月
14日。

〔4〕施复亮：《两条道
路，一个动力》，
中国人民大学中共
党史教研室编《批
判中国资产阶级中
间路线参考资料》
（第四辑），第183
页。

路。"[1]

如何才能走上改良道路并取得成功呢？重要的方式是加强中间方面的政治力量，形成强大的中间党派，迫使处在激烈斗争中的国共两党共同走上和平建国之路。"民盟"被公认为是"第三方面"的中心组织，政协会议后已成为"第三方面"的实际领导者，"但在组织上它还没有包括一切'第三方面'的党派和人士，既不够广大，也不够健全。"[2] 因此，加强"民盟"的组织功能，容纳更多的第三方面力量，是实现"中间路线"的迫切任务。施复亮因此对"民盟"的发展提出了 20 项原则和办法，其核心是加强民盟的党派联合特点，以党派盟员为骨干，逐渐形成中间党派的联合体。他还特别强调，"民盟"的领导者要有远大眼光和民主风度，不应有任何宗派主义或关门主义倾向，"不能团结一切'第三方面'的政治力量，不仅是民盟的损失，同时也是整个'第三方面'和整个民主运动的损失。因为就目前的实际情形来说，由民盟来团结一切'第三方面'的政治力量，可以收'事半功倍'的效果，对于停止内战和实现民主都可以提早时间。"[3] "在民盟旗帜下，分别组织，联合行动，这是中间阶层和中间党派最正确的组织路线。"[4]

由上看出，国共内战爆发使自由主义者对实现中间路线具有更强烈的使命感，他们开始在理论上对中间路线做比较系统的探讨，包括中间路线的性质目标、社会基础、实现方式、组织路线等，由此形成了一个比较完整的中间路线的理论形态。概括说，这个路线的实质是用和平方法实现政治民主化、军队国家化、经济工业化，逐步完成中国向民主制国家的转化。可以肯定，这个目标是符合时代要求和全国人民愿望的。但在中国的现实环境下，其空洞和无力也是显而易见的。首先，这些自由主义者所寄望的和平改革方式在中国已难变为现实。几无作用的政协表明，武力斗争是当时唯一的政治逻辑，任何逻辑之外的方式必将陷于徒劳无功的境地，以和平政争为手段的"民盟"当然无从承担起所谓的领导责任。其次，自由主义者高估了自己作为中间阶层代表的意义。他们对中国社会结构的分析，理论上看似乎是符合现实的，但仔细考察，这个广大中间阶层的主体实际上是农民，具有现代变革意识的新兴中产阶级还非常薄弱，远没有形成足以影响中国社会的强大力量。某种意义上说，自由知识分子发动的"自由主义运动",其成功与否并不完全取决于发动者本身,而是仰赖于社会结构的深刻变化。更重要的是,自由主义者实际上与他们宣称所代表的阶层处于一种分离的状态,正如有论者说,作为自由知识分子政党的"民盟",与中产阶级的精神与联系是那样脆弱,以至于后者从不曾幻想"民盟"是本阶级利益的代表者。[5]中国的自由主义者并未正视社会中利益集团的分化,只是抽象地强调代表"民众"或者"广大的中间阶层",而实际上却无法与宣称的被代表之间建立起有效的联系,所谓的代表不能不沦为一种书生式的想象。结果是,中间路线只是少数人的空谈,没有也不可能与广大民众产生真正的共鸣。因此,有自由主义者以反省的口吻说:

> 自由主义无宗教或礼教感人于无形的权威,无法律制裁人,无武力统治人的权威,在知识程度低下,百分之七十以上的人不识字的国家里(指中国),特别感到对于影响民众之薄弱无力。自由主义仅是少数知识阶级服膺主义,而不能为强有力的有组织的民众运动。[6]

一种曲高和寡的"主义"在纷繁复杂的现实中必然会显示出苍白无力。

第二节 关于"中间路线"的两次讨论

自由主义者围绕"中间路线"展开的讨论,进一步丰富了"中间路线"的内涵。比

〔1〕施复亮:《两条道路,一个动力》,中国人民大学中共党史教研室编《批判中国资产阶级中间路线参考资料》(第四辑),第183页。

〔2〕施复亮:《"第三方面"的组织问题》,上海《文汇报》1946年12月23日。

〔3〕施复亮:《"第三方面"的组织问题》,上海《文汇报》1946年12月23日。

〔4〕施复亮:《"第三方面"的组织问题》,上海《文汇报》1946年12月23日。

〔5〕许纪霖:《社会民主主义的历史遗产》,李世涛主编《知识分子立场——自由主义之争与中国思想界的分化》,长春:时代文艺出版社2000年版,第483页。

〔6〕贺麟:《自由主义与学术》,《周论》2卷4期,1948年8月6日。

较重要的讨论有两次：一次是 1946 年底到 1947 年上半年关于"中间路线"能否存在的讨论，主要发生在有党派身份的自由主义者之间，讨论的主要内容是现实的政治路线。另一次是 1948 年关于"自由主义者往何处去"的讨论，参与者以学人为主，讨论的主旨已经转移到自由主义的历史文化使命。自由主义逐渐退缩的态势，表明其生存空间正日渐狭小。

一 "中间路线"能够存在吗？

面对内战全面升级、和平无望的现实，颇有使命感的自由主义者深为国家的未来担忧。在国共激战的炮火中，"中间路线"能否继续存在，这是当时自由主义者最关注的问题。

1946 年 12 月 22 日，上海《文汇报》一篇题为《第三方面没有中立》的社评指出，在目前局势下，"第三方面"的立场究竟何在？"一句话，没有中立，只有是非。第三方面是国共之外的中间党派，但决不是今日政治斗争中的旁观者与中立者。所谓'提高第三方面的中立性'一语实在是不通的，因为，所谓中立，实在就等于无立场。"[1]这篇社评引发了"第三方面"立场以及"中间路线"能否存在的讨论。

参与讨论的主要是有中间党派身份的施复亮、张东荪、马叙伦、邓初民、李平心、伍丹戈、苏平等，其中施复亮、张东荪代表了一种意见，马叙伦、邓初民、李平心、伍丹戈、苏平等则形成另一种意见。双方争执的要点有两个：第一，当前的政治路线，除了"反动路线"和"革命路线"之外，是否还有一条改良的"中间路线"？换言之，在国民党为代表的"反民主路线"和共产党为代表的"民主路线"中间，能不能产生第三条政治路线？第二，"政协路线"是否是中间派的政治路线？

关于第一个问题，"民建会"常务理事施复亮的观点十分明确，在连续发表的《第三方面的组织问题》、《中间派的政治路线》、《中间派在政治上的地位和作用》、《中间路线与挽救危局》、《再论中间派的政治路线》等一系列文章中，施复亮强调中间势力和中间派的存在是一个客观事实，因此"中间路线"的存在也顺理成章。为了避免概念含混引起的歧义，施复亮对"第三方面"、"中间派"及"中间阶层"做了解释和界定。他认为"第三方面"与"中间派"在本质上没有区别，可以通用，但是最好是使用"中间派"而不是"第三方面"："因为通常所谓'第三方面'，一则系指站在国共两党斗争以外的第三者，二则系指国共两党斗争的调和者。前一意义的'第三方面'，可能被人误解为'中立派'，对于国共两党的斗争采取袖手旁观的中立态度。后一意义的'第三方面'可能被人误解为调和派，对于国共两党的斗争采取无原则的调和态度。"[2] 而且就名词讲，"第三方面"是因为先有第一、第二两方面后产生的，脱离语境易引起歧义，所以少用为宜。

"中间派"不只是一个名词，它有充分的社会内容：思想上是各色各样的自由主义者，政治上是一切不满国民党统治又不愿共产党取而代之的进步民主人士，组织上是国共之外一切代表中间阶级的党派，尤以"民盟"为中心。它存在的客观依据是中国社会中间阶层事实上的大量存在。施复亮尤其强调，中间派不仅是独立与和平的，更是民主和进步的，在现实政治中的表现必然是偏左倾而不是偏右倾，否则会成为反动派的帮凶，"我之所以一面强调中间派的独立性与和平性，同时特别强调它的民主性与进步性便是为此。倘若抛开民主性与进步性中间派便必然要丧失它的独立性与和平性，而变成反动派的帮凶，帮助反动派去从事残酷的内战。"[3]

与中间派的政治立场一样，"中间路线"就是一条中间偏左的路线。从理论上讲，它的中间性主要取决于中国社会的现状，因为此时的中国，其核心任务仍然是要完成资产阶级民主革命。"在本质上当然是中间派或中间阶层的政治路线（更正确地说是民族资产阶级的政治路线），决不是左翼党派或无产阶级的政治路线，更不是右翼党派或官僚买办资本家和封建地主的政治路线。"[4] 而且中国还不

〔1〕社评：《第三方面没有中立》，上海《文汇报》1946年12月22日。

〔2〕施复亮：《再论中间派的政治路线——兼答平心先生》，上海《文汇报》1947年4月13日。

〔3〕施复亮：《再论中间派的政治路线——兼答平心先生》，上海《文汇报》1946年4月13日。

〔4〕施复亮：《再论中间派的政治路线——兼答平心先生》，上海《文汇报》1946年4月13日。

具备实现左翼无产阶级路线的条件，"至少在二十年内，中国还没有采用社会主义的政治经济制度的可能性。这不是该不该的问题，而是能不能的问题。在这里我们要特别注意时间性与空间性。我们是处在'此时此地'的中国，我们只能采用资本主义性的中间路线，还不能采用社会主义性的左翼路线。"[1]

施复亮强调，中间路线之所以偏左，是因为中间性的路线与左翼路线是比较接近的：

> 第三条路线却只跟第一条路线相反，并不跟第二条路线相反，实际上是跟它相近的，甚至还可以说在某一定的范围内是实现第二条路线所要经过的一个必经阶段。因此，我认为第三条路线在目前最有实现的可能。历史的发展是有阶段的，在一定的阶段，特定阶级或党派的政治路线可以代表多数人民的政治路线，为多数人民所接受和拥护，不仅是可能的，而且是必然的。[2]

左翼党派倘若认为在实现社会主义之前，必须先要实行这样一个政治路线，"就把这条路线认作它自己的路线，那我们不但不应反对，而且是可以表示极度的欢迎的。但在理论上决不能因此便否认这条路线是中间性的或中间派的政治路线。"[3]尽管左翼党派有可能代劳，"不过我总以为民族资产阶级和进步的知识分子，应该积极地负起领导中间路线的责任。"[4]总之，"中间路线"是代表中间阶层利益的一条民主路线，其领导者应该是民族资产阶级和知识分子。

与施复亮立场相同的是著名学者"民盟"会员张东荪，他发表的《所望于第三方面者》、《和平何以会死了》、《追述我们努力建立"联合政府"的用意》等文章都强调中间派独立地位的重要性，并认为中间力量成长的关键是"在不同中收相合之效"。[5]他指出建立联合政府的用意，就是要让国民党与共产党也共同走上中间性的政治道路。"民盟"中央委员周鲸文尽管没有直接参加讨论，但之后发表的长文《论中国多数人的政治路线》，明显地肯定和支持"中间路线"。

在参与讨论者中，持不同意见者为数不少。首先对施复亮观点提出异议的是"民进"常务理事马叙伦。他主要的观点是，中国政治中的"第三方面"根本就不存在。在政协会议上，"民盟"是与共产党站在一条路线上，而所谓的第三方面，实际上是青年党、民社党等"以媒人团的姿态"在舆论上渲染出来的。在当今的现实斗争中，只有民主和反民主的两方面，没有第三方面。理由很简单："除非不是中华民国国民，否则没有一个人民，不该向反民主方面去争取民主，那里容许在这中间有自认为第三方面的。假定有的，我们就得请问他，你做什么？如果他说是中立，就得请问他，你是不是中国人？所以我个人敢说，过去不谈，以后第三方面这个名词在争取民主时期应该不再出现。"[6]不仅"第三方面"不该存在，要求和平，反对内战，也都是过去的名词，可以不再使用，因为这有可能挫伤民主的武装力量："就是反内战的名词，也须修正。至于和平，自然是我们需要的。但是，我们需要的是真实的永久的和平，真实的永久的和平必定是从民主而得来的，否则是伪装的和平，甚至不过是一种和平攻势，我们是不需要的，所以我以为此后要把不放弃和平的作风，也革除一下。"[7]马叙伦的观点鲜明之至，就是说，只要承认共产党是民主力量，就无需再谈"第三方面"，毕竟只有民主和反民主两个方面。

与马叙伦的简单明了相比，邓初民、李平心、伍丹戈等的分析显得更为理性一些。他们认为，在中国除了国民党与共产党之外的"第三方面"，其存在是客观事实，但是中间方面的存在，并不意味着一定要有"中间路线"。"民进"中央理事李平心在与施复亮商榷的长文《论"第三方面"与民主运动》中指出，

[1] 施复亮：《再论中间派的政治路线——兼答平心先生》，上海《文汇报》1946年4月13日。

[2] 施复亮：《再论中间派的政治路线——兼答平心先生》，上海《文汇报》1946年4月13日。

[3] 施复亮：《再论中间派的政治路线——兼答平心先生》，上海《文汇报》1946年4月13日。

[4] 施复亮：《再论中间派的政治路线——兼答平心先生》，上海《文汇报》1946年4月13日。

[5] 张东荪：《所望于第三方面者》，上海《文汇报》1946年12月23日。

[6] 马叙伦：《再论第三方面与民主阵线并质民主同盟》（上），上海《文汇报》1946年12月28日。

[7] 马叙伦：《再论第三方面与民主阵线并质民主同盟》（下），上海《文汇报》1946年12月29日。

"中间阶级与'第三方面',不等于介于左右之际的中间路线的支持者与执行者"[1]"'第三方面'保持其独立性是一回事,独辟另一条中间路线是另一回事。"[2]也就是说,尽管"第三方面"是实际存在的,但想走一条独立的"中间路线"却无可能。理由是:在中国社会,大地主与大资产阶级的"独占"与"独裁",使中间阶级的出路只有和工农阶级联合起来;国民党以武力压制各民主党派,除了与其进行坚决斗争,人们别无选择;近二十年的革命教训,使广大人民不会去追求虚无缥缈的中间政治理想;以"中间路线"来调和尖锐对立的国共两个有相当固定路线的政党,未免近于幻想。总之,"中间的政治路线,在理论上极易模糊群众的政治视线,教大家更迷茫,更困惑,并易于限制彷徨分子的进步可能性;适足以涣散民主力量,使'第三方面'由歧途而走向孤立。"[3]摆在中间势力面前的,只有两个相反的政治方向,"'第三方面'民主派只能在两者之间选择其一。他们只是民主运动中的一个特种兵团,但决不是两个战线之际中间战线的开辟者。"[4]

"民建"会员伍丹戈则集中批驳施复亮有关"中间路线""是在民主阵营以内"的提法。伍氏认为,在"民主阵营"内,没有可能,也没有必要产生两条政治路线。如果说政治路线是指特定历史阶段上的基本政治方向,它虽然不等于其中某一个阶级的全部政治意见,但却可以代表并符合某几个阶级的利益和要求,"因为只有这一种政治路线,才能使具有共同要求和利益的各个阶级,达到他们在政治上的企求。"[5]因此,只要有一个符合各阶级共同政治目标的路线,就无须再有一个单独的政治路线。而且事实上,基本的政治路线只有或左或右两条,"假定在这两条路之外,产生中间的第三条路,那它不是'偏左'就是'偏右',在本质上一定可以归入前两条路的某一条路之中,也就是说,它决不是第三条路。"[6]伍丹戈还批驳了施复亮关于"反战是中间派的基本态度"问题。伍丹戈认为关键是要清楚内战的根源,当前的内战是反动统治集团为完成其消灭民主运动的计划而发动,并不是左翼党派为了要实现民主革命而产生。"假定左翼党派在这时候,仍然希望要走和平的路,那就只有一个结果,放弃争取民主的任务,束手就擒,使反动派兵不血刃的和平完成他们的反民主工作。"[7]因此含混地提反内战不利于武力争取民主革命的左翼党派。

综合而言，反对方面的意见认为，在中国尽管有中间势力的存在，但在现实政治中却并不存在"中间路线"，只有"民主"或"反民主"的两种选择，如果站在"民主"路线一边，就决不需要在民主势力内部再出现一条路线。正如伍丹戈的总结："在政治集团上，只有民主集团和反民主集团，在政治路线上，只有民主路线和反民主路线，在这当中决计不容许有独立的'第三方面'和'第三条路线'的存在，假定有这样一条路线，也一定是一条走不通的路。"[8]

另一个争论点是关于"政协路线"与"中间路线"的关系问题。施复亮仍然是持论一方的主角，他在一系列文章中始终将"政协决议"与"中间路线"联系在一起，认为"政协路线"在本质上是"中间性的或中间派的政治路线。"[9]因为"政协路线"的几个基本特征与"中间路线"完全相符：首先，"政协路线"承认各党派平等合法，并由他们共同组织联合政府，负担政治上的责任。这一特点完全跟"中间路线"相符合。其次，"政协路线"主张用政治方法解决政治纠纷，"任何党派及个人不得利用军队为政争之工具"。这一点最明显地表现出"政协路线"是一条"中

〔1〕李平心：《论"第三方面"与民主运动——兼与施复亮先生商榷"中间派的政治路线"》，罗竹风主编：《平心文集》第 2 册，上海：华东师范大学出版社 1985 年版，第 578 页。

〔2〕李平心：《论"第三方面"与民主运动——兼与施复亮先生商榷"中间派的政治路线"》，罗竹风主编：《平心文集》第 2 册，第 583 页。

〔3〕李平心：《论"第三方面"与民主运动——兼与施复亮先生商榷"中间派的政治路线"》，罗竹风主编：《平心文集》第 2 册，第 581 页。

〔4〕李平心：《论"第三方面"与民主运动——兼与施复亮先生商榷"中间派的政治路线"》，罗竹风主编：《平心文集》第 2 册，第 595 页。

〔5〕伍丹戈：《民主路线与中间路线》，《时与文》1 卷 8 期，第 3 页，1947 年 5 月 2 日。

〔6〕伍丹戈：《民主路线与中间路线》，《时与文》1 卷 8 期，第 4 页，1947 年 5 月 2 日。

〔7〕伍丹戈：《民主路线与中间路线》，《时与文》1 卷 8 期，第 4 页，1947 年 5 月 2 日。

〔8〕伍丹戈：《民主路线与中间路线》，《时与文》1 卷 8 期，第 5 页，1947 年 5 月 2 日。

〔9〕施复亮：《中间派的政治路线》，《时与文》创刊号，第 5 页，1947 年 3 月 14 日。

间路线"。再次，"政协路线"是要利用和平渐进的、改良的方法来达到政治民主化、军队国家化和经济工业化，即完成民主革命的历史任务。"在这里，看不出任何社会主义的色彩。这样的政治路线，当然是一条中间性的改良路线"。[1]可以说，"政协路线"不仅与中间派代表的中间阶层的历史任务相符合，而且与中间派政治斗争的方法和态度相一致。因此，"我们可以肯定地说，政协路线是中间路线。"[2]

正因为如此，"中间派应当坚决地拥护政协路线，应当努力争取政协路线的恢复"[3]。施复亮指出，内战爆发的原因，是由于国民党与共产党都离开了"政协路线"。在目前局势下，中间色彩的"政协决议"依然是唯一有可能让国共双方都接受的一条路线，因为它既非右翼路线，亦非左翼路线，而是一种中间性的改良路线，"倘使这种路线还不能为国共双方所接受，那就不会有为他们双方所能接受的路线。希望'国共双方放弃自己的路线，来接受或者迁就中间路线'假使'近于空想'，那么更可以说，希望他们任何一方接受左翼或右翼路线，也同样是一种空想。在'此时此地'的中国，否定'中间路线'决不可能加强整个民主运动的力量。"[4]而回到"政协路线"，是解决内战问题一条正确而且可行的道路。

对施复亮的观点李平心并不认同，李认为"政协路线"不是中间派的政治路线，而是一条要求民主、和平、独立、统一、进步的各种社会力量共同接受的路线。"政协决议"所体现的和平与渐进方法与达到的目标，"不止是符合'中间派'的利益和要求，而且特别是符合一切工农劳苦大众的利益和要求，所以它不能被指为'中间派'政治路线。"[5]另一位反对者苏平指出，"政协路线"不是改良路线，而是一个不流血的"革命路线"。因为"一切革命的基本问题是政权问题，如果这五大政协决议能作到认真贯彻，丝毫不打折扣，即可达到用和平渐进的方式转移政权"。[6]中共此时争取和平民主的政治路线并没有改变，只是将实现的方法加以改换。中间党派对于中共的武装斗争应该给予同情和支持，而不是单纯地提反对"内战"。李平心和苏平都强调了"政协路线"的民主性和共通性，以此说明它非中间派所特有。

这场持续半年左右的讨论，显然极有针对性。在国共激烈"内战"的前提下，中间党派必然会为自身的定位与取向寻找依据。从争论的双方来看，中间路线的坚持者在理论的完整性和系统性方面明显占优，尤其是施复亮的分析，不仅坚持了自由主义原则，而且表现得有条有理，具有相当的理论说服力。而批评一方则基本以现实斗争需要为评判准则，他们的回击尽管在语言上相当激烈，但在理论的说服方面是比较凌乱和欠缺的。问题的关键是，"中间路线"不仅是理论问题，更是现实问题。正如上文的分析，在现实政治中，"中间路线"的困境主要表现在两个方面：第一，和平改良是"中间路线"的主旨，而当时中国完全缺乏政治改良的制度环境，面对国共两大政党的武力政争，手无寸铁的自由主义者没有任何施展余地。第二，"中间路线"的倡导者始终认为自己代表中国广大的中间阶层，但是"代表者"与"被代表者"之间并没有建立一种利益上的固定联系，理论上的声势无法有效地转化为实际的动员力量，"代表"只能是一种抽象的想象。理论与现实之间的这种困境，正是"中间路线"在中国特定时期必然遭遇的历史命运。这场讨论本身也清楚地表明，中间派自身已经处在严重的分化之中，相当一部分人正在放弃"中间路线"，向左翼靠拢或完全与左翼并肩。

二 "自由主义者往何处去？"

与"中间路线"的讨论相比，"自由主义者往何处去？"的命题有更为宽泛的自由主义内涵，也吸引着更多无党派自由主义

〔1〕施复亮：《再论中间派的政治路线——兼答平心先生》，上海《文汇报》1947年4月13日。

〔2〕施复亮：《再论中间派的政治路线——兼答平心先生》，上海《文汇报》1947年4月13日。

〔3〕施复亮：《再论中间派的政治路线——兼答平心先生》，上海《文汇报》1947年4月13日。

〔4〕施复亮：《中间派在政治上的地位和作用》，《时与文》1卷5期，第4页。1947年4月11日。

〔5〕李平心：《论"第三方面"与民主运动——兼与施复亮先生商榷"中间派的政治路线"》，罗竹风主编：《平心文集》第2册，第566页。

〔6〕苏平：《关于"中间派的政治路线"以外的话——读了施复亮先生的"中间派的政治路线"和"再论中间派的政治路线"两文以后》，中国人民大学中共党史教研室编《批判中国资产阶级中间路线参考资料》（第四辑），第35页。

者的关注和参与。应该说，自由主义以及自由主义者在中国的历史责任，始终是自由主义报刊关注的重要话题。1947 年上半年，《观察》周刊就曾发表过储安平的《中国的政局》、北京大学历史学教授杨人楩的《自由主义者往何处去?》等讨论自由主义自身命运的重要论文。1948 年年初开始，这类文章大量出现在《大公报》、《观察》、《时与文》、《世纪评论》、《知识与生活》等著名的自由主义报刊中，引起热烈讨论的因素主要有两个：第一，1948 年，中国的内战已爆发了一年半时间，国民党颓势日趋明显，共产党优势愈发突出，预感到的重大时局变化，使自由主义者对自己的信仰和命运不能不投入更多的关注和探究，何去何从成为他们无法回避的问题。第二，代表自由主义的中间党派此时已完全分化，参政的中间势力实际上已经不复存在。一部分自由主义者为了坚持自由主义理想，形成了又一次组织自由主义团体的小热潮：中国社会经济研究会（北平）、中国社会经济研究社（南京）、南京 47 位教授和 100 名教授分别组成的团体，是这一时期自由主义者的重要行动。这些学人论政团体的议论主旨，自然离不开自由主义在中国当前背景下的自身定位。实际上，这次讨论不仅针对自由主义本身，同时也回应其他方面对自由主义的若干指责。

这一时段有关自由主义的讨论，主要集中在以下几方面：首先，对自由主义内涵及精神的探讨。参与讨论者一致认为，自由主义首先是一种理性宽容并追求进步的人生观和生活态度。《大公报》社评说，"自由主义不止是一种政治哲学，它是一种对人生的基本态度：公平、理性、尊重大众，容忍异己。"[1]有论者指出，自由主义的人生观是随世而异的，但是万变不离其宗，无论任何时代的自由主义者都追求个性的自觉并企求个性得到完美的自由发展，这种个性的自觉具有双重特性："一方面具有个人性功利性，一方面又具有社会性与正义性"[2]。无论是个人还是社会，自由主义精神主要体现在它所具有的创造力和由此产生的进步性。杨人楩说："自由主义是个创造的力量，因创造而求进步，要进步必须反静态，反静态即反现状，反现状必须反干涉，反干涉必有待于斗争，斗争的持续有待于教育，斗争可能暂时失败而教育不会失败，惟不妥协的精神始可发挥斗争之教育意义，而达到所当追求的进步。"[3]他们特别强调自由主义不满足现状与追求进步的特性，是为了回应左翼人士将其视为"资产阶级辩护学说"的批判。

自由主义者进一步宣称，当今的自由主义已与英国自由党的"古典自由主义"相距甚远。当下的自由主义，并不拥护19世纪的自由贸易和自由企业制度，而是赞成合理的统制，反对贫富悬殊。这表明自由主义已吸收了许多社会进步观念和因素，对传统自由主义作了重要修正。当今自由主义的基本信念是：政治自由与经济平等并重；相信理性与公平；以大多数人的幸福为前提；赞成民主的多党竞争制；革命必须与改造并驾齐驱。这些基本信念是指导自由主义者现实政策与方针的出发点。只有了解自由主义的这些基本特征和精神内涵，才能理解现实政治中的自由主义者。[4]

其次，自由主义的现实路线问题。上文已讨论的"中间路线"，就是自由主义的现实路线。力主"中间路线"的施复亮在1948年1月发表的《论自由主义者的道路》中仍然坚持一贯的主张："在最近的将来所能实现的前途，恐怕还只是新民主主义的政治和新资本主义的经济。这正是'今日中国自由主义者'所要走的道路；而且这条道路的实现，自由主义者要负极大的责任。只要自由主义者坚决地向着这条道路走去，我相信今天讥评或抨击自由主义的人，明天必然会改变他的态度。"[5]他强调自由主义者要相信自己的力量："决定中国前途的力量，不仅是国共两党，还有自由主义者和国共两党以外的广大人民。这是第三种力量，也是一种民主力量。这一力量的动向，对于中国前途的决定，具有举足轻重的作用。"[6]

〔1〕社评：《自由主义的信念——辟妥协、骑墙、中间路线》，上海《大公报》1948年1月8日。

〔2〕李孝友：《读"关于中共往何处去"兼论自由主义者的道路》，《观察》3卷19期，第8页，1948年1月3日。

〔3〕杨人楩：《自由主义往何处去?》，《观察》2卷11期，第5页，1947年5月10日。

〔4〕社评：《自由主义的信念——辟妥协、骑墙、中间路线》，上海《大公报》1948年1月8日。

〔5〕施复亮：《论自由主义者的道路》，《观察》3卷22期，第4页，1948年1月24日。

〔6〕施复亮：《论自由主义者的道路》，《观察》3卷22期，第5页，1948年1月24日。

　　杨人楩同样认为，"在政治主张上，我们实在不敢赞同'非甲即乙'的说法；在甲乙之外，可能还有其他。"[1]不过，杨氏并不赞同将自由主义主张命名为"中间路线"，他认为"中间路线的意思是指介乎左右之间。假如左倾是象征进步的话，则自由主义是左而又左的，因为它是始终不满于现状而在不断求进步的。第三条路线是以数目次序来区别的，初看很容易明白这个数目次序所以产生之故，但经仔细推敲之后，何以会定出这么一个次序，是颇难解释的。"[2]杨人楩与论者的商榷并不是针对"中间路线"的内容，而是质疑现实政治中自由主义的定位问题，在他看来，主张革命的共产主义不一定是最左的，而随时代发展不断修正的自由主义才是最左和最进步的。

　　关于自由主义与共产主义的关系，自由主义者们表现出两种倾向。杨人楩代表一种见解，强调自由主义与共产主义的距离，认为自由主义者与共产主义是对立的和无法妥协的。李孝友代表另一种观点，认为中国自由主义者有两大任务：摧毁封建社会和使每个人个性得到全面发展，这两个课题中的前一个工作，"自由主义与共产党并非格格不入，而后一个工作则两者见解悬殊，互异其趣。这便是自由主义者苦恼的渊源。杨先生所谓自由主义始终不能接受共产主义是事实，但谓两者无法妥协则似乎未免言之过早。"[3]在反封建这一点上，自由主义与共产党有共同之处，两者的对立应是在完成共同任务以后。也就是说，自由主义现实的政治路线可以比较偏向左翼，李氏的见解与大多数自由主义者的看法相同。

　　需要注意的是，这次讨论中大多数的自由主义者已经不再强调自由主义的政治路线，而是将关注的目光转移到文化领域。张东荪的观点最具代表性，他认为政治上的自由主义在政协会议之后已经没有实现的可能了。

　　　　我亦以为今天在事实上已早没有政治性的自由主义存在的余地。原来纯政治性的自由主义如得成功，亦只在政协那一个机会。此机会一错过了，即好梦再难圆了。[4]

因此，张氏认为从现实出发，中国的自由主义者应该尽最大的努力，保持近五十年来中国文化思想界形成的自由主义精神：

中国自接受西方文化以来,为时虽然不太长,幸而对于这个精神却已植了一些根基。虽尚有待于将来的更发扬光大,却不能不说已经有了萌芽。为了将来发展科学计,为了中国在世界文化有所贡献计,这一些萌芽却是必须保全下去,千万摧残不得的。[5]

自由主义者今后的路线和方向应当主要在思想文化领域。

对于这个方向,自由主义者们颇有共鸣。他们一致认为,自由主义存在的主要目的并不在于夺取政权,而在于它的文化和教育意义。杨人楩说:"在自由主义者看来,'必须掌握政权始可起作用'的观念,是个绝对错误的观念;反之,自由主义者之促成进步,并不一定要掌握政权,在野也能同样起作用。"[6] "自由主义者的责任不但要领导人民,而且要教育人民,惟有以在野的地位,始易于尽到此种责任。"[7] 即使是强调中间路线最力的施复亮也意识到:

"自由主义者的道路"不一定是夺取政权的道路,在中国尤其如此。自由主义者要有"成功不必在我"的气度,只须努力耕耘,不必希望收获一定属于自己。自由主义者应当努力促成自己的政治主张的实现,但不一定要在自己手里实现,自由主义者所应

[1] 杨人楩:《关于"中共向何处去?"》,《观察》3卷10期,第11页,1947年11月1日。

[2] 杨人楩:《再论自由主义的途径》,《观察》5卷8期,第4页,1948年10月16日。

[3] 李孝友:《读"关于中共往何处去"兼论自由主义者的道路》,《观察》3卷19期,第8页,1948年1月3日。

[4] 张东荪:《知识分子与文化自由》,《观察》5卷11期,第4页,1948年11月6日。

[5] 张东荪:《知识分子与文化自由》,《观察》5卷11期,第5页,1948年11月6日。

[6] 杨人楩:《自由主义往何处去?》,《观察》2卷11期,第6页,1947年5月10日。

[7] 杨人楩:《自由主义往何处去?》,《观察》2卷11期,第6页,1947年5月10日。

争的是实际工作，不是表面的功绩。因此，不能以夺取政权或参加政权与否来判定自由主义者的成败。[1]

《大公报》社评说，在当今国民党与共产党两大集团争做"工程师"的斗争中，自由主义者甘愿做填土打地基的工作，这工作不甚激昂爽快，而是默默无闻，"但我们也愿慰问各地无声无嗅的填土者，你们的贡献决不比斗争更浪费！你们有人记挂，有人尊敬！因为中国如欲现代化，填土打地基的工作的需要是千真万确的。"[2]可以看出，自由主义者将自己的现实路线更多地定位于民主方式的教育和启蒙，这是他们最看重的历史使命，而且坚信这种努力一定会有成效。自由主义者现实路线的转向，表明其现实政治的生存空间日渐狭小。

再次，为自由主义者正名。在非此即彼的政治斗争中，自由主义者的处世态度遭遇到最多非议，并因此使自由主义者的形象模糊不清。《大公报》自嘲为"灰色人物"："（一）因为他们白不够白，红不够红，对两个极端都不热中，而暗里依然默祈着红白迟早合龙。其面貌酷似恶战中不讨好的和事老（佬）。（二）这簇人物正因为其主张不趋极端，所以既没有口号标语吸引群众，连其本身也没有组织。兼因其本质上不崇信武力，挨起打来连手都不会搏。而且棒子是由双方雨点般袭来。因之，其面貌又有一副可怜相。"[3]

被灰色笼罩的自由主义者，还受到左右两派政治势力的两面夹击。《新民报》主笔周绶章总结说，来自左面的指责有两点：第一，自由主义就是"没有主义"，自由主义分子是没有信仰的一批人。第二，自由主义就是"帮闲主义"，专门作现政权的御用工具，为统治者的独裁政治作注脚。来自右面的指责也有两点：第一，自由主义就是"投机主义"，自由主义分子是一些哗众取宠的失意政客和无聊文化人。第二，自由主义就是"尾巴主义"，自由主义分子是"共匪""民盟"的尾巴，甚至是国际共产主义的同路人。[4]归结起来，所有指责的核心是说自由主义的妥协与"骑墙"性质。

对于妥协与"骑墙"的批评，自由主义者在很多文章中都进行了反驳。杨人楩指出，重要的是对超然和投机做如何解释，"在我们看来，自由主义是无法超然的，因为他要在他所生存的社会中求进步。要在现实中求进步，便无法逃避现实。"[5]正因为自由主义者在现实政治中始终坚持他们固有的信念和主张，不会逃避现实，不会投机政治，不会选择现实的"择一而事"，才会落入两面（左翼与右翼政治势力）不讨好的结果：

> 自由主义者却要采取这么一种既不现实又不聪明的态度，因为科学的精神使他们有这么一种认识，他们的知识决定了他们所采取的途径。民主态度使他们诉之于说服，由说服而产生的信念是必然是很坚定的；故此，自由主义者不致因遭受打击而放弃信念，在追求进步的过程中，能时时表现其力量。[6]

自由主义者所具有的观念和信仰，使他们能够从容面对两面夹击的事实。至于"帮闲主义"和"尾巴主义"的指责，自由主义者声辩，这是政治斗争中概念化思维的鲜明反映，其最大特点是公式主义，完全没有事实根据："自由主义不怕讽刺，但是自由主义者不希望有此类不合事实的讽刺，因为此类讽刺可能削弱进步的力量，以至于真的帮闲而不自知"[7]。

公平地说，在国共两党激烈斗争的背景下，左右两方面对自由主义者的指责和攻击，大多是处于现实政治利益的考虑，很难做到客观与公正，这也真实地反映出自由主义者极为尴尬的生存状况。北京大学教授朱光潜不无感慨地说：

> 在今日中国，自由份子处在怎样一

〔1〕施复亮：《论自由主义者的道路》，《观察》3 卷 22 期，第 4 页，1948 年 1 月 24 日。

〔2〕社评：《政党、和平、填土工作——论自由主义者的时代使命》，上海《大公报》1948 年 2 月 7 日。

〔3〕社评：《自由主义的信念——辟妥协、骑墙、中间路线》，上海《大公报》1948 年 1 月 8 日。

〔4〕周缦章：《为真正的自由份子打气》，《世纪评论》4 卷 11 期，第 5—6 页，1948 年 9 月 4 日。

〔5〕杨人楩：《再论自由主义的途径》，《观察》5 卷 8 期，第 4 页，1948 年 10 月 16 日。

〔6〕杨人楩：《再论自由主义的途径》，《观察》5 卷 8 期，第 4 页，1948 年 10 月 16 日。

〔7〕杨人楩：《关于"中共向何处去？"》，《观察》3 卷 10 期，第 11 页，1947 年 11 月 1 日。

个地位呢？他被挤在夹缝里，左右做人难。在朝党嫌他太左，在野党嫌他太右。政治上一个难能可贵的德行是容忍，而在今日中国的政党，容忍是谈不到底。……他们对于自由份子都觉得是眼中钉，时时刻刻想把它拔去，拔的办法不是软的就是硬的。软的是利诱，假以名位，施以棒喝，使他"入吾彀中"；硬底是威逼，钳制他的言论和行动，假故施以陷害，唆使虾兵蟹将去咬去骂，逼得他动弹不得。[1]

自由主义者为维护自己真实面貌所作的努力，是这次讨论中颇为重要的内容。在日渐狭小的生存空间中，他们坚持和抵抗的声势虽不浩大，但依然赢得了人们足够的注意。

很明显，较之 1947 年关于"中间路线"的讨论，自由主义者关注的主要目标已经不是现实政治中的政治路线问题，而是自由主义自身的历史使命。需要说明的是，当时香港的左翼党派及左翼人士，曾集中批判过所谓的"新第三方面"运动和"中间路线"，并将此视为美蒋反动派的政治阴谋。[2]中华人民共和国建国以来及至今天，学界仍对这一时段的自由主义讨论持相同的判断。但据笔者的考察，这种说法缺乏足够的依据。扶持中国的"中间力量"上台，的确是当时美国对华政策始终一贯的主张，或者说是幻想。美国总统特使马歇尔离华声明中就提出中国的希望在于"自由分子"，1946 年底及以后，美国驻华大使司徒雷登也有过"新的革命运动"的说法。但实际上，美国从自己国家利益出发的根本政策，是扶持明确反共的蒋介石政府，而不是自由主义者，即使是寄望于"第三方面"，其内涵也随中国政局的转换而不断演变。1946 年，美国人心目中的"第三方面"主要是国共两党之外的中间党派和无党派自由知识分子和社会贤达。中国"国大"召开后，美国对"第三方面"的看法有了很大变化，一方面对"民盟"政治上的反蒋亲共深为不满，同时也对民青两党大为失望。尤其是 1947 年底"民盟"解散后，美国将"第三方面"的重心由知识界的精英转向国民党内部军政大员和地方实力派中的"开明人士"，李宗仁作为最被看好的国民党内新兴改革力量的代表，得到了美国的大力支持和辅助。

从意识形态角度讲，中国的自由主义者的确对美国寄予厚望，也有过言论上的表示。然而美国的片面援华政策让自由主义者大为失望，

1946 年，储安平就表示过这种不满："解决中国政治问题的项目很多，其中最重要的是提高劳苦大众的生活，培植中产阶级的力量，鼓励开明进步而有现代化头脑的民主自由分子的抬头。"[3]美国政府始终没有在这方面有所作为。就目前掌握的材料看，对于中国民间的自由主义者，美国政府并未提供过任何实惠的帮助，也没有策划过什么自由主义运动。因此，无论从哪方面说，都很难将 1948 年中国发生的有关自由主义的讨论说成是美国人导演的一出政治阴谋。正如杨人楩的声辩："曾有人把所有自由主义者言论归纳到一个阴谋，认为这些人都是在扮演一出由马歇尔所导演的戏；这种态度假使不是因为认识不够，便是希图拿'阴谋'一辞来封闭自由主义者的口。我不知道曾有这么一种'阴谋'，同时，我不承认我曾被此一'阴谋'利用而不自知，我要抗议此种阴谋论，要求有发表我的意见之自由。"[4]时隔半个世纪后，我们理应拨开历史迷雾，对这一段历史有更加符合客观实际的认识。

[1]朱光潜：《自由份子与民主政治》，《观察》3 卷 19 期，第 20 页，1948 年 1 月 3 日。

[2]1948 年 2、3 月间，香港左翼党派在中共的领导下，积极开展反对"自由主义运动"和"中间路线"的活动。尤其是 3 月 3 日，各民主党派负责人及若干无党派人士以"和谈"阴谋与"自由主义运动"为题，在香港《华商报》社举行座谈会。会后《华商报》陆续公开发表了与会者发言。香港《国讯》评论此次座谈会，"可以代表香港左翼党派和左翼文化界对国内这一运动的看法"，是对"'新第三方面'或'中间路线'或'自由主义运动'，在香港所遭到的重大打击"。《华商报》还开设了"中国社会经济研究会批判"专栏。参见《自由主义运动批判在香港》，《国讯》456 期，1948 年 4 月 2 日；《座谈记录：美蒋"和谈"阴谋与自由主义运动》，《华商报》1948 年 3 月 14 日；《"社经研究会"批判》（上）、（下），《华商报》1948 年 3 月 15、16 日等。

[3]储安平：《我们对于美国的感觉》，《观察》5 卷 8 期，第 3 页，1946 年 11 月 9 日。

[4]杨人楩：《再论自由主义的途径》，《观察》5 卷 8 期，第 3 页，1948 年 10 月 16 日。

第四章

"中间道路"的社会理想

20世纪40年代中国自由主义者心目中的理想社会，是资本主义与社会主义之间的制度折中，被他们称之为政治民主与经济民主合二为一。政治民主是自由主义最基本的理想和追求，也是中国自由主义者一直以来竭力倡导和宣传的核心理念，其时的自由主义者们探讨了与政治民主相关的一系列理论命题，并深得政治民主的精义。相较而言，对经济问题的关注，应该是这一时期自由主义者更为突出的思想特征。他们围绕所有制问题、计划经济与市场机制、公平与效率等话题展开了广泛的讨论，其主旨在于将公平与正义原则运用于经济领域，实现所谓的"经济民主"。同时他们还致力于"政治民主"与"经济民主"的融合，几种代表性学说，充分体现了他们寻求两种制度折中的理论探索。40年代自由主义者对社会主义的普遍向往，既来源于世界性的自由主义修正潮流，也源自于对中国社会现实的深切关注。可以说，自由主义向社会领域的扩展，是中国自由主义的一个重要发展，它代表了中国近代思想界对社会公正与和谐一种视角的认识。

第一节　政治民主

政治民主是自由主义最核心的问题。它涉及有关自由、民主、宪政国家等一系列最本质的自由主义价值观。40年代中国自由主义者对这些基本原则有深入的探究和认知，充分体现了自由主义的本质特征。

一　自由的概念

自由主义最核心的原则是自由，围绕着自由的价值、自由的概念、自由的限度、自由与平等的关系等展开的讨论，构成了自由主义关于自由价值最基础的解释框架。尽管在自由主义发展史上充满着对自由含义的各种解释，但其基本内核仍是自由主义者所认同的，这些内在的统一性显示了自由主义对自由所特有的认知和理解，也是自由主义区别于其他各种意识形态的重要标志。

（一）自由的价值及其限度

在有关自由主义的讨论中，人们首先注重的是自由主义及其自由的存在价值问题。从自由主义的发展历史看，自由主义对自由的论证有两种不同的视角。近代最早倡导自由的理论家大都从"天赋人权"的角度论证自由。约翰·洛克将生命、自由、财产视为个人的天赋权利；法国大革命时的"人权宣言"、美国宪法中的"权利法案"都把个人的自由视为与生俱来、不可剥夺、不可转让的权利。与"权利学派"相对立的是"功利主义"，所谓功利，就是以功利原则即后果原则作为评判的标准。这一角度的论证主要是看重自由的社会结果，特别强调个人自由与创造性、进步之间的必然联系。密尔的《论自由》是功利主义的代表之作。

40年代中国自由主义学人更多地采纳了功利主义学派的论证方式。他们强调，自由主义的目的在于要求自由，而自由则是人类进化的必需条件。历史学家杨人楩认为自由最具创造性，因而它是反现状、反干涉、反定命论的：

> 自由是促成人类进步的动力。进步必有赖创造，故自由具有创造性。进步与创造在于改变现有的情况，故自由是反现状的……自由和保守是对立的，他要使现状不固着于静态；要变化则不能有阻遏变化的力量，故自由是反干涉的……人类对于自由的要求是由人类自身决定的，并非由于人类以外的力量，定命论不足以限制这种决定，故自由是反定命论的。[1]

暨南大学法学家邹文海指出，自由主义能大大促进社会的进步：

　　　　自由是发展人类潜藏智能的工具，因此自由主义之下人类乃
　　能充分利用其才能。自由是反抗武断的利器，因此自由主义之下
　　人类乃能不受专横的毒害。自由是权利的基础，因此自由主义之
　　下人类的利益乃能有充分的保障。[2]

政治学学者李澂庐则通过比较自由与不自由的结果来论证自由的重要
性：

　　　　如在一个社会环境中，所有的条件都予个人以自由发展的机
　　会，这个社会一定是进步的。如在一个社会环境中，所有的条件
　　都是限制个人自由发展的桎梏，这个社会一定是退步的。因为人
　　类是最富有发展性的动物，储备着一种其他动物所没有的潜能。
　　但这种潜能惟有在自由环境的培植灌溉中，才能尽量发挥。如人
　　类坚定的信仰、创造的智慧以及批判的能力等等，无不以自由这
　　种工具来开发。[3]

　　总之，在自由主义者的眼中，自由主义及其所追求的自由，是社会进
步的巨大推动力。一个崇尚自由的社会可能是一个富有创造性和充满
活力的社会。反之，则会是一个创造性枯竭并停滞不前的社会。
　　自由决非是一个空洞和抽象的概念，如何保证自由的实现，是自
由主义者更加关注的问题。在自由主义理论中，个人的自由是由一系
列法定的基本权利来保证和落实的，这通常也被称为"公民权"，它包
括人身自由、财产自由、宗教自由、言论自由、结社自由、集会自由
等等。针对当时中国的现实状况，自由主义学人对人身自由和言论自
由给予特别关注。法学家韩德培说："人身自由可说是人们所享受的
'基本权利'中最基本的一种权利。人身自由如无保障，则其他种种自
由如居住、迁徙、言论、出版、集会、结社、工作等等自由，便都无
由行使，无从享受。所以人身自由也可说是上述种种自由中最可宝贵
最应予以保障的一种自由。"[4]这确实代表了许多自由主义者的共同呼
声，也是无须多言的一个法则。

至于言论自由和与之相关的思想学术自由尤被自由主义者重视，讨论颇多。除了注重它与民主政治的关系以外，他们也从文化角度进行学理意义的探讨。政治学家萧公权认为，个人的思想言论是社会环境陶融而成，因而严格地讲，个人并没有完全自由的思想和言论。但是"他却不能够没有自认为可取的思想和言论。人类除了生存欲之外，还有一种表现欲，愿意把自己的情感和意思表现出来……从原则说，个人应当承认，别人也有和自己同样的达意要求。我要享受达意的权利，同时就要让别人也能够享受这个权利。"[5]萧氏进一步分析，言论自由不仅是每一个人的权利，而且对于探究真理至关重要。人们可以承认世界上有绝对的真理，也可以承认人类有发现真理的能力，但同时也必须承认任何时间任何个人和群体不一定发现了全部的和最后的真理，因为人类知识的范围有限，而他所处的宇宙的奥秘却是无穷的。

　　人类可以不断地扩充知识的范围，但如果把自己的知识范围看作宇宙真理的全部却是狂妄。如果把自己的知识内容看作宇宙的最后真理，不容许别人提出不同的见解，那更是狂妄之外加上了强横。这样的态度只会阻止知识的扩充和真理的透露。反之，如果人人追求真理表示意见，而不妨碍别人同样的活动，如果不同的思想言论互相切磋而不单独垄断，知识范围便可以比较迅速的扩充。[6]

杨人楩也有类似的说法，他用了"说服"的

[1]杨人楩《自由主义者往何处去了》，《观察》2卷11期，第8页，1947年5月10日。
[2]邹文海《民主政治与自由》，《观察》1卷13期，第10页，1946年11月23日。
[3]李澂庐：《服从社会与意志社会》，《观察》1卷19期，第8页，1947年1月4日。
[4]韩德培：《人身自由的保障问题》，《观察》3卷11期，第5页，1947年11月8日。
[5]萧公权：《自由的理论与实际》，上海：商务印书馆1948年版，第47页。
[6]萧公权：《自由的理论与实际》，第47页。

概念：

> 说服的目的在于陈述自己所获得的知识，使他人相信这种知识是正确的。要达到此一目的，必须陈述者有充分说明的机会，不受任何阻挠——这便是通常所谓言论自由。说服者当然自信其知识是正确的，然而可能不如此，他应该让人家也有说服的机会，看看自己是否能被人说服。自己有言论自由，同时也让人家有言论自由。[1]

可以看出，自由主义学人有关言论自由的讨论，仍然是依循功利主义的研讨路径。他们强调，只有思想和言论自由才可能带来知识的进步和文化的繁荣，真理只能在各种意见的自由冲突中方能浮现。需要说明的是，在自由主义权利概念中占有重要地位的财产自由，并不被中国自由主义者看好，他们很少对此加以强调，这与他们所持有的平等观念密切相关，下文将有进一步论述。

尽管自由主义者充满了对自由的向往和推崇，但并不认为自由是没有限度的。在现代社会，自由的限制主要来自于法律。邹文海说："在自由的社会中，法律制度是公是公非的结晶，任何人很难以私意去破坏它而不受制裁。因此之故，自由的社会中人人须为他的行为负责，而没有自由的社会才是不负责任的社会。要说漫无标准，也只有专制的社会才发生这种现象。"[2] 所以"自由不是放纵，自由仍须守法"[3]。萧公权说人类追求物质生活的"遂生"活动是要受到限制的，因为"个人的遂生活动不能够离开社会而得到满足，在社会当中生活的个人不能够不关顾他人的生活权利。因此要满足个人的遂生要求，必须限制个人的遂生活动。遂生是自由，限制遂生的力量就是权威。"[4] 法律当然是最重要的权威。至于人类"遂意"的精神活动也同样受到限制：

> 我们要限制任何人的达意活动，不让他垄断自由，妨碍他人的达意活动。我们要用法律和教育的方法建立一个达意的社会秩序，使得人民不但能够有话大家讲，而且能够大家有话讲。在这个秩序当中，任何人都不能够用强力去压迫他人接受自己的主张，

去禁止他人发表本心的意见。[5]

法律的意义在于限制每个人的自由，同时也使每个人获得了自由："自由不是一个人的自由，而应允许所有人的自由。"[6] "自由不仅是个人天性的满足，也是人类社会性的满足。"[7] 正是从自由的社会性出发，他们认为："我们人类最终的目标，是全民自由，或全体自由。"[8] 在中国自由主义者的理解中，自由更多地具有社会和群体的意义，而西方原典所强调的"个人不可化约的价值"并不被特别推崇，下文还有更多的相关阐述。

（二）"消极自由"与"积极自由"

在自由主义思想发展史中，区分消极自由与积极自由对自由理念的理解具有重要意义。最早对自由观念进行理论区分的是法国著名自由主义思想家贡斯当，他认为古代自由与现代自由是不同的，现代自由的内涵是现代人享有一系列受法律保障的、不受政府干预的个人权利，这相当于现代自由主义大师伯林提出的"消极自由"的概念。而"积极自由"的概念最早是英国思想家格林提出，他指出仅仅有不受法律限制的自由是不够的，"我们言及自由指的是一种积极的权力或能力，从而可以做或享受某种值得做或享受的事，而这些事也是我们和其他人共同做或享受的事。"[9]

40年代中国自由主义学人在讨论自由时常常涉及上述两种不同含义的"自由"，尽管多数人并没有明确使用相应的说法。在笔者涉猎的文献中，政治学学者吴恩裕

〔1〕杨人楩：《科学精神与民主态度》，《观察》5卷8期，第8页，1948年10月2日。

〔2〕邹文海：《民主政治与自由》，《观察》1卷13期，第9页，1946年11月23日。

〔3〕编者：《我们的志趣和态度》，《观察》1卷1期，第4页，1946年9月1日。

〔4〕萧公权：《自由的理论与实践》，第46页。

〔5〕萧公权：《自由的理论与实践》，第53页。

〔6〕邹文海：《民主政治与自由》，《观察》1卷13期，第9页，1946年11月23日。

〔7〕萧公权：《自由的理论与实践》，第59页。

〔8〕李澂庐：《服从社会与意志社会》，《观察》1卷19期，第8页，1947年1月4日。

〔9〕转引自李强《自由主义》，北京：中国社会科学出版社1998年版，第107—108页。

明确使用过这组概念：

> 　　自由有消极自由和积极自由两种意义。消极方面，所谓自由
> 有：取消约束或限制之意。例如信仰自由，便含有旁的人和政府
> 不干涉个人信仰宗教之意。又如言论自由，也同样有反对任何人
> 干涉的意思。积极方面，自由有：任意选择办法或观点意思。例
> 如上述两种自由，在积极方面，便含有任意选择宗教信仰，任意
> 选择言论的观点的意义。[1]

吴恩裕对"消极自由"与"积极自由"基本含义的阐释与后世学人对
两种自由的理解大致相同，不过他并没有对此做更进一步的探究。

　　实际上，当时的自由主义学人对两种自由的不同趋向已有相当程度
的认识。他们的主要观点如下：首先，解除外在束缚的"消极自由"固
然须要，但自主意义的"积极自由"更加重要。萧公权说："自由当然
包含不受外力障碍的意义。但不受阻挠仅仅是自由的消极条件，本性自
身的发展才是自由的积极内容"。[2]清华大学社会学教授潘光旦分析得更
为透彻。他说人们对自由存在一种误解，认为自由的限制是外铄的，而
不是内发的。"以平等博爱相责成，便是外铄的，是外铄的最早的一个
方式。……至于说，自由应以不妨碍别人的自由为原则，显然又是外铄
的。……说到'自由是法律范围以内的自由'，则外铄意味的浓厚，更
无待解释。"[3]在他看来自由的获得更需要自我的内在配合：

> 　　一个对一己的欲望、情感、兴趣、思虑、理想、信仰随在能
> 拿得起而亦能放得下，能抒展而亦能收敛的人，才是一个真正自
> 由的人。真正的自由第一步是对内与对己而言的；自由的人是一
> 己欲望、情感、兴趣、思虑、理想、信仰的主人，而不是它们的
> 奴隶，有了这第一步，第二步对外对人的自由不求而自至。[4]

自己做自己自由的主人，应该说是"积极自由"的重要内涵。

　　与萧、潘的看法相同的学者甚多。吴恩裕强调选择对自由活动的
重要性："而创造性的活动及思想，都包括着'选择'的作用。那就是

说，假如有最好、好、不好三个可能，那么
创造性质的活动及思想就选择那'最好'的
一个可能。"[5]可见，自主选择的创造性活动
乃是自由不可或缺的。学者罗忠恕在谈到学
术自由时，非常注重内心束缚的解除：

> 我所谓学术自由，不仅是不受外面的
> 拘束，外面的限制；尤其要紧的，是要解
> 除内面的缚束……即如把这外面的拘束与
> 限制取消了，也不能算有充分的学术自由；
> 若外面的拘束能取消，而内面的束缚未解
> 除，其自由恐怕还未达到一半的程度。我
> 所谓内面的束缚，是指学术工作者本身的
> 心理态度及精神生活。[6]

张东荪也主张：

> 学术自由与思想自由必须倚靠于精
> 神独立。如果思想的主体其精神不独立，
> 则其所得的学术自由不是真正的学术自
> 由，乃只是一个伪装的学术自由。[7]

其次，"积极自由"与道德培养和自我欲
望的控制是相关联的。潘光旦指出希腊时代
从自由思想出发有两大教育原则：认识你自
己和任何事物不宜太多，把两个原则结合起
来，就是要学会控制自己的种种企求与欲
念，"则所求与所得不至于逾量、过火，转
而使你自己被它们所束缚控制。不受束缚控
制，就是自由。"[8]萧公权认为人类是具有道
德力量的种群，并且禀赋着先天的爱类心

〔1〕吴恩裕：《自由乎？平等
乎？》，《观察》3 卷 12
期，第 6 页，1947 年 11
月 15 日。

〔2〕萧公权：《自由的理论与
实践》，第 59 页。

〔3〕潘光旦：《梦魇的觉醒？》，
《观察》4 卷 7 期，第 5
页，1948 年 4 月 10 日。

〔4〕潘光旦：《梦魇的觉醒？》，
《观察》4 卷 7 期，第 5
页，1948 年 4 月 10 日。

〔5〕吴恩裕：《自由乎？平等
乎？》，《观察》3 卷 12
期，第 6 页，1947 年 11
月 15 日。

〔6〕罗忠恕：《学术自由与文
化进展》，《观察》1 卷
12 期，第 10 页，1946
年 11 月 16 日。

〔7〕张东荪：《知识分子与文
化自由》，《观察》5 卷
11 期，第 3 页，1948 年
11 月 6 日。

〔8〕潘光旦：《读〈自由主义
宣言〉》，《观察》4 卷 3
期，第 5—6 页，1948
年 3 月 13 日。

理。儒家的高超理想虽然不易完全实践，但它所依据的爱类原则却是社会生活不可缺少的心理条件。所以生活在社会中的个人总会考虑到他人，而使个体的自由受到自觉的限制："个人自动对本身的遂生活动加上限制，有时候是由于仁爱心情的作用，有时候是因为功利主义的计算。仁爱的限制力量可以说是道德的权威，功利的限制力量可以说是理智的权威。"[1]无论是哪一种限制，都是个体的自主决定，并无外力的强迫。这种充满道德和内敛意味的自由状态，很受自由主义者的推崇，也是颇具中国文化特征的一种自由理念。

值得注意的是，虽然中国的自由主义者非常注重和倡导"积极自由"，但这并不意味着他们不注重消极自由。在许多场合他们也相当强调"消极自由"，前文谈到对个人权利的高度重视足以说明问题。关于这一点许纪霖的看法很有道理："事实上，中国的自由主义者们在谈到自由的时候，即非偏爱积极自由，也非冷淡消极自由，在不同的背景下，有不同的侧重和解释。但在他们的思想意识深处，这两者从来没有分开过，也未曾出现内在的紧张和矛盾。相反地，在他们看来，消极地免于外在的干涉和积极地争取意志自由，倒是内在和谐、不可分离的。"[2]比较对两种自由观产生重大影响的现代英国哲学家伯林，中国自由主义者的思想状态显然有所不同。伯林廓清两种自由概念的主旨，在于拒斥价值一元论基础上的"积极自由"。他认为个人自主的概念在现实中是大打折扣的，因为事实上，一个人很难完全做自己的主人。所谓的自主行为可能完全是受某种传统、流行观念以及其他因素的影响形成，所以这些行为在实质上是不自主的，因而并不自由。伯林还认为追求积极自由，可能导致两方面的后果：一是真正的自主不可得而消极遁世；二是个人可能被强迫服从代表"真实自我"的国家意志、集体意志或某种规律。应该说，伯林对两种自由之间可能存在的紧张关系，以及对"积极自由"的警觉是很有启迪意义的。

从某种意义讲，特定的历史背景对人们思想的形成具有至关重要的作用。中国自由主义者不仅受到世界自由主义思想的强大影响，同时也无法避开中国特有文化和现实状况对他们的巨大制约。中国强调个人修养的文化传统，与自由主义中"积极自由"的概念有相当的切合之处，这种精神潜质在现代自由主义中获得合理转化，并占有重要地位是不难理解的。而中国"不民主"的社会现实，使自由主义者深刻感受到"消极自由"的必要性，解除外在束缚自然也是当务之急。至于两者之间的"内在"冲突和紧张，在几乎没有自由的环境中是很难体会的，这在很大程度上影响到中国自由主义者对自由的思考方式，他们很少会考虑"积极自由"可能导致的负面影响，而是将两种自由合而为一的加以考察，这与西方世界在"消极自由"取得相当成绩下思考两种自由及其关系，显然存在语境上的重大区别。下文讨论直接民主与间接民主时，仍然会遇到类似由于语境差别而产生的不同的思想状态。

（三）自由与平等

自由与平等的关系是自由主义不可回避的又一重要问题。平等原则是自由主义与个人主义原则的必然引申。自由主义的基础是个人主义。个人主义学说中的个人是抽象和普遍意义的，即所有的人不论其出身、性别、年龄、阶级、地位等都应该享有同等的权利、同等的尊严。在历史上，许多自由主义理论家从不同的角度论证过平等原则，最早的是自然法学家霍布斯、洛克等，之后的功利主义也高扬平等的原则。应该说，自由主义者对平等的态度是颇为复杂的。一方面，他们始终强调权利的平等与形式的平等；另一方面，许多自由主义者并不接受实质平等的主张。这种矛盾正是自由主义平等原则的悖论所在。

在中国特殊的文化背景下，自由主义者对平等的追求和渴望显得格外强烈。首先，关于自由与平等的关系。从论述方式上看，他们表现出激进与温和两种倾向。较为激进者否认自由与平等存在矛盾，认为平等是自由的基础，两者的关系并无冲

〔1〕萧公权：《自由的理论与实际》，第46—47页。

〔2〕许纪霖：《现代中国的社会民主主义思潮》，《二十世纪中国思想史论》（下），上海：东方出版中心2000年版，第40页。

突。吴恩裕说："我们的政治经济学者，不要再认为平等与自由是冲突的。因为全民的自由，必须以平等为基础。"[1] 社会现实中少数人拥有的经济特权，造成了多数人的贫困，在不具备起码经济条件的状况下，多数人的自由根本无从谈起。他认为：

> 近代历史的发展，直到目前为止，自由的实现始终没有扩展普及于全民，其原因就是：在全民中之贫困的农工阶级在现代国家中，虽然表面上享受自由的法律权利，但是他们自身的经济情况，却阻碍了他们实际上享受这种权利。[2]

因此，要实现真正的自由，首先要取消经济特权，实现财产的重新分配，已经变成特权的自由权利，应该剥夺与取消。"这并不表示'自由'与'平等'是冲突的，这只表示'特权'或少数人所独享的自由和'平等'是冲突的。"[3] 为了实现多数人的平等，使一些人的自由受损害是必须的。可以看出，在吴氏心目中，平等的价值更高于自由。

温和论者则强调两者的协调。萧公权认为解决自由与平等的矛盾是完全有可能的，由于经济活动不仅有人与人的关系，而且牵涉到人与物的关系，因此不平等的状况在经济领域最为明显。"在某一指定时间，一部分人如果多享有一些，其余的人必然要比例的少享有一些。"[4] 经济的放任导致了经济的不平等，因此"我们必须承认，要使得人人遂生，社会当中不能不建立一个管制经济活动的遂生秩序。"[5] 只要用"政治自决的方式"，建立一种政治自由，经济管制的社会，"自由与平等间的矛盾也就可以涣然冰释了。"[6] 潘光旦则运用"公道"的概念进行分析，他指出自由与平等的目的"无非是要在全体公道之中求得每一个个体适当的位置与发展。自由与平等本身不是目的，而只是工具，一种思想的工具。"[7] 要使这种工具达成目的，关键的问题是要运用得恰当：

> 用荀子的话来说，就是以群则和，以独则足，足是适如其分的发展，和是相须相成的协调，惟有适如其分的发达才公道，惟有公道的协调才能持久，对立与冲突因何与如何发生，我实在看

不出来。[8]

　　将自由平等与公道相联系，这是一个很有意义的标准。关于这一点，第二节和第三节将会有更详细的讨论。

　　需要特别关注中国自由主义者理解的平等原则的内涵。潘光旦称人们对平等最重要的误解是被表面的现象所蒙蔽，即"假自由之名，而行自肆之实"。社会现实总是以强凌弱的，"寝假必至包括一切由政治地位、经济势力、社会身份而来的强弱，而不限于身心能力的自然的强弱"[9]。以平等的名义而行不平等之实并不是真正的平等。吴恩裕也指出："法律上规定的是'应该'享受自由，而实际上的问题是'能''不能'享受自由。这种'能'与'不能'的背后，实在隐藏着阶级的分野，财富分配的不均。这种情形就正是所谓的'不平等'。"[10]不难看出，他们所要求的平等不仅是权利上的，而且是结果和实质上的。张东荪对此提出异议："须知不平等固然是不公道，但有时候严格的平等亦会产生不公道。""在平等方面乌托邦的社会主义亦是应在屏弃之列。"[11]两种不同的观点，反映了权利平等与实际平等之间存在的悖论：如果给每一个人平等的机会与权利，便会产生实际状况的不平等；如果追求实际状况的平等，唯一可能采

〔1〕吴恩裕：《自由乎？平等乎？》，《观察》3卷12期，第7页，1947年11月15日。

〔2〕吴恩裕：《自由乎？平等乎？》，《观察》3卷12期，第6页，1947年11月15日。

〔3〕吴恩裕：《自由乎？平等乎？》，《观察》3卷12期，第7页，1947年11月15日。

〔4〕萧公权：《自由的理论与实际》，第53页。

〔5〕萧公权：《自由的理论与实际》，第57页。

〔6〕萧公权：《自由的理论与实际》，第58页。

〔7〕潘光旦：《梦魇的觉醒？》，《观察》4卷7期，第6页，1948年4月10日。

〔8〕潘光旦：《梦魇的觉醒？》，《观察》4卷7期，第6页，1948年4月10日。

〔9〕潘光旦：《梦魇的觉醒？》，《观察》4卷7期，第5页，1948年4月10日。

〔10〕吴恩裕：《自由乎？平等乎？》，《观察》3卷12期，第6页，1947年11月5日。

〔11〕张东荪：《经济平等与铲除剥削》，《观察》4卷2期，第3页，1948年3月6日。

取的办法就是赋予人们不同的权利，以不同的方式对待人们。正是在这个意义上，哈耶克得出这样的结论："法律面前人人平等与物质的平等不仅不同，而且还彼此相冲突；我们只能实现其中的一种平等，而不能同时兼得二者。"[1]时至今日，平等的悖论仍然是自由主义者争论的焦点之一。

应该说，40年代中国自由主义学人的自由观，既体现着自由主义的基本原则，也表现出较强的"修正"色彩，主要表现在他们对自由的理解颇受费边社会主义"社会有机体"理论的影响，更加注重群体和社会的自由，而不是"个人不可划约的价值"。在自由与平等的关系中，更加注重平等，特别是经济领域的平等观念，使他们在个人权利中几乎完全回避财产所有权问题，而事实上，保证个人的财产权和经济自由不仅是自由主义理论中不可忽略的内容，同时也是民主社会确立的关键所在。了解和认识这些颇具特色的自由观，有助于进一步解读中国自由主义者其他的思想特征。

二　民主的概念

在自由主义的理论中，民主原则占有独特的地位。一般来说，自由与民主以及自由主义与民主主义是两个高度相关但又相互独立的概念。自由主义理论关注的核心是限制政府权力的管辖范围，以确保个人的活动空间；而民主主义强调的则是大众控制或行使政府权力。前者涉及政府的权限范围，后者涉及由谁来行使政府的权力。从历史发展的角度看，民主作为一种政府形式早在古希腊时代就已存在，而自由主义的形成则是在17世纪以后。正是因为此种不同，一些极端的自由主义者否定两者之间的联系。但就整体的情况看，大多数的自由主义者同时也是民主主义者，他们至少认为民主制度具有工具价值。换言之，在他们看来，民主制度是保障个人自由最有效和最具合法性的制度。中国的自由主义者基本上都是民主主义者，"自由"与"民主"常常被相提并论，他们从不刻意对两者做出区分，而是将它们视为现代社会共同的追求目标。

（一）民主的价值

自由主义论证民主的价值，一般有两种角度：一是从权利出发论证"民主政府"的合法性。最具代表性的是法国思想家卢梭。他认为真正合法性的权威只有一种，即建立在人们自由之上的权威。民主制度是唯一可以既建立权威又不丧失自由的制度。"卢梭是说，任何时代，任何地域，假如其政治组织要合理，要安全，必须建筑在人民同意的基础上，而这'同意'就正是契约观念的精髓。"[2] 政府只有建立在大众同意的基础上，其权威才具有合法性。

> 民主政治是"同意的政治"（Government by Consent）。就是说这种治理是人民同意的治理。在民主政治下，人们自己选择他们的代表，替他们制定法律，治理政务。这种治理，完全是经过人民同意的了。[3]

北京大学教授楼邦彦说民主政治的特征是"政府权力的取得、维持与更换，必基于和平的政争，而取决于人民的意思。"[4] 南京《新民报》主笔周绶章认为，由人民来决定建立一个什么样的政府，这是民主政治的根本特征，完全不同于帝制时代的家天下。帝制时代的特征是"自我中心的政治观，造成一种优越感，具独占性，由上而下的政治意识。我所要提出的'人民本位的政治观'，则可以造成一种作平等观，具普遍性，由下而上的政治意识。前者主宰了封建时代人的政治生活，而后者则是要建立民主的政治生活必不可少的先决条件。"[5] 人民主权与政权的合法性观念为近代民主启蒙运动提供了有力的思想武器，它始终受到自由主义学人的

〔1〕[英] 哈耶克《自由秩序原理》（上），邓正来译，北京：生活·读书·新知三联书店1997年版，第104页。

〔2〕吴恩裕：《〈社会契约论〉书评》，《观察》4卷12期，第17页，1948年5月15日。

〔3〕吴恩裕：《教育在民主运动中的重要的作用》，《世纪评论》2卷21期，第5页，1947年11月22日。

〔4〕楼邦彦：《论官吏的民权》，《观察》1卷23期，第3页，1947年2月1日。

〔5〕周绶章：《提供一个新的政治观——从"自我中心"到"人民本位"》，《世纪评论》1卷15期，第10页，1947年4月12日。

高度评价："十九世纪的自由主义思潮大体分为两派：一是以法国卢梭为创始者的天赋人权论者，一是以亚当·斯密为代表的个人主义或功利主义的自由主义。前者激起了波澜壮阔的近世民主洪流，后者促进了资本主义的进展和成熟。亚当·斯密的学说，因资本主义的春蚕丝尽与弊端百出而受到扬弃。但卢梭的天赋人权论至今仍光芒四射，深入人心。"[1]

　　与权利论证不同的是功利主义的逻辑。功利主义对民主的论证并不只是使用抽象的合法性原则，而是以民主制度可能产生的有益后果来论证民主制的优越性。密尔的论述颇具代表性，他认为民主制度的价值表现在两个方面：第一，民主制度比任何其他形式都可能最大限度的保护公民的利益，保护社会的福祉。第二，民主制度能够较好地"促进人民本身的美德和智能"。中国自由主义学人强调最多的是民主制度对人民权益的保护。萧公权说："只要有了政治的自由（政治的民主），人民的一切权利都有了保障。"[2]民主机制的重要作用就是让人民通过选举参与政治，表达自己的愿望，实现自我的利益。

　　　　什么是民主？我们的答复是：人民有说话的机会，有听到一切言论和消息的机会，有用和平方式自由选择生活途径的机会，有用和平方式选择政府和政策的机会。[3]

类似的表述在其他的自由主义者言论中相当普遍。中央大学教授吴世昌认为民主是"人民可以自由批评政府的政策及施政情形。人民可以用暴力以外的方法，改换政府；凡是公民都可以用自由结合的方式，组织政党，用竞争选举的方式参加政府。"[4]武汉大学教授刘迺诚则借用美国前总统林肯的名言论证自己的民主理论："所谓民主政治云者，就是美人所称民治民有民享，是以人民为主，由人民选举代表，主持政事，依据民众需求，提倡民众福利。"[5]由此观之，真正的"政治"制度，只能是民主制度。"因为民主政治下的政治，乃真正是由'众人'运用公共的强制力，来治理众人之事。"[6]

　　政府对人民负责是功利主义民主观中一个十分重要的概念。准确的讲，就是政府必须对人民有所"交代"，以保证政府的工作是保

障大多数人的利益,而不是为少数特权阶层
谋取私利。"我们不能同意政府的一切设施只
为了一部分少数人的权力和利益。国家政策
必须允许人民讨论,政府进退必须由人民决
定,而一切施政必须对人民负责。民主的政
府必须以人民的最大福利为目的;保障人民
的自由,增进人民的幸福。"[7]人民有权力要
求政府对其行为、目的、结果做出解释和说
明。

> 在民主政治的基本假设下,政府是
> 人民的政府,人民对于政府必然有所要
> 求,政府则以实现满足人民的要求来换
> 取权力并获得其存在的价值,政府没有
> 任何理由可以藉国家的名义,用国家的
> 理由来强迫人民对它的服从,人民对政
> 府随时在加以评价,他们所根据的就是
> 政府是否已尽了它的功能,是否确具其
> 存在理由,换言之,人民随时在评价政
> 府是否真是人民的政府。[8]

民主政治是人民做主的统治关系,人民不仅
有权力要求政府作出"交代",而且可以对
已有的统治关系表示异议,并重新予以决
定。惟有此,民主政治的价值才得以体现。

(二)"直接民主"与"间接民主"

民主的实施形式可以分为直接民主和间
接民主两种。直接民主是指人民直接参加所
有政治和社会事务的决策,不需要中介和代
表,与古希腊和罗马共和国时期的民主制度
颇为类似。间接民主是指公民通过自己所选

〔1〕李孝友:《读"关于中共往何处去"兼论自由主义者的道路》,《观察》3卷19期,第8页,1948年1月3日。

〔2〕萧公权:《说民主》,《观察》1卷7期,第3页,1946年10月12日。

〔3〕萧公权:《说民主》,《观察》1卷7期,第3页,1946年10月12日。

〔4〕吴世昌:《政治民主与经济民主》,《观察》1卷5期,第6页,1946年9月28日。

〔5〕刘迺诚:《现代中国政治改革的几种原则》,《观察》2卷5期,第5页,1947年3月29日。

〔6〕吴恩裕:《家庭关系、政治关系、民主政治》,《观察》1卷4期,第10页,1946年9月21日。

〔7〕编者:《我们的志趣和态度》,《观察》1卷1期,第4页,1946年9月11日。

〔8〕楼邦彦:《论"公然反对政府"》,《观察》4卷22期,第5页,1948年7月31日。

举出来的代表主持负责政治和公共事务，它通常又被称为代议制民主。现代的民主国家多采用后一种形式。

考察自由主义思想发展史，不难发现两种民主形式与两种自由观有着某种对应关系，"积极自由观"会推导出"直接民主"，而"消极自由观"则产生"间接民主"。两种自由观与两种民主理念的不同趋向始终是自由主义所关注的问题。对直接民主理念倡导最有力的首推卢梭。他认为，在一个真正自由的国度，公民应当直接参与政治，决定公共事务，他们的权利决不可能被代表。代议制与雇佣兵制在本质上并无二致，他们的共同之点是，人们出钱雇佣军队或选举议员来代替自己履行公共职责。这种制度使人民在本质上丧失了自主，因而是违背自由原则的。

在美国制宪过程中，麦迪森以及联邦党人的理想则更多地反映了代议制民主的原则。法国大革命使一批自由主义者在理论上反思"大众民主"，在贡斯当提出两种自由之后，托克维尔进一步指出"大众民主"（即直接民主）的最大弊端是可能导致"多数人的暴政"，因此真正的民主应当建立在社会多元主义和分权原则之上，并以确保个人自由为目的。在托克维尔理论基础上，密尔全面阐述了自由主义的民主理论。他指出这种民主的基础必须是自由主义的，其前提是政府及社会权力与个人权利要明确划分，政府在任何情况下不得侵犯个人自由；其形式必须是代议制的。在密尔看来，代议制将大众原则与精英原则、平等原则和效率原则完美地融为一体，是最理想的政体形式。

现代民主社会多以代议制作为现代民主的象征，中国的自由主义者也不例外，他们认可的民主体制无疑也是代议制。不过，对于直接民主他们也很欣赏。吴恩裕说："最理想的，当然是直接民主制。因为只有在直接民主制下，才可能有全体人民，即所谓'众人'，都参加治理众人之事的事实。但是由人民大会来主持国家立法、行政、司法各方面的事务，就是在希腊的城市国家，也不能完全实行。"[1] 现代国家由于土地广大，人口众多，兼以人们在职业上必要的分工等原因，更不便实行直接民主制，而多采用由全民选举代表来参加治理的间接民主制。这种制度的民主性应当是毋庸置疑的：

　　因为代表都是由真正民意选出来的，故我们应该把他们的治理，视为和全民的治理，或"众人"的治理一样。所以，我们认为，间接民主乃是真正的"政治"制度；在这种制度中的治者与被治者之间的关系，才是真正的"政治"的关系……从前及现在的许多政治学者，只把间接民主视为一种"良好"的政治制度。照我的看法，它乃是"唯一的"政治制度。[2]

　　萧公权在讨论1946年底颁行的民国宪法与三民主义的关系时称，孙中山是主张直接民权，指责间接民权的。民国宪法中规定的县自治就相当于直接民权："只要有了县自治，人民就能够行使直接民权，人民在县自治之外，另举代表以行使对省和中央政府的'管理'权，这是于直接民权之外，加行间接民权，而不是用间接民权去代替直接民权。"[3]按照萧公权的理解，其时的宪法是以直接民权作为间接民权的补充。他在另一篇文章中说得很明白："为了办事的便利起见，人民不必操持行政之权，但决定何事须办的权力必须操于人民之手。为了适应近世广土众民的环境起见，人民不必行使古希腊式的直接民权，但人民必须有选举代表和改组政府的权利。"[4]大体上说，中国的自由主义者并不认为"直接民主"与"间接民主"有太多的冲突，就理想而言，"直接民主"是最佳选择，"全民自治是政治组织的极诣"[5]。退而求其次的"间接民主"是现实中唯一可行的制度，在"间接民主"中辅以若干"直接民主"的形式也是完全可行的。

　　可以看出，中国的自由主义者并没有像同时代的西方自由主义者那样，对"大众民主"心怀恐惧，在中国具体的历史背景下，他们还无法感受到

[1] 吴恩裕：《家庭关系、政治关系、民主政治》，《观察》1卷4期，第10页，1946年9月21日。

[2] 吴恩裕：《家庭关系、政治关系、民主政治》，《观察》1卷4期，第10页，1946年9月21日。

[3] 萧公权：《宪法与孙中山学说的异同——宪法浅议之五》，《世纪评论》1卷23期，第14页，1947年6月7日。

[4] 萧公权：《说民主》，《观察》1卷7期，第3页，1946年10月12日。

[5] 萧公权：《说民主》，《观察》1卷7期，第3页，1946年10月12日

自由与民主之间的矛盾。民主与自由的关系与特定的历史环境密切关联。在民主制已然确立的西方，保障自由的矛头主要指向多数决定规则，因为自由的危险有可能主要来自多数人暴政。然而，专制制度背景下的情形却完全不同，自由的最大障碍是专制权力，民主要素的引入不仅是为了国家权力合法化，而且还要制约国家权力的泛化与滥用，民主或民主化运动便成了获得和强化自由的最重要的手段之一。因此，至少在现代民主制度尚未建立的情况下，民主和自由是互相支持的，民主代表着限制政治权力的保障。40 年代的中国，民主与自由同样的匮乏，这种特殊环境使自由主义者对民主抱有极大的热情，他们更多地注意民主制度（无论是"直接民主"还是"间接民主"）的积极作用，并不强调可能的另一种倾向，这种思想状态是完全合乎情理的。

　　需要注意的是，有个别学者对民主的负面作用也有所警示。刘迺诚曾说："在民主国家，政府对于少数人民之利益，必须予以相当保障。因为多数可以压迫少数，与在高压政治中，少数之压迫多数，其专制情形正复相同。此显为民主社会应行注意之点。"[1]吴恩裕在介绍卢梭的《社会契约论》时，特别提请大家关注人民主权学说所反映的非民主倾向："关于此点，我们又不能不提到罗素（B. Russell）。罗素在 1945 年出版的《西方哲学史》中，也讲到了卢梭，他也认为，照卢梭所讲的人民，所讲的国家，势必把人民弄到毫无权力地步的一种极权的国家了。罗素甚至认为，卢梭的大部哲学，一定被拥护普鲁士贵族政治的黑格尔（Hegel）所喜欢；他的哲学的第一颗果实是罗伯斯皮尔的统治（The reign of Robespierre）。……罗素这些话固然有些过火，并且也不无其他问题；但亦可见卢梭主张是怎样地接近极权的思想了。"[2]为这部著作撰写了长篇序文的巴克尔也持同样的观点，因此，吴恩裕认为这种相互印证的看法是"持之有故"的，值得中国研究政治思想的学者探讨和关注。这表明，部分自由主义者对"直接民主"与"间接民主"的关系，以及"间接民主"的现代意义，有了另一种维度的思考。

　　（三）自由主义民主的若干原则

　　自由主义民主是一套具有特定内涵的理论与制度，它不仅体现着自由主义民主的本质内涵，也是与其他民主理论的区别所在。这些特定的原则可以归结为以下内容。

首先，个人主义。自由主义民主理论的基础是自由主义，而自由主义的核心则是个人主义。作为一种解释性和规范性学说，个人主义的特点是以个人为出发点解释社会政治现象并阐述一套个人优先的原则。在个人与国家的关系问题上，个人主义认为，个人拥有至高无上的权利，政府仅仅是保障个人权利与自由的手段。为此个人权利与公共权威之间需要明确的界限划分，私人的活动空间不应受到任何形式的外在干预。从这个意义讲，民主必须受到自由原则的制约。也就是说，个人自由的价值是第一位的，民主的价值是第二位的。这种个人主义奠定了民主制度的基本法则，如间接民主、法治限制、分权原则等。

对于个人主义，中国自由主义者主要是从功利的逻辑给予判断，其态度颇为复杂。一方面他们有限度地承认个人主义的合理性和进步性。刘迺诚说："个人主义的本质，是能自由发展，而不受过量干涉的；因能自由发展，才能发挥创造力，这是他的优点。"[3] 张东荪认为"个人主义在于养成个人的责任心与自尊心"从历史的角度说，个人主义的功绩是不可磨灭的："须知从封建社会把个人解放出来，却非用这种个人主义不可。所以十八世纪的自由主义建立个人主义的社会，从历史上看，乃是一件空前的功劳，其价值正可谓与日月同光。"[4] 自由主义的若干进步价值都与个人主义密切相关："无论任何时代的自由主义都是基于个性的自觉和价值和企求个性能得到完美的自由发展为出发的。"[5] "因为在政法思想上，拥护个

[1] 刘迺诚：《宪政之精神与目的》，《世纪评论》3卷4期，第6页，1948年1月24日。

[2] 吴恩裕：《〈社会契约论〉书评》，《观察》4卷12期，第17页，1948年5月15日。

[3] 刘迺诚：《现代中国政治改革的几种原则》，《观察》2卷5期，第6页，1947年3月29日。

[4] 张东荪：《政治上的自由主义与文化上的自由主义》，《观察》4卷1期，第3页，1948年2月28日。

[5] 李孝友：《读"关于中共往何处去"兼论自由主义者的道路》，《观察》3卷19期，第8页，1948年1月3日。

人自由的主张，是从近代个人主义的思想中孕育而出的。"[1]

　　另一方面，中国的自由主义者认为个人主义的消极方面也很明显。有学者指出个人主义的缺点是"即以个人为中心，求个人的发展，其结果个人只注意个人事业，而忽视公共事业，重视个人利益，而藐视公共福利，这是他的弱点。"[2] 潘光旦认为个人主义过于强调个人的权利，而忽视个人的义务，这种片面的追求并不能使个人获得最佳的发展，"人格的自由，或自由的人格，绝不是权利与义务的概念所能绳墨的，若是要加以绳墨，则我们也只能说，它是权利，也是义务，决不能单单看作权利……看重权利，原是个人主义时代的一个通病，如今这一班朋友完全把自己看成了权利，足见个人主义的流毒未尽。"[3] 杨人楩则着力将自由主义与个人主义加以区分："人仍然要把自由主义与个人主义混为一谈，于是有人要以极端个人主义的缺点来否定自由主义。自由主义诚然是尊重个性的，尊重个性才敢于打击传统势力，这是促成斗争的动力，但斗争的目的并非为争取个人的利益。个人主义可能是自由主义的动力，但不是自由主义努力的目标。自由主义所要求的进步是指整个社会的进步。"[4]

　　正是为了克服个人主义本身的缺陷，中国自由主义者普遍把个人与大众相联系。传统自由主义中的个体权利被他们演绎成民众的利益。"民主政治中不但需要自由，而且需要人人参加政治，更需要满足人人的利益"[5]，"自由主义的真精神，一定的（得）把享受自由的人天天加以扩大。大家都有自由，民主的理想也就到了诞生的时期了。"[6] 民主的意义不仅在于人民的自由，更在于保障大众的利益，提倡公共的福利。"所称公共福利，系指政府之设施，应以提倡全体人民之福利为目标。惟全体人民之需求，非必纯全一致，在实际政治中，只能顺应多数人民的需求。"[7] 从这个意义出发，有学者认为民主的价值是高于自由的：

　　　　自由主义只是达到民主的工具，而不能作为民主政治的目的。没有自由一定不能得到民主政治，可是有了自由又不一定能说就是民主政治。民主政治是比自由主义更高的一种境界。[8]

显然，按照他们的理解，整体应当大于个体，民众的共同福利重于个人的权利,因而民主的价值也在自由价值之上。

从本质上说,中国的自由主义者持有一种与个人主义不同的集体主义社会观,他们心目中的社会是一个共同体,这便意味着人们之间有某种超越个人利益之上的共同利益,而共同利益是大于个人利益的。这种被修正了的民主观念颇具中国特色,也是大多数中国自由主义者的基本态度。

其次,妥协原则。自由主义民主不仅是一种国家制度,同时也是一种程序和平台。作为程序的民主,它强调的是各种利益的相互妥协,也就是说,个人或集团在参与民主时,完全可以并且应该追求个人或集团利益。众多个人和集团的一己之私,通过民主的程序,达成各种利益诉求之间的最终妥协,这成为民主政治的基本特征。正如多元主义民主理论家达尔所言:"民主的基础是妥协。"[9]

民主的妥协原则深得中国自由主义者的赞赏,也是最少发生争议的一项民主原则。萧公权对妥协的阐释很具代表性:

> 妥协不一定是坏事。对不同的意见妥协,为了获取有用的结果妥协,为了避免决裂分争而妥协——这样的妥协可以说是民主政治的一个运用原则。妥协是让

[1] 韩德培:《人身自由的保障问题》,《观察》3卷11期,第5页,1947年11月8日。

[2] 刘迺诚:《现代中国政治改革的几种原则》,《观察》2卷5期,第6页,1947年3月29日。

[3] 潘光旦:《读〈自由主义宣言〉》,《观察》4卷3期,第5页,1948年3月13日。

[4] 杨人楩:《再论自由主义的途径》,《观察》5卷8期,第3页,1948年10月16日。

[5] 邹文海:《政治民主与自由》,《观察》1卷13期,第10页,1946年11月23日。

[6] 邹文海:《政治民主与自由》,《观察》1卷13期,第10页,1946年11月23日。

[7] 刘迺诚:《宪政之精神与目的》,《世纪评论》3卷4期,第6页,1948年1月24日。

[8] 邹文海:《政治民主与自由》,《观察》1卷13期,第10页,1946年11月23日。

[9] 转引自李强《自由主义》,第222页。

步、是谅解、是宽容，是在尊重自己主张时也尊重别人的主张。
如果毋益毋必毋固毋我是儒家圣人的美德，愿意服从自己所不满
意的决意，接受自己所不满意的主张，便是民主政治家的雅量。[1]

在民主政治中，最应注重的问题是如何有效地表达民意。政见不同是
正常现象，重要的是将其折中与调和："惟有各种政见的协调，方能代
表全体的利益。也许每个人不能全满意，却也不致每个人全失望。这
才是真正的民主。"[2]妥协是民主政治中可以兼顾各方利益的最佳手段。
自由主义的政治观认为，政治斗争只是不同利益、不同方案之间的竞
争，并非你死我活、不共戴天的搏斗。如果坚持贯彻某种绝对的主张，
"纵使这种主张确实利国利民，而实行出于强制。民主的风度一失，这
个政制就可能从民主逐渐变为帝国。"[3]因而，在民主政治中，任何一
方的一意孤行，都是有悖于民主原则的。

达成民主政治的妥协，最需要的基本政治道德是容忍。吴恩裕说：
"容忍这种美德是进步的政制，特别是民主政制，所决不可少的政治道
德。所谓容忍，并不是说：某甲欺负了某乙，我们希望某乙无故的涵
容某甲。政治上的容忍是理性的容忍，不是单纯地制止感情的作
用。"[4]就个人言，任何政治上的见解，都有发表的自由，无论是当权
或在野者都不可横加干涉。就政党言，彼此之间的涵容不可或缺："不
但在野的甲政党，不能对其他在野的乙、丙、丁政党企图完全消灭；
即当权的政党与其立法机关中之反对党，或与在野的某些政党，也不
能有消灭异己的企图。他们只能在合法的原则下，从事于政治的斗
争。"[5]就当政者言，更需要有容忍异见的度量。"民主政府是容许人民
向政府噜苏，乃至找麻烦的政府，而政府中人在这气氛中必须有逆来
顺受的雅量和积极设法消化烦恼的责任心。"[6]容忍人民批评乃至反对
政府，是基于民主原则的理性表现，也是与专制制度的最大区别："民
主国家和专制国家的最大的相异点，在我看来，民主国家化忧患为烦
恼，专制国家积烦恼为忧患。换言之，前者以零售方式将烦恼化整为
零，后者则以批发方式将烦恼'囤积'。化整为零的表现是人民的言论
自由，批评自由；批发囤积的表现则为人民的愤怒、暴动、革命！"[7]
总之，民主的精神"'第一是容忍，第二是互让，第三是妥协'……

甚至在对方不容忍、不退让、不妥协的时候，我们要更加容忍、更加退让、更加妥协。谁能这样，谁就民主。"[8]

应该说，自由主义者对民主的理解也有若干修正色彩，民主社会主义理论中的一些价值理念对中国的自由主义者有相当的吸引力，比如强调国家的积极作用以及对公众福利的重视等，尤其突出的是，在处理民主与自由的关系时，更加看重民主的价值，甚至将自由的终极价值让渡于民主手段，这显然有悖于自由主义关于自由价值高于民主价值的基本原则，这与他们对自由的理解是一脉相承的。

三 宪政的国家政体

自由主义理想的国家是一个权力有限并受到制约的国家。在自由主义者看来，国家是人类为了过上一种共同的、有秩序的生活而必须付出的代价。为了将这种代价减少到较小的程度，有必要限制国家的权力与职能，而限制的方法与途径主要是法治和分权。法治意味着任何社会成员都不能拥有法律之外或法律之上的权利，分权则是以分权的手段限制国家权力的运用。前者是自由主义的分配原则，后者是自由主义的组织原则，它们构成自由主义国家理论的基本内容，而政党政治则是宪政国家唯一可以依恃的政治活动方式。

（一）法治原则

法律是个人和国家之间利益均衡的一种保障。一方面法律以宪法的形式限制和约束

〔1〕萧公权：《制宪与行宪》，《世纪评论》1卷1期，第5页，1947年1月4日。

〔2〕谷春帆：《从民主到帝国》，《观察》3卷10期，第5页，1947年11月1日。

〔3〕谷春帆：《从民主到帝国》，《观察》3卷10期，第5页，1947年11月1日。

〔4〕吴恩裕：《民主政治的基础》，上海：商务印书馆1947年版，第19页。

〔5〕吴恩裕：《民主政治的基础》，第20页。

〔6〕吕克难：《只有忧患没有烦恼的政府》，《世纪评论》3卷22期，第12页，1948年5月29日。

〔7〕吕克难：《只有忧患没有烦恼的政府》，《世纪评论》3卷22期，第9—10页，1948年5月29日。

〔8〕萧公权：《宪法与政协原则的异同》，《世纪评论》1卷13期，第7页，1947年3月29日。

政府的权力；另一方面，法律以民法及刑法的方式规定个人行为的界限。实现了这种治理方式的国家，就是现代意义的宪政国家。40 年代自由主义学人相当关注法治，他们的法治观可以归纳为以下几方面：

首先，法治是现代国家根本的立国之道。有论者说，所谓法治，就是法律至上之意。不仅中央政权要有中央法制，地方政权要有地方法典，而且社会中的一切问题，包括国家和个人的行为，皆需有法律为准绳，这样社会秩序才能维持。"所以，在法治的社会内，不论是政党的政争，或是团体间的纠纷，或是个人间的冲突，皆要按法律解决，不能有非法行为，更不能以武力解决。"[1] 法律至上的国家与人治国家有本质的不同，要实行法治，必须反对人治，即使是柏拉图式的哲人政治，也应在反对之列："因为哲学王也是人，即使人就有感情；有感情就有偏私，偏私不公是一切政治纠纷之源。法律则不然。诚如亚里士多德所说，法律乃是'不具情感的智能'（intelligence without passion）。法律固然是人们的积习成规及有意造出的规则；但一经造出应用，它就变成一种不具人情的力量（impersonal power）了。西洋政治思想家，自亚里士多德以来迄今日，没有不以法治为治国最好办法的。"[2] 以法治取代人治，显然是现代国家最佳的治国之道。

法治的含义还在于它必须与民主政治相联系。也就是说，仅仅从形式上确立法治是不够的，只有与民主相联系的法治，才是现代意义的法治。武汉大学法学教授韩德培指出：

> 我们诚然需要一个"万事皆归于一，百度皆准于法"的法治国家，但我们更需要一个以实行民主政治为主要目的法治国家……法治如不建筑于民主政治之上，则所谓法治云云，实不免成为少数人弄权营私欺世盗名的工具。唯有在民主政治的保证之下，法治才能成为真正于人民有利的一种制度。也唯有在民主政治的保证之下，法治才更易求其充分彻底的实施。[3]

民主政治是法治的精髓和灵魂，如果政府的权力没有被限制，人民的权利无法得到保障，这样的法治就没有意义了。所以"独裁的法律"与民主的法律是不可同日而语的："民主的法律与独裁的法律在精神上有一个根本差别：前者的目的在维持秩序，后者的目的在禁止异见和反对。"[4]可见，民主精神是法治的根本所在。

其次，正是基于对民主精神的追求，自由主义者尤其强调法治对政府权力的限制作用。吴恩裕认为，在中国历史上，法家也深知人治与法治的不同，但他们法治的核心是针对人民的，统治者可以不受法的约束。[5]从秦始皇到清朝两千年的专制政治中，君权的绝对地位更是异常牢固："在中国政治史中，最高的统治者实际上等于立于国法之外的人物，他们既不必守法，也不必负责。因为在我们的政治历史中，没有治者守法、负责的良好传统，所以，直到近代，虽然不乏贤明的领袖，但以整个统治阶级论，却无正确的守法和负责的观念。"[6]显然，中国历史上的法治并不是"法治国家"的概念。

现代的法治国家是要用法律来统治整个国家，无论是统治者或被统治者，都要守法。尤其对治理者言，守法的重要性更显突出。法学专家李浩培说："在一个法治国家中，一切大小官吏为国家行为时，必须处处并时时顾及法律，而决不能使他们的个人意志凌驾于法律之上，致法律失其效率。"[7]另一论者明确提出官僚制度必须与法治相配合："'官僚制度'应当具备一个颠扑不破的条件，即必须以法治相辅而行。离开法治的'官僚制

〔1〕刘逎诚：《现代中国政治改革的几种原则》，《观察》2卷5期，第6页，1947年3月29日。
〔2〕吴恩裕：《民主政治的基础》，第9页。
〔3〕韩德培：《我们需要的"法治"》，《观察》1卷10期，第10页，1946年11月2日。
〔4〕钟伯平：《学潮平息以后的认识》，《观察》2卷17期，第4页，1947年6月21日。
〔5〕吴恩裕认为，法家中的管子和韩非子都是主张只有被治者必守法，而没有治者必须守法的思想。商鞅则有法律乃是治者和被治者所共守的规则。不但理论上商鞅有此种主张，他在秦国的法治也有贯彻这种主张的事实。参见《民主政治的基础》，第12—13页。
〔6〕吴恩裕：《民主政治的基础》，第16页。
〔7〕李浩培：《法治实行问题》，《观察》2卷12期，第3页，1947年5月17日。

度'，所剩余的便仅有黑格尔所释的'东方式的专制'。"[1]韩德培更强调所谓法治问题，"最须着眼者就是政府官吏守法与否的问题，而并非人民守法与否的问题。"

> 一个国家的统治者，本来是掌握武力权力的唯一合法者，但正如孟德斯鸠所言"凡是有权力的人便易于滥用其权力"。因此，要讲究法治，就更须讲求对统治者的权力如何用法律加以限制，使其仅能在法律的范围内行使其权力。[2]

换言之，"就是人民能控制政府，尤其不让政府违法侵害人民的利益。假如政府违法侵害人民的利益，人民就能执法相绳，使政府赔偿损害，或使政府的负责者不得不挂冠下台。"[3]这样的法治才能体现民主政治的真谛。

当然，强调政府守法，并不是说人民可以不守法。"在法治社会内，非但事事有法，并且人人要守法。在法律下人人平等。平时人人要遵守法律，如有违法事件，人人要受法律制裁。"[4]人民只要守法就可安居乐业，而不会受到法外的责罚，"人民即使触犯法律，亦须依法审判后，方受法律所预定的责罚"[5]。在人人都须受法律制约的社会，必须有一种机构能够严格地依法认定个人的行为是否合法，这就是独立的司法机关，由于它几乎不受一切其他机关的干涉，所以能严格地依法履行其职责，"故一个真正的法治国家必有独立的司法"[6]。此外，培养人民的法治精神也至关重要。"多数人民如有法治精神，则政府必为法治政府，政治必能走入轨道。反之，多数人民如果缺乏法治精神，则虽有法治政府，政治未必能顺利进行。"[7]至于如何增进人民的法治精神，学者们也提出了一些建议，大致是政府守法，成为群众观摩学习的榜样；对于不守法者要严加制裁，人民当仗义立言协助政府；人民尽力维护自己的法定权利，受到侵害时要依法寻求救助；知识阶层尤需起到良好的宣传和组织作用等。

总之，一个健全的法治社会，国家与人民的关系必须以法律为准绳，它体现着政府权力应受限制、独立的司法机构、全民的法治意识等重要原则。

最后，自由主义者对法律的公正性问题，进行了哲学层面的探讨。吴恩裕指出，法律遭遇到的一个困难是：法律是否会永远代表公正？答案是否定的。"不但时代环境的演变，可以使一条法律违背时需，即造法人（指制定法律者——引者）的智力、偏见等等，也可以产生与民众利益抵触的法律。这些法律当然都不能算是公正的，他们所代表的是无知、是偏见、是守旧、是退化。当法律真正到了这种性质的时候，要人们仍然服从它，恐怕无论如何是说不通的。"[8]

那么，在法律之上是否还有更高的行为准则呢？肯定的答案是"道德的裁判"。如果说古代人们以"自然法则"为归依，近代以来人们则以"道德法则"为准绳。也就是说，法律所规定的标准，在道德上依然存在应该与否的问题。"道德之足以匡正法律，之足以做为一个在法律之上的行为准则"。[9]进一步探究会发现，道德也并不一定代表公正，因为以阶级分析方法看不同阶级的价值观念是不同的，因而道德原则的应用也不具有普遍性："因此它代表的公正，在某些人看来是公正的，在另外一些人看来便是不公正的。"[10]

究竟什么是最公正的原则呢？吴恩裕的结论是"大众的利益"。这是比法律和道德更高的标准：

〔1〕张锐：《论中国的"官僚制度"》，《观察》2卷7期，第7页，1947年4月12日。

〔2〕韩德培：《人身自由的保障问题》，《观察》3卷11期，第7页，1947年11月8日。

〔3〕韩德培：《我们所需要的"法治"》，《观察》1卷10期，第10页，1946年11月2日。

〔4〕刘迺诚：《现代中国政治改革的几种原则》，《观察》2卷5期，第4页，1947年3月29日。

〔5〕李浩培：《法治实行问题》，《观察》2卷12期，第3页，1947年5月17日。

〔6〕李浩培：《法治实行问题》，《观察》2卷12期，第3页，1947年5月17日。

〔7〕刘迺诚：《宪政之精神与目的》，《世纪评论》3卷4期，第5页，1948年1月24日。

〔8〕吴恩裕：《法律、道德、与大众利益》，《观察》3卷15期，第3页，1947年12月6日。

〔9〕吴恩裕：《法律、道德、与大众利益》，《观察》3卷15期，第4页，1947年12月6日。

〔10〕吴恩裕：《法律、道德、与大众利益》，《观察》3卷15期，第4页，1947年12月6日。

　　法律的公正，显然地不能建筑在创造它们的权威上。一条法律，尽管是有权的合法者的造法者所创造的，但假如它的内容和人民的利益背道而驰，我们仍然没有理由说它是公正的。和公正脱节了的合法性，是应该被扬弃的。法律治人，原为利人；不能利人，反而害人的法律，取消了它，不但不是不公正，反而是公正。因为取消了它更适合人民的利益。一切为实现人民利益的工具，其利弊的考验，最后仍然须以"人民的利益"为准则，为归依。法律也正是这种工具之一，所以它也不能例外。[1]

在吴恩裕看来，一个社会如果坚持了平等的原则，并且使这一原则普遍实现，就是实现了大众利益。法律的公正性也在于它是否贯穿了平等的原则。前文论述已知，吴氏的平等观不仅强调的是权利意义的平等，而且更强调实质意义的平等。这一平等的悖论同样体现在法律的公正性与现实的不公正之中。

（二）分权原则

　　用分权的手段限制国家和政府的权力，是自由主义的组织原则。分权的方式体现在两个层面，一是国家与地方之间的权力划分，一是政府自身权力的划分。前者体现着国家的政体形式，后者体现的是政府制度的立宪安排。前者立足于人类的自治能力和对权力的限制，后者基于"有限政府"的原则。

　　就政体形式而言，联邦制和单一制是宪政国家的两种主要形式。40年代的自由主义学人对两种政体形式抱有浓厚兴趣，并对各自的内涵与区别有相当精确的理解。

　　关于联邦制，法学教授楼邦彦的分析很是透彻。他认为联邦制的特点在于政治分治，这是联邦国家独有的现象与制度，联邦国家各邦的划分，是基于政治分治而非基于行政的原因：

　　联邦国家的各邦往往享有一部分固有权力，基于政治上的原因，要求联合，而不希望一致，乃相约以共同参加制定的宪法法典来规定联邦与各邦的权限，任何普通的法律皆不得加以变更；

联邦政府与各邦政府，依据宪法法典各享有权力，互不侵涉。所以，联邦国家的各邦，是基于政治分治而存在的地域的个体，自不能与别种地域的个体相混。[2]

在联邦制下，国家的权力依据宪法分散在多个中心，联邦与各邦均是各自独立的权力中心。学者周鲸文指出联邦制最重要之处是"邦政府的权力乃为自有，而非邦政府的授予，同时在宪法上明文规定的邦政府的权力，也不能由联邦政府予取予夺。"[3]这就是说，在联邦制的国家，联邦与各邦都是依据宪法法典享有权力，虽然权力的性质大小各自相异，但是两者在法律上的地位则是完全平等的。

单一制国家的分权方式显然与联邦制有区别。"单元制乃就国家最高的统治权集中于一个或数个的中央政治机关，全国的政务最终由这个机关直接或间接的主持。简言之，即中央政府操有最后的决定权。它是国内各级政治机关权力的源泉。"[4]这种体制下中央与地方权力的分割是采用"地方自治"的形式。但地方权力的获得是源自于中央政府，中央可给予地方"自治权"，也可把这个权力收回或加以限制。楼邦彦用行政分治的概念准确地阐述了单一制下中央与地方权限的划分，是基于法律而不是宪法法典。也就是说，在法律的系统上，国家立法机关享有宪法法典所定的原则下规定地方自治制度的权力，地方只能依据中央的法律实行自治。"所以在行政分治下，国家的权力并不是分散的，而是集中在一个中心的；一个国家之具有什么样程度与性质的行政分治，全看最高权力中心如何在法律内加以规定。"[5]单一制国家的地方自治是以国家

[1] 吴恩裕：《法律、道德、与大众利益》，《观察》3卷15期，第4页，1947年12月6日。

[2] 楼邦彦：《政治分治与行政分治》，《世纪评论》1卷5期，第8页，1947年2月1日。

[3] 周鲸文：《中国需要建立联邦制度》，香港：香港时代批评社1947年版，第4页。

[4] 周鲸文：《中国需要建立联邦制度》，第3页。

[5] 楼邦彦：《政治分治与行政分治》，《世纪评论》1卷5期，第8页，1947年2月1日。

颁布的法律为其权力依据，它只能是国家下属的自治单位。

两种形式孰优孰劣，学者们各有评说。推崇联邦制的学者认为："联邦制的性质就是在国家的政治制度上，使中央政府和地方政府的权力有很明显的划分。即使联邦政府对全国普遍性的事务，畅行其所欲，复能令地方人民在其各自地方政府下满足其切身的要求。这在理论与事实双方都说得通。"[1]周鲸文针对有关联邦制的三种误解有针对性地做出辩解。一是联邦制无碍于国家主权。联邦制国家与单一制国家一样，只有一个国家主权，当各邦加入联邦以后，受联邦宪法的限制，就不能有国家权力。联邦政府是直接面对全国每一个公民的，是人民共同意志的代表。二是联邦制无碍于国家的统一。联邦制最适合地广人众，种族复杂的国家。由于合理划分了中央与地方的权力，有效避免了中央政府对地方的高压和越权行为，这是制止野心家走向独裁导致分裂的良好办法，因而也是可以长治久安的制度。三是联邦制无碍于政府的组织。政府制度采用何种政体形式都可，也就是说，在这一点上，联邦制国家和单一制国家不存在什么差别。[2]与周鲸文同样赞赏联邦制的还有吴世昌。吴认为中国是一个民族众多的国家，"天然应该成为一个联邦式（Confederational）的国家"[3]。集权式的统治很容易导致分裂，只有实行中华联邦制度，才可使中华各民族维持在一个统一的国家之内。显然，在他们看来，联邦制是优于单一制的。

楼邦彦对联邦制与单一制政体形式有更客观的分析。他强调中央与地方权力的实际划分状况，并不能完全从政体形式上加以判断：

　　　　以宪法为基础的政治分治，固然在理论上是把国家的权力分散在各个中心，而使得各邦可以与联邦相抗衡，可是由于宪法其规定的结果，各邦也可能处于很不重要的地位，一九一九年威玛宪法法典的德意志联邦共和国就是一个明显的例子。反之，以法律为基础的行政分治，固然在理论上是把国家的权力集中在一个中心，而使得地方很少有与中央抗衡的可能，可是由于历史发展、自治传统、人民要求……种种因素，地方仍可以依据国家法律取得高度自治的地位，英国是一个现成的例子。[4]

所以，无论是联邦制还是单一制，都可以有很多种不同的典型，而这种典型取决于国家采取的不同政策，政策的决定又有赖于该国特殊的历史、传统及民意等因素，这些因素可能是一种政策一种制度得以持续的主要原因。可见，制度选择是若干复杂因素共同作用的结果，并不完全取决于人们的主观愿望。楼邦彦对制度形成的历史分析的确很有见地。

大多数的自由主义者认可当时采用的单一制国家政体，他们对"地方自治"大加鼓吹。刘迺诚将"地方自治"的好处归纳为以下几点：在地方自治下，多数人民可以直接或间接地参加公共事务，逐渐会养成健全的公民人格；多数人民参加地方政治，其政治经验必日益丰富，对国家政治更加关注；人民自由参加地方政治，不但可以积累政治经验，还会发扬公益精神。因此"在宪政国家中，中央政府提倡地方自治，非特为发展地方着想，抑且为改进国家所需"[5]。学者们还对以"省"为行政单位的地方自治提出各种具体建议，主要是强调制度化的建设和法治精神的发扬。

政府的组织形式是自由主义分权原则所关注的另一个重要问题。任何权力都有自我扩张的倾向，拥有最高权力的全国性政府，其权力扩张的可能性最大。以适当的制度安排控制政府的权力，使政府成为一个"有限政府"是必要的。这些安排就是立法、司法和行政权力之间的分立与制衡。就具体形式而言，内阁制、总统制、委员制等都是反映以上原则的立宪安排。自由主义者认为，虽然不同的制度安排取决于本国的具体国情，但制度本身也是有优劣之别的，国家在推行民主宪政的过程中需要认真考虑。萧公权认为

〔1〕周鲸文：《中国需要建立联邦制度》，第5页。

〔2〕周鲸文：《中国需要建立联邦制度》，第5—6页。

〔3〕吴世昌：《论国体问题》，《观察》1卷18期，第5页，1946年12月28日。

〔4〕楼邦彦：《政治分治与行政分治》，《世纪评论》1卷5期，第10—11页，1947年2月1日。

〔5〕刘迺诚：《宪政之精神与目的》，《世纪评论》3卷5期，第5页，1948年1月24日。

迄今为止，世界上并没有完美无瑕的政府制度："二十世纪成绩最好的英美政府——前者是内阁制的极诣，后者是总统制的极诣——也不免受学者和政治家的批评。"[1] 所以人们不能对任何制度抱以过高的期望值，问题的关键是如何建立一个足以适应社会环境，并能体现民主政治基础的实用制度。针对当时宪法对政府体制的规定，萧公权评价说中国采用的是总统制与内阁制的折中，而五院的分权则是："不是五院分权而是以行政院为'治权'的重心，以立法院和监察院限制或监督行政院，司法院和考试院则各因其职掌之性质而比较独立。形式上仍是五权并立，但在精神上，包含着一些典型三权制中的'立法权兼弹劾权'的意味。"[2] 他认为政府制度的具体形式可以不同，重要的是必须体现权力分立与相互制衡的原则，这才是宪政政府的精义所在。

自由主义者还特别注意政府不仅应该是有限的，同时还必须是负责的和有效的。有学者指出"责任政府"的含义是："政府直接对人民代表机关负其责任，间接的对人民负其责任。"[3] 直接对人民机关负责，包括两种意义：一是共同责任，即政府不能说服代表机关时，需挂冠而去；二是个别负责，即各部首长言行一旦为代表机关所反对，则需退避让贤。对人民的间接负责，是指政府不仅要尊重代表机关的意见，更须注重民众舆论。当代表机关与民众团体意见相左、无法调和时，政府亦可与代表机关——议会对抗，甚至解散议会，以确保人民有表达意见的机会。总之，责任政府须以民意为施政的指针，以民众的拥护为进退的准则。所谓有效政府是指国家作为公共权力，必须有效地为社会提供相应的各种规则和公共服务。"是由消极政治一变而为积极政治，向之趋重无为而治，以消极的不侵害人民为职旨，至是则采取积极行动，并以提倡民众福利为目标。"[4] 有限政府不应是仅仅扮演"守夜人"的无为政府，它的作为体现在为全社会提供公共服务及实现某种程度的社会正义。自由主义学人对这一点的强调，一方面反映了20世纪以来自由主义国家学说强调国家干预的主流发展趋势，另一方面也折射出他们对中国现实社会严重不公的深刻关注。

（三）政党政治

政党政治是立宪政体的重要特征，立宪国家中所有的政治活动都离不开政党的组织与参与。在战后民主建国的特殊背景下，中国自由主义学人对政党政治的宣传和鼓动不遗余力。他们的论说主要可归结如下。

首先，政党政治是民主政治的必须条件。按照自由主义的理解，民主政治是公意决定的政治，而公意的表达方式不外两种：一种是直接反映于舆论，另一种是表现于选举。这两种权力的行使方法都需要政党的组织和参与。"要做一种能在政治上发生作用的舆论，不是漫无组织的个人可以办到的事，也不是局部的小团体可以办到的事。"[5]只有通过有组织的政党才能形成有影响力的政治舆论，至于选举更是有赖于政党的参与。"如果没有政党协助的选举，不仅在选举事务方面（如提名监督开票等等）遭遇着很大困难，就一般选民方面，亦难免眼花缭乱，无从抉择。"[6]在宪政国家的政治活动中，政党是中坚力量，而它与选举的关系最被自由主义学人强调。他们指出选举是代议制民主的关键起点，政党则是选举的动力，没有政党组织就不可能有民主选举。"在民主制度下，政党与选举的关系，犹如鱼之附水一样，是难以分开的。"[7]尽管在选举中有可能出现被政党操纵的现象，但政党的作用依然是其他形式所无法替代的。正像萧公权所言：

> 政党诚然有操纵选举的种种缺点，但得失相衡，以党操选的办法究竟比一盘散沙式的人民，去漫无边际的投选票更要可靠一些。有了选举，必然就有人操纵，与其让不负责无组织的野心家去暗中操纵，不如让合法的政党去公开操纵。[8]

[1] 周鲸文：《中国需要建立联邦制度》，第3页。

[2] 萧公权：《制宪与行宪》，《世纪评论》1卷1期，第4页，1947年1月4日。

[3] 刘迺诚：《宪政之精神与目的》，《世纪评论》3卷4期，第5页，1948年1月24日。

[4] 刘迺诚：《宪政之精神与目的》，《世纪评论》3卷4期，第3页，1948年1月24日。

[5] 罗典荣：《政党的作用》，《世纪评论》3卷5期，第5页，1948年1月31日。

[6] 罗典荣：《政党的作用》，《世纪评论》3卷5期，第5页，1948年1月31日。

[7] 邱昌渭：《关于政党政治与选举的几个问题》，《世纪评论》2卷2期，第10页，1947年7月12日。

[8] 萧公权：《论选举》，《世纪评论》2卷2期，第8页，1947年7月12日。

有学者得出结论：

> 现代的国家而无政党，则其政府统治的方式，必致承袭古代
> 君主专制政体的那一套，那便不成其为现代的国家。现代民主国
> 家而无政党，则其藉以建立的民意，即永远无从组织与运用。民
> 意不能组织并促成有效的运用，则欲经常达到民主的目的，也是
> 很难想象的一回事。[1]

政党政治是现代民主国家区别于专制国家的重要标志。此外，政党政治对民众的教育作用也是不可忽略的。一个政党为了博取人民的拥护，必然要竭力宣传自己的政治主张，这对提高人民的政治常识和政治兴趣非常有益。政党与政党之间的摩擦与政争，可以产生一种开放的民主政治的观摩环境，与专制国家的愚民政策不可同日而语。

其次，政党政治的实现需要遵循若干原则。在自由主义者看来，正常的政党政治必须具备以下一些基本条件。第一，各党派的法律地位必须平等。不论是在朝党还是在野党具有同样的评说国是的权力，"这是政党政治的关键"[2]。也就是说，言论自由是体现党派平等的重要标志，只有在言论自由的国家中，才有政党政治，否则"它们所表现的，不是发挥政党政治，而是玩弄政党把戏"[3]。某一个党派说了算的政治状况，无从体现宪政与民主精神，与真正意义的政党政治是背道而驰的。第二，和平竞争是政党政治的根本特征。"政党政治在英语中系（Party politics）之意，系指近代民主国家之不同的政党以和平竞争的方式表现于政治上的各种行为之谓。"[4] 和平竞争需要以党派的一致性为基础，"这个一致性基于国家利益的一致与各党派对这个利益在观点上的一致或大体上的一致"[5]。这意味着宪政下的每一个政党对国家基本的立国原则都须认可。"他们对内对外的政策可能有差异，对经济组织的看法可能有差异，但对国家的宪法和许多的宪法习惯都不能有出入。……所以实行政党政治的国家，更换一次政党只是更换一次政策，而不是更换一次国家的政治体系。"[6]不认可国家的立国原则并采用武力方式的政党不能加入正当的党争，唯有以合法手段相互竞争，才是政党

政治的正轨。第三，需要存在反对党。反对党的存在是政党政治健康发展的必备条件。"朝党执政，野党监督的制度"[7]是保障民权的重要武器，因此凡民主社会都应该欢迎反对党的存在："凡是拥护民主宪政而愿意和平手段竞争的政党都有资格作忠实的反对党。"[8]反对的方法不是"打倒"或谩骂，而是"见公道于批评，不作意气之争，不为他人所用"[9]。"少数党即能参与国策之议定，反对意见当时虽无实现可能，究可攻击政府之弱点，而提高其警觉，此英人所称民主国家必有反对党之存在，且必相当强大，始足以维护民主政治之健全运行。"[10]执政党与反对党并存，体现着政党政治的精髓。显然，他们所理解的反对党应该是自由主义所宣称的"忠诚的反对"。

再次，政党政治的理想境界是两党政治。有人将政党政治的形式分为一党专政、两党对立、三党鼎立、多党林立四种形式。在自由主义的分析中，一党专政固然不能接受，多党林立（三党政治是多党政治的一种"殊相"）的混合政府也不是理想状态。因为多党组成的联合政府尽管实现了各党的合作，但最大问题是它无法体现宪政对人民负责的基本原则："在联合政府的局面

〔1〕孙斯鸣：《中国政党政治往哪里走？——一党制乎？两党制乎？多党制乎？》，《世纪评论》1卷16期，第8页。1947年4月19日。

〔2〕吴之椿：《党派与党派观念》，《知识与生活》第4期，第8页，1947年6月1日。

〔3〕吴之椿：《党派与党派观念》，《知识与生活》第4期，第8页，1947年6月1日。

〔4〕罗典荣：《政党的作用》，《世纪评论》3卷5期，第5页，1948年1月31日。

〔5〕吴之椿：《党派与党派观念》，《知识与生活》第4期，第8页，1947年6月1日。

〔6〕罗典荣：《政党的作用》，《世纪评论》3卷5期，第5页，1948年1月31日。

〔7〕社论：《中国需要忠实有力的在野党》，《世纪评论》1卷1期，第3页，1947年1月4日。

〔8〕萧公权：《中国政党的过去与未来》，《世纪评论》2卷14期，第10页，1947年10月4日。

〔9〕社论：《中国需要忠实有力的在野党》，《世纪评论》1卷1期，第3页，1947年1月4日。

〔10〕刘迺诚：《论政党改革》，《世纪评论》4卷14期，第3页，1948年10月2日。

下，各党的分布只有两个可能：全数参加政府，或部分参加政府。如果部分参加，各党不能尽合作的能事，如果全数参加，万一政府有了重大错误，谁能够作有效的纠正呢？这也不是无稽的过虑。英国一九一四到一九一九年间的联合内阁的情形足资参证。"[1]更具体地说，在联合政府或比例政府（按选举得票数分配内阁成员席位）的状况下，稍有势力的党派都能进入内阁，而占有优势的主要政党，常与他党联合妥协，小党小派与社会贤达因身在朝中，势必只能随声附和并放弃监督的责任，"这样沆瀣一气的政府，其易流于腐化的可能性实在不亚于专制政府"。[2]议会政治的主要作用在于用议会中的反对党监督政府，使政府尽力执行自己所标榜的政策。多党政治使议会之内没有了反对党，这一弊端是非常致命的，而两党政治的特征是始终保持着一个反对党的存在，这使民主政治的责任原则得以贯彻。

　　　　两党政治兼具"民主"与"安定"两大长处，实为政党政治的理想境界，故常为政论家所称道。[3]

正是在这个意义上，中国的自由主义者不断强调政党数量并不在多，重要的是必须要有反对党：

　　　　我们认为中国现在不需要更多的政党，不需要更多的政党参加联合政府，而需要一个有力量、有见识、有风骨的在野党，站在全民的立场上，不断的向政府作建议性的忠告。[4]

　　最后，关于政党自身的建设。最重要的问题是政党不可以成为一个用以谋生的专门职业。"一个党要生长进步，必须其党员人人有独立谋生的学识技能，有党以外的正当职业。任何党派，不论在朝在野，不应该使党成为衙门机关，成为党员的嗷饭地。必如此才能使人之入党，是为热心国事，而不是为哺啜而来。也只有如此，才能使一切党派健全，有能力。"[5]同样，党派参加政府，本是为了各自的政治主张，而不是为了解决该党的经济问题，更不能把政府职位当成配给该党的"党员饭碗"。如果政党沦为寻求物质利益和政治权力的机关，它迟早会被官僚财阀利用支配，政党政治必然会走向腐败。因此政党自身的纯洁和独立乃是至关重要的。

中国自由主义者对宪政国家的阐释十分切合自由主义的原典精神。不论是法治原则、分权原则还是政党政治都体现出民主政治的精义。尤其是对政党政治的分析，准确地反映了宪政国家中政党政治的本质特征。不过，他们所理解的政党政治完全是民主秩序已然建立条件下的政党政治，应对于当时中国的现实，其困难可想而知。

第二节　经济民主

对经济问题的关注，是40年代中国自由主义者非常突出的特征。所有制问题、计划经济与市场机制、公平与效率是讨论最为集中的话题，这些问题的主旨是要贯彻公平与正义原则，实现他们向往的"经济民主"。与早期自由主义者更多地局限于政治范畴相比，这一时期自由主义者的关注视野有了很大拓展，这种变化无疑值得高度重视。

一　关于所有制的讨论

何种经济制度更加符合人类的生存和发展，是自由主义学人最为关注的问题。在经济制度的选择中，所有制问题最为根本。正像吴景超所言"从财产的动态去考察，私有与公有的差异，实在是深刻的，影响到生产、分配、消费等过程及人与人之间的关系"[6]。

〔1〕社论：《中国需要忠实有力的在野党》，《世纪评论》1卷1期，第3页，1947年1月4日。

〔2〕李时友：《中国政党政治的前途》，《世纪评论》3卷18期，第7页，1948年5月1日。

〔3〕李时友：《中国政党政治的前途》，《世纪评论》3卷18期，第6页，1948年5月1日。

〔4〕社论：《中国需要忠实有力的在野党》，《世纪评论》1卷1期，第3页，1947年1月4日。

〔5〕吴世昌：《论党的职业化》，《观察》2卷2期，第11页，1947年3月8日。

〔6〕吴景超：《私有财产与公有财产——美苏经济制度述评之一》，《新路》1卷15期，第4页，1948年8月21日。

（一）关于生产资料公有制

从笔者目前掌握的材料看，自由主义者对生产资料公有制几乎均持赞同和认可的态度。在他们看来，一个合理的经济制度应该"使社会总生产的分配尽可能趋于平均。俾使社会所有人士自一定的总生产中能获得之满足之总和臻于最大"[1]。而这种"经济平等"的要求，只能是建立在公有制的基础之上。他们的分析从检讨自由主义经济制度的弊端开始。

首先，在自由主义经济制度的私有财产制下，贫富悬殊是无法避免的。自由经济下会产生两种不同的收入，一为劳务收入，一为财产收入。吴景超以美国为例进行分析：美国劳务收入的两端相差二三十倍之间，"假如只有此，美国可以说是很平等的"[2]。但是财产收入的差别极大，一般民众与财阀之间的差距难以数计，这是造成美国社会贫富不均的主要原因。而实现了财产公有以后，人民收入中最重要的只有劳务收入，这便消除了不劳而获的财产收入，以苏联为例，虽然个人的劳务收入是不同的，在苏联一般的差距有 18 倍，加不同职务的奖金其两端差距有 130 余倍，但比起美国的财产悬殊毕竟减少了许多。"由此可见两种财产制度，产生两种不同的贫富距离。私有财产制度下所产生的贫富距离，其宽度远非公有财产制度下所产生的所可比。"[3]

其次，在自由的企业制度下，储蓄与投资不平衡而导致的失业，"是要由私有制度负责的"[4]。这就是说，由于财产私有，储蓄与投资成为一种个人行为，如果富人储蓄的款项不用于投资，而是用于消费或其他的用途，其结果必然产生整个社会的收入与支出的不平衡，因而出现失业的结果。"这种失业现象的产生，假如没有政府于事先设法预防，乃是私有财产制度下的必然结果。正如凯恩斯所指出的，在私有财产制度的国家，负责储蓄的是一种人，负责投资的又是另一种人。两种人各不相谋，而想他们的活动，自然的产生互相抵消或恰好相等的结果，乃是不可能的。如欲储蓄与投资互相抵消，非有政府出面做一种补救的工作不可。"[5]相反，在公有制的情形下，一切的储蓄都集中在政府手中，这笔政府控制的收入，可以有计划地进行支出，从而保持了储蓄与投资

的平衡状态，这样就能够基本上实现全
民就业的目标。

再次，独占资本的出现，是自由企
业制度难以为继的致命根源。随着现代
技术的发展，自由主义者理想中的完全
竞争的生产组织将出现无法成立的倾向。
因为完全竞争需要每一产业中都有多数
互相竞争的生产单位，但在有些产业中，
现代技术的发展促使了大规模的生产。
北京大学经济学学者蒋硕杰分析说："生
产规模既日益增大，则每一工业中互相
竞争之企业单位自然不多，每一单位于
是可能有操纵价格之能力，形成寡占
Oligopoly 的局势。并且竞争者即少，自
然容易联合成为'卡太儿'或'托拉斯'
之类的组织，造成独占的地位，限制生
产，提高价格，以获取独占利润。"[6] 垄
断资本的形成不仅妨碍了社会中各种生
产因素的充分利用，也使合理配置生产
因素于各产业部门以生产符合人民需求
的商品成为困难。同时独占利润的存在
更加强了所得分配不平均的倾向，使社
会愈加分裂为固定的阶级，造成阶级间
的斗争。"因此无论自由主义者，抑社会
主义者，对独占式的资本主义没有不认
为不当的。"[7] 独占资本的日趋强大，已
经破坏了自由竞争条件下的一系列经济
法则，这无疑成为自由主义者拥护生产
资料公有制的最重要原因，因为在公有
制的条件下，根本不可能出现个人的独

〔1〕蒋硕杰：《经济制度之选择》，
　　《新路》1 卷 3 期，第 7 页，
　　1948 年 5 月 29 日。

〔2〕吴景超：《私有财产与公有财
　　产——美苏经济制度述评之
　　一》，《新路》1 卷 15 期，第 5
　　页，1948 年 8 月 21 日。

〔3〕吴景超：《私有财产与公有财
　　产——美苏经济制度述评之
　　一》，《新路》1 卷 15 期，第 6
　　页，1948 年 8 月 21 日。

〔4〕吴景超：《私有财产与公有财
　　产——美苏经济制度述评之
　　一》，《新路》1 卷 15 期，第 6
　　页，1948 年 8 月 21 日。

〔5〕吴景超：《私有财产与公有财
　　产——美苏经济制度述评之
　　一》，《新路》1 卷 15 期，第 6
　　页，1948 年 8 月 21 日。

〔6〕蒋硕杰：《经济制度之选择》，
　　《新路》1 卷 3 期，第 8 页，
　　1948 年 5 月 29 日。

〔7〕蒋硕杰：《经济制度之选择》，
　　《新路》1 卷 3 期，第 8 页，
　　1948 年 5 月 29 日。

占资本。

　　应该说，这些自由主义学者运用西方自由主义经济学的原理，尤其是福利经济学的原则和凯恩斯的经济理论得出了和马克思的政治经济学基本相同的结论，即在合理的经济制度中生产资料的公有制是必不可少的。吴恩裕更是从哲学角度，批驳私有制与人性具有天然联系的观念，指出人性的核心内容是维持物质生存和改进物质生存，长期以来，由于"所有物"被给予合法化的规定，人类便误认为私产与维持和改进物质生存有着不可分离的关系。其实，人类的物质活动"虽然必须要生活资料，但生产这些生活资料的方法，却不必是私有而可以是公有的。也就是说，保持和改进物质的生存，都无须必要有私产"[1]。将生产及分配生活资料的方式改为公有，人性可以得到更好的表现。当然，作为自由主义的信仰者，他们一般都主张以理性与和平的方式实现生产资料的公有化。英国工党政府采取的给予相应补偿的社会化政策深受自由主义者的推崇和欣赏。"我们为了爱护我们所要求实现的社会主义，所以主张尽可能先考虑如何配合客观的环境，用和平方法来达到目的。"[2]总之，生产资料的公有制是40年代中国自由主义学人普遍认可和接受的所有制形式。

　　（二）过渡的混合所有制形式

　　尽管自由主义学人普遍赞同生产资料的公有制，但在公有制的实现程度方面，人们的看法却并不完全一致。相当多的学者并不主张全面的公有化。他们认为社会化的目标，应该限于市场环境及生产技术必然造成独占形势的工业。"至于生产规模较小互相竞争的生产单位甚多的工业，我们应该尽可能维护完全竞争的环境，而继续使之由私人经营。至于这些自由竞争的私营工业中，生产工具的私有所产生的不劳而获的收入及分配之不均，我们宁可用所得税资本捐及遗产税等加以减削，不必将生产工具一概收归国有，使之一律变为国营。"[3]这就是说，社会的所有制形式不必统一，可以根据不同情况分别采用公有或私有，这种混合所有制形式在一定时期内是比较理想的所有制状态。

　　关于混合所有制的构想，施复亮的看法颇具代表性。针对抗战结束后中国的现状，施氏提出"新资本主义"概念，其核心是所有制形式的多样化，即建立一种包含国营公有制、私人资本主义、小手工业、小农业多种经济成分并存的"混合性的过渡形态"的经济体制。施复亮认为国营公有制的建立可以起到矫正资本主义弊害的作用；而保留生产资料的私有制，是为了利用这种形式的若干优点："为促进生产力的发展，我们还要尽量利用资本主义生产方式的种种优点，在一定范围内的追求利润和合理竞争，讲求效率和计算成本，以及由此而生的技术进步和管理改善，都是我们所要保存的优点。"[4]在这种混合体制下，生产和流通过程主要会受到自由经济法则的支配，"我们只能从认识这种法则中去指导和调节资本主义经济的发展，使它有利地走向社会主义"[5]。因私有制存在而产生的剥削关系，在劳动人民掌握和领导政权的条件下，会受到两方面的限制：第一，在劳资分配关系上，劳动者的生活必须有最低保障，不许资本家有过分的剥削行为；第二，在资本家剩余价值的使用上，要鼓励他们投资于扩大再生产，不许其个人和家庭的生活有过分的享受。需要注意的是，在施复亮的分析中，这种混合所有制形式，只是针对中国落后生产力状况的一种过渡形态："近五六年来，我对于中国经济也有一个基本认识，认为在推翻封建势力以后，或长或短地要经过一个资本主义的发展阶段，不能直接走上社会主义。"[6]在经过了这个"替社会主义筑地基和造楼梯"的"中间阶段"以后，中国依然会走上以公有制为特征的社会主义经济体制。与施复亮展开讨论的

〔1〕吴恩裕：《论人性与私产》，《观察》3卷4期，第12页，1947年9月20日。

〔2〕炳章：《用和平方法能实现社会主义》，《新路》1卷6期，第4页，1948年6月19日。

〔3〕蒋硕杰：《经济制度之选择》，《新路》1卷3期，第10页，1948年5月29日。

〔4〕施复亮：《废除剥削与增加生产》，《观察》4卷4期，第8页，1948年3月20日。

〔5〕施复亮：《废除剥削与增加生产》，《观察》4卷4期，第8页，1948年3月20日。

〔6〕施复亮：《废除剥削与增加生产》，《观察》4卷4期，第8页，1948年3月20日。

浙江大学法学教授严仁赓则认为这种过渡是时间、人力与物资利用的浪费，"不经过这个中间阶段即一直晋入社会主义，成本轻，而且效果不仅不会低，尚有比经过一个中间阶段较高的极大可能。"[1]其实，这一争论的焦点只是时间早晚问题，在自由主义者的心目中，最后的理想归依仍然是社会主义的生产资料公有制。

二　计划经济与市场机制

虽然在公有制的实现程度方面有多与少的差别，但确立公有制为主体的生产资料所有制显然是当时多数学者的共识。在此前提下，自由主义学人们讨论更多、分歧也较大的是与公有制相匹配的究竟应该是计划经济体制还是市场价格体系。

（一）计划经济

相当一部分学者认为，计划经济是最具优势的经济制度。他们从不同的角度给予论证。吴恩裕认为，计划经济是人类发展的趋势，它是符合人类本性的最优选择：

> 人有个性，也有社会性。不但维持最低限度的生存，人必得和旁人合作及分工；而改进个人的生存，尤其需要高度的合作与细密的分工。这种高度的合作与分工的社会就正是所谓"计划的"社会。因此，"计划的"社会乃是人性的要求。这要求，在理论上可以有充分的证明；在事实上也即将逐步的证实。它不怕任何的阻力，因为它是"历史的狂澜"，任何人休想挽回历史的狂澜。[2]

吴氏的论证，强调人所具有的社会性，以及人与人之间必须实现分工与合作的现实，而能够满足这一事实的只能是集体的、自觉的、有计划的经济体系，而非个别的、不自觉的、无计划的经济系统。清华大学经济学教授赵守愚也指出，"计划经济在今日不仅是办法和制度，并且是推进经济生活的公认工具"[3]。

北京大学经济学学者陈振汉从自由主义经济学的效率角度提出社会主义实行计划经济的必要性。他分析说，经济制度的重要功能之一是派分生产资源。在社会主义的计划制度下，虽然生产因素的客观市

场不再存在，但在理论上计划当局仍能够根据所
谓价格的变数作用（parametric function）把生产
资源派分到各种生产事业里去，而且也能达到与
理想的价格制度媲美的效率。从实践看，苏联的
计划经济也可证明，做到供求平衡并不是一件困
难的事情。因此为了实现社会主义的建设与生
产，计划经济是比运用价格机制更有效率的一种
选择。

> 如果生产资源公有，利润动机消灭，只
> 靠客观的价格市场，以派分资源，配合因
> 素，所达到的效果或远不如有一个综核平衡
> 的中央机构，根据主观的价格判断来得圆
> 满。[4]

张东荪对计划经济的推崇也主要是从效率出发。
他说计划经济是社会主义的"救命汤"："苏联的
成功即在于使增产为目的的计划经济与社会主义
结合。已往社会主义种种试验都没有成功，就是
因为只注重于平等而忘了生产的要素。"[5] 所以，
计划经济的生产效率是不容低估的。

以"负生"为笔名的作者则更多地从公有制
与计划经济的关系中探讨计划经济的必要性。他
认为社会主义的建立需要两个基本条件，一是必
须取消私有财产制度，另一个是必须实行计划经
济，它们是互为表里不可分割的。从正面说，经
济有计划，可以在生产领域避免供求失调、经济
恐慌、大量失业、社会骚动等问题；在分配领域
可以避免贫富不均，实现人人平等。反过来说，
如果与公有制配套的不是计划经济倒是难以想象
的：

〔1〕严仁赓：《再和施复亮先生谈"新资本主义"》，《观察》4卷 23、24 期合刊，第 15 页，1948 年 8 月 7 日。

〔2〕吴恩裕：《由人性上证明计划社会的必要》，《新路》1卷 9 期，第 12 页，1948 年 7 月 1 日。

〔3〕赵守愚：《经济自由的名与实》，《新路》1卷 21 期，第 10 页，1948 年 10 月 2 日。

〔4〕陈振汉：《混合制度与计划制度之间的选择》，《新路》2卷 5 期，第 7 页，1948 年 12 月 11 日。

〔5〕张东荪：《政治上的自由主义与文化上的自由主义》，《观察》4卷 1 期，第 4 页，1948 年 2 月 28 日。

假定生产事业是公有公营的而无"计划"，这也是不可想象的事情。社会主义的公有公营本有两种意义：一个是取消私产。达到这一点只要把生产公有公营即可，也许可以不必牵扯到"计划"的问题。但是社会主义经济的公有公营还有另外一个意义：即要取消贫富不均现象，这就非常要公道的平均的分配不可。而这种分配方法当然与生产息息相关。如果生产毫无计划，欲求有效的公道平均的分配，如何可能？[1]

也就是说，社会主义优越性的落脚点在于分配。只有在生产方面实行照顾到全局的通盘计划，作到供求相济，分配的平均才有可能实现。否则"则公有公营的意义，也丧失殆尽了"[2]。

可以看出，几位学者对计划经济的强调各有侧重。强调人类分工合作的角度是对经济制度最一般意义上的阐释；对效率的比较，则明显受到现代数理经济学的奠基者帕罗托（Vilfredo Pareto）以及社会主义学者兰格（Oskar Lange）、泰勒（Fred M. Taylor）等人的影响。他们都认为科学化的计划是可以达到与市场经济相媲美的效果的；分配角度的分析，更具有道德评判的意味，其中颇多马克思政治经济学的痕迹。无论从何种角度分析，大家的共识在于计划经济与公有制的结合是更加符合人类生存的经济制度。就20世纪40年代的历史状况而言，这种看法颇能反映当时世界经济思潮的主流趋势，不仅苏联如此，即使是西方国家也普遍强调充分就业和社会安全，将经济平等视为重要的经济目标，而实现这些目的的最好方式似乎只能是中央调控的计划经济。

（二）市场机制

持另一种观点的学者值得人们的特别关注，这就是以吴景超、蒋硕杰、刘大中、吴元黎等为代表的自由主义学人对市场价格机制的强调。他们认为社会主义的目标除了消灭私有财产以外，"还有'提高人民的生活程度'，'社会主义并不是要大家贫穷困苦，而是要铲除贫穷困苦，要给社会全体成员造成丰裕和文明的生活'"[3]。

达到这一目的理想经济制度应该是公有制与价格机制的结合，而不是与计划经济的联姻。因为与价格机制相比，计划经济的弊端是明显的，吴景超将其归结如下：

第一，计划经济妨碍人民的消费自由。消费自由的概念是指消费者有能力影响商品的生产："消费者选择的自由，只有在他的选择，可以影响到生产因素的分配时，才算是完全实现的。"[4]在价格体系下，生产元素的配合与移动无形与间接地受消费者的指挥，因而消费者是产品生产的决定者。而计划经济的特征是由国家设计机关的少数人来决定生产何种产品，其结果有两种：要么是计口配给制；要么是在生产的产品中做有限的选择。这显然不是真正意义的消费自由。

第二，计划经济限制了择业自由。在自由经济的条件下，人民有选择职业的自由，政府没有任何规定防止其转业。在计划经济下，"每种重要物资的生产，已由计划决定。则生产此种物资的劳力，势非与之相符合不可，否则计划便无法完成。我们因此可以想象，计划经济是无法容许择业完全自由的，因为在完全择业自由的状态之下，每一实业，或某一工厂，所能得到的劳工，其数量决不能与计划所必需的数目相吻合"。[5]

第三，计划经济无法达到生产要素的合理分配。按照自由主义经济学的原理分析，最合理的生产要素分配，只有在价格机制存在的完全竞争状态下才可以运作。而计划经济的情形却与此相悖："在计划经济之下，对于任何生产因素（资本、劳力或土地）的利用，因为系武断的，所以不能恰到好处。他对于生产因素的利用，可能发生两种结果，一为利用不足……一为浪

〔1〕负生：《社会主义经济需要计划》，《新路》1卷16期，第4页，1948年8月20日。

〔2〕负生：《社会主义经济需要计划》，《新路》1卷16期，第4页，1948年8月20日。

〔3〕吴景超：《社会主义与计划经济是可以分开的》，《新路》2卷5期，第9页，1948年12月11日。

〔4〕春生：《社会主义的经济不需要计划》，《新路》1卷16期，第5页，1948年8月28日。

〔5〕吴景超：《论经济自由——美苏经济制度述评之一》，《新路》1卷21期，第6页，1948年10月2日。

费……利用不足与浪费，对于人民的生活程度，都有不良的影响。"[1]

第四，计划经济必然会产生计划的浪费。比之自由经济，计划经济增加了一套从中央到地方的计划机构，为促使各生产单位完成计划还必须配有一套从中央到地方的考核机构。这两套机构配备的人员数目相当可观。"假如没有这一些人的存在，生产工作依旧可以进行，那么国家雇佣这一些人，完全是一种浪费，对于人民，一种不必要的负担。"[2]计划经济用如此多的人力物力去从事一桩价格体系下可以自然做到的事情实在是得不偿失。

他们由此得出结论：计划经济是一种既无自由又无效率的经济体制。尽管这种具有"预先纠错"功能的经济模式，从理论形态上看似乎很理想，但它最大的问题是将消费者主权或更广意义的效用主权排除在外。如果一种经济制度完全忽略个人的喜好和特点，提供给你什么你必须被动接受，这显然是没有消费自由的，就这个意义讲它同时也是没有效率的。有鉴于此，摒弃计划经济，使社会主义与价格机制相结合便成为当然的结论。这种认识的基本前提是两种经济形式可以与不同的所有制组合搭配，也就是说，公有制与计划经济是可以分开的，两者并没有必然的联系：

> 在社会主义之下，可以不必有计划经济，而在其他主义之下，也可以有计划经济……所以海耶克（F. A. von Hayek）曾说过：我们可以有很少的计划，很多的社会主义，也可以有很多的计划，与很少的社会主义。由此可见这两个范畴，社会主义与计划经济，是不必拉在一起的。[3]

究竟如何使公有制与价格机制结合起来，持该种主张的数位学者也对此做过设想。最重要的是在将私有财产转变为公有财产的过程中，大的生产单位依旧维持公司的形式。公司的董事会成员，只有一小部分是政府所派的，其余的大部分由不同社团推举。"每一生产单位中工作的人，与该单位的董事会或董事会所指派的经理发生契约关系，不与政府任何机关发生契约关系，因而生产单位中的工作者，既非政府所雇佣，也不为政府所解雇。这是保证私人就业，不受政府干涉的办法，也就是分裂政治权与经济权的方法。"[4]公司的生产方针，虽不以赢利为目的，但要依照政府所指示的完全竞争下的生产原则进行。至于在新投资方面，政府收到的利息、红利及地租仍不够需要，在人民的同意（通过国会的立法）下，可以利用强迫储蓄的方法，来加增资本的蓄积。政府可以规定每一个资本的积累率，但却不应规定新资本的用途。"假如政府以新资本交给银行，而让人民或公司出相当的利息（此项利率，必须使新投资等于新储蓄的数量）来利用这些资本，那么人民的消费主权还可充分行使，便非计划经济了。"[5]这些具体的办法和措施，完全是他们对公有制下市场经济运作的一种理想化设想。

　　需要特别强调的是，这些自由主义学人已充分认识到经济制度的选择绝不是单纯的经济问题，它与政治制度的关系甚为密切。蒋硕杰对社会主义经济与政治关系的分析很能说明问题：

　　　　在全面的社会主义下，生产事业尽属国营，全国的就业人员，除极少数自由职业者外，尽属政府之公务员和雇员。有野心的政府利用之以控制全国人事之黜陟。在集体的计划经济之下，则一切商品之生产与分配以及生产因素之配布，更无不在政府统治之下。如此庞大的权力如何能防止其不被滥用？英儒艾克敦 Lord acton 尝谓"权力必使人腐败，绝对的权力绝对使人腐败。"然则社会主义下政府之经济统制大权，能不使统制当局腐化否？这是决定经济制度时必须慎

〔1〕吴景超：《论经济自由——美苏经济制度述评之一》，《新路》1卷21期，第11页，1948年10月2日。

〔2〕春生：《社会主义的经济不需要计划》，《新路》1卷16期，第5页，1948年8月28日。

〔3〕春生：《社会主义的经济不需要计划》，《新路》1卷16期，第5页，1948年8月28日。

〔4〕吴景超：《论经济自由——美苏经济制度述评之一》，《新路》1卷21期，第11页，1948年10月2日。

〔5〕吴景超：《论经济自由——美苏经济制度述评之一》，《新路》1卷21期，第11页，1948年10月2日。

重考虑的大问题……我们放眼看看所有过去及现在实行全面的社
会主义或集体统制经济的国家，何以都没有健全的反对党存在，
就可以明了这决不是偶然的现象。健全的反对党的存在，亦即民
主政治的存在，需要人民在政府所控制的机关之外，令有谋生及
发展之途径。[1]

这就是说，如果政府控制了人民的"饭碗"，就意味着控制了人民的一
切，这是非常危险的事情。实行市场经济与价格机制，不仅是经济体
制的自由问题，也是建立民主政治的必要基础和条件，否则"也不敢
保险实行计划经济的国家，不出一个拿破仑或希特勒。他可以巩固城
防为名，或以保卫某种主义为名，把一国的资源，用在穷兵黩武方面。
这种不幸的可能，是任何社会所不能不预防的"。[2]所以在追求经济平
等时，万万不可放弃民主政治的制度建设，这是经济制度选择时最重
要的出发点之一。

总之，部分学者认为，计划经济与价格机制只是一种手段和方法，
它可以与不同的所有制搭配。最为理想的组合是公有制与价格机制的
结合。蒋硕杰说："事实上，几乎所有的受过自由民主思想熏陶的经济
学者，即使他是彻底的社会主义者，在讨论社会主义与计划经济时没
有不强调自由价格机构的保留的。"[3]春生（吴景超笔名）的一段总结
更具代表性：

生产事业私有而有计划，是极权主义的资本主义的经济；生
产事业公有而有计划，是极权主义的社会主义的经济；生产事业
公有而无计划，是自由主义的社会主义的经济。我是赞成自由主
义的社会主义经济的，因为在这种经济之下，阶级的现象取消了，
贫富不均的情形改善了，奢侈与失业的对立不存在了，同时还维
持着消费者选择的自由，与劳动者就业的自由。我们应当择善而
从，所以我们要社会主义，但不要计划经济。[4]

将公有制与价格机制融为一体的制度设计，在理论上和实践中均
没有前例可循，因而具有更强烈的探索价值。以今天的眼光看，试图

绕过私有产权问题，只是将市场经济理解为一种可以与公有制嫁接的手段和方法，已被历史证明是行不通的。这种思考极具价值的部分是，他们深刻认识到经济制度与民主政治密不可分，市场机制是防止经济权力同时也是政治权力集中的有效手段，在40年代对计划经济的一片叫好声中，此种清醒尤显难能可贵。

三 公平与效率

任何一种经济制度都需要解决生产与分配两方面的问题。生产问题的核心是效率，而分配的核心在于公平。自由企业制度在数百年的发展进程中，取得了有目共睹的效率成果，然而其分配方面的弊端也暴露无遗。早在19世纪末叶，人们已经开始批评放任的自由经济体制，20世纪以来，尤其是二战以后，追求分配领域的平等更成为经济思潮的主流。在这种背景下，社会主义作为一种强调平等的经济体制，受到广泛的重视和推崇，而自由企业制度同时做出相应的修正，平等价值也成为不可或缺的内容。经济学学者吴元黎对当时的经济思潮有比较宏观和准确的描述，他说社会主义是与平等观念最密切的思想主张，"在最近的西欧，英国，甚至于美国，从之者为数众多。他们的看法是资本主义社会，亦即自由式经济制度，虽然标榜自由，但是实际上经济极不平等，所谓自由乃少数人之自由。在自由经济制度之下，欲求充分就业与社会安全，无异舍本趋末，因为根本的弊病是资本社会中的求利动机（profit motive）。唯一的挽救办法，亦只有废除这个自私的动机，而代之中央计划制度，以集体的力量来建树经济上的平等；后者即时下所称的'经济民主'（Economic democracy）"[5]。自由主义经济思想的变化也与平等观念密切相关：

[1] 蒋硕杰：《经济制度之选择》，《新路》1卷3期，第10页，1948年5月29日。

[2] 春生：《社会主义的经济不需要计划》，《新路》1卷16期，第6页，1948年8月28日。

[3] 蒋硕杰：《社会主义与价格机构》，《新路》2卷5期，第9页，1948年12月11日。

[4] 春生：《社会主义的经济不需要计划》，《新路》1卷16期，第6页，1948年8月28日。

[5] 吴元黎：《现代经济思潮的趋势》，《观察》2卷9期，第7页，1947年4月26日。

　　因此我们可以看到最近经济思潮趋势中，"充分就业"和"社
会安全"两者与"平等"观念的联带关系。充分就业和社会安全
的综合观念是经济稳定（Economic stability）。经济稳定之成为最
新的经济思想和经济政策的鹄的，其在这十余年来的经济发展，
影响殊大。但经济稳定观念之基本原因是"平等"；后者复为自由
式社会发展中必然的产品。[1]

可以说，在 20 世纪 40 年代的经济思潮中，平等原则具有特殊重要的
地位，甚至"'平等'有取'自由'而代之的趋向"[2]。

（一）有关公平、平等、效率等概念的说明

最易含混但又至关重要的是关于公平与平等的概念区分。在汉语
中，公平与正义、公正、公道同属一类概念，在英文中同为"justice"。
他们一般用于对制度和集体行为的描述和概括，是一个道德范畴的概
念。现代著名思想家罗尔斯（John Rawls）提出，公平有两个先后有
序的根本原则：第一是平等的自由原则，即"每个人对与其他人所拥
有的最广泛的基本自由体系相容的类似自由体系都应有一种平等的权
利"。[3]这一原则涉及人们基本的自由权利，主要包括思想、信念、人
身、政治方面的自由。这些基本和普遍的自由体现了自由主义的要义
与核心，是所有自由主义流派的底线和基本共识。因而第一原则在本
质上是强调自由的原则。第二是差别原则，即"社会的和经济的不平
等应这样安排，使它们（1）在与正义的原则一致的情况下，适合于最
少受惠者的最大利益；（2）依系于在机会公平平等的条件下职务和地
位向所有人开放。"[4]第二原则旨在对差别即不平等的程度予以限制。
不平等首先被限制在社会地位和财富收入的领域，其次，这种不平等
还受制于两个严格条件：一是机会的公平平等，一是要符合最少受惠
者的最大利益。后一个条件充满了平等主义色彩，尤其引人关注。其
含义是说，社会在允许相互有差别时，必须优先考虑最弱势群体的利
益。罗尔斯认为社会是一种互惠互利的合作体系，社会中获利多者较
多地利用了社会合作，获利少者则利用社会合作较少，获利多者应该
补偿给获利少者相应的权利。获利最少者，所得到的补偿权利应该最

多。以上两个正义原则的相互关系是：个人所享有
的基本自由权利优先于社会经济利益，公正平等的
机会原则优先与差别原则。而两个正义原则在总体
上优先于效率、功利原则。

平等的在英文中用"equality"表示。它是指人
们相互间的具有利害效用的相同性。平等与否一方
面起源于自然的差别，如性别、人种、相貌、天
赋、能力等方面的不同，这种自然的不平等是不可
选择的，也是不能进行道德评判的。另一方面，平
等与否还取决于人类自觉的活动状况，如贫与富，
贵与贱等。由于人类活动是可以选择的，因而也是
可以进行道德评价的，这就形成了社会的平等与不
平等。后一种意义的平等现象是政治哲学研究的关
键。大致来说，社会平等可以分为两种含义：一种
是权利平等、身份平等、机会平等、起点平等、形
式平等；另一种是状态平等、条件平等、结果平
等、终点平等、实质平等。前一种平等对人是有要
求的，主要涉及信仰、良心、表达自由和政治参
与，必须实际履行才能享有；后一种平等则主要考
虑经济利益和物质手段，是普遍的、全面的，无须
对人提出什么要求就可享有，它不考虑人的先天资
质和后天努力，而希望达到一种相当平均的生活状
态。这就意味着要通过某种权力（通常是国家权
力）来进行干预，以打破自然的演进过程。

从上面的分析可以看出，公平与平等是有密切
联系但又并不等同的两个概念。平等是公平的根本
性质，而公平则是一种特殊形式的平等。如果将罗
尔斯的正义两原则与两种平等做一种比较就会发
现，第一原则对应的是第一种含义的平等，第二原
则对应的是第二种含义的平等。在第一种情况下，
也就是当平等被理解为权利的平等或基本的自由平

〔1〕吴元黎：《现代
经济思潮的趋
势》，《观察》2
卷 9 期，第 7
页，1947 年 4
月 26 日。

〔2〕吴元黎：《现代
经济思潮的趋
势》，《观察》2
卷 9 期，第 8
页，1947 年 4
月 26 日。

〔3〕［美］罗尔斯：
《正义论》，何
怀宏译，北京：
中国社会科学
出版社 1988 年
版，第 60 页。

〔4〕［美］罗尔斯：
《正义论》，何
怀宏译，第 60
页。

等时，公平与平等的概念实际上是相通甚至是等同的。当平等被理解为状态的平等时，这种含义的平等就和自由、权利发生了矛盾，公平正是在这种情况下发生作用。允许差别同时将差别控制在一定限度之内是公平的基本原则。由此可以推断，并不是所有的平等都是应该的，道德的，也并不是所有的不平等都是不应该的，不道德的。换句话说，只有公平的平等是应该的、道德的，而不公平的平等则是不应该的、不道德的。平等不都是公平的，但公平却都是平等的，这就是公平与平等的特殊关系。

在澄清了公平与平等的概念以后，可以进一步讨论公平、平等与效率三者之间的关系。效率的原则是以最小的活动投入取得最大的活动产出。效率的提高仰赖于以人为中心的各种社会资源的有效配置。以此观之，社会越是公平，每个人的权利与义务就越是相等，每个人的劳动积极性就越高，效率也就越高。因此公平与效率完全是一致的，也可以说公平是效率的根本保证。而平等与效率的关系，则取决于平等是否公平。公平的平等与效率是一致的，不公平的平等与效率是相悖的。当平等与效率发生冲突时，如果选择平等，那就既失去了效率又失去了公平的平等，得到的只是不公平的平等；如果选择效率，则既得到了效率，又得到了公平的平等，失去的只是不公平的平等。可见，效率是衡量平等是否公平的重要标准，并在某种程度上对平等具有绝对的优先性。

（二）自由主义学人对公平、平等、效率的分析

40 年代中国自由主义学人对公平与效率的讨论，不仅与世界经济思潮同步，并赋予了对中国社会现实的深切关注。虽然，他们在上述几种概念的运用上仍显含混，不过基本取向仍然清晰可见。

首先，关于经济平等的含义。大多数学者比较笼统地使用"经济平等"这一概念，并没有对其含义做出明确的界定。大家普遍认同的经济平等就是在经济领域废除经济特权，消除贫富不均，实现民众生活质量的普遍提高。大致来说，主张计划经济的学者对平等的强调更加突出，上文提到的吴恩裕和负生便颇具代表性。他们认为，经济平等不应只停留在法律所赋予的权利上，实际生活中的财富平等也很必要。剥夺有产者的资产是实现经济平等的重要手段，这并不会与自由发生矛盾。

按照吴恩裕的说法，取消这些已经成为少数人特权的自由权利不足为惜，因为他们妨碍了大多数人平等的实现。中国需要的是真正意义的全民平等与自由："西方民主政治的经验已经昭示给我们：没有平等的基础，真正全民的自由是不会实现的。平等和自由是不冲突的，因此我们一方面固然要争取自由，另方面也要促成平等，以为自由的基础。"[1] 实际上，平等已成为甚于自由的最重要价值。至于平等是否都是公正的，已经显得无足轻重，在著者眼里，平等本身就代表着公平与正义。

主张价格机制的学者，则表现出另外一种倾向。他们对经济平等的思考更具自由主义的思想特征。吴元黎对"经济平等"提出质疑："试问'经济平等'是每人所得相等，还是同等工作，同样报酬？是机会均等呢？还是'平头'呢？"[2] 如果不对其含义做出大多数人能接受的明确解释，而只是强调平等为前提，"则未免有将'平等'看得过于机械化之嫌"。[3] 虽然作者没有明确回答自己的设问，但提问的内容表明，在他看来，权利的平等与实际的平等是有区别的，究竟是要孙中山提出的"齐脚的平等"，还是要"齐头的平等"的确是值得研究的问题。吴景超对经济平等也有个人的见解。他认为判断"经济平等"应该有几个标准：第一是个人所得的来源是否一样。在理想的社会主义国家，私有财产制被取消，人民的收入来源只有劳务收入。第二个标准是个人收入的数量是否悬殊，这体现着不平等的程度。第三要特别注意经济权力不平等的问题。他说英国学者希克斯（J. R. Hicks）提出的经济权力不平等很有价值：

[1] 吴恩裕：《自由乎？平等乎？》，《观察》3 卷 12 期，第 7 页，1947 年 11 月 5 日。

[2] 吴元黎：《现代经济思潮的趋势》，《观察》2 卷 9 期，第 8 页，1947 年 4 月 26 日。

[3] 吴元黎：《现代经济思潮的趋势》，《观察》2 卷 9 期，第 8 页，1947 年 4 月 26 日。

收入的不平等，只是外面的表现，社会上还有更深刻、更基本的一种不平等现象，就是权力的不平等。这种不平等弥漫于各种社会之中，我们很难想象一种有组织的社会，权力的分派，是平等的。[1]

相较而言，收入的不平等较之权力的不平等容易控制得多。因此吴景超的结论是：

在现代社会里，为乞求某一种的平等，很容易陷入另一种的不平等。我们为要求收入的比较平等，很容易引进经济权力的更不平等。在经济平等的这个名词的含义之中，我们不要放弃经济权力平等这一概念。[2]

具体说，经济权力的意义不仅包括财产的所有权，也包括财产的使用权。在资本主义社会，谁把握财产谁就拥有经济权力；在公有制的社会主义，财产的使用权集中在少数人手中，这种经济权力的不平等更需要引起高度警惕。

处于对"经济平等"的上述界定，他们在强调平等时，并不忽略效率和消费者的自由权利，并认为后两者有不可替代的重要性。在"自由竞争的社会主义"经济制度下，平等的原则并不意味着绝对的分配平均。"能力不等的生产因素，其报酬也不相等。这样产生的劳作所得的不均，实在是维持生产效率所必须的牺牲。"[3]政府对劳作收入的不均可以通过税收、津贴、社会福利设施等予以调整，"这样我们可以在提高生产效率与消除经济不平等之间，求得一合理的妥协。"[4]存在差别是正常的，国家可以用经济手段进行合理调节，但不能以牺牲效率为代价。同样，平等的获得也不能以牺牲自由为代价。比之以平等为特征的计划经济，价格机制的优势不仅在其效率，还在于它对人民自由权利的保障。吴景超说：

我个人假如有一种偏见，那就是在价值系统中，我同样的重视"经济平等"与"经济自由"。……计划经济限制人民的自由，并非一种猜想，而是客观的事实，凡是实行计划经济的国家，不管他奉行什么主义，都难免侵犯人民的自由，因此损伤了他的福利。……人类不要轻易放弃其自由。到今天为止，我们还没有看到一个制度，其保护人民消费自由的能力，胜过价格机构。所以我不愿意看到社会主义与计划经济联姻，而愿意他与价格机构百年偕老。[5]

经济权力的分散是保证个人自由的重要手段，价格机制恰能起到这种作用。蒋硕杰认为，价格机构相当于一个决定生产因素配置及各种商品产量的"全民投票"，社会主义应该比资本主义运用得更好："在社会主义下每一消费者之购买力既大致均等，则其经由价格机构支配之权力也大致相等。既每一公民对生产因素配布之票决权都大致相等。所以在社会主义之下，我们只有理由更加拥护价格制度，绝没有理由反而弃而代之以独断的集体计划制度。"[6]可见，消费者的自由权利是绝对不可忽略的。从本质上说，自由与效率具有根本的一致性，没有自由的经济制度其实也是没有效率的经济制度。上述学者在阐述其观点时，虽然没有明确提到公平与正义的字眼，但可以看出，以效率和自由为前提的平等，应该是他们心目中比较理想的公平状态。

在公平与效率的讨论中，张东荪的看法自成体系，并且颇具针对性，有必要给予特别关注。他认为讨论经济平等问题，不能脱

[1]吴景超：《从四种观点论美苏两国的经济平等》，《观察》5卷13期，第5页，1948年11月20日。

[2]吴景超：《从四种观点论美苏两国的经济平等》，《观察》5卷13期，第5页，1948年11月20日。

[3]蒋硕杰：《经济制度之选择》，《新路》1卷3期，第10页，1948年5月29日。

[4]蒋硕杰：《经济制度之选择》，《新路》1卷3期，第10页，1948年5月29日。

[5]吴景超：《社会主义与计划经济是可以分开的》，《新路》2卷5期，第10页，1948年12月11日。

[6]蒋硕杰：《社会主义与价格机构》，《新路》2卷5期，第8页，1948年12月11日。

离当前实际的社会发展状况。按照马克思所说的发展阶段，封建之后
有资本，资本之后有共产。问题的关键在于当事的主体是产业落后的
国家，"而今天这些产业落后的国家才从封建脱出，即跳入社会主义。
这样的跳了一级（即蹿等）乃是问题所有发生的根本。"[1]也就是说，
落后国家建立社会主义，国情与环境均是特殊的，超越式发展使其面
临着匮乏与不均同时并存的困境："一班落后国家的问题并不是如孔子
所说，不患寡而患不均，实在同时也患寡。所以这样的国家要走上社
会主义必须把寡与不均等同时解决。"[2]在张东荪看来，社会主义最大
的优越性并不在于平等，而在于可以增加生产，这是落后国家急于采
取社会主义的主要原因："社会主义对于人类生产过程有一种看法：就
是以为患不均与患寡乃是同一病症。……所以去不均是手段，而变寡
为多是目的。换言之，即以为只有用社会主义方能增高生产。可见生
产原是社会主义本有的涵意。"[3]这里，生产效率被放在首要位置。换
句话说，落后国家首先需要解决的是增加生产，而不是均平等。关于
"经济平等"，张东荪的说法是，就目前状况讲，经济平等就是废除剥
削：

> 所谓经济平等也就是废除剥削，不必再讲进一步。并且须知
> 所有实行社会主义的国家，能有成功的亦只是做到废除剥削为止。
> 老实说，废除剥削是一件极难极难的事。除了苏联以外，任何实
> 行社会主义的国家都没有完全做到。所以即就废除剥削亦未必能
> 一跃而跻，又何况经济平等呢！[4]

张东荪并没有具体说明自己心目中的经济平等究竟应该如何，只是将
废除剥削作为当前经济平等的基本内容，与其他主张经济平等的理想
化观点相比，这是更加切合实际的一种理解。

　　有鉴于此，张东荪提出颇有中国文化意味的"公道"，这与前文
辨析过的公平和正义概念基本一致。张东荪说："至于何以必须废除
剥削？第一是因为不公道。第二是为有虚耗（即浪费）。"[5]剥削是不
公道的，但也并非一切的平等都公道。真正的公道是要把握平等与
生产之间适当的限度。"详言之，即使社会翻身到某种限度为止。

在限度内生产反可以增加；反之，过了限度必致生产受影响，弄成降低。这个标准就是其限度，同时这个限度就可定为标准。"[6] 也就是说，平等当以不影响生产为限度，这个限度就是公道的标准：

　　除了废去若干剥削关系以外，只是把贫人生活提高，并不要把富人的生活向下拉平。这便是生活水准的普遍提高。并不是均贫富，须知均贫富只是再分配，有时再分配一下，不久仍会变为不平。……质言之，即以增产而求平均，并非仅以再分配而求平均。[7]

平等的意义不能与效率相背离，惟有有效率的平等才是公道的平等。所以公道是社会发展的根本性原则：

　　因为公道与生产两个概念根本上是吻合的。惟由于社会有公道，则生产方可增加。倘使在公道尚未实现之前，即提出平等，恐不免要陷入空想的社会主义的危险。[8]

张东荪是主张计划经济的学者，但与许多持相同主张的学者不同，他更看重计划经济的效率，而非其平等。与主张价格机制的学者相比，他又不过分强调自由，在他看来，社会主义条件下的自由

〔1〕张东荪：《经济平等与废除剥削》，《观察》4卷2期，第3页，1948年3月6日。
〔2〕张东荪：《经济平等与废除剥削》，《观察》4卷2期，第3页，1948年3月6日。
〔3〕张东荪：《经济平等与废除剥削》，《观察》4卷2期，第3页，1948年3月6日。
〔4〕张东荪：《经济平等与废除剥削》，《观察》4卷2期，第3—4页，1948年3月6日。
〔5〕张东荪：《经济平等与废除剥削》，《观察》4卷2期，第1页，1948年3月6日。
〔6〕张东荪：《经济平等与废除剥削》，《观察》4卷2期，第4页，1948年3月6日。
〔7〕张东荪：《增产与革命——写了〈民主主义与社会主义〉以后》《观察》4卷23、24期，第26页，1948年8月7日。
〔8〕张东荪：《经济平等与废除剥削》，《观察》4卷2期，第5页，1948年3月6日。

必定是有限度的，这是为了追赶先进国家不得不付出的代价，因而他只强调文化上的自由主义。

总体言，自由主义学人对公平的讨论极具理论意义，充分彰显着对社会合法性基础的思考和追问。可以看出，他们在竭力追求社会诸价值的融通。尽管彼此间表现出不同的倾向：或以现实的平等为重，或坚持自由的不可让渡，或强调效率前提下的"公道"。不论何种主张，均体现着他们对社会公正与和谐的高度关注。就中国自由主义的成长历史看，自由主义向社会领域的扩展乃是40年代自由主义的一个重要发展，他们对社会正义的探索和思考是弥足珍惜的一份历史遗产！

第三节　政治民主与经济民主

在国际潮流以及中国文化传统和现实状况的多重影响下，政治民主与经济民主兼而有之的社会理想成为40年代中国自由主义者的追求目标。他们普遍的想法和几种代表性的学说是值得关注的，而这一社会理想的价值和意义更应该给予足够的分析和探究。

一　政治民主与经济民主合而为一

在当时国际潮流的影响下，中国的自由主义者几乎都将政治民主和经济民主兼而有之作为中国未来制度选择的目标，这方面的论述很多，下面引述两段比较有代表性的说法。学者周绶章说：

> 我认为政治的自由和经济的平等，不仅无任何绝对不可调和的冲突矛盾可言，而且正如车之两轮，鸟之两翼，引导人类和平进步，缺一不可。没有政治自由，经济平等不能良久保持，而人类的精神生活，不能得到解放；没有经济平等，政治自由的根基也不坚实，而人类的物质生活，常有匮乏之虞。只有兼采资本主义制度中之政治自由与共产主义制度中之经济平等两大原则，调和而为一种新的主义，新的路线，才能够把人类引入真正的和平幸福之路。[1]

另一位学者薛葆恭指出:

> 所谓"民主政治",概论就一般学者的见
> 解,就历史的发展看,就现在事实的趋向看,
> 必须做到两大原则,政治平等和经济平等。
> 只有经济平等,没有政治平等,自然不能成
> 为民主政治;只有政治平等,而没有经济平
> 等,也不是真正的彻底的民主政治。[2]

可见,唯有政治民主和经济民主兼而有之的社会
制度,才真正体现了民主制的真谛。

综合起来看,自由主义学人对政治民主与
经济民主的论说角度主要是以下几方面:

第一,从理论上说明政治民主与经济民主是可
以并行不悖的。有学者分析指出,将政治民主与经
济民主视为对立和排斥的两极,从理论上看是形式
主义的二元论所致,即认为政治与经济是互相孤立
互不相关的,且是一成不变、僵死不动的,然而实
际上"那里有经济不过问政治,政治又不过问经济
的地方? 如果从一元论的见地看来,则政治与经济
是互相渗透的,没有经济自由的地方,就没有政治
自由,没有经济自由的地方,就没有政治自由"[3]。
因此,自由主义与社会主义对两者关系的处理都存
在问题。自由主义把自由看成一种超历史的教条,
"政治自由与经济自由等问题,要在历史的发展变
化中求得解决,自由主义却要在历史之外去了解这
些问题。"[4] 陷入抽象和形式主义的自由,是无法解
决问题的。以唯物论为基础的社会主义理论,只强
调单方面的经济因素,"忽视人类的心灵自由,个
性尊严,因此,仍只注重经济平等,而忽略政治自
由"[5]。正因为自由主义的二元论和社会主义的唯

[1] 周缓章:《政治自由与经济平等——新社会主义路线的提出》,《世纪评论》1卷20期,第14页,1947年5月17日。

[2] 薛葆恭:《民主政治的基本原则——政治平等经济平等》,《知识与生活》16期,第5页,1947年12月1日。

[3] 梁永:《关于自由主义的两点》,《知识与生活》24期,第12页,1948年4月1日。

[4] 梁永:《关于自由主义的两点》,《知识与生活》24期,第12页,1948年4月1日。

[5] 周缓章:《政治自由与经济平等——新社会主义路线的提出》,《世纪评论》1卷20期,第14页,1947年5月17日。

物论都不够全面，才走上了相互对立的两极。

融合政治民主与经济民主的理论基础应该是"心物一元论"。周绶章说："我所谓的新社会主义，则是植根于心物一元论的哲学基础上，认为心灵与物质乃宇宙本质的一体之两面，相辅相成，不容分割，不容抹杀。因此，应该注重心灵的解放，提倡政治自由，同时也应该注重物质的满足，提倡经济平等。在经济平等上建立起政治自由，以满足人类由物质到心灵的一切要求，一切愿望。"[1]精神和物质合而为一的哲学观，可以使个人自由和团体意志并重，精神欲望和物质需求共存，政治民主与经济民主的融合也自然顺理成章。尽管周氏的一元论缺乏新意，但其思考方向还是有代表性的。张东荪的民主主义与社会主义"同基论"是一元论的又一种解释，下文予以专论。

第二，从社会实践角度证明政治民主与经济民主必须相辅而行。从历史的发展看，政治民主与经济民主的关系至为密切。历史学家蒋廷黻指出：考察全部的人类历史，并没有发现政治自由是经济自由的障碍，或者说要经济自由就必须取消政治自由。蒋氏分析了近百年来资本主义国家的发展演变，认为在政治民主的保障下，各国经济民主有显著进步："我们研究英美的历史演化，我们不能不承认两点：（一）英美社会从劳苦阶级解放方面着想，在自由主义盛行的时代中，确有长足的进步。（二）这种经济及社会的进步，得利于自由主义的民主政治不少。"[2]所得结论是：近代的人类史，证明政治的自由与经济的自由是相辅相行的。"我们如得其一而失其二，我们要发现生活是悲惨的。我们如果双管齐下，我们的奋斗可以事半功倍。"[3]复旦大学教授夏炎德在评论张东荪的"同基论"时说，民主主义并不只限于政治方面，社会主义也不限于经济方面，"所以把法国革命当作民主革命，把俄国革命当作社会革命，截然分出界限，是割裂了历史的整个性与民主革命的继续性。实际上他们所谓社会革命只是民主革命更扩大更深入的运动"[4]。其实，在历史的发展过程从来没有截然分开的政治民主与经济民主，它们始终相辅而行。

就现实讲，政治民主与经济民主的合流正在成为时代的主要特征。一些自由主义学人对流行的英美有政治民主，苏联有经济民主的说法提出异议，认为苏联和英美都在争取经济方面的平等，只是采取的方式不同而已。苏联是用激烈的革命方法求平等，而英美等是用温和的改良方法求平等："所得税、遗产税等等，在节制资本集中，不能说没有效力，而享用物品的限制与管理，对于贫者富者的享用上，又不能不说是趋于平等的途径。所以在目的上，无论是英美也好，苏联也好，两者在经济的平等上，都走在同样的途径。"[5] "我们以为，与其说英美重政治，而苏联重经济，不如说是英美从政治上的平等而趋于经济上的平等，苏联是想先得经济上的平等而后求政治的平等。"[6]英美是先寻求政治发展后在经济领域图发展，而苏联则是先发展经济而后求政治完善，总之都在追求政治民主和经济平等。有学者用形象的比喻来描述这种情形：

今日纯资本主义的国家很少，英美制度中有社会主义的成分。苏联制度中也有资本主义成分，英国有位大经济学家说"在资本主义的大海中，可以看见社会主义的小岛；在社会主义的大陆中，可以看到资本主义的湖泊。"我常爱说笑话，我说资本主义是白色的，社会主义是红色的，而事实上现世界是粉色的，是桃红色的。[7]

这无疑是说，走向融和是时代的潮流：

人类历史的演进在经济上已进入社会主义的时代，在政治上已进入民

[1] 周绶章：《政治自由与经济平等——新社会主义路线的提出》，《世纪评论》1卷20期，第14页，1947年5月17日。

[2] 蒋廷黻：《政治自由与经济自由》，《世纪评论》1卷17期，第6页，1947年4月26日。

[3] 蒋廷黻：《政治自由与经济自由》，《世纪评论》1卷17期，第6页，1947年4月26日。

[4] 夏炎德观点，见张东荪：《〈民主主义与社会主义〉补义》（下），《观察》5卷3期，第9页，1948年9月11日。

[5] 陈序经：《宪政、选举与东西文化——评梁漱溟的"预告选灾、追记宪政"》（三），《世纪评论》3卷1期，第8页，1948年1月3日。

[6] 陈序经：《宪政、选举与东西文化——评梁漱溟的"预告选灾、追记宪政"》（三），《世纪评论》3卷1期，第8页，1948年1月3日。

[7] 赵乃博：《中国经济问题》，《观察》3卷21期，第9页，1948年1月17日。

主主义的时代，换句话说，这是民主主义与社会主义合流的时代，是社会主义民主主义相适应的大时代。[1]

历史和现实均表明，融和政治民主与经济民主"这是世界各国应走的路，也是今日中国应走的路！"[2]自由主义者基于历史和现实的分析，比其哲学角度的阐述更具有说服力。

第三，中国的道路选择。就政治民主与经济民主的目标而言，中国的自由主义者基本没有异议。将这种理想具体化的是各中间党派的纲领。"民主同盟"和"民主社会党"在现实政治中分别代表偏左和偏右一方，但他们的纲领均一致强调政治民主与经济民主的融合，彼此没有太多差别，下面的比较即是证明。在政治方面，民主同盟的纲领有15条，民主社会党的纲领有16条，主要原则完全一致：国家主权属于人民，国家的目的在于谋人民之福利；国家要保障人民的基本自由；厉行法治；推行地方自治；国内各民族平等；国会为代表人民行使主权的最高机构；国家最高行政机构采内阁制；司法独立；建立文官制度；实行普选制度；军人不得干政、党派合作等。两党的共识是，效仿西方民主制是政治民主的核心。经济方面的内容，"民盟"有13条，民主社会党有10条，体现的主要是经济民主原则。首先是保障人民经济上的平等，"民盟"条款的表述是："民主经济之目的，在平均财富，消灭贫富阶级以保障人民经济上之平等。"[3]民社党的表述是："人民应有不虞匮乏之自由，减少贫富悬殊之不平。"[4]关于经济体制，"民盟"："国家确认人民私有财产，并确立公有及私有财产，全国经济之生产与分配由国家制定统一经济计划，为有系统之发展。""银行、交通、矿业、森林、水利、动力、公用事业及具有独占性之企业，概以公营为原则，至其他一切企业，均可由私人经营"。[5]民主社会党的表述是："确立公有财产企业，承认私有财产。划分公营民营之界限，在整个计划之下，其自由企业与公营企业相辅并进。国家得以公道原则，法律手续，转移私有财产，逐渐达到社会主义。"[6]关于财政制度，"民盟"主张，"税制应依据能力负担之原则并以累进方法征收遗产税、所得税及利得税。"[7]民主社会党认为，应"运用财政金融政策，累进课税方法，以达扩张生产，充分就业，平均分配与社会安全繁荣之目的。"[8]从以上内容的比较可见，两个党派都主张实行混合所有制，通过计划经济，调节生产、分配、消费各个环节，达到经济发展与社会公道的目的。在社会保障方面，"民盟"和民主社会党一致主张实施各种社会政策，包括建立公费医疗制度，办理一切保险事业，厉行劳工福利等，以保障人民的生活安全。

应该说，"民盟"和民主社会党的纲领相当接近，足以代表整个中间派别的政治观点。如果考察他们之间的区别，可能的结论是，"民盟"对苏联的社会主义实践有更多的兴趣。罗隆基起草的"民盟"临时全国代表大会政治报告中说，"苏联三十年来的试验，又是中国建立民主制度的极好的参考资料。拿苏联的经济民主来充实英美的政治民主，拿各种民主生活中最优良的传统及其可能发展的趋势，来创造一种中国型的民主，这就是中国目前需要的一种民主制度。"[9]张君劢则对苏联的各种做法持保留态度。他认为苏联可供借鉴的东西主要是计划经济，但计划经济与社会制度无关，苏联能用，资本

〔1〕李时友：《认清世界·把握时代》，《世纪评论》2卷10期，第3页，1947年9月6日。

〔2〕周缓章：《政治自由与经济平等——新社会主义路线的提出》，《世纪评论》1卷20期，第14页，1947年5月17日。

〔3〕《中国民主同盟纲领》（1945年10月临时全国代表大会通过），中国人民大学中共党史教研室编《批判中国资产阶级中间路线参考资料》（第四辑），第80页。

〔4〕《中国民主社会党政纲》（1946年8月18日联席会议通过），中国人民大学中共党史教研室编《批判中国资产阶级中间路线参考资料》（第四辑），第110页。

〔5〕《中国民主同盟纲领》（1945年10月临时全国代表大会通过），中国人民大学中共党史教研室编《批判中国资产阶级中间路线参考资料》（第四辑），第80页。

〔6〕《中国民主社会党政纲》（1946年8月18日联席会议通过），中国人民大学中共党史教研室编《批判中国资产阶级中间路线参考资料》（第四辑），第110页。

〔7〕《中国民主同盟纲领》（1945年10月临时全国代表大会通过），中国人民大学中共党史教研室编《批判中国资产阶级中间路线参考资料》（第四辑），第81页。

〔8〕《中国民主社会党政纲》（1946年8月18日联席会议通过），中国人民大学中共党史教研室编《批判中国资产阶级中间路线参考资料》（第四辑），第111页。

〔9〕《中国民主同盟临时全国代表大会政治报告》（1945年10月11日），中国人民大学中共党史教研室编《批判中国资产阶级中间路线参考资料》（第四辑），第75页。

主义国家也能用。他还指出西方人民有"政治自由",因而可以很容易从政治民主过渡到经济民主;苏联人民没有"政治自由",所以从经济民主很难过渡到政治民主,因此,以政治民主的手段实现社会主义是唯一可行的途径。在张君劢心目中,西欧的民主社会主义是更加值得效仿的榜样,正如民主社会党的总则所言:"本党主张:民主社会主义为今后唯一立国之道。本党主张:根据民主方法实现民主社会主义的国家。"[1]

应该注意的是,中间人士也特别强调,建立中国的民主制度,一定要考虑过去的历史和当前的情况,中国的民主制不是调和与折中,更不是模仿和抄袭,而是在借鉴的基础上形成一种符合中国国情的民主制度:"我们要依据英美苏的经验,树立适合中国国情的民主制度,在我们所要为中国树立的民主制度上,我们没有所谓偏左偏右的成见。我们亦没有资本主义民主社会主义民主这些成见。我们对别人已经试验过的制度,都愿平心静气的取其所长,弃其所短,以创造一种中国的民主。"[2]将中国国情与世界各种民主生活中最优良的传统结合为一,才能形成"从民主发展历史上演变而来的一种进化的进步的民主。"[3]尽管自由主义者依然缺少对中国国情,以及如何吸收中国传统中的合理因素的细致探究,但其思考路向无疑是具有价值的。

二　几种代表性学说

在政治民主与经济民主的讨论中,一些学者形成了比较完整的表述,以下四种论说颇能反映 40 年代后期中国自由主义者对两种民主关系的思考,可进一步加深对自由主义学人有关社会理想的认知。

(一)张东荪的"社会主义的民主主义"

张东荪有自己的一套民主社会主义主张。他在 40 年代后期出版的《理性与民主》、《思想与社会》、《民主主义与社会主义》等著作中对这种主张有比较完整的论说,其核心是说明民主主义与社会主义"本是一物"。他认为每种文化有其特有的"基本概念群"或"概念网",民主主义的根本在于"自由"、"平等"两个基本概念以及由此派生的诸如"理性"、"公正"、"人权"、"容忍"、"个人"等概念,而社会主义的基本概念也是这些,"正因为民主主义与社会主义同依据于同一的概念群为其基型，所以两者在本质上，就是一个东西"，[4] 他们均是西方文化的产物。张东荪回顾了人类思想发展史，认为18世纪最大的思想贡献就是产生了旨在铲除社会不平等的种种学说，这些学说可以分成两个方面，民主主义和社会主义。前者意在消除政权导致的不平等，即专制或独裁；后者则意图铲除剥削所致的经济不平等。实际上，反对政治独裁与反对经济剥削本是同一件事情的两个方面。可悲的是，由于理论家们偏重一隅、各执一词，使反独裁与反剥削变成相互分离甚至彼此对垒的运动。结果是民主主义高扬个人自由却摒弃了经济平等，而社会主义在追求经济平等时却将民主扔到一边。历史事实表明，没有民主主义就没有真正的社会主义；而没有社会主义也不会有货真价实的民主主义。不应当把民主主义看成是先于社会主义的阶段，也不应把社会主义视为与民主主义相异的东西。只有将民主主义与社会主义结合在一起的民主社会主义，才是未来的康庄大道："今后而能造有一个新文明、且为人类之真正起见，则只有由我们起来把真正的民主主义与真正的社会主义合而为一。民主主义而能显其正态，则必定即是社会主义。"[5] 他进一步指出，达到这一理想的方式必须是和平的："只有平和的改

[1]《中国民主社会党政纲》（1946年8月18日联席会议通过），中国人民大学中共党史教研室编《批判中国资产阶级中间路线参考资料》（第四辑），第110页。

[2]《中国民主同盟临时全国代表大会政治报告》（1945年10月11日），中国人民大学中共党史教研室编《批判中国资产阶级中间路线参考资料》（第四辑），第74页。

[3]《中国民主同盟临时全国代表大会政治报告》（1945年10月11日），中国人民大学中共党史教研室编《批判中国资产阶级中间路线参考资料》（第四辑），第75页。

[4]张东荪：《民主主义与社会主义》，上海：上海观察社1948年版，第26页。

[5]张东荪：《思想与社会》，上海：商务印书馆1946年版，第178页。

革其效果比较经久些；愈激烈的改革其消退也愈快"[1]，故此中国所要实行的应当是"渐进的'社会主义的民主主义'"。[2]

在 40 年代中国的现实状态中，民主主义与社会主义的结合程度是有限度的。面对社会生产极端落后的中国，张东荪认为苏联的计划经济和接近"苏联模式"的东欧型社会主义很值得推崇。他说人们总是在争论政治民主与经济平等的关系，或认为冲突，或认为一致，都不够准确，原因是他们只用了自由与平等两个范畴，"殊不知还有第三个范畴，是'生产'，却必须加入在内。无论如何讲自由，讲平等，若与生产发生冲突，换言之，即使生产反而降低，则决不能成功"[3]。正是为了增加生产，采取计划经济成为必须的手段，苏联的成功即在于此。问题的核心是，在采取计划的社会中，自由与平等是否还有保障呢？张东荪的看法很独特：

> 老实说，一谈计划，如果社会有计划性，则只能有计划以内的自由与计划以内的平等，而断不容有超计划的自由与超计划的平等。计划是以增加生产，使全体人民生活水准提高为目的的，则凡自由之足以妨害生产的提高，凡平等之足以使生产降低，则都应该在限制之列。论者以为自由平等本身有问题是错误的；须知问题只在产业不发达的民族必须把生产加入于自由平等之中。[4]

张东荪并没有正面回答自由与平等的关系，而是强调落后国家首当其冲的问题是用计划的手段提高生产，凡是妨碍生产的自由和平等，都应受到限制，因为"其他一切的要求（如自由与平等）乃完全由这个要求的达到程度来决定其分量与高度。如果不相配合，则自由与平等完全变为虚浮的，所以我在书中（指《民主主义与社会主义》，作者注）不承认有抽象的空泛的自由平等，而只有切乎时代需要的自由平等。某一时代有其所要求的自由平等，而与次一时代不尽相同。"[5]就这个意义上讲，在中国以生产为重的时代，只能力争计划内的自由与平等，"但不可仍留恋未入计划以前的自由平等"[6]。

当然，张东荪认识到在计划社会中，由于自由受到了限制，社会的固定化必定难免，但这乃是不得不付出的代价。"我尝说，就人类言，最理想的是一个民族经过充分个人主义的陶养以后，再走上社会主义或共产主义之路。可惜世界上没有那么一回事。我又尝说，中国没有经过个人主义的陶养而骤然来到二十世纪是一个遗憾。"[7]中国的情况已经如此，好像中学没有毕业，就升入大学，最好的挽救办法是少学一点大学的课程，留一点时间补习中学课程。所谓中学课程，就是保留文化上的自由主义：

> 须知在计划社会中政治经济等是没有绝对自由了，但我们还不能不要绝对自由。这个绝对的自由应该在文化上与思想方面。如果社会因具有计划性而有些呆板，则我们尚留一个绝对活泼的田地在其旁边。[8]

留有这一点自由的种子十分必要："中国今后在文化上依然要抱着这个自由精神的大统。文化上的自由存在一天，即是种子未断，将来应可发芽。所以使这两者（即计划的社会与文化的自由）相配合，使不患将来没有更进步的制度出现。"[9]在张东荪看来，局限在文化思想领域的这块自由领地，尽管少得可怜，但却意义重大，它既是中国特定时代下自由的特殊存在状态，又是未来自由得以成长的希望所在。他没有进一步解释在政治经济都被置

〔1〕张东荪：《理性与民主》，上海：商务印书馆1946年版，第184页。

〔2〕张东荪：《理性与民主》，第184页。

〔3〕张东荪：《政治上的自由主义与文化上的自由主义》，《观察》4卷1期，第4页，1948年2月28日。

〔4〕张东荪：《政治上的自由主义与文化上的自由主义》，《观察》4卷1期，第4页，1948年2月28日。

〔5〕张东荪：《增产与革命——写了〈民主主义与社会主义〉之后》，《观察》4卷23、24期，第26页，1948年8月7日。

〔6〕张东荪：《政治上的自由主义与文化上的自由主义》，《观察》4卷1期，第5页，1948年2月28日。

〔7〕张东荪：《政治上的自由主义与文化上的自由主义》，《观察》4卷1期，第5页，1948年2月28日。

〔8〕张东荪：《政治上的自由主义与文化上的自由主义》，《观察》4卷1期，第5页，1948年2月28日。

〔9〕张东荪：《政治上的自由主义与文化上的自由主义》，《观察》4卷1期，第5页，1948年2月28日。

于集中计划之下时，文化和思想的自由如何可以保留和发扬？但从张的思考中可以看到，仅有文化上的自由主义毕竟不是一种理想的状态，它只能是暂时性的，将来更进步的制度应该是民主主义与社会主义的完美结合。

（二）萧公权的"自由社会主义"

"自由社会主义"是萧公权提出的一种概念和主张。他认为就人类社会发展而言，自由主义（民主政治）和社会主义是近几个世纪以来最有影响的社会潮流，在理论上各有优劣，在现实中互不相让，"假如我们认民主政治为十八世纪的特殊贡献，认社会主义为十九世纪的特殊贡献，我们可以说它们'各有千秋'，但也各有欠缺。前者企求个人身心的解放而忽略了大众肚腹的饥饿，后者企求大众肚腹的饫饱而忽略了个人身心的束缚。于是十八世纪的自由主义和十九世纪的社会主义成了对立于现代的两大思潮，把人类分为两大壁垒。我们虽然不能说二十世纪中的许多冲突都是这个对立的直接结果，然而我们不得不承认第二次世界战争以后的若干矛盾和它有深切的关系。"[1] 如果能调和这两种对立的思潮，吸收其各自的合理成分，形成一个"自由社会主义"，这将是 20 世纪的历史贡献：

> 因此笔者揣想，二十世纪的可能贡献不是创造一个崭新的主义或政治运动，而是调和十八世纪与十九世纪的特殊贡献，使之成为一个集成合美，为人类造福的生活体系。因为这个体系要兼采自由主义和社会主义之长，我们似乎可以称它做"自由社会主义"。[2]。

萧公权进一步指出，"自由社会主义"与共产主义和其他的社会主义在目的和方法上都有差异。首先，"自由社会主义"与共产主义的差别不仅在目的更在于方法。比较普遍的说法是共产主义与社会主义之间的差别不在于最终的理想而在于实现的方法，前者主张暴力革命，后者主张和平改造。萧氏认为，资产阶级也许不足怜惜，但使用暴力便是放纵兽性，用不道德的手段去达到道德的目的，在目的达到以后人类的道德难免大受损伤。所以"一般社会主义者反对共产党的残暴方法，而主张用和平的方法去改造是确有见地的。自由社会主义同情于这个主张，认为合理公平的经济生产分配制度，只能由和平公正的途径达成。"[3] 其次，自由社会主义与其他社会主义在方法上相近，"但在目的上却大有分别"[4]。传统的自由主义非常注重个人的理性自由，社会生活的最高目的不是人人温饱，而是人人能发展其最优的品性。正统的社会主义以唯物论为其哲学根基，它所讲的自由，大体上是指人类克服自然以后的自主境界，其意义与个人间相对的意志自由有别。他特别强调了"自由社会主义"与"民主社会主义"的区别：

> 民主的社会主义者虽然不明白否认个人自由，然而不注重个人自由。社会改造的目的是全体人的生活均足，不是个人的身心解放。这和自由主义的理想也显然有别。简单地比较言之，社会主义不愿意有人挨饿，自由主义者不愿意有人受拘。这不是方法上的差异而是目的上的差异。自由社会主义者既不愿意有人挨饿，也不愿意有人受拘。坐在精神牢狱里而得到身体的温饱不是一个美满的生活。[5]

按照萧公权的理解，自由社会主义与"传统的自由主义"、"正统的社会主义"、"民主的社会主义"都是有区别的，它反对传统自由主义的过分放任，不赞同正统社会主义的过于统制，也不欣赏民主社会主义对个人自由的不够重视。自由社会主义所希望的是自由与平等无分轻重：

> "大家有饭吃"和"各人选路走"并行不悖。物质生活务求其同，精神生活不妨其异。管制物质，解放精神。大众同遂其生，个人各

〔1〕萧公权：《二十世纪的历史任务》，《世纪评论》2卷5期，第6页，1947年8月2日。

〔2〕萧公权：《二十世纪的历史任务》，《世纪评论》2卷5期，第6页，1947年8月2日。

〔3〕萧公权：《二十世纪的历史任务》，《世纪评论》2卷5期，第6页，1947年8月2日。

〔4〕萧公权：《二十世纪的历史任务》，《世纪评论》2卷5期，第6页，1947年8月2日。

〔5〕萧公权：《二十世纪的历史任务》，《世纪评论》2卷5期，第7页，1947年8月2日。

缮其性。这是自由社会主义的基本原则。[1]

他还说:

　　"政治自由"（包括言论、出版、结社、选举、罢免等权）不
是资本社会富裕阶级的奢侈装饰品，而是一切社会组织的安全关
键。要想解除竞争经济的危险，我们要建立社会经济的管制。要
想防止独裁政治的危险，我们要保持人民的政治自由。经济管制，
政治自由——这是一架车子的两轮，缺了一个就不能行驶。[2]

建立这样的自由社会主义应当是 20 世纪的历史任务。仔细考察，不难发
现萧公权尽管将自由置于重要位置，但自由社会主义中的自由仍是极有限
度的，经济的管制和物质生活的求同，使人民首先失去了经济选择的自
由，在这样的环境下，政治和精神生活的自由如何可以获得？萧公权和主
张文化上自由主义的张东荪一样，对这个事关重要的问题均没有回答。

　　（三）施复亮的"新资本主义"

　　"新资本主义"是施复亮对政治民主与经济平等的一种诠释。其最
具特点的主张在经济方面。施氏认为，中国是一个经济落后的国家，
首要任务是提高生产力。"一切自由、平等的理想，都只有在生产力高
度发展的基础上才有实现的可能。"[3]而提高生产力的方法则是尽量利
用资本主义生产方式的种种优点，包括实行多种经济成分并存的混合
经济体制、允许追求利润和合理竞争、讲求效率和计算成本、推动技
术进步和管理改善等，这些生产和流通领域的自由经济法则都应该保
留和发扬。当然，剥削关系也必然会存在。

　　新资本主义的经济，不仅允许剥削关系的存在，而且还奖励
民族资本主义的发展，因而也就要扩大剥削关系——资本主义的
剥削关系。这种从表面上看来的矛盾，在实际上却得到了合理的
解决，就是在消极方面，以改善分配关系的方法去限制剥削，在
积极方面由提高社会的生产力而增加全社会的财富和劳动人民所
得的分配额。这就是在新民主主义的政治和新资本主义的经济中
允许剥削关系存在的理由。[4]

可以看出施复亮和张东荪最大的相同之处，即都把生产力的发展放在首要位置。但彼此选择的方式却各有侧重，张东荪以计划经济为提高生产力的主要手段，施复亮则视自由经济为推动生产力的核心要素；张东荪推崇苏联和东欧模式，施复亮则称中国的"新资本主义"是一种特殊的类型，"既不同于过去任何资本主义国家，也不完全同于今天东欧各新民主主义国家"[5]。

需要注意的是，施复亮的"新资本主义"只是社会发展中的一个过渡阶段，其目的是为社会主义的实现打基础。"可以说，在社会主义的客观条件和主观力量没有成熟到相当程度时，贸然'实行社会主义'是有害无益的，不仅与多数人民的利益不相符合，而且与无产阶级的利益也不相符合，历史的和现实的教训，我们都应当虚心接受。真正希望'实行社会主义'的人，目前最重要的工作就是努力培养社会主义的客观条件和主观力量，尤其要跟人民大众的努力相配合。"[6]"新资本主义"经济是与"新民主主义"政治相配合的，而且只有在新民主主义政治的前提下，才会有新资本主义经济。所谓的新民主主义政治是包括各阶级参加的联合政权，"即包括工人、农民、城市小资产阶级和民族资产阶级的政权。这是决定将来经济制度和经济政策的基本因素"[7]。新民主主义的政治前提不仅可以矫正资本主义的弊害，而且足以保证在经过"新资本主义"的"中间阶段"后转入社会主义。施复亮对民主政治的理解主要受马克思主义阶级分析法的影响，强调

[1] 萧公权：《二十世纪的历史任务》，《世纪评论》2卷5期，第7页，1947年8月2日。

[2] 萧公权：《二十世纪的历史任务》，《世纪评论》2卷5期，第8页，1947年8月2日。

[3] 施复亮：《废除剥削与增加生产》，《观察》4卷4期，第9页，1948年3月20日。

[4] 施复亮：《废除剥削与增加生产》，《观察》4卷4期，第9页，1948年3月20日。

[5] 施复亮：《废除剥削与增加生产》，《观察》4卷4期，第8页，1948年3月20日。

[6] 施复亮：《新中国的经济和政治——答严仁赓先生》，《观察》4卷21期，第6页，1948年7月24日。

[7] 施复亮：《新中国的经济和政治——答严仁赓先生》，《观察》4卷21期，第5页，1948年7月24日。

多数平民的政治参与，这与立足于个人的自由主义政治观有所差别。从整体上看，施复亮的新民主主义政治与"新资本主义"经济相结合的社会过渡形态，非常类似于中国共产党的"新民主主义"理论。

（四）刘大中的"双重民主"

青年学者刘大中尽管没有对自己的主张冠以某种"主义"，但他对政治民主与经济民主的理论分析也很值得注意。他首先说明美国和苏联并不是"政治民主"和"经济民主"的典范：

> 我们认为把资本主义来象征"政治民主"、和把社会主义来象征"经济民主"，已是极不妥当的办法；若再把美国式的资本主义与"政治民主"混为一谈，或是把苏俄式的共产主义与"经济民主"看成一事，则尤无根据。……在美国式的资本主义下，人民所享受的"政治民主"并不彻底；苏俄之人民，在经济上比较平等，但离"经济民主"也还很远；这两个国家并不算是"政治民主"和"经济民主"的良好例证。[1]

以现有的含混不清的主义或公式作为讨论的出发点，自然难有正确的结论。刘大中认为应该用一种直截了当的研究方法对政治民主和经济民主予以界定，这就是将自己心目中的政治民主和经济民主的内容和条件详细列出。这两部分内容有基础相同的，也有互为条件的，"这说明了'政治民主'与'经济民主'的不可分离性"[2]。通过比较，将两项内容中重复或可合并的内容剔除，这样可得到"双重民主"所需的基本条件。

刘大中将"双重民主"的基本条件归纳了十三项：普遍的、免费的国民义务教育；经过考试后，任何人可以享受高等教育，国家提供必须的费用；所有人民的最低收入，必须超过一定的水准；新闻、宣传、广播、出版的机构，以及公共集会和演说的场所，不完全在政府掌握中；经济企业不完全在政府掌握中，但政府必须有权进入任何企业范围；任何一个国有或私有企业，不得在任何企业范围内享有绝对的独占权；遗产制度的完全废止；竞争性不完全的企业，不论国营或私营，应使其生产量扩充到边际成本；实行高度的累进所得税制度；

国家对于人民就业的选择，不得有强迫性的措施；金融机构应办理转业贷款；政府有审核新技术、新发明的专门机构，必要时政府当自行开办采用此种新技术、新发明的企业；国有企业在考虑采用某种新技术新发明时，要考虑旧投资的损失。上面这些条款，主要集中在公民的教育、言论和经济方面的权利。"这些基本条件，再加上现时各种'民主'宪典中列有的规定，似可使'双重民主'确实实现。"[3]可以看出，刘大中心目中的理想制度，其实是以自由企业制度为基础的调整和修正，国家的作为主要体现在公众的福利方面。这种倾向与主张社会主义与价格机制联姻的学者的理论基本相同。

总的来说，张东荪和萧公权的看法比较相近，均主张在经济领域实行计划和统制，而在政治和思想文化领域则需保留自由（张东荪只提思想文化方面的自由）。也就是说，自由是可以分开的，政治和文化领域通过一种制度安排确保自由，而经济领域则通过另一种制度安排实现统制。这种看似理想化的想法，深刻反映出他们面对现实的选择困惑，在自由与平等之间，后者实际上被放在第一位。施复亮是一位深受马克思主义影响的自由主义者，其分析的方式和语言都具有唯物主义色彩。"新资本主义"理论主要特点在其过渡性，即在现有条件下通过资本主义的生产方式提高生产力，为下一步进入社会主义奠定物质基础。有着西方文化背景的刘大中，不是用某种主义概括自己的主张，而是采用西方社会科学的研究方式，将所有的问题具体为若干条例，其核心思想代表着保留市场经济的一部分学者的思考，他们更加看中自由的不可让渡性。

[1] 刘大中：《政治民主与经济民主》，《新路》1卷13期，第3页，1948年8月7日。

[2] 刘大中：《政治民主与经济民主》，《新路》1卷13期，第3页，1948年8月7日。

[3] 刘大中：《政治民主与经济民主》，《新路》1卷13期，第3页，1948年8月7日。

三 理想制度的价值与意义

上述一系列的讨论，基本呈现了 40 年代中国自由主义者政治民主与经济民主合而为一的社会理想。政治民主是自由主义的古老话题，在中国有相当时间的传播历史，它是自由主义最基本的理想和追求，也是中国自由主义者一直以来竭力倡导和宣传的核心理念。与早期自由主义者相比，40 年代的自由主义者在政治民主之外，更突出了对经济民主的向往与追求。换言之，他们非常注重社会主义理想，不论是信奉民主社会主义，还是青睐新自由主义，不论是主张计划经济，还是市场经济，不论是左倾，还是右倾，他们都把最终实现社会主义作为一种前提予以确认。因而如何理解社会主义，如何将政治民主与经济民主合而为一，成为这一批自由主义者思考的核心与关键。

不容忽视的事实是，追求政治民主与经济民主的融合，是二战后世界性的社会思潮。民主社会主义和西欧福利国家的现实政策对中国的自由主义者影响最大，同时美国的新自由主义也具有强大的吸引力，我们很难将他们所受的思想影响完全清楚地区分开来。实际上，这两种思潮本身就充满了趋同色彩。就本质讲，民主社会主义是在自由主义框架内的社会主义改良，其目标是实行一种既保留资本主义民主制，又吸纳社会主义公有制的一种新制度。"因此社会民主主义的本源思想总是承认自己是近代的自由主义自由运动的完成和继续，它认真对待这一运动所提出的要求，捍卫它在文化和国家方面取得的真正成就，但是要克服自由主义对经济和社会的理解中一切不符合平等的自由这一尺度的东西。"[1] "只有在政治民主之外再加上对生产资料使用的社会控制以及为整个的社会利益调控经济发展和财富分配的时候，这样一个社会才能实现。"[2] 而"新自由主义"也同样对传统自由经济做了很多社会主义色彩的修正，正如当时学者的分析：

> 自由主义与英国自由党的主张距离很远很远。自由主义者并不拥护十九世纪以富欺贫的自由贸易。对内也不支持作为资本主

义精髓的自由企业。在政治、在文化上自由主
义者尊重个人，因而也可以说带了颇浓的个人
主义色彩。在经济上，鉴于贫富悬殊的必然恶
果，自由主义者赞成合理的统制，因而社会主
义的色彩也不淡。自由主义不过是一个通用的
代名词，它可以换成进步主义，可以换为民主
社会主义。[3]

可见，"民主社会主义"和"新自由主义"的共同特
征是接纳和融合社会主义的若干原则。如果联系苏联
与东欧方兴未艾的社会主义实践，二战后的世界的确
是社会主义潮流汹涌澎湃的时代。中国自由主义者的
追求紧随时代潮流，与同时代西方自由主义的发展趋
向完全同步，并成为这一趋势中不可缺少的组成部
分。

从另一个视角看，中国自由主义者自身的文化
背景和思想特征无疑是他们接受世界潮流的根基所
在。一方面，中国传统文化资源对自由主义者仍然
具有强大的影响力，尤其是源远流长的"民本"和
"大同"思想，使中国自由主义者更容易接受各种
社会主义学说。本书第一章对此已有阐述。另一方
面，中国社会现实中经济状况的极端不公正，也使
他们深刻感受到实现经济平等的重要性。已有的研
究表明，中国的资本主义在经历了初步发展
（1895—1913）和进一步发展（1914—1920）后，
自20—30年代进入了资本主义化的时期。伴随着
经济的发展，中国的社会结构随之发生深刻的转
变，城乡一体化的传统社会秩序开始遭到破坏，都
市与乡村、沿海与内地的二元结构逐渐开始形成。
在此过程中，财富和收入的巨大差距，以一种传统
中国从未有过的尖锐方式表现出来：一极是在资本

〔1〕［德］托马斯·迈尔：《社会民主主义的转型——走向21世纪的社会民主党》，殷叙彝译，北京：北京大学出版社2001年版，第8页。

〔2〕［德］托马斯·迈尔：《社会民主主义的转型——走向21世纪的社会民主党》，殷叙彝译，第8—9页。

〔3〕萧乾：《自由主义者的信念》，上海《大公报》1948年1月8日。

主义发展中得到巨大利益的统治集团和具有垄断性质的金融资产阶级，另一极是随着内地和乡村日益凋敝而生活每况愈下的底层农民和城市贫民。在1936年以前，由于经济的持续增长，社会的不平等还没有全面显露。而40年代以后，由战争引起的物资短缺和通货膨胀触发的经济恶化，使包括知识分子和普通公务员在内的绝大部分民众陷于普遍的贫困化。与此相反，上层利益集团却借助垄断权力，占据了大量的社会稀缺资源，结构性腐败造成日趋明显的贫富悬殊，严重破坏了社会公正。在这种情形下，分配的公正和经济的平等被凸显出来，它成为与政治民主同等重要，甚至是更为重要的问题。

自由主义者对经济平等的关注，正是对这一社会现实的敏感回应。著名记者萧乾的一段论述很能反映普遍恶化的经济状况对人们心理产生的重大影响：

> 今日白米、糙米、棒子面［玉米面］、树皮，恰好代表四个阶级。这四个阶级因为处境不同，心境因而也不同。吃白面的，自然希望永世吃下去；吃糙米的，偶尔不免牢骚，然而也还是得过且过；吃棒子面的，心中便不免焦急着"什么时候才走到新路上去"，然而也未必就拔步前行；吃树皮的，反正是苦透了，索性硬冲；冲过去就算了，冲不过去也不会比树皮难吃。因此，我想到由旧路到新路之间，人们不是"走"过去的，而是因逼而"冲"过去的。要想做到"走"过去，就得先把吃树皮的至少提高到吃棒子面的地步，就算它是初步的经济民主吧！[1]

在基本温饱未能满足的状况下，谈论自由和民主是奢侈的。"在我看来，在两种民主不可兼得的今日，一碗饭比一张选票实惠的太多了。"[2]萧乾进一步指出："批评东欧的人们，向来先攻击其'照单选举'的不民主，我想，更公道的水准，是看看他们吃白米与棒子面的比例，是调查一下其国境内还有吃树皮的没有；如有，比战前的数目如何。"[3]正所谓因逼而"冲"过去一样，社会现实让相当多的自由主义者认为，"一碗饭"比"一张票"更需要被注重。应当说，自由主义者对经济平等的关注切中时弊，反映了社会底层要求社会公正的强烈愿望。有着种种弊端的资本主义及其与之为伍的传统自由主义学说，在中国的现实境况中很难找到道德与伦理的足够依据，而以平等为特征的社会主义作为一种新的时代潮流，其理想和前景都充满了诱惑。因此将社会主义作为修正自由主义的思想资源，成为一种合理的选择。

就理论言，很难说 40 年代中国的自由主义者解决了政治民主与经济民主的关系问题，甚至因经济民主的凸显，使他们的论说陷入了某种困境。换言之，这个问题既是他们最为关注的，也是他们备感困惑的。从本质上说，困惑的关键，并不在于政治民主和经济民主本身的含义，而在于面对中国现实时的价值取舍。也就是说，一方面基于对贫富悬殊的严重不满，他们大多追求社会主义式的平等，另一方面，又不愿意放弃民主自由的价值，这种从现实出发的选择折射于理论，必然地表现为自由与平等的悖论。以强调自由为特征的自由主义学说，在平等的内涵上有其特定的含义，即注重权利的平等，而不是现实中实际状况的平等。而 40 年代中国自由主义者对平等的理解则大多定位于现实状况的平等，试图将自由与社会主义意义的平等加以调和，这似是理论上的一个两难选择，因而他们所渴望的公正难免表现得含混和模糊。许多论者都注意到，中国自由主义者对于自由的认知，往往建立在"工具性"的认知上，把自由主义作为获得国家力量这一目标的手段。同样，他们所构建的社会主义"光谱"，在实质意义上也具有某种相似性。不可回避的问题是，中国自由主义思想的根本立足点究竟为何，成了一个自由主义的难题，事关重要的社会合法性的论证基石并没有因此而建立。

如何理解政治民主与经济民主的关系，当代美

〔1〕萧乾针对刘大中《政治民主与经济民主》的讨论文字，《新路》1 卷 13 期，第 7 页，1948 年 8 月 7 日。

〔2〕萧乾针对刘大中《政治民主与经济民主》的讨论文字，《新路》1 卷 13 期，第 7 页，1948 年 8 月 7 日。

〔3〕萧乾针对刘大中《政治民主与经济民主》的讨论文字，《新路》1 卷 13 期，第 7 页，1948 年 8 月 7 日。

国政治学者罗尔斯（John Rawls）和萨托利（Giovanni Sartori）的分析
具有重要的借鉴意义。罗尔斯以词典式的排序方式，将公民的政治权
利确立为第一原则，社会和经济利益确立为第二原则。实际上形成了
自由的优先、正义对效率和福利的优先两个优先原则。萨托利则认为
政治意义上的民主是大范围的宏观民主，而其他民主则是小范围的微
观民主。也就是说，政治民主"是主导的统领性民主，其他民主则必
然是次级民主"。据此，就政治民主与其他民主的关系得出如下结论：
"与此相似，经济平等和工业民主可能比任何其他事情对我们都更为重
要。但事实依然是，政治民主是可能珍爱的无论什么民主或民主目标
的必要条件，必要手段。如果统领性制度，即整个政治制度不是民主
制度，社会民主便没有什么价值，工业民主便没有什么真实性，经济
平等便可能与奴隶之间的平等没有什么两样。"[1] 萨托利在 20 世纪 80
年代得出的这一结论，代表着 70 年代以后西方对盛行几十年的自由主
义修正潮流的某种反思。

　　不过，问题的重要性并不完全取决于自由主义者们是否获得了一
个圆满的答案，而在于这种探索蕴涵的意义：第一，它反映了当时自
由主义发展的世界性趋向。对自由主义的修正是二战后世界性的潮流，
无论是"民主社会主义"还是"新自由主义"，均针对传统自由主义过
度放任之弊，给予了社会主义色彩的修正，其核心是突出社会公正的
价值，寻求社会建立的合法性基础，显然这种修正潮流的意义不容低
估。第二，折射出对中国现实状况和社会公正的高度关注。中国社会
演进过程中出现的两极分化，成为日益突出并无法回避的问题，因而
这种思考不仅是符合潮流的，也是极具针对性的。从更深的层面说，
表面的混乱恰恰表明自由主义向社会领域的扩展，这是中国自由主义
的一个重要发展，代表着近代中国思想界对社会公正与和谐一种视角
的认识。时至今日，任何一个有责任感的自由主义者都不会回避社会
的公正问题，它仍然是今天乃至未来人类追求的目标。在人类探索社
会正义的历程中，40 年代中国自由主义学人的思考应该是弥足珍贵的
一份历史遗产。

第 五 章

国共之争中的"第三种势力"

　　抗日战争胜利后，自由主义者对国是的高度关注与参与，使其成为国共两大政治势力之间的第三种政治势力，执政的国民党和最具影响力的共产党，是他们无可回避的观察和评说对象，自由主义思想正是在这些评判中获得了有力的表现和彰显。从自由主义的现实路线出发，中间人士为中国的民主建国勾勒了一个以三大政治问题为核心的路线图，同时积极奔走于国共之间，竭尽全力斡旋调停；对现行政策的若干评价和激烈批评，体现着他们对国家与民生的深切忧虑和关注；在国际政策方面，自由主义者主张兼亲美苏的折中路线，并表现出强烈的民族主义取向。

第一节　自由主义者眼中的国民党与共产党

　　中国国民党与中国共产党是当时影响中国政局的两个最大党派。抗战胜利后两党的争执前所未有地凸显出来，他们代表着中国两个方向的发展前途。如何认识两党不同的社会理想及其各自的性质，是中国自由主义者无法回避的重要问题，也是了解他们政治态度的核心和关键。

〔1〕〔美〕乔·萨托利：《民主新论》，冯克利、阎克文译，北京：东方出版社 1993 年版，第 13 页。

一　对国民党及其政权的认识

作为当时中国的执政党，国民党始终是中国民众关注的核心，自由主义者自不例外。在国民革命后的十年时间中，自由主义者对于国民党执掌的国家政权，基本采取配合的态度。抗战全面爆发之后，民族矛盾当前，包括自由主义者在内的所有在野势力，在政治上进一步采取与国民党合作的姿态，其主张与行为也为国民党当局所容忍。抗战胜利后，政治选择可能性的增加，以及对国民党治国方略和治理政绩的极度不满，促使自由主义者走向日趋激烈的社会批判。

（一）国民党与"三民主义"

理论上说，国民党信奉的思想理论是孙中山的"三民主义"。对于三民主义，自由主义者不仅表示赞赏，而且认为它是中国近代以来最符合时代潮流的一种学说。有学者如此评价："此（中国）五光十色的思想界已为三民主义所澄清，有的是被三民主义所击败，有的是为三民主义所融化。时至今日，一切思想界的阴霾均为三民主义的光芒所照射廓清，无论保守分子，前进分子，自由主义者，国家主义者其思想主张皆不出三民主义的范围。"[1]三民主义之所以有强大的整合力，最重要的原因是它体现了现代社会对政治民主与经济民主的双重追求："在实质上民权主义是百分之百的民主政治，无可曲解，也无可推诿。民生主义在求人民的丰衣足食，也注意到住和行，用时髦的话说，是经济民主。"[2]三民主义所体现的民治民享相互平衡的思想非常值得珍视。萧公权说：

> 在现代政治运动中至少有两派向着这个方向前进。一是英国工党的社会主义，二是我国孙（中山）先生的三民主义。工党要用自由平等的政治方法实现社会改造，要在民治民享同途并进的过程中实现均平康乐的理想社会。孙先生要并行民权与民生主义，在全体人民自主自决条件之下实现"天下为公"的理想社会。这都是治享兼顾的民主观念，既与共产主义有别，也与传统的自由主义不同。[3]

在自由主义者看来，具有中国特色的三民主义学说，兼采自由主义与社会主义之长，足可成为中国的立国原则。

尽管三民主义是符合时代潮流的理论学说，但实际推行的结果却并不令人满意。有学者指出，三民主义之所以较其他理论高明，在于它的设计是"三民"并举，在实行时亦必三民并进。正因为三民主义理想的崇高与周全，使其在中国社会的贯彻颇为不易。可以说，多年来国民党对三民主义的理解和执行，始终存在着偏差。北伐之后，国民党便迎合世界泛滥的极权思想，"于是专政独裁的理论风行，认为唯有独裁的政治乃能遭应时代潮流，挽救民族的危机，结果地方自治有名无实，民生主义也便石沉大海，这种极权专制论的余波到今天也还是缭绕在中国政治舞台上的"。[4]与极权论相伴而行的是右倾保守的逆流："从极权政治下脱胎而出的是腐化贪污的官僚政客与豪门资本家操纵的政治，他们一手抓住民族主义中禹汤文武周公孔子一脉相传的道统，禁锢着人们的思想，维护既得特权；一手以'中国只有大贫与小贫'的往事，掩盖着榨取民族血汗的狡计，造成中国当前政治上一道不易疏导的右倾保守的逆流。"[5]纵观国民党的历史和现状，三民主义只是一张招牌，民权主义和民生主义不仅没有得到贯彻和体现，反而与之背道而驰。中国当今一切社会问题的症结皆由此而生，这是国民党值得深刻反省的历史教训。

（二）"训政"与"党治"理论

自由主义者认为，按照现代国家的政党理论，任何政党都只能是普通意义的参政党，不应当拥有政治和经济上的特殊的地位，国民党也不例外，而且从国民党自身的理论看，他们所尊奉的三民主义也未曾要把国民党自身特殊化，"它的政党性质，至多等于世界各国的一个普通民主社会党"[6]。然而这样一个本应该民主的政党，事实上却实施着一党独裁的统

〔1〕李时友：《中国政党政治的前途》，《世纪评论》3卷18期，第8页，1947年10月4日。

〔2〕吴世昌：《中国需要重建权威》，《观察》1卷8期，第5页，1946年10月19日。

〔3〕萧公权：《说民主》，《观察》1卷7期，第5页，1946年10月20日。

〔4〕李时友：《评中国国民党》，《世纪评论》3卷6期，第9页，1948年2月7日。

〔5〕李时友：《评中国国民党》，《世纪评论》3卷6期，第9页，1948年2月7日。

〔6〕孙斯鸣：《中国政党政治往哪里走？——一党专制乎？两党制乎？多党制乎？》，《世纪评论》1卷16期，第9页，1947年4月19日。

治，这无疑是中国民主政治的莫大悲哀。

　　一个以三民主义为宗旨的政党，竟然实行一党专政，其唯一的理论依据是孙中山的"训政"学说："我们细考国民党唯一作为一党专政的理论上的依据，为中山先生所独创的训政学说。"[1]在自由主义者的理解中，"训政"应当是一个暂时的过渡办法，其目的在于逐渐培养人民的民主习惯。萧公权分析说：

　　　　平心静气看来，训政不一定是独裁，尽可以做民主的先驱。关键在乎主持者是否出之以诚，行之得当。具体地说，训政是否民主，要看推行的用意是否在培养人民自动的能力。培养自动能力就是让人民取得主人翁的资格。这样的训政就是民主的准备。假如训政的作用在灌输某种主义，消除异己的思想，纵然所灌输的是好主义，消除的是坏思想，总不能由此养成人民的自动能力。这只是纳民于政的企图，不是还政于民的准备。人民很难从这样的训政取得主人翁的资格。[2]

这表明，"训政"作为一种提高民智的手段，其成功与否，关键在于主持者的诚意和"训政"的方法，如果其用意在纳民于政而不是还政于民，"训政"的意义便会丧失殆尽。国民党执掌国家政权后的十几年"训政"显然没有达到孙中山所期望的目的："国民党推行训政十几年，不曾收到应得的效果，原因固多，而培养自动的努力不及灌输主义的努力，恐怕是重要原因之一。这多少有点不合孙先生的原意。"[3]可以说，国民党主持的训政实际上违背了孙中山训政的本意，他们不仅没有培养出人民的民主习惯，反而借机以"党治"来取代民治，这是国民党"北伐"成功后最大的政策失误。

　　对于国民党的"党治"，自由主义者无不反感，他们从不同视角对"党治"进行分析评判。首先，追究"党治"的形成根源。有论者认为，从国民党的发展演变看，"党治"是中国特殊环境的产物。在民国初建的几年中，孙中山领导的国民党，大体上还是以普通欧美式的政党自居，但由于中国武力盛行的恶劣环境使民主政治的理想无法实现，孙中山转而学习苏联革命政党的组织形式，从民国十年前后到抗战全面爆发开始，"国民党从英美式民主政党变成了苏俄式的革命政党"，[4]开始了一党训政的阶段。这种仿自苏联共产党的形式，是一个以少数人为中心的"高层"派系的集合体，"它是一种自上而下的封建性团体，不是以全体党员为基础的有机的组织。"[5]由于国民党内保留了很强的"封建因素"，其派系林立和组织散漫使"国民党的组织不是不够近代化，（而是）根本不曾近代化，根本没有组织"。[6]由此，一些自由主义者得出结论，事实上，国民党的"党治"是苏联共产党模式与中国封建传统混合的一种政党体制，完全不符合宪政体制中的政党政治。

其次，分析"党治"的统治特点。自由主义者指出，所谓"党治"就是以党治国的统治方式。"以党统政"、"党政融化"、"党化教育"、"党国"、"党权高于一切"等说法，是国民党党治原则在社会生活中的体现，这种无处不"党"的治国方式，使国民党的地位变得十分特殊，其权力凌驾于国家和人民之上，党员成为"吃党饭"的职业化团体成员。具体表现是：第一，从中央到地方，层层建有国民党的各级组织机构。"这些党、团、局的人员，你说他们没有工作，他们是经常在办公，开会，出差的。但如果问他们的工作和老百姓和国家，有什么关系，有什么必要？恐怕没有人能答出来。他们工作的关系和必要，是纯粹的属于党的。"[7]从上到下各种国民党机构的开支全由国库来承担，一大批"吃党饭"的人便以此为生。"而最重要的是国民党员成为人民中特殊阶级，以人民的膏血来养党，我想不出这与前清的'皇粮'有什么不同。"[8]第二，国民党党员可以"升官发财"。在"党权"

〔1〕孙斯鸣：《中国政党政治往哪里走？——一党专制乎？两党制乎？多党制乎？》，《世纪评论》1卷16期，第9页，1947年4月19日。

〔2〕萧公权：《说民主》，《观察》1卷7期，第6—7页，1946年10月20日。

〔3〕萧公权：《说民主》，《观察》1卷7期，第6—7页，1946年10月20日。

〔4〕萧公权：《中国政党的过去与将来》，《世纪评论》2卷14期，第9页，1947年10月4日。

〔5〕沙学浚：《与泉清先生论"中国出路"》，《世纪评论》1卷16期，第11页，1947年4月19日。

〔6〕沙学浚：《与泉清先生论"中国出路"》，《世纪评论》1卷16期，第11页，1947年4月19日。

〔7〕吴世昌：《论党的职业化》，《观察》2卷2期，第10页，1947年3月8日。

〔8〕吴世昌：《论党的职业化》，《观察》2卷2期，第9页，1947年3月8日。

高于一切的情形下，中枢及地方各级官吏即有非党员不可的要求，于是党员资格成了做官的先决条件。"只要能透过党，便可走上仕途。"[1]国民党党员总有官做，做了官就可以发财，所以有一批人以国民党为终身职业。"既有这么一大批人靠党生存，则党的利益自然比什么都重要。假使党的利益与人民利益相冲突，当然要牺牲人民。"[2]这种"党治"的特殊体制，使政治上的贪污和党员分子蜕化变质成为司空见惯的事实。第三，领袖崇拜和无效能。"党治"是以个人为中心的偶像政治，领袖人物的意志支配一切，"但是如果那国家的人民没有言论自由，而领袖又被包围在一个小小的圈子里，被奉为偶像，这国家便不成为民主的了"[3]。一个没有民主作风的政党，不可能有真正的效能："统治者自以为无所不能，结果一无所能，'万能政治'即是'无能政治'。"[4]种种现象表明，"党治"是导致国民党腐化无能，并与人民利益相去甚远的症结所在。

再次，结束"党治"，还政于民。鉴于"党治"弊端丛生，改变"党治"方式，还政于民尤显必要。张东荪认为：

> 当前最重要的一个问题就是必须把国民党由特别政党变为普通政党。换言之，即由民主国家所不能容许的组织变为民主国家所能容许的组织。变更的方法有两种：一是由国民党自动；一是由环境来逼迫。[5]

所谓环境的逼迫，就是形成一种平衡与钳制的客观条件，社会各处都有监督和压力，逼迫其不得不自己改行向善。联合政府是对国民党一种最好的平衡与钳制，可惜它没有成为现实。自由主义者转而寄望于国民党自身的改革。他们提出了若干建议与忠告，归结起来主要是下面几点：整顿党纪，健全自身组织；实施政纲和诺言，获得人民的信任；宽容异党，保持正当党争和政治清明。最后一点是自由主义者强调最多的一个问题。梁实秋指出国民党自北伐后重大的失策之一是没有"容忍或扶掖其他政党的正常发展"[6]。多名教授对时局的联合声明也特别提出，"国民党多年来排斥异己，压抑其他党派，使忠贞干练之士，均裹足不前，此实为国家莫大之损失。"[7]自由主义者以西方政党政治为楷模，认为国民党不仅需容忍异党，还应该有"雅量"树立真正意义的反对党，以实现对执政党的切实监督。[8]有鉴于此，他们对国民党解散"民盟"的举措无不予以强烈谴责。即使对拥有武装的共产党，最好的办法也不是武力剿灭，而是实现政治清明。此外，自由主义者还强调，结束国民党对国家的"党治"，并不是吸收几个小党进入政府，选个国家总统就完事的表面文章，而要从最基本的省县自治作起，切实作好宪政准备。同时要调整党政关系，绝不能以党代国："国民党曾提出'国家至上'的口号，则国应高于党，而不应有'党国'之说；国与党的界限应有分别，国与党的功能不容混淆。"[9]总之，无论采取什么方式，结束"党治"的目的，旨在于还政于民："途径也许很多，而目标却只有一个：不能离开中国民众。一个政党离开了民众，必将失却其存在的理由，国民党如欲施展其解决中国问题的抱负，只有针对这个目标。"[10]可以看出，自由主义者对现实中"党治"和"训政"的批判，完全立足于民主政治的政党理论与社会现实，充分体现了他们对现代民主政治的推崇和向往。

（三）失败的"训政"统治

对于国民党二十年来"训政"的政绩，自由主义者中不论是激进

〔1〕杨人楩：《国民党往何处去？》，《观察》2 卷 3 期，第 7 页，1947 年 3 月 15 日。

〔2〕吴世昌：《论党的职业化》，《观察》2 卷 2 期，第 10 页，1947 年 3 月 8 日。

〔3〕梁实秋：《论宪政》，《世纪评论》3 卷 18 期，第 5 页，1948 年 5 月 1 日。

〔4〕周绶章：《论神话政治——评国共两党的政治领导》，《观察》1 卷 21 期，第 6 页，1947 年 1 月 18 日。

〔5〕张东荪：《追述我们的努力建立"联合政府"的用意》，《观察》2 卷 6 期，第 6 页，1947 年 4 月 5 日。

〔6〕梁实秋：《论宪政》，《世纪评论》3 卷 18 期，第 3 页，1948 年 5 月 1 日。

〔7〕王絜非等九人：《我们对当前时局的建议》，《观察》2 卷 8 期，第 23 页，1947 年 4 月 19 日。（转上海《大公报》1947 年 4 月 12 日）

〔8〕萧公权：《中国政党的过去与将来》，《世纪评论》2 卷 14 期，第 10 页，1947 年 10 月 4 日。

〔9〕杨人楩：《国民党往何处去？》，《观察》2 卷 3 期，第 8 页，1947 年 3 月 15 日。

〔10〕杨人楩：《国民党往何处去？》，《观察》2 卷 3 期，第 8 页，1947 年 3 月 15 日。

的，还是温和的，都表现出极大的不满。傅斯年对政府的评价代表了他们普遍的看法："国民政府自从广东打出来以后，曾办了两件大事：一、打倒军阀（这也是大体说）；二、抗战胜利。至于说到政治，如果不承认失败，是谁也不相信的。"[1]失败的原因不在于客观条件，而在国民党及国民政府自身。杨人楩指出国民党掌握政府权力"二十年来虽然有若干阻力使它不曾畅行其志，但一般而论，其政权是相当完整而自由的，二十年之时间亦不可谓不长，然其统治的结果却未能与中国民众的福利相配合，和孙中山先生首创三民主义时所悬的标准，距离甚远"。[2]

自由主义者对国民党统治的谴责主要集中在三个方面。第一，人民的民主权利未获保障。人民的自由与权利尽管在国家的宪法和诸多政府文件中有所规定，但这种保证常常是一纸空文，尤其是在"军管"或各种紧急状态下，政府以颁布临时条例的方式，轻易地牺牲了本来就不多的人民的自由权利。北京大学法学教授楼邦彦针对1947年8月颁布的《动员戡乱完成宪政实施纲要》十八条指出：

> 我们原来就没有享有多少自由，从此以后，自由的一切保障将更丧失殆尽；我们的新'宪法'所设置的各种相当合乎宪政条件的制度，我们原来就没有建立多少基础，从此以后，这些基础将被毁灭无遗了。在表面的逻辑上，动员戡乱确似乎是为的要扫除民主障碍，但是很明显的，即使动员戡乱可以扫除所谓'共匪叛乱'所造成的民主障碍，其本身却无异又产生了无数新的民主障碍，举其荦荦大者，例如征雇、征购、征用、限制个人自由……等，不一而足。[3]

诸如此类的临时性条款和法律很多，它的制定、颁布与实施完全是政府根据需要随时制定，这表明人民权利在政府眼中根本无足轻重，"还政于民"只是一句空话而已。

国民党政权对人民的控制不仅体现在法律和条款上，他们还使用很多特殊的手法压制对政府政策的批评者。"在政治生活方面，我们依然不能获得我们应有的各种基本的公民自由，而且一般反对派人物经常生活在恐怖与不安之中,政府经常用一种'杀人不见血'的手段来限制反对派的活动和存在,而其方法则花样百出,巧妙无穷。"[4]花样百出的方法包括监视、跟踪、恐吓、骚扰甚至逮捕,这些成了政治生活中常有的现象。以朱自清为首的十三名教授和其他一百九十余名教授,曾强烈谴责发生在北平的大搜捕,并提出保障人权的强烈要求。新闻的检查控制,勒令报纸杂志停刊或永久查封,乃至对记者、编辑的逮捕和关押也受到自由主义者的强烈抨击。针对1947年6月上海《文汇报》、《新民晚报》、《联合晚报》三家报纸因被官方指控而停刊事件,《大公报》的社论诘问说:"难道这些人都是中共的阴谋分子吗?用此手段,是绝对必要吗?捕记者、杀学生,造成恐怖状态,这是聪明办法吗?"[5]并指出新闻自由的基本精神是——无论他人的观点是什么,我们誓死也要捍卫他们表达这些观点的权利。解散"民盟"的举动更是遭到自由主义者的一致反对:"今日政府压迫民盟一举,实难免于'顺我者生,逆我者死'之诟病。充此而言,势必至于惟依附政府之政党能活动,惟顺从当局之人士始得自由。一不合作,遂谓之'叛',稍有批评,遂谓之'乱',又且从而'戡'之。试问人民的权利何在?人民的自由何在?"[6]

从各种角度看,人民权利在国民党政府统治下都没有得到保障。且观储安平的一段评述:

一言蔽之,这二十年来国民党只聚精会神在做一件事,就是加强消极的政治控制,以求政权的巩固。养许多兵,是为了巩固政权;一切党团的组织、活动、训练、是为了

[1]傅孟真:《这样的宋子文非走开不可》,《观察》2卷1期,第25页,1947年3月1日。

[2]杨人楩:《国民党往何处去?》,《观察》2卷3期,第6页,1947年3月15日。

[3]楼邦彦:《动员、戡乱、行宪》,《观察》3卷1期,第6页,1947年8月30日。

[4]储安平:《评蒲立特的偏私的、不健康的访华报告》,《观察》3卷9期,第5页,1947年10月25日。

[5]葛思恩:《新闻自由的潮流》,《观察》2卷16期,第9页,1947年6月12日。

[6]周炳琳、金岳霖等48人:《我们对政府压迫民盟的看法》,《观察》3卷11期,第3页,1947年11月8日。

巩固政权；特务和各种检查制度的施行，是为了巩固政权；就是公路的开辟、电话网的布置，也无一非出自军事及治安的观点，其目的仍是为了巩固政权。二十年来，只有这项消极的政治控制工作，吸引着国民党无比的兴趣和重视，表现着国民党最大的勇敢、决心和魄力。二十年来，我们做百姓的，只有这一个项目，使我们到处听得到、看得见、嗅得着，并感觉到它的紧张、严密、认真、和不放松。……二十年来的中国执政者，只有在征税和壮丁两件事情上才思及人民，此外人民在政治上几不复占到任何重要地位！[1]

这样一个不顾及人民的政府怎么会长久维持其政权？

　　第二，袒护富裕阶层，漠视大众民生。自由主义者对中国经济状况的不合理及经济政策的失败严加指责，并视其为影响全局的最重要问题之一。清华大学经济学教授伍启元认为，中国现实的经济状况极端不合理，贫富对立空前严重：

　　　　我国百分之八十以上是农民，目前一般农民因受战祸、灾荒、黑暗的政治，错误的经济政策，和地主土劣层层的压迫，生活早已在饥饿线上。至于战前的中层阶级（公教人员和薪水阶级），则早因通货膨胀的影响而沦为大贫。现在唯一得意的只有包括封建力量、贪官污吏、买办阶级和资产阶级的既得利益集团。这个集团在全国中下层在死亡线上挣扎的时候，正穷奢极侈地过着一种最新式、最贵族、和最浪费的生活。今日中国"有"的阶级和"无"的阶级生活水准差别的程度，今日中国"无"的阶级生活痛苦的程度，已经超过法国革命前夕法国当时的程度。[2]

占中国人口绝大多数的农民以及城市贫民普遍生活在贫困线上，而少数既得利益集团却过着穷奢极欲的生活，这种极不合理的巨大反差和由此而引起的阶级对立，是社会动乱的本质原因。萧公权也持同样看法，"中国正害着严重复杂的政治病，一切社会的不安，人民的病痛，都是这个病的征候和结果，最触目易见的一个病态是贫富甘苦的极度不均。"[3]

"特权集团独占性的富裕，破坏了社会公道，增加了平民的贫困，引起了秩序的不安。他们短期内受到利益，恐怕终究难免受到社会崩溃的祸害。"[4]严重的贫富悬殊，使社会公道不复存在，一切的政治病态皆由此而生。

自由主义者普遍认为，形成这种极不合理的经济状况，国民党政府制定的经济政策要负最大责任。自抗战以来，国民政府的财政经济政策便一贯偏袒于富裕阶层。无论是租税征收，还是外汇黄金政策以及物价统制、信用和利率管理等诸多方面，无一不在维护富裕阶层的利益：

> 我们看出十年来财政经济上的枝节应付有一主旨屹然不动，这便是维护富裕阶级，和既得利益集团的利益，并尽量予以扩大，而牺牲其他阶层。财政经济的措施无论怎样变化，总是围绕着这个中心旋转。这可说是万变不离其宗。[5]

"豪门"资本和富裕阶层不仅得到政策上的偏袒，即使名义上应当承担的征课，也可以用各种手段逃脱。无权无势的平民百姓成了国民党当局财政政策的主要征课对象，他们除了承受直接的税收负担外，持续上涨的通货膨胀，使他们进一步遭受着残酷的剥夺："发行通货与征税，同是增加人民的负担，只是发行通货而不增加租税，是徒减轻富人的负担，而增加贫民的负担。总括言之，发行通货等于征收累退税，即财产越多的，征的越少，越少的，征的越多。"[6]总之，国民党政府的财政政策始终是

〔1〕储安平：《失败的统治》，《观察》1卷3期，第3—4页，1946年9月14日。

〔2〕伍启元：《论当前中国经济情势》，《观察》1卷1期，第7页，1946年9月1日。

〔3〕萧公权：《中国的政治病》，（原刊于汉口《华中日报》1947年7月13日）转见《迹园文录》，第282页。

〔4〕萧公权：《中国的政治病》，（原刊于汉口《华中日报》1947年7月13日）转见《迹园文录》，第283页。

〔5〕杨西孟：《枝节应付·阶级利益·经济失衡》（上），《世纪评论》1卷11期，第7页。1947年3月15日。

〔6〕樊弘：《物价继涨下的经济问题》，《世纪评论》1卷11期，第10页，1947年3月15日。

偏袒富人而剥夺穷人，其结果必然是富者越富，贫者越贫。正如浙江大学法学教授严仁赓的总结：

> 我一直认为目前的中国，民生主义的提早实现，比民权主义的提早实现，不知道重要多少倍。人说国民党一贯实行的经济政策，何尝是"民生主义"，简直是"民死主义"。这话近于谑，却是与事实不太远。[1]

只顾及既得利益集团的利益，对民众生活极度漠视，造成社会严重不公，其统治之失败莫过于此。

第三，政府的腐败和无能。自由主义者认为在"训政"和"党治"下的国民政府，政治的腐败和无能是空前的。首先，腐败在整个官僚体制内泛滥，从政府高官到基层保甲，均肆意滥用法律法规和手中权力，大牟私利。高级官员可以发"国难财"、"战争财"、"政策财"，无数国家财产被化公为私，基层官吏则搜刮百姓的民脂民膏。《观察》杂志大量报道了中国农村各地遭受的横征暴敛式的捐税困扰。腐败加重了社会分配的不公平，政府及其官员形象因此一落千丈。其次，官僚体制的腐败，造成社会风气的普遍败坏。储安平认为这种社会化的"无道德"，是国民党政府的最大罪过：

> 其一切过失之中，本文作者认为现政权最大最不能宽恕的罪恶，就是由于它的缺德的统治，大大的促成了中国人民道德的堕落。在这个政府的作风和统治之下，一切不守法的，不道德的、没有良心人格的人，都比一般奉公守法洁身自好的人，容易生活下去。[2]

"金钱"与利益是国民党政治体制运行的润滑剂，然而其付出的代价则是广大民众与政府的日渐疏离。

与腐败并行的是政府的极端无能。有学者将国民党统治中国的政治病态归结数端，多是政府无能的表现：政府中大多数当权者朝气全无；新机构增加甚多；新制度增加甚多；法令多如牛毛，且朝令夕改；公务员的数量大增，而待遇甚低；系统派别甚多，且相互对立；大会、小会天天开，但无结果；公事效率极慢；官府尽是"纸片工作"，无实际内容；贫富更加悬殊。这些"是政府可以负责的，也应负责的。骤观之，它们似乎是现在政治危机的因素，但是详细观察，它们却是十年来政治设施的结果。"[3] 长期以来制度性腐败所产生的严重危机，在抗战结束后的短时间内以激烈的方式爆发和显露出来，接收工作的无序、国共关系中的处处被动、学生运动的不当处理、经济政策的严重失误以及战场形势的逆转等，无不暴露着国民党政府在政治、经济和军事等领域中的全方位无能。

腐败无能所导致的严重后果则是民心的极度丧失。各阶层的青年人、中年人以及十年前对现政权拥护最力的工商界人士都表示出对政府及国民党的强烈不满，储安平分析说：

政府种种表现，无不使人失望；这已是了不得的大危机。而还要花样百出，"帽子"乱飞，无异火上加油，以致造成今日青年清一色的厌恶南京政权的局面。再说中年人。现政权的支持层原是城市市民、公教人员、知识分子、工商界人。现在这一批人，一股脑儿都对南京政权没有好感。国民党的霸道作风使自由思想分子深恶痛绝；抗战以来对公教人员的刻薄待遇，使公教人员对现政权赤诚全无；政府官员的贪污作弊，种种刁难，使工商界人物怨气冲天；因财政金融失策以及内战不停而造成的物价暴涨，使城市市民怨声载道。今日全中国人民，对于现政权，可谓人人离心，个个厌恶。[4]

[1]严仁赓：《我们对于时局的几点认识》，《观察》2卷23期，第4页，1947年8月2日。

[2]储安平：《评蒲立特的偏私的、不健康的访华报告》，《观察》3卷9期，第5页，1947年10月25日。

[3]浩然：《论政治上的新病态》，《世纪评论》3卷14期，第5页，1948年4月3日。

[4]储安平：《中国的政局》，《观察》2卷2期，第3页，1947年3月8日。

人民对现政府的信任危机达到这般程度，任何一个执政者都不会不感到不寒而栗。

如此一个危机四伏的政府还试图解决它最关心的所谓"戡乱"问题，简直是天方夜谭的梦想。楼邦彦针对"全国戡乱总动员"指出，无论任何一方面来说，要做到真正的"动员"，必须有一个近代化的政府。一个不够格的政府，既无能、又贪污、又腐败，没有人会相信它能担当起这个近代化的任务。所谓动员所得到的必定是一个相反的结果："我们至少可以说，一个动不了员的政府，在逻辑上，也就必然是一个戡不了乱的政府。"[1]更彻底地说，共产党的成长壮大实际上是它的对手国民党一手造成的："今日国民党脑子里所想的是如何消灭共产党，然而他双手所做的却无一不是在培植共产党，替共产党制造有利于共产党的政治形式。可是在这样一个明显的大势下，现政权当让不让，可和不和，应改不改，要做不做，还是迷信武力，图以武力解决一切。"[2]实际上，军事手段是最不可指望的东西，它解决不了现政权所面临的任何问题："武力肃清不了病入膏肓的贪污风气，武力振作不了推托鬼混的行政效率，武力挽救不了已如堤决的经济危机，武力收拾不回麻痹死去的人心，甚至武力也决定不了前线的战局。"[3]不以军事手段为依恃的自由主义者一针见血地指出了军事手段本质上的脆弱。

国民党政府的腐败与无能，遭到国际社会尤其是美国政府和学界的普遍批评，他们多从中国传统的官僚体制中寻找原因。中国的自由主义者却不认同这种分析。"最近有一种似是而非的言论由美国传来，大意是说中国的政府有史以来一向是腐败惯了，中饱、因循、颟顸，原系中国吏治必然的副产品，国民党接受全套衣钵，发生腐化现象，就中国社会恶劣的传统论，情有可原，并不足怪。固不论这种论调的正确性如何，对于以'革命'自期的国民党，实际上不但缓不了颊，反是一种难堪的抇击，是耻辱！"[4]中国的自由主义者强调，国民党政府腐败无能的主要原因在于自身，从政党政治的角度说，早在1927年"清党"时就种下了危机隐患。"一个独尊了二十年的党不腐化，那将是人类政治史上的奇迹。"[5]没有监督的权力必然会产生腐败，何况"训政"已长达二十年的国民党。现政府一

切不顾民权和民生的做法，都是腐败无能在政
治经济领域的真实折射。更重要的是，受既得
利益集团摆布的现政府根本无力抑制腐败的孳
生与蔓延：

　　　国民党最大的困惑，则是耳聆着朝野
　沸腾的两个口号：肃清豪门，实行土改。
　一时无从抉择，这苦确是局外人意想不到
　的。……因为事实上"征"的对象，极大
　多数是中央委员，国民党巨头，果不幸的
　征到自己头上，这在国民党说，岂不是自
　承过去曾经庇护豪门使特权者庞大其利益
　吗？……由此来看土地改革，情形如同一
　辙，盖土地改革的对象，政府中人尤其是
　占一个客观的数目，连中央周刊座谈会所
　请的土地专家，也力言土地改革的障碍乃
　是执行土地改革的封疆大吏。[6]

当一个政府陷入腐败的循环而不能自拔时，应
该说其危难也就到了无可救药的地步。

　　自由主义者从制度角度对国民党训政失败
的分析是深刻的，这与他们坚持的自由主义理
念一脉相承。当然，多数自由主义者的批判态
度是属于"忠诚的反对"，即守望于现存秩序
下的改革。换言之，大多数自由主义者对国民
党政府的批评乃至谴责，是出于挽救的初衷。
他们普遍认为，就本质讲，国民党应该是一
个民主意义的政党，国民党政纲规定训政以
后有宪政，训政不过是一个过渡阶段。"但
不幸这段过程太长，甜头太多，竟使它还没有
走到目的地，便腐化起来。这正是使国民党的

〔1〕楼邦彦：《动员、戡
　乱、行宪》，《观察》
　3 卷 1 期，第 6 页，
　1947 年 8 月 30 日。
〔2〕储安平：《中国的政
　局》，《观察》2 卷 2
　期，第 3 页，1947 年
　3 月 8 日。
〔3〕储安平：《中国的政
　局》，《观察》2 卷 2
　期，第 4 页，1947 年
　3 月 8 日。
〔4〕吕克难：《国民党危
　机的新阶段》，《世纪
　评论》3 卷 20 期，第
　9 页，1948 年 5 月 15
　日。
〔5〕吕克难：《国民党危
　机的新阶段》，《世纪
　评论》3 卷 20 期，第
　9 页，1948 年 5 月 15
　日。
〔6〕吕克难：《国民党危
　机的新阶段》，《世纪
　评论》3 卷 20 期，第
　11 页，1948 年 5 月
　15 日。

亲者所痛，仇者所快的。"[1] 对于这样一个有民主追求，并且在历史上有过功绩的执政党，促使其彻底改革，回到三民主义的路线是非常必要的。正如一些学者所言："国民对于国民党之责难，不论口诛笔谏，抑或见诸行动，此非国民对国民党之绝望，实属有竭诚尽智督促国民党改革之热望。"[2]

不过，即使是自由主义者的"忠诚的反对"，也并没有见容于当道者。"民盟"的解散以及政论类报纸杂志相继遭到封杀表明，在一个没有基本法治，个人权利无以保障的国家，"忠诚的反对"是如何不堪一击！1948 年后，国民党政权的作为已经使相当多的自由主义者对其完全丧失信心，储安平的说法颇具代表性：

> 我们愿意坦白说一句话，政府虽然怕我们批评，而事实上，我们现在则连批评这个政府的兴趣也已没有了。即以本刊而论，近数月来，我们已很少刊载剧烈批评政府的文字，因为大家都已十分消沉，还有什么话可说？说了又有什么用处？我们替政府想想，一个政府弄到人民连批评它的兴趣也没有了，这个政府也就够悲哀的了！[3]

这的确预示着大多数自由主义者将会做出的抉择。

二　对共产党及其政权的认识

中国共产党是当时中国政坛最重要的反对党。共产党对马克思主义的信仰以及武装革命的手段，与自由主义者现存秩序下的和平改良有本质不同，因而在国民政府最初建立的十年时间中，自由主义者与共产党是颇为疏离的。抗战期间的两次民主宪政运动，使自由主义者对共产党有了较多的了解和认识。战后政协会议期间，中间党派和自由主义者与共产党合作配合，在反对一党专制的目标上达成了共识。随着对共产党政策和政绩了解的日益增多，自由主义者对中共的疏离感在不断减弱。

（一）关于中国共产党的革命理论

前文已经谈到，中国大多数的自由主义者都信奉民主社会主义，因而从宽泛的意义讲，他们对社会主义学说抱有普遍的好感，尤其是社会主义所追求的公平与正义，最受自由主义者欣赏。但是，对中国共产党所信奉的马克思主义学说他们并不赞同，其异议主要集中在两个方面：

第一，以集体主义为思想特征的共产主义和社会主义学说与自由主义所注重的个人自由相违背。就本质说，共产主义学说是一种整体或集体主义的思维理论，它与自由主义以个人为出发点的理论根本不同。共产主义制度下团体主义是其根本："因此要以团体意志压倒个人自由，在经济上主张计划、统制、绝对的平均分配，各尽所能，各取所需；在政治上，学术文化政策上，也同样主张统制集中，不容异己存在。"[4]对自由主义者而言，尽管可以接受经济领域的计划和统制，但政治和学术方面的同样做法是绝不能接受的，在他们看来，如果全体主义的思想意识全方位地统制了社会，人们的自由便无从谈起。就是在这个意义上，萧公权认为马克思主义是没有个人自由的：

> 正统的社会主义以近代的唯物论为其哲学根据，因此马克斯（马克思）主义在逻辑上必须否认意志的自由和个人价值。诚然，马克斯（马克思）的信徒有时也用"自由"这个名词，例如恩格尔（恩格斯）在《反杜林论》一书中说，社会攫取了生产工具之后，个人竞争的生存阶级从此就告结束，人类变成了他自己的社会组织的主人之后，他们才变成了自然界的真正有意识的人。"这就是说人类从必然的领域跃入了自由的领域了。"恩格尔（恩格斯）这里所谓"自由"大体上指人类克服自然以后的自主境界，其意义与个人间相对的意志自由有别。[5]

[1] 吴世昌：《论党的职业化》，《观察》2卷2期，第10页，1947年3月8日。

[2] 王絜非等九人《我们对于当前时局之建议》，《观察》2卷8期，第23页，1947年4月19日。

[3] 储安平：《政府利刃，指向〈观察〉》，《观察》4卷20期，第4页，1948年7月17日。

[4] 周缫章：《政治自由与经济平等——新社会主义路线的提出》，《世纪评论》1卷20期，第14页，1947年5月17日。

[5] 萧公权：《二十世纪的历史任务》，《世纪评论》2卷5期，第7页，1947年8月2日。

自由主义所理解的自由及其内涵，与马克思主义对自由的解释有本质区别，这是两种不同的世界观和思想方法，很难有调和的余地。对此自由主义者和马克思主义者彼此都有充分的认识。

第二，马克思主义所主张的"革命手段"是自由主义者不能认同的。自由主义重要的理论特征是主张渐进改良，而共产党信仰的马克思主义则强调"暴力革命"，不同的社会改造方式是自由主义与马克思主义最明显的理论分野，也是自由主义者接受民主社会主义而反对马克思主义的原因所在。萧公权分析说："共产主义的方法与一般社会主义的方法最显著不同之点是：前者主张暴力革命，后者主张和平改造。共产主义者相信'无产阶级'与'资产阶级'自来常在斗争之中。要完成社会革命就必须贯彻阶级斗争"。他进一步指出，资产阶级固然不足惜，但采取以暴易暴的方法即使达到目的，对人类的道德也是一种损失。[1] 学者李时友也持相同观点，认为共产主义要推翻资本主义，打破经济上的不平等，造成各尽所能各取所需的社会，这与民主社会主义的目的完全相同。"可是共产主义是以狭隘、排他、仇恨作基础，是以暴力斗争、专制作手段的。马克斯（马克思）认为和平渐进的民主政治，决不能达成社会主义的目的，唯有用阶级斗争和无产者专政的暴力革命，才能推翻旧制度，建立新理想。"[2] 在自由主义者看来，手段和目的同样值得关注，如果手段不符合人性，其目的则会大打折扣。共产主义与民主社会主义虽然具有相同的目标，但手段和方法却甚不相同：

> 我们应该以议会代战场，以争取立法的胜利代替争取战争的胜利，把人类推进到社会主义社会。因此我们认为共产主义在目的上虽然与社会主义相同，但手段上则是反时代反人性的。[3]

基于自由主义的立场，他们反对以任何理由诉诸武力，共产党以暴力剥夺"有产者"及其武装革命理论自然成为抨击的对象。

由于中国共产党信仰的马克思主义理论与自由主义的基本原则无法吻合，自由主义者的排斥和反对自在情理之中。然而对于现阶段共产党的新民主主义纲领，自由主义者的态度则有所不同。施复亮认为中国共产党的新民主主义政策体现在"政协路线"中：

> 在经济政策上，中共作了极大的让步：主张保护私有财产，奖励民营企业，发展自由资本主义，实行劳资合作，并停止没收土地。在政治上也作了原则性的让步，即放弃苏维埃制度，承认英美式的民主政治。这些都是证明中共倾向中间路线，无意坚持它独特的左翼路线。[4]

也就是说，新民主主义路线与"中间路线"是非常接近的。张东荪同样认为共产党的新民主主义政策，与自由主义者所追求的民主相差无几。"它（中共）即宣布改取新民主主义，则它在民主国家便不复仍为一个民主的障碍了。……所以共产党的问题不在目前，因为现在是实行新民主主义的阶段。这和我们所主张的民主可说几乎完全相同。"[5]新民主主义也十分接近自由主义者普遍推崇的三民主义，"仅就毛泽东先生的新民主主义一书中所主张，亦要先实行三民主义，充实工业后，才能实行共产主义"。[6]所以，共产党的新民主主义主张不是社会主义革命，而是民主主义的做法，施复亮认为："从'西安事变'以来中共的做法，一直没有超过民族主义和民主主义的范畴，至少我个人还没有看到它有任何走向'十月革命'的政策和行动。"[7]

持乐观态度的自由主义者认为，新民主

[1] 萧公权：《二十世纪的历史任务》，《世纪评论》2卷5期，第6页，1947年8月2日。

[2] 李时友：《认清世界，把握时代》，《世纪评论》2卷10期，第12页，1947年9月6日。

[3] 李时友：《认清世界，把握时代》，《世纪评论》2卷10期，第13页，1947年9月6日。

[4] 施复亮：《再论中间派的政治路线》，上海《文汇报》1947年4月13日。

[5] 张东荪：《追述我们建立"联合政府"的用意》，《观察》2卷6期，第7页，1947年4月5日。

[6] 周钟岐：《论革命》，《观察》1卷22期，第10页，1947年1月11日。

[7] 施复亮：《新中国的经济和政治——答严仁赓先生》，《观察》4卷21期，第5页，1948年7月24日。

主义的持续实施，甚至可以避免共产党所主张的社会主义革命。张东荪说，他所接触的共产党人都认为"共产革命"是五六十年以后的事情："总之，五六十年以后的社会革命是决于从今天起的经济措施。倘使在土地与工商业上都能用含有社会主义精神的政策，则大概可以说将来革命的避免是极有可能性的。所以我认为共产党丝毫没有可怕的地方。"[1]而心存疑虑和担忧的自由主义者则认为，新民主主义理论只是共产党的过渡政策，从根本上讲，他们仍然会实行社会革命。萧公权的说法是："毛泽东的'新民主主义'也不过是先假合作，后真打倒的策略。"[2]周钟岐则认为，如果让共产党实行类似三民主义的新民主主义，"似乎是越俎代庖"，并无必要。[3]总之，就理论而言，新民主主义纲领得到了自由主义者普遍认可和接受，分歧只是在新民主主义实施诚意与程度上的不同判断。

（二）对中国共产党性质的认识

按照自由主义理念的理解，中国共产党不是民主意义的政党。首先，自由主义者认为，从理论上看，世界各国的共产党都信奉马克思主义，中国共产党也不例外，而马克思主义的建党学说是主张一党专政的：

> 作为共产党的唯一理论上的经典，就是马克司（马克思）主义。马克司是鼓吹阶级斗争的，共产党所要实行一党专政，即导源于马克思的阶级斗争学说。马克司要保障无产阶级的利益，以为只有建立无产阶级的政权。共产党自命是代表无产阶级的，所以也只有当仁不让，实行共党的一党独裁。固从理论上讲，共产党之实行一党独裁，实有其逻辑上的必然。换句话说，不主张实行一党独裁的，那才不是真正的共产党。[4]

具体地说，一个以马克思主义为宗旨的革命政党，必以武装夺取政权为基本手段。为此，这个政党一定有很强的党性和严密的组织纪律，并具有强烈的排他性，而这些特质均是违背民主精神的。有人这样分析革命政党：

革命的政党在本质上都具有极强的排他性。因为革命政党为实施其政策均系采取断然手段，在革命过程中它不允许有其他力量阻碍或变更其政策之实现。因此革命党政治都采取一党专政办法，党自己有党军，党军是为本党主义而奋斗，它不是国家的部队。[5]

自由主义者认为，当一个政党要用武力方式来贯彻其主义，人民的意志无疑将遭到强制："坦白言之……在今日中国的政争中，共产党高喊'民主'，无非要鼓励大家起来反对国民党的'党主'，但就共产党的真精神言，共产党所主张的也是'党主'，而决非'民主'。"[6]由此，自由主义者认为，中国共产党和共产国际一样，都是全能主义者。

其次，自由主义者对共产党现实状况的不满主要是两方面：第一，他们认为共产党政治民主不够，尤其缺乏思想和言论自由。特征之一是偶像政治和与之相伴的言论统一。在中国共产党内，领袖的意志高于一切，没有任何人可以对领袖和组织提出质疑。而在自由主义者看来，公开表达不同的观点，包括对领袖人物的批评，是衡量政治民主程度的重要指标。

特征之二是严格的新闻舆论控

[1] 张东荪：《追述我们建立"联合政府"的用意》，《观察》2卷6期，第7页，1947年4月5日。

[2] 萧公权：《中国政党的过去与将来》，《世纪评论》2卷14期，第10页，1947年10月4日。

[3] 周钟岐：《论革命》，《观察》1卷22期，第10页，1947年1月11日。

[4] 孙斯鸣：《中国政党政治往哪里走？——一党专制乎？两党制乎？多党制乎？》，《世纪评论》1卷16期，第9页，1947年4月19日。

[5] 陈彦：《国共问题何以不能和平解决的追索》，《观察》2卷24期，第15页，1947年8月9日。

[6] 储安平：《中国的政局》，《观察》2卷2期，第6页，1947年3月8日。

制。自由主义者认为，不仅在共产党内部，实际上整个解放区的舆论都受到共产党的严密控制，这显然不是民主的做法。在他们看来，表面的高度一致，隐藏着背后的强大压力。为了保持与党的思想理论的一致，共产党对持异见者，往往用"敌""我"界线加以区分和打击，此种做法和自由主义者心目中的民主无法吻合，因而最不被自由主义者所认同。

第二，中国共产党以武力对抗为手段，不符合民主政治的基本原则。自由主义理论认为，只有和平政争的政党才是民主政治下正当的政党，中国共产党自成立以来就以武装斗争为号召，破坏了正常党争的基本条件。萧公权回顾中国政党发展历史后说，目前国内没有武装的各在野党都是民主政治所许可的政党，惟有中国共产党不属于此范畴："按照孙先生的标准来看，今日的政党不能做正当的党争者只有一个共产党。共产党自成立以来，时而与国民党合作，时而与国民党斗争。策略先后不同，以武力夺取政权的最后宗旨则从来不变。"[1]储安平认为，共产党欲获得政权，这无可非议，只是获取的方式应该符合民主政治的规则："一个政党当然是要努力获取政权，争取政权是一个政党的常情，政党不想争取政权才是天下的大荒唐。共产党的坚主组织联合政府，只是他们的一个步骤，并非永远满足于这个联合的方式。能用政治谈判方式，插入政权阶层，徐图后举，自然更好；否则只好硬硬头皮用武力来夺取。"[2]总之，在自由主义者看来，共产党一定不会放弃以武力的方式夺取政权，而这是不符合民主政治原则的解决办法。

在谴责共产党武力政策的同时，自由主义者也从另一角度对共产党的武力方针给予一定的同情。他们认为就中国的政治环境而言，共产党采用武力不是全没有道理。储安平说："就事论事，共产党的不肯放下枪杆，也未尝不能使人同情，因为在国民党这种政治作风下，没有枪，简直就没有发言权，甚至没有生存的保障。所以国民党主张军队化，然后政治民主化，共产党则主张先政治民主化，然后军队国家化，各人的出发点都是由于双方的猜疑，而双方猜疑的根据则为过去种种事实。"[3]由依赖武力而引起的日益扩大的中国内战，自由主义者们深恶痛绝。他们指责国共双方，但从程度上看，其矛头显然更多地指向了国民党政府。关于这一点，下一节内容中还会详细分析。

由上，自由主义者得出的结论是，国民党与共产党都不是民主意义的政党，而且他们在本质上有相似之处："就是二者都是一个主张'党外无党'的政党，二者都有的是排他性，不容有异党存在。一个要一党专政，一个要一党独裁，在这一点上，二者倒确有异曲同工之妙。而且在事实上，近二十年来，两党在其各自统治的地区里面，确都在如此做去。"[4]进一步比较两党所信奉的理论，他们的基本看法是，共产党所信奉的马克思主义是无产阶级专政的理论，而国民党信奉的三民主义则与自由主义原则基本吻合，因而，就本质讲，共产党比国民党更具有独裁性质。储安平一段直言不讳的言论正是如此："老实说，我们现在争取自由，在国民党统治下，这个自由还是一个'多''少'的问题，假如共产党执政了，这个自由就变成了'有''无'的问题了。"[5]施复亮在讨论自由主义道路时，也有同样的看法："我们常常听见人说，在国民党统治之下，人民固然没有自由；在共产党统治之下，人民也不见得有自由，甚至更不自由。或者有人说，国民党固然不肯给我们自由，共产党也不见得肯给我们自由。"[6]应该说，这种对国共两党，尤其是共产党性质的认识具有普遍性，它反映了自由主义者基于自由主义理念的价值判断与观点立场。

（三）中国共产党现行政策及其政绩评价

大多数的自由主义者生活在"国统区"，

[1]萧公权：《中国政党的过去与将来》，《世纪评论》2卷14期，第10页，1947年10月4日。

[2]储安平：《中国的政局》，《观察》2卷2期，第5页，1947年3月8日。

[3]储安平：《中国的政局》，《观察》2卷2期，第3页，1947年3月8日。

[4]孙斯鸣：《中国政党政治往哪里走？——一党专制乎？两党制乎？多党制乎？》，《世纪评论》1卷16期，第8页，1947年4月19日。

[5]储安平：《中国的政局》，《观察》2卷2期，第6页，1947年3月8日。

[6]施复亮：《论自由主义者的道路》，《观察》3卷22期，第5页，1948年1月24日。

他们对共产党政策及政绩的了解，除了共产党的舆论宣传外，多是通过间接渠道获得。也有一些自由主义者与共产党有所接触，他们的感受和体验对更多的自由主义者产生过影响。大体上说，他们对共产党的实际政策和政绩的关注主要集中在两方面：

首先，关于共产党的"土改"政策及其推行的实际效果。共产党的"土地改革"是解放区最核心的工作内容，也最引自由主义者关注。他们普遍的看法是，共产党实行土地改革，政治与军事的意义大于经济本身。换言之，"土改"使共产党获得了人数众多的广大农民的支持和拥护，使其在与国民党进行的政治和军事斗争中处于有利地位：

> 在这里，谁最能彻底实行土地改革，便是谁最能获得广大农民的同情和拥护，而因之获得在农村中的战斗胜利。我们很中立而毋庸讳言地说，中共在逐步的土地改革上，是相当坚强了他们底经济和军事基础的，在激烈的内战炮火下，中共能够与国民政府分庭相抗，未尝不是农村人民之力。他们为了最后的胜利，实践了土地改革。国民党则为了他们一部分地主阶级利益的立场，对于土地改革总是因循姑息，迟迟其行。[1]

土地改革使共产党找到了与农民共同的利益："土地平均分配之后，自共产党看来，农民的利益和共产党的利益便相一致了。农民觉得他们在共产党的领导之下作战，是为他们自己作战，自共产党看来，当然他们要额外勇敢了。"[2]就这个意义说，"土改"是中国共产党取胜的重要法宝。

从经济的观点来看，自由主义者认为共产党的"土改政策"有若干地方值得推敲，他们从四个方面提出不同看法：

一是"土改"的目的应是废除"封建土地所有制"，实现"耕者有其田"，而不是均分土地。有学者分析，按照共产党"土地法大纲"的规定，可分得土地的人相当广泛，包括贫民、工人、自由职业者等等，然而许多人并不都是耕者,"并不是凡属一个无地而有力的人,只要有田,就可以立刻成为耕者的。这里就发现了两个问题:(一)如让那些人把分得的土地仍然出租,这只是达到'均田'的目的,而并不适合于'耕者有其田'的主旨。(二)如果那些非耕者而分得土地的人去学习耕者而自己耕作,那套知识技能,即不是一学就会,在学习未熟练的空隙时间中,无疑的会收到普遍的减产的恶果。"[3]对于目前真正的耕者,这样的分配方式并不十分有利。同时,绝对均分土地也未见公平,因为"多有一点土地的,不少是勤俭份子,不一定是剥削人家的,没有土地的,也不少是自甘堕落,懒惰浪费的份子,不一定是剥削者。不分良莠,硬夺取一部分人的土地财产给另一部分人,必要造成很多冤枉和悲剧"[4]。片面追求人人相等的土地,其实是走入了一个绝对平等的误区。

二是平均分配土地,并不能提高生产水平,反而有可能使之下降。自由主义者认为中国的问题不仅在于土地不够,更在于生产力水平低下。共产党的土地政策以均分土地为主,结果"竟至耕地面积愈发小经营愈不经济,而大家分到手里的东西也愈来愈少得可怜。说句真话,这种求均的手段为一时的便利则可,作为长期的打算显甚不智。因为我们现在患的病,不只病在'不均',同时也病在'寡'"[5]。也就是说平分土地,并没有解决生产的提高问题,农民的耕种技术如果没有进步,即使在土地分配之后,农产品

[1] 施若霖:《论中国土地改革》,《观察》2卷21期,第7—8页,1947年7月19日。

[2] 冯苏:《评"中共土地法大纲"》,《经济评论》2卷22期,第3页,1948年3月6日。

[3] 范朴斋:《对中共"土地法大纲"的批评》,中国人民大学中共党史教研室编《批判中国资产阶级中间路线参考资料》(第四辑),第348页。

[4] 董时进:《土地分配问题》(下),《经济评论》3卷11期,第4页,1948年6月19日。

[5] 严仁赓:《社会主义乎?'新资本主义'乎?》,《观察》4卷17期,第6页,1948年6月19日。

可以稍有增加，但增加的数量一定不会很大。"所以单凭土地分配政策，而不诉诸于其他的增加产量的办法，特别是农业生产技术的改进，农产品的数量仍难望有急剧的增进。"[1]而且平分后的土地，各块土地的面积更加零碎，也不能适应现代耕种方法的要求。有学者指出，中国人只注重分配而忽略生产："我们必须首先多生产建设，然后才说到分配。这虽是一句老生常谈，却是实话，决不可以斥为是替富人转移目标。"[2]

三是并没有完全废除封建的剥削制度。"封建土地制度"是依存于自由买卖土地所产生的兼并现象及剥削性的租佃关系。共产党的土地法规定，在平分土地之后，土地仍可以自由买卖。一些自由主义者对此感到意外和不解："即在土地平均之后，既许个人有土地所有权，又许个人自由买卖土地，那么，过了一定的时间之后，土地的分配又不均了。"[3]他们设想，采用这种办法："只是把现在的土地更分的零碎些的情形下易了地主，而后再经由新地主之受特殊待遇者的人们，由租入的积累，或工商业者以其经营所获的盈余，都透过买卖形式而从事于土地的再兼并。于是其所欲废除的封建性及半封建性的剥削制度，也就会在不久的将来变形复活起来，所以这办法是未能称为彻底的。"[4]

四是采取的方式过于激烈。共产党制定的土地法规定，乡村农民大会及其选出的委员会、贫农团大会及选出的委员会、各级（区、县、省）农民代表大会及其选出的委员会，为改革土地制度的合法执行机构。一些自由主义者认为，由这样的机构主持土地重新分配，显然不是平常时期的行政改革措施，而是具有非常性质的办法。"把这样重大的改革任务，交给他们，在实行起来的时候，我们可以想象，必不免会做得过火，或竟致把事情做到只侧重于人与人之间偏激的报复，而失去了改制的本意。……这中间会发生许许多多意想不到的损害，结果会使很多老实忠厚的劳苦农民，也非逃离乡村不可。这一社会的损害，是不可估计的。"[5]真正的大地主，多半住在城市，除土地被分之外，人还可以不吃亏，而中等以下的自耕农很可能成为重点整治对象。成分复杂的乡民大会和无地少地的贫农团，难免混入地痞流氓和"二流子",他们的加入无疑会导致更多悲剧的发生,这样的土地改革方式没有使社会和民众受到的损害减少到最小限度。

综合而言,自由主义者认为,共产党土地改革的主旨与自由主义者基本没有分歧,但其方法并未与主旨完全配合。作为一种战时政策它可能是有效的,但若作为和平时期的政策还有许多值得商榷的地方,尤其是他们注意到土地分配与生产效率的关系,这是很有价值的。至于共产党土地政策实施的效果,也受到相当关注,他们在报刊上报道了不少相关信息,但大多是"负面"的内容,尤其是土改过程中一些斗争事件和极端行为。《观察》通讯栏目刊登了晋南和苏北农村土改中的过火举动,以及由此造成的大量难民。其中一位报道者写道,最可怕的是暴力行为的任意性,没有人可以对乡村中农民协会的行为进行控制和干涉,个人根本得不到法律的保护。[6]暴力因素的存在,使自由主义者对"土改"效果多有怀疑。共产党自 1948 年初开始纠正实际工作中的"左倾"错误,自由主义者也注意到这一变化:"中共基本政策在这一年来有很大转变,这种转变颇合事实需要。……但是根据这一年来情形看,共党并不故意偏袒贫穷阶级,相反,他们认为过去那种'近视的片面的偏护劳动者的福利'以及'地主不分田,富农分坏田'的错误政策是犯了'左倾幼稚病'现在宜尽力改正。"[7]农村政策的纠正显然受到

〔1〕冯苏:《评"中共土地法大纲"》,《经济评论》2卷 22 期,第 3 页,1948年 3 月 6 日。

〔2〕董时进:《土地分配问题》(下),《经济评论》3 卷 11 期,第 4 页,1948 年 6 月 19 日。

〔3〕冯苏:《论"中共土地法大纲"》,《经济评论》2卷 22 期,第 4 页,1948年 3 月 6 日。

〔4〕范朴斋:《对中共"土地法大纲"的批评》,中国人民大学中共党史教研室编《批判中国资产阶级中间路线参考资料》(第四辑),第 348 页。

〔5〕范朴斋:《对中共"土地法大纲"的批评》,中国人民大学中共党史教研室编《批判中国资产阶级中间路线参考资料》(第四辑),第 349 页。

〔6〕李子静:《晋南解放区的斗争形势》,《观察》4卷 2 期,第 15 页,1948年 3 月 6 日。

〔7〕恒之:《论中共的经济政策》,《经济评论》4 卷 19 期,第 2 页,1949 年 2 月 26 日。

欢迎。

中国共产党的行政风范是自由主义者注目的又一个重点。与土地问题相比，共产党这方面的表现很受好评。张东荪说："共产党确有一点较国民党为优，就是：它对于它的主张尚有诚心。"[1]梁漱溟的评价也如此："我对于民族前途，对于整个人类前途，有我的看法及其远大理想；除掉这远大理想，便没有我。而他们恰是一个以远大理想为性命的集团。说到眼前一桩一桩事，尤其容易说得通。这样，遇着该合作的事，就可以合作。"[2]这两位曾担任过"民盟"负责人的学者与共产党上层领导多有接触，共同的感受是共产党"言而有信"，完全有合作与沟通的可能，丝毫没有可怕的地方，"相反底，我敬爱这些汉子"[3]。与共产党上层有过接触的其他中间人士大多也持同样看法，他们普遍认为共产党的领导层是一个有理想有诚信的团体，其说法和允诺基本可以信赖。

共产党干部廉洁有效的工作作风也令人瞩目，这与国民党官员的腐败无能形成鲜明对照。一向直言的储安平说："近几年来，外间对于中共在延安边区一带的作风，颇有好评。共产党在这样一种艰困的环境中，能站得住，亦自有他们所以能站得住的道理。一个政党当他在艰苦奋斗的时候，总有他一股朝气和生命的力量。"[4]《观察》杂志上刊登了众多报道，具体描述了陕西、甘肃、晋南、冀中以及苏浙皖和苏北等解放区共产党工作的许多特点，主要包括共产党干部自身的艰苦廉洁、对待工作的认真负责、军队纪律的严明一致、对当地民众的关心帮助以及教育和动员群众的特有方式，共产党总是能与人民"打成一片"，从而使他们领导的军队可以获得充足的粮食和兵源补充：

> 共军因为在解放区里改变了生产关系和社会经济组织，建立了他所需要的社会秩序，征粮征兵及自卫行政都有高度的效率，他所控制的乡村或城市，可以不用过分的兵力戍守，地方团队及人民武装保护一个地区有余，而且还可以派出小部队来破坏国军的地方组织和交通，使征补训练与作战生活都相衔接，

由民兵而乡县自卫队而地方团营，军分区部队以至野战军。初征集的民兵就赋予他作战的任务，教他在水里学习游泳，不是单在课堂上教他游泳术。所以征起来的兵就是可用的兵，甚至于没有征起来就已经使用了。此外如老年人、妇女、儿童也都给他们分配任务，施行编组。物资管制得严，人口调查得清，消息传递得快。再加以地道和联防等方法，能战就战，不能战就溜。战就设法占点便宜，溜就施行空室清野，使对方无所获。[5]

这是一段对共产党工作和战争方式的形象叙述，其高效和有力是国民党及其军队根本无法做到的。事实上，共产党以其特有的方式，总是圆满地完成着自己的任务，并不断地向既定目标快速前进。军事胜利往往是各种因素综合的反映，自由主义者和国民党都承认这一事实。

自由主义者尽管对共产党的理论宗旨和政党性质有自由主义立场的理解和认识，但共产党的工作作风和朝气蓬勃的状态还是令人钦佩的，这是打动自由主义者，甚至使他们为之感叹倾心的最重要因素。

第二节　国共之间的"第三种势力"

抗战胜利后不久，自由主义者提出了"三大政治问题"，这是促使中国民主建国的

〔1〕张东荪：《追述我们建立"联合政府"的用意》，《观察》2 卷 6 期，第 7 页，1947 年 4 月 5 日。

〔2〕梁漱溟：《树立信用，力求合作》，《观察》2 卷 1 期，第 5 页，1947 年 3 月 1 日。

〔3〕梁漱溟：《树立信用，力求合作》，《观察》2 卷 1 期，第 5 页，1947 年 3 月 1 日。

〔4〕储安平：《中国的政局》，《观察》2 卷 2 期，第 6 页，1947 年 3 月 8 日。

〔5〕观察专稿（观察记者）：《空心战与穿心战》，《观察》4 卷 11 期，第 13 页，1948 年 5 月 8 日。

三个具体步骤。内战爆发后，他们奔走于国共之间，斡旋调停，竭其
所能。对于"学潮"的同情支持以及对国民政府若干举措的评判，表
现出自由主义者特有的立场和理性。

一 三大政治问题的提出

抗战胜利后中国所面临的历史机遇，使自由主义者的民主建国热
情空前高涨。他们不仅在理念层面构建"中间道路"的社会理想，并
力图将其付诸现实的政治实践。"中国民主同盟"是自由主义者的大本
营。在 1945 年 8 月 15 日发表的《中国民主同盟在抗战后的紧急呼吁》
和 10 月召开的"民盟"临时全国代表大会上，"民盟"提出中国最需
要解决的三大政治问题——政治会议、联合政府、国民大会，其他各
民主党派的时局宣言大多与此一致。可以说，这是中间势力试图调处
国共冲突，使中国步入民主建国进程的三个具体步骤，也是实现民主
理想的一个路线图。

（一）召开政治会议

政治会议是中国民主进程的第一个步骤。所谓政治会议，就是
"召集全国各党派以及无党派的代表人士共同举行圆桌会议，用和平
协商的方式，对当前国家的一切问题逐步地积渐地求得全盘彻底的
解决，这是中国民主同盟最近一年来始终不变的主张"[1]。他们认为
自"重庆谈判"以后，政治会议已提上议事日程。政治会议的召开
是中国各种政治力量和平团结统一的基础，它应该做到如下几点：
首先，使国共两党真能用桌上的谈判，代替战场上的胜负，解除老
百姓最为担心的内战危机；其次，切实解决国家当前一些重要具体
的问题，而不是党派间的敷衍和应酬；再次，谈判与解决问题，应
以国家和人民利益为重，不能以党派利害为目标；最后，政治会议
的内容尽量公开，以便得到民意的批评和监督。"无论如何，我们不
希望政治会议只是掩盖人民耳目，粉饰国际观听的一种装饰品。最
低限度，政治会议，应该真能解决几个问题，永久消弭中国的内
战。"[2]政治会议的形式符合自由主义的精神，也是以和平方式解决
党争和避免内战的最现实的办法，自由主义者莫不对此寄予厚望。

"重庆谈判"结束后,"第三方面"便急切敦促早日召开政治会议,在国共之间展开了一系列斡旋和敦促活动。[3] 1946 年 1 月 10 日政治协商会议得以召开,"第三方面"的积极推动起了重要作用。关于"第三方面"对政协会议的热衷,周恩来作过如下的分析:"各党派(国民党民主派在内)一般地倾向于开政治协商会议……而不热心于为解放区争几个省和几个师军队,因为除去进步分子外,一般的均认为这是中共本身的利益,只有民主才于他们有益。"周又说:"一般人对谈判秘密进行,总是不耐的,尤其是磨延于解放区和内战的争论上,而未提全国性的民主自由,他们是不满的,故必须转入政治攻势。"[4]周恩来的分析相当准确。应该说,"第三方面"最关心的是民主建国问题,他们对"重庆谈判"时中共更多地关心解放区和军队数额表示不满,在他们看来,这些仅仅是中共自身的利益,与民主建国没太多的关联。"重庆谈判"采取国共两党秘密谈判方式,"第三方面"被排斥在外,此种不公开不透明的做法也不符合民主政治的原则。因此,"第三方面"一再敦促召开政治协商会议。他们认为只有各方都参加的政治协商会议,可以协商有关民主建国的若干重大问题,并且在全部公开的状态下受到全体国民的批评和监督。

在政治协商会议召开前后,自由主义的舆论也空前活跃,政府、军队、立法机构的改组问题、执政党不应由国库开支费用、学校

〔1〕《中国民主同盟临时全国代表大会的政治报告》(1945 年 10 月 11 日),中国民主同盟中央文史资料委员会编《中国民主同盟历史文献》,第 78 页。

〔2〕《中国民主同盟临时全国代表大会的政治报告》(1945 年 10 月 11 日),中国民主同盟中央文史资料委员会编《中国民主同盟历史文献》,第 80 页。

〔3〕第三方面的斡旋活动在《黄炎培日记》中有较多反映,分别见 1945 年 10 月 30 日;11 月 11 日;11 月 20 日。《中华民国史史料丛稿》增刊第 5 辑,北京:中华书局 1979 年版。

〔4〕周恩来:《关于国共谈判》,《周恩来一九四六年谈判文选》,第 9—10 页。

应取消"党化教育"、贸易垄断等问题，无不成为议论的话题。这些议论都贯穿着以西方政治原则设计国家秩序的意图，国民党一党"训政"的法统显得处处不合准则，共产党的武装割据也受到质疑。施复亮在《我的答案》中写道："现在国民党的军队虽然号称国家的军队，共产党的军队虽然号称人民的军队，但在我们第三者看来，双方都是党军，即党所控制的军队。共产党的军队不能交给国民党，等于国民党的军队不能交给共产党……所谓军队国家化，必须国共两党的军队一律同时交给国家。"[1]也就是说，国共双方都应该通过政治会议的方式对"军队国家化"问题向全体国民有一个交代。

在政治协商会议中，"第三方面"的作用尤其引人注目，由于他们的积极努力，民主建国理念在五项协议中多有体现。从本质上讲，政协会议的核心是要解决中国的国家体制问题。在各项讨论中，国民党处于全面的被"裁判"地位，一党"训政"制遭到各党派的强力抨击。具体内容本书第二章第一节已详细阐述，此不赘言。总之，在自由主义者看来，政治协商会议和会议决议的制定，意味着中国有可能由此走上和平民主的建国之路：

> 政协的五项决议，就共产党言，可说是一个绝大的让步，因为它保证中共将不以流血而以温和渐进的方式完成中国的社会革命；就国民党而言，也可说是一个绝大的成功，因为它保证了国民党的中国第一大党的地位，和领导建设新中国的责任；就第三方面而言，更可说是一个绝大的胜利，因为第三方面是无拳无勇的，无拳无勇而能够通过政协五项决议逐渐完成"争取政治民主，民族独立"的历史要求。因此，第三方面是离不开政协决议的。[2]

政治会议作为民主建国的第一个步骤，取得了形式上的成功，它不仅对"第三方面"是可喜的，就国家民族利益而言，也功莫大也。然而中国的问题绝不如此简单，一纸蓝图很快就在战火中化为泡影，自由主义者尽管为维护政协决议多方呼吁，在隆隆炮火声中，其力之微弱是可想而知的。

（二）组建联合政府

组建联合政府是"第三方面"高度关注的又一政治问题，被他们视为是实现民主政治的关键。抗战胜利前后，共产党首先提出了组建联合政府的口号。[3]1944年8月中共领导层已有联合政府的想法。[4]在同年9月5日召开的国民参政会三届三次会议上，中共代表林伯渠提出："希望国民党立即结束一党统治的局面，由国民政府召开各党各派、各抗日部队、各地方政府、各人民团体代表参加的国事会议，组织各抗日党派联合政府，一新天下耳目，振奋全国人心。"[5]中共关于组建联合政府的主张，其实是权力再分配的政治要求，它把执政党与在野党围绕国家政权的斗争，在形式上和实质上都推上了更高的阶段。从本质上讲，联合政府倡议的提出，乃是国共实力消长变化在政治上的反映。中共所倡导的联合政府的性质，即使最初有民主主义色彩，但最终必将完成向新民主主义的转变，这一点在之前举行的中共七大会议决议中已明确说明。

中共提出组建联合政府主张不及一月，1944年10月10日"民盟"发表"政治主张"，也郑重表示："立即结束一党专政，建立各党派之联合政权，实行民主政治"。[6]此后"民盟"及其他民主党派在政治主张和宣言中，都视组建联合政府为时局问题的关键。

〔1〕孟广涵编：《政治协商会议纪实》上卷，重庆：重庆出版社1989年版，第105页。

〔2〕社评：《第三方面没有中立》，上海《文汇报》，1946年12月22日（2）。

〔3〕关于中共提出联合政府的背景参见本书第一章第二节的相关内容。

〔4〕根据《毛泽东年谱》及《周恩来年谱》，1944年8月17日，毛泽东在董必武致周恩来电报中批示，"与张、左商各党派联合政府。"8月18日，周恩来致电董必武等人，提出"向全国提议并向国民党要求召集各党派及各团体代表会议，改组政府。"参见《毛泽东年谱》（中），北京，中央文献出版社1993年版，第593页。《周恩来年谱（1898—1949）》（修订本），中央文献出版社1998年版，第593页。

〔5〕林伯渠：《关于国共谈判：林祖涵同志报告全文》，重庆《新华日报》1944年9月17日。

〔6〕《中国民主同盟对抗战最后阶段的政治主张》（1944年10月10日），中国民主同盟中央文史资料委员会编《中国民主同盟历史文献》，第32页。

他们寄望于在政治会议的同时或之后，组建由各党派参加的联合政府，为民主宪政奠定初步基础。可以说，在组建联合政府的旗帜下，中共和"第三方面"形成了统一战线。不过，"第三方面"对联合政府的思考和出发点，与中共有明显差异，其用意与目的主要是如下几点：

第一，联合政府是建立民主政体的坚固基础。各"中间党派"和自由主义者渴望"把中国造成一个十足道地的民主国家"，[1]民主国家的本质特征是实行立宪。就当时中国的现实言，组建联合政府是最符合自由主义建国原则，并具有操作可能性的选择。他们指出，国民党控制的选举和如同一纸空文的宪法，不仅无法实现民主，而且是反民主的："我们因此遂主张各党并存，都能发展，这就是民主。除了各党并存合作以外，另求民主，这不是曲解民主，便是有意造成假民主。总之，各党协商，由共同而得一致，由不同而互相钳制，这乃真是民主。"[2]民主的精神在于容纳于"异"，折中于"同"，各党协商钳制的最佳办法就是用联合政府取代一党政府，这体现了和平政争和互相监督的民主基本原则，只有在联合政府中，"中间势力"的建国理念和作用才能得到发挥和体现。

第二，联合政府是解决内战和"党争"的唯一途径。自由主义者认为，中国长期的内战和"党争"，在很大程度上是由于两大政治势力拥有相当数量的"党军"。因此，避免内战的最重要方法是实现军队的国家化，而这一措施的执行必须依托于各党派参加的联合政府："只有公平合理的全盘编遣计划才是最妥善的解决办法。只有举国一致的联合政府，来执行这种计划，才能取得全国人民的信赖。党争有相当长期的历史，党军也有相当长期的历史，这问题就不是一朝一夕可以彻底解决的。因此，相当长期的联合政府是实现军队国家化，彻底消弭内战，平息党争的唯一枢纽。"[3]惟有在联合政府之下，党派协议的各项内容，尤其是军队国家化才可以合法地贯彻执行，中国才有可能真正实现和平、团结和统一。

第三，联合政府可以改变国共两党的基本性质和相互关系。在自由主义者看来，真正的民主政治应以和平政争为手段，以武力号召为主要手段的国共两党都不符合民主政治的基本原则。中国要变成一个真正意义上的民主国家，必须把国共两党，尤其是国民党"由特别政党变为普通政党"，即由不适于民主国家的政治集团"变为民主国家所能容许的组织"[4]，对于两个党性颇强的政党而言，组建联合政府所创造的"平衡与钳制"的环境恰能担此重任。同时，就国共两党的现实说，他们之间的互动是有益的，由于国民党控制的政府已腐化成为维护既得利益的机构，希望它"能顾到一般底层人民的生活，不啻于缘木求鱼"，而"共产党是一个组织坚强的党"，它参加联合政府后可能"发生一种政策上的制衡作用"，"今日中国一般人民所追求的就是社会主义和民主政治（包括意志自由），这两样东西在以国共两党为主的联合政府中或能勉可得之。我们期望这个联合政府者在此。"[5]组建联合政府有可能使国共双方的政策因相互让步而渐趋接近，终将促成中国政治及政党关系的良性循环。

第四，联合政府可以确立中国在战后国际关系中理想的地位。自由主义者认为，在反法西斯战争中与中国结为盟友的美国和苏联是两个体制不同的国家，他们之间的对立与摩擦随战争的结束会日益加剧。中国若要保持独立地位与自主权利，就应充作两国之间的桥梁，而不作美苏争端的牺牲品。要使"中国成为中和性的国家以介乎美苏之间，则必定先把中国变为联合政府"。因为，联合政府最能"表现中国在国际上的中间性"。如果中国"不幸演变为一党政府，我们可

[1]《中国民主同盟临时全国代表大会的政治报告》，（1945年10月11日），中国民主同盟中央文史资料委员会编《中国民主同盟历史文献》，第71页。

[2]张东荪：《追述我们努力建立"联合政府"的用意》，《观察》2卷6期，第6页，1947年4月5日。

[3]《中国民主同盟临时全国代表大会的政治报告》（1945年10月11日），中国民主同盟中央文史资料委员会编《中国民主同盟历史文献》，第80页。

[4]张东荪：《追述我们努力建立"联合政府"的用意》，《观察》2卷6期，第6页，1947年4月5日。

[5]储安平：《中国的政局》，《观察》2卷2期，第5页，1947年3月8日。

料定国民党全胜时，苏联必感不安；而共产党执政了，美国也决不放心。可见联合政府的反面无不引起国际间纠纷与烦闷。"[1]所以，组建联合政府不仅是中国内政的理想出路，而且有助于确立中国在战后国际关系中的有利地位：既能获得美苏的援助以加速本国建设，又可以"在亚（洲）东（部）方面把美苏的冲突调和下来，藉以谋世界的安定。"[2]

正因为"第三方面"与中共在组建联合政府的理解上存在差异，所以"民盟"对"重庆谈判"时中共承认国民政府法治前提下不提组建联合政府的做法颇表不满。他们指出："在我们看来，组建联合政府并不与目前党治法统相冲突。谈到实际政治，'法统'这个名词，就应该广泛的解释，灵活的运用，使政府可以达到真正军令政令的统一。"[3]将国民党的"法统"仅仅视为一个名词，并且是可做广泛解释的名词，实际上就是对"法统"的否定。这个论点既针对国民党，也针对共产党在组建联合政府上的让步。"民盟"对组建联合政府的坚持和不妥协，充分反映了"第三方面"的政治理想和政治利益。数月之后的政协决议之所以被中间人士普遍拥护，其核心是它体现了联合政府的主旨。可以看出，各中间党派和自由主义者们对组建联合政府寄予厚望。他们确信"联合政府是解决一切困难的总匙。"[4]是战后中国可以选择的最佳建国方式。

（三）举行国民大会

中间党派和自由主义者强调的另一重要步骤是举行国民大会。"民盟"在1945年10月召开的临时全国代表大会上指出，国民大会应当是结束"党治"，制定宪法的机关，国民大会通过的宪法是真正民主的并具有法定效力的国家大法。为此，国民大会的举行必须遵循以下几个原则：第一，国民大会必须是名副其实的全民代表大会。就是说，国民大会必须是真正的民意机关，而不是任何党派包办操纵的机关。第二，必须由人民普选产生的代表组织国民大会。要使国民大会真正具有民意，最重要的是国民大会代表需要经过全民的重新普选，而不是沿用十年前所选举的代表，否则"其结果必定影响到宪法与政府的尊严，阻碍国家的和平，团结，统一"[5]。第三，国民大会应尽快召开，从而尽早结束对国家实行的"党治"。"召开国民大会是制定宪法，结束党治的必经手续。因为这个缘故，国民大会的缓开就成了党治时间的延长。国民大会开的愈迟，党治时间延的愈久。这不是人民的希望。"[6]

总之，"第三方面"主张，举行真正代表民意的国民大会并制定宪法是刻不容缓的，它是结束"党治"实行民主政治的必然途径。"要做到国共双方共同接受民主政治，以政治斗争代替武力斗争，我们认为政协所拟的方案在大体上是准确的，换一句话说，必须根据各种有关的协议成立一个民选的立宪政府，然后中国可有真正民主，而国共可有和平政争的方式，国共以外的党派也可有和平政争的方式。"[7]根据政治会议所确定的民主原则，先组建联合政府，由联合政府召开国民大会，确定国家的根本大法，这是民主建国所遵循的必要程序，如果违背这一程序，民主建国将依然是不民主的。自由主义者之所以注重程序和步骤，因为它本身就是民主原则的体现。

正因为如此，对于1946年12月25日国民党操纵召开的国民大会和会议通过的宪法，多数中间党派和自由主义者极度不满。首先，就程序言，按照政协决议国民大会应该在政府改组后举行，而实际上政府迟迟不能改组，联合政府并没有建立，在这种状况下举行国民大会，完全不符合民主

[1] 张东荪：《追述我们努力建立"联合政府"的用意》，《观察》2卷6期，第6页，1947年4月5日。

[2] 张东荪：《追述我们努力建立"联合政府"的用意》，《观察》2卷6期，第5页，1947年4月5日。

[3]《中国民主同盟临时全国代表大会的政治报告》（1945年10月1日），中国民主同盟中央文史资料委员会编《中国民主同盟历史文献》，第80页。

[4] 张东荪：《追述我们努力建立"联合政府"的用意》，《观察》2卷6期，第7页，1947年4月5日。

[5]《中国民主同盟临时全国代表大会的政治报告》（1945年10月11日），中国民主同盟中央文史资料委员会编《中国民主同盟历史文献》，第81页。

[6]《中国民主同盟临时全国代表大会的政治报告》（1945年10月11日），中国民主同盟中央文史资料委员会编《中国民主同盟历史文献》，第81页。

[7] 钱端升：《唯和平可以统一论》，《观察》2卷4期，第7页，1947年3月22日。

程序，因此"民盟"拒绝参加国民大会。在中共"民盟"两大党派缺
席下召开的国民大会，只能是国民党一党把持，无法真正体现民意，
更无法体现民主。其次，不合政协决议程序召开的国民大会，其颁布
的宪法也是不合法的。"救国会"在声明中指出："国民党一党召开的
国民大会是违反政协决议的，因而是非法的。非法的国民大会通过的
宪法也是非法的。"[1]国民党左派人士何香凝等人向全国发表的通电指
出："此次国民大会，其召开既出非法，而代表中国第二大党之中国共
产党与第三方面之民主同盟，又未参加，其所通过之宪法，根本已失
合法之根据。况其内容非驴非马，既非'宪政协章'，距民主原则远
甚，尤以所谓'行宪办法'十条，乃预为中国之内战独裁张本。推执
政者之用心，不过以此次宪法之颁布，粉饰其一党专政之面目。"[2]国
民大会的召开，不仅表明中间派关于召开国民大会和组建联合政府的
政治要求在现实政治中的失败，也造成中间派走向进一步的分化，青
年党和民社党参加"国大"完全右倾，而"民盟"抵制"国大"更加
左倾。

　　纵观战后自由主义者所关注的"三大政治问题"，其核心是力图用
民主政治的原则来替代中国惯有的武力决胜原则。在特定的国际国内
环境下召开的政协会议及其决议，与"第三方面"和自由主义者追求
的民主理想已相当接近，武力的因素似乎被剔除，各方一致地采纳了
西方民主政治的基本原则，国共两党以及其他各党派的政治利益相当
理性、公正地被重新分配，一纸协议将让执政者交出半壁江山。然而，
这种一时的假象很快便被武力的逻辑轻而易举地推翻了。正像张东荪
事后所言：

　　　　在去年一月十日居然能开政治协商会议，反倒可算是一个奇
　　迹。我是参加该会议的一人，当时忙于开会，不暇细想；今天回
　　想起来，却宛如一梦。不过这个梦却是事先有人安排着的。到了
　　今天，一切大白：协商的失败是逻辑的；成功倒反变为奇迹了。[3]

问题的实质是掌握国家权力的国民党无意改变其政权性质，而共产党
则又决不放弃武装斗争，"斗争的双方，在斗争的基本方针上是决不会

让步和变动的。基本方针，对蒋（介石）来说，是要用各种迂回方法消灭中共；对中共来说，是要用各种方法来实现民主，将反动阵营压下去。"[4]因此，对影响中国政治进程的国共两党而言，政治协商会议不过是提供了一个政治斗争的舞台，根本的解决依然取决于战争。事实是，处于国共之间的中间党派不可能左右任何一方的政治抉择。相反，中间党派自身却在现实政治的参与中日益走向分化，而始终无法成为真正意义的"第三种力量"。

二　调处国共关系与呼吁和平

自由主义者作为调解人，其价值体现在他们所具有的中间地位与立场，然而没有实力支撑的中间者必定难有分量。对峙的国共双方尽管在特定情形下均需借助于第三者的调解，但此种调解却常常被双方指责为不够公允或偏袒一方。说到底，国共之间最终的较量决不取决于第三者的调停，而是决定于彼此的实力。当一方的实力足以压倒另一方时，调解人的存在实属多余。战后"第三方面"对国共两次比较重要的调解及结果正反映了此种状况。因此，在更多的情况下，中间派与自由主义者的表现只能是不停地呼吁和平。

（一）两次调停

1946 年是抗战胜利后中国政治形势最为错综复杂的一年，国共之间桌面的谈判和暗中的较量空前激烈，"政争"与战争的相互纠缠，为中间派的居间调停提供了空间，围绕着东北问题和国民大会前后的政治局势，中间派进行了两次调停，但均无结果。

〔1〕沙千里：《漫话救国会》，北京：文史资料出版社1983 年版，第 105页。

〔2〕《民主人士挥泪相贺新年》，香港《华商报》1947 年1 月 5 日。

〔3〕张东荪：《和平何以会死了》，《观察》，2 卷 6 期，第 25 页，1947 年4 月 5 日。

〔4〕周恩来：《一年来的谈判及其前途》（1946 年 12 月 8日），中共中央文献编辑委员会《周恩来选集》上卷，北京：人民出版社 1980 年版，第 260 页。

1. 东北军事冲突的调解

东北问题是中国战后政局中一个相对独立且甚为特殊的问题。处于苏军控制下的中国东北不仅具有相对的独立性，同时还含有内政和外交的双重性质。这种独立性和特殊性，使东北问题未能同步纳入战后中国政局的一般进程，处于一种既不停战、又不谈判且又无人可以调停的局面。苏军滞留东北期间，国共在东北的地位尚不确定，而在苏军撤离过程中和撤离之后，为争取主动权，国共双方的争夺趋于白热化。正是在这样的局面下，"第三方面"展开了国共双方的调解。

中间派对东北问题向来十分重视，早在政治协商会议期间，"民盟"就曾提出应当签订东北停战协定，由于诸多复杂的原因，政协会议未对东北问题形成任何决议。关于这一点，"民盟"在事后的政治报告中指出，这是政协决议中最大的缺憾，中国的"内战"正是从东北开打的。政协会议后，鉴于东北形势的日益恶化，"民盟"加紧对东北问题的调处，其态度和行动十分积极。

首先，"民盟"认为，东北问题是内政问题，当以政治协商的方式解决。对东北问题的认识，执政的国民党和在野的共产党与"第三方面"存在差异。国民党认为，"东北问题在本质上是一个外交问题"，"我们可以说东北几省在主权的接受没有完成以前，没有什么内政问题可言"。不是内政问题，就意味着只有国民政府才有权处置，从而否决了与中共谈判的可能性。蒋介石还说："对于共产党所谓'民主联军'这样阻碍接受主权的行动和他所谓'民主政府'的非法组织，我们政府和人民决不能承认。"将中共在东北设立的政权宣布为非法，表明中共不在军调处的范围，"军事冲突的调处，只在不影响政府接受主权，行使国家权力的前提下进行"[1]。国民党借助其执政地位，试图以接受国家主权的名义，排除 3 月 27 日国、共、美三方共同签订的《调处东北停战协议》对其行动的约束。"民盟"则始终坚持东北问题必须用政治协商的方式解决。"民盟"的声明指出：东北问题是全国民主和平统一问题的一部分，不可与外交混为一谈，应以政治协商的方式，遵循政治解决的途径，由政府召集政治协商会议综合小组协商具体的解决办法，以免事态扩大，影响全国民主和平统一的进行。[2]民盟领导人罗隆基还呼吁"军调部执行小组",即赴东北查明真相,速作调停。可以看出民盟对东北问题的态度与共产党基本一致。其次,与国、共分别磋商,多次提供调停方案。随着东北战局的发展,"民盟"先后提出过若干个调停方案。尤其是4月10日的第一个方案和围绕"长春问题"的方案最为重要,但均未获得任何结果。

在东北军事冲突的调停过程中,不论是共产党占军事优势,还是国民党占军事优势,中间党派始终保持着协商解决的一贯态度予以斡旋,先后提出的两个主要方案也相当中立。然而在国民党方面看来,中间派的中立立场,实质就是偏袒中共。6月5日,蒋介石在情报分析会上指示:"对民盟不必姑息,罗隆基、沈钧儒、章伯钧,应施打击。"[3]对"民盟"的打击,目的在于限制其对中共的支持,而手段则是挤压它的政治空间,不留"中间"的余地。7月,在上海地方实力人物杜月笙约集的一次宴会上,国民党高层人士陈立夫对黄炎培明确表示了两点意见:"(1)国民党不能容许共产党并存;(2)第三者以国共并称,忽视国民党之为正统,从事调解冲突,即延缓对中共问题之解决。"[4]国民党不与中共并存,因此"民盟"也不能以第三者立场将国共"并称",两者之中必择其一。这表明"第三方面"的政治空间日益狭窄。

2. 国民大会召开前后的调停

1946年下半年,国民大会召开前后,

〔1〕蒋介石4月1日国民参政会演讲,《中央日报》1946年4月5日。

〔2〕《罗隆基在记者招待会上的谈话》(1946年2月23日),中国民主同盟中央文史资料委员会编《中国民主同盟历史文献》,第151页。

〔3〕唐纵:《在蒋介石身边八年——侍从室高级幕僚唐纵日记》1946年6月5日,北京:群众出版社1991年版,第622页。

〔4〕黄炎培日记,1946年7月26日。

"中间派"再次调停国共谋求两党和解。此次斡旋，国民党军事明显占优，一开始中间人士就没有对调处结果抱太大希望，而是以"死马权当活马医"的态度努力为之。7月到9月，全面内战虽已爆发，但国共间的接触和谈判仍在继续，国民党通过美国驻华大使司徒雷登首先向中共提出和谈，由于条件苛刻，谈判流于形式，双方实际的战事不断。10月11日，国民党军队占领了此前由中共控制的察哈尔省省会张家口，蒋介石即刻宣布原定于11月12号召开的国民大会如期召开。

为了给即将召开的国民大会寻求合法性和权威性，国民党展开了一场和平攻势，提出以既成事实为依据的新的八项办法，要求中共承认并参加国民大会，中共则提出两个应对条件。[1]针对国民党的八条和共产党的两条，中间党派与双方展开磋商。10月18日，三方代表在上海举行非正式会谈，"民盟"方面认为，国民党和共产党各自开出的条件相差太远，建议双方都把各自的条件抛开，另拟一套方案，并提议首先商讨停止冲突事宜。21日中共代表应中间党派的邀请，与张君劢、沈钧儒等21人由上海抵首都南京，准备与蒋介石正式会谈。不料蒋介石对登门拜访者敷衍几句后，竟借故飞往台湾，致使谈判无法正常进行。中间党派深感"和谈"已成绝望之势。

即便如此，真诚渴望和平的自由主义者，仍在做最后的努力。10月28日，"民盟"经过讨论，仍然向国、共、美三方提交了一个单方面的折中方案。主要包括军队停战问题、全国地方政权问题、国民大会问题三方面内容。这个"民盟"认为折中的方案，遭到中共代表的强烈反对，周恩来斥责道："现在国民党已经向解放区进攻，要用武力消灭我们，你们还想在背后捅一刀子！国民党要把我们打倒在地，你们还想在我们身上踩一脚！你们那个方案，我们是绝对不能接受的。"[2]周恩来如此盛怒，起草方案的梁漱溟等人大吃一惊，他们即刻将已分送给国民党代表和马歇尔特使的方案文本收回，颇具戏剧性地结束了这次调处。[3]

其实，在国民政府攻下张家口和宣布召开国民大会的那一刻，忙于调停的中间人士就知道"和平已经死了"[4]！梁漱溟以后追忆说，中共对蒋介石不得进攻张家口的警告绝非戏言，他们不可能在这样的情况下继续与政府进行"和谈"。中间人士之所以还会"死马权当活马医"地周旋奔走，是基于他们的责任感，且观一段肺腑之言：

我们始终坚持人民的立场，不忍看到今后全面大破裂的糜乱局面，我们不但不放松每一次和谈的机会，而且当此国运生死存亡的关头，每一国民每一党派团体都有拼死挽救的责任。我们不仅愿做调人，而

〔1〕八项办法和两个条件：1946 年 10 月 16 日，蒋介石发表声明，提出八条"和平条件"，在军事上继续进攻"解放区"的条件下，声称只有中共同意这些条件和参加国民大会，并提出代表名单后，才能下停止军事冲突令。中共则针对此于 10 月 18 号发表时局声明，提出承认恢复 1946 年 1 月 13 日国共双方军事位置为一切军事商谈的准则；承认实行政治协商会议的一切决议为一切政治商谈的准则。参见王功安、毛磊主编《国共两党关系史》，武汉：武汉出版社 1988 年版，第532 页。

〔2〕王功安、毛磊主编：《国共两党关系史》，第 533—534页。

〔3〕1946 年 10 月 28 日"民盟"召开会议通过了一项折中方案，并决定一式三份，分送国民党与共产党方面及美国总统特使马歇尔。张君劢、左舜生、缪云台负责送给国民党，梁漱溟、李璜、莫德惠负责给中共代表团，罗隆基负责给马歇尔。周公（恩来）盛怒后，大家觉事态严重，决定将送出的方案"智取"收回。李、黄、莫、罗 4 人先奔孙科处，孙科以为他们打探态度，即表态说："国民党方面刚才开会，已决定接收了，蒋主席在电话中同意了。"黄炎培答漏抄一条需要补上，孙科取出方案原稿，交黄，要其当场补上，罗隆基立即将方案装入袋中说："这种正式文件怎能补抄一条呢？还是回去另外誊一份正式的送来吧！"之后，他们告别。从孙科处出来，又赴马歇尔处将另外一份取回。两件取齐后他们拿着方案来到梅园对周公说："各件都请周公过目，声明作废。"此为梁漱溟一手经办，此后梁逐步脱离国共和谈并最终脱离民盟。参见留尘：《绝望的调停者——记抗战胜利后民主党派对国共冲突的两次调停》，《文史精华》2000 年第 3 期。

〔4〕罗隆基：《从参加旧政协到参加南京和谈的一些回忆》，《文史资料选辑》第 20 辑，第 259 页。

且要主动的参加这个千钧一发时期的救亡工作，我们是抱着不许内战，不许分裂，不许马死的严正态度来参加工作的。我们不以为自身具有起死回生的妙方，但希望我们的精诚所至，能感召千千万万爱好和平的人民，共同来参加和平救亡的大运动，只有人民的力量是伟大的，不朽的；当全国人民浪潮一般站起来，一同高呼不许内战，不许分裂，不许马死的时候，虽死马也会变活，而和平的奇迹便昂然出现了。[1]

事实毕竟是残酷的。"第三方面"此番对国共调处，不仅没有使"和平之马"活过来，自身反倒在两大势力的政争中走向分化。即将召开的国民大会，成为中间党派必须做出的选择。在外部强大因素影响下，"民盟"与"民主社会党"及青年党选择了不同的政治方向。美国政府有关中国政策的"白皮书"不无沮丧地说，中国的国民大会"仅有少数的非国民党的代表参加。无党派人士和青年党方面另外加送的代表名单是于 11 月 15 日晚上提出的，但共产党与民主同盟却并未参加。延期三天的结果是第三方面若干人士允诺参加大会。然而第三方面的团结却因此而破坏，它们在两大党派间的平衡力量，虽然未受致命的打击，亦大大地削弱了。"[2]

张东荪在事后对"中间势力"有如下评价：

原来在第三者一类中最好包括比较偏左的和比较偏右的。偏右的则国民党对之有信托；偏左的则易于对共产党说话。但自身却必须综合，成为一个单位。必须如此的缘故，就是因为没有一个中间者，不论是团体或个人，而为国共双方同等信托的。所以第三者必是一个复合体。就因为这个缘故，悲剧与不幸乃产生了。民主同盟自始不断为外界所压迫。压迫的目的在唯恐民盟不偏左。须知在国共的中间这倘使有个势力，十分强大，完全独立，却与平和很有决定的作用。凡处心积虑务使中间势力化为左右两分，不使其存在，便是好战和反平和的确实证据。[3]

不幸的事实是，以国民大会召开为标志，"中间势力"作为一种独立的政治力量，从此走向分化而日渐削弱，他们或者与国民党为伍，或者与共产党并肩。尽管"中间势力"的影响始终没有消失，甚至在舆论和宣传方面还颇有作为，但在此后的现实政治中，他们再也无力对国共双方的行为起到实际的平衡与制约作用。

从"中间党派"分化的历史事实中不难看出，在中国缺乏民主保障的前提下，欲以独立姿态从事现存制度下的改良几乎是没有可能的，其结果只能是与现实两种方式的妥协：一是坚持对现有秩序的追求，而丧失对"意义"的寻求与捍卫，青年党和民社党以放弃民主原则为代价而与当政者为伍。二是走向另一种秩序的追求，成为现存秩序的反对者，"民盟"与共产党的结合则表明了这一倾向。无论是哪种选择，都以自由主义者对自由民主"意义"的放弃为归宿，这确是自由主义在中国境况下令人感慨的历史悲剧。

（二）执著地呼吁和平反对内战

"中间派"和自由主义者在直接参与调解国共和谈之外，更多的表现是不遗余力地呼吁和平、反对内战。无论战争形势发生怎样的转折和变化，也无论和谈进程怎样的艰难，自由主义者们总是执著地坚持反战态度，力主和平解决争端，这被他们视做自己的天职和使命，也成为体现其中间立场的重要标志。自由主义者的反战论说主要集中在以下几方面：

〔1〕时评：《死马当做活马医》，《民主周刊》（华北版）第13期，第2页，1946年11月1日。

〔2〕《中美关系资料汇编》第1辑，北京：世界知识出版社1957年版，第255页。

〔3〕张东荪：《和平何以会死了》，《观察》2卷6期，第25—26页，1947年4月5日。

第一，和平统一是战后中国最好的出路。战后初期，一些自由主义者认为国共对立的现状可能导致中国出现三种结局：一是南北朝。即国民党和共产党各自统治一部分地区，造成事实的分裂状态；二是武力统一，可能出现两种情况，或是国民党用武力消灭共产党，实现全国统一，或是共产党在战争中实现"十月革命"，完成统一；三是和平统一，即依照政协会议设定的路线，通过党派的协商联合将中国建成统一的民主宪政国家。毫无疑问，政协会议设定的路线是自由主义者心目中最理想的和平统一方式："由政治协议的路线过渡到民主宪政的大路，这是中国时局前途最好的一个去向。"[1]具体说，就是通过各政党的协商，成立联合政府，再由国民大会确定宪政方式，由此完成国家的民主统一。

很明显，自由主义者的和平路线也就是民主路线。和平与民主必须是合而为一的，只有以民主的方式实现和平，和平的获得才有价值和意义。在和平无望的情况下，自由主义者们也商讨过退而求其次的方案，比较有代表性的是政治学教授钱端升提出的"联立之路"[2]。但包括钱端升自己在内的多数自由主义者都认为，中国政治最理想的出路仍然是政协决议所提出的联合之路："前一条路就是去年政协所尝试而没有成功之路，可称为联合之路。没有成功却并不等于没有可能。不但不无可能，而且一旦成功，尚比联立政府为妥当，为圆满。"[3]张东荪在追述建立"联合政府"的用意时表示："以上所说，虽有明日（当为昨日——引者注）黄花之感，然而联合政府这一个药还不失为一剂永久有价值的起死回生汤。倘使不幸不走这条路，则今后的变局只有一个惨不忍言的了。"[4]自由主义者确信，无论在任何情况下，一个国家真正意义的统一必须是民主的、和平的，而非强制的、武力的。

第二，反对武力统一方式。自由主义者之所以竭力反对武力和战争，不仅源于最基本的和平主义立场，也出自于对现实状况和国共两党的实力分析。首先，"内战"不符合全民族的根本利益，解决不了国共之争，也产生不了统一的中国，其"唯一结果是糜烂而已"[5]。战争中的政治是无法获得改良的，为了支持战争，国民党或共产党控制的政权，都会实行若干维持战争的政策，而这些政策往往会牺牲人民的民主权利；战争过程中巨大的经济消耗也是毁灭性的，"这毁灭性的负担要压迫着内战的双方，而有着正式政府得着国际承认的那一方特别会感到经济的压迫。内战继续不停，经济崩溃总不能免"；[6]战争过程中的外交无法做到兼亲美苏，国民政府因共产党的缘故，会对苏联心有疑虑，使之关系恶化，共产党则因国民党的缘故，与美国的关系也同样恶化；战争过程中的人民更是苦不堪言，他们要忍受比平时多得多的苦难，"继续征兵征粮，无限膨胀通货，官吏趁火打劫，这些虐政都是内战之赐"[7]。所以，从任何角度讲，"内战"都无益于国家民族。

其次，就国共各自的实力讲，"内战"将会是一场长期的"拉锯战"与消耗战，这将无助于问题的解决。"内战"之初，自由主义者普遍认为，双方谁也无法在短期内战胜对方，"如果国共两方中有一方在军力上能将另一方于短期内打垮，于不出岔子先打垮，那国共之争也就解决了。不幸的是这个可能是不存在的。不但延安打不垮国民政府，国民政府也打不垮延安。"[8]因此，中国"内战"将是一场长期的战争。国民党方面，由于"国军却是化了中国历史上最大的资本来打仗"[9]，政治和经济的代价相当沉重。而中共为达到其最终革命的目的，似乎不怕长期内战："长期内战可以拖垮国民党，同时也

[1]王芸生：《中国时局前途的三个去向》，《观察》1卷1期，第6页，1946年9月1日。

[2]所谓"联立之路"，在国共两个政府之上再冠以一个共同政府，国共两政府对内事务互不干涉，联立政府管理全国的交通和对外政策。参见钱端升《唯和平可以统一论》，《观察》2卷4期，第6页，1947年3月22日。

[3]钱端升：《唯和平可以统一论》，《观察》2卷4期，第7页，1947年3月22日。

[4]张东荪：《追述我们建立"联合政府"的用意》，《观察》2卷6期，第7页，1947年4月5日。

[5]钱端升：《唯和平可以统一论》，《观察》2卷4期，第5页，1947年3月22日。

[6]钱端升：《唯和平可以统一论》，《观察》2卷4期，第4页，1947年3月22日。

[7]严仁赓：《我们对于时局的几点认识》，《观察》2卷23期，第6页，1947年8月2日。

[8]钱端升：《唯和平可以统一论》，《观察》2卷4期，第4页，1947年3月22日。

[9]吴世昌：《论和平问题》，《观察》2卷16期，第7页，1947年6月14日。

可以其灾难来集结更广大的革命群众。但是拖垮国民党已不是短期的事，就是拖垮了国民党，中共的革命未必就算完成。"[1]因为长期内战有可能使革命的结果不再美好。因此，对双方来说，长期战争会是一种两败俱伤的结局。"长期内战的最后结果将不是国共某一方的显明胜利，而是两败俱伤中的全国糜烂。糜烂之后，少则一二十年多则三五十年之后，中国当然仍会统一。但这数十年的过程则我们不敢想像，也无从想像。"[2]

再次，武力统一中国不仅不易实现，即使实现了也不会是理想状态。自由主义者认为，长期战争所习惯的军事统治往往不利于社会进步。无论长期"内战"的结果如何，或国民党用武力消灭了中共，或中共用武力消灭了国民党，于中国社会的进步都是不利的："国民党凭藉武力而完成了北伐，经过军政时期和训政时期而造成今天这样一种统治，三民主义反而成了禁果；这个教训是值得中共政治家咀嚼的。我们不敢预言中共会蹈这个覆辙，谁又能保证它不会蹈这个覆辙？长期内战不免要培植出足以左右政治的武人，惟有不凭藉长期内战，才可免除这种威胁而不使革命变质。"[3]长期战争将使民主气氛日渐淡薄，战胜对手的执政者亦很难保证以民主理念治理国家，所以武力统一从根本上说不符合民主建国的精神。

第三，国共双方对中国的"内战"都负有责任。自由主义者认为，这场"内战"不同于抗日战争，双方尽管信仰目标不同，但目的似乎相同，都是为了争夺利益，因此并不存在任何一方的战争正义性问题。虽然彼此都宣称自己是国家民族利益的代表者，但实际上他们更注重的是各自的党派利益，而非国家和人民的利益。"现在全国人民所最迫切希望的是和平与安定，或者我们可以说，获致和平是今日的国是，然而国内的两大政党却正进行着空前猛烈的内战。一方面国民党政府不惜以一切总动员以'戡乱'，要用武力战争来导致祥和，另一方面共产党也在不惜一切用'清算''斗争'来实现和保卫'民主'。尽管双方所标榜的目标仍是全民'福利'，但置之死地而后生的福利，供鹰啄犬噬的福利，显然不是人民所仰望的。"[4]因互不相让而引起的"内战"，双方都有不可推卸的责任。

他们进一步指出，既然双方都把党派利益放在第一位，"和谈"的诚意就无法体现，多次和谈的事实表明，两方没有谁会接受无条件的停战与和平，为两党利害争执的讨价还价，无疑是"和谈"的最大障碍。"故若欲论诚意，则在每次和谈之中，某一方认为对自己有利的条件，必有诚意无疑，反之，必无诚意无疑。因此，双方均无资格指责对方无诚意。"[5]对两个拥有武装的政党而言，"和谈"不过是一种权宜之计。自由主义者也明了，国共两党最后只能用武力来决胜负："战争会成为国共间解决争端最后的手段，就国共两党内在的因素来说，那是逻辑上必然的结果。"[6]

整个"内战"进程中，自由主义者的和平呼吁始终是针对国共双方的，但批评的矛头更多地指向了国民党。在他们看来，执政的国民党应当对国家的整体发展与和平安定负有更多的责任，将武力剿灭异己作为一种国策，这本身就是"内战"不可避免的重要原因。有学者认为，1946年政协会议中，共产党做了较大让步，他们与国民党及其"第三方面"达成的一系列决议，旨在解决分歧避免"内战"，这表明共产党当时是有和平诚意的，而没有履行协议的首先是国民党，因而国民政府的和平诚意值得怀疑。更加重要的是，国民党统治的极端失败，直接促成了共产党势力的壮大，从这个意义讲，国民党是导致"内战"的负责人。经济学教授伍启元强烈指责国民党经济政策所导致社会不公的严重后果：

[1] 杨人楩：《内战论》，《观察》4卷4期，第5页，1948年3月20日。

[2] 钱端升：《唯和平可以统一论》，《观察》2卷4期，第6页，1947年3月22日。

[3] 杨人楩：《再论内战》，《观察》5卷9期，第3页，1948年10月23日。

[4] 陈振汉：《论经济与政治——对于日前几种经济急救方案的一点批评之一》，《观察》3卷2期，第3—4页，1947年9月6日。

[5] 吴世昌：《论和平问题》，《观察》2卷16期，第7页，1947年6月14日。

[6] 陈彦：《国共问题何以不能和平解决的追索》，《观察》2卷24期，第16页，1947年8月9日。

在这极大多数同胞无法生活的时候，通货膨胀等政策却扩大
了既得利益集团的财富，……在这样的一个社会中，无论有没有
共产党，那能不发生内部的战乱？共产党力量所以膨胀，可以说
是受这种经济政策之赐。任何人站在中国共产党的地位，都会利
用经济上贫富对立和政府偏袒富裕阶级的弱点，利用极大多数贫
穷的人，起而与政府抗争。[1]

储安平也同样认为，假如二十年来政治清明，共产党的势力绝不会膨
胀如今："我个人很直率地说，国民党腐败的统治是'共产党之母'，
它制造共产党，培养共产党。"[2]因此，"内战"局面的演成，根本上说
是国民党腐败无能的必然后果，执政的国民党理当担负"内战"的主
要责任。

从实际效果看，自由主义者们自认为中立公允的和平呼吁根本
不会被国共任何一方所认可，并且常常遭到双方的指责。1948年10
月张申府在《观察》杂志发表《呼吁和平》一文后的遭遇，很能反
映这种尴尬。该文以自由主义的一贯态度对"内战"双方发出和平
呼吁："无论如何，作战于一国之内，不管胜也罢、败也罢，遭受死
伤的，遭受涂炭牺牲的，即是同一祖宗的子孙，穷兵黩武，总要不
得，总不应该。"[3]所谓"兵犹火也"，"佳兵不详"。"也许有人认为，
现在有一方打的正顺手，正打得起劲，正要一劳永逸，一举而成功。
在此时呼吁和平，也许会转移他们的斗志，必为他们所不快，必为
他们所不睬。那么打得不甚顺手的一方是否也不理不睬？其实，不
管谁睬谁不睬，这样说法，究竟仍是只顾成败利害，而没注意到是
与非。这绝非看到一般人民生活实况的说话。"[4]不论谁胜谁败，以
战争解决问题不是利国利民的方式。应该说，张氏的态度不过是自
由主义理念支配下的一种评论，其立场是中立的，并没有什么特殊
的含义。[5]然而，此文即刻遭到中共的严厉批判，"痛斥叛徒张申府
等卖身投靠"，左倾的香港"民盟"总部因此将其开除盟籍。不及
两月，发表该文的《观察》杂志却以攻击国民政府政策和讽刺国军

等罪名遭到查封。两年前曾就东北"内战"发表言论的王芸生，也对此种尴尬深有感触："我们努力维持可怜的人民立场，努力保持头脑清醒……同一立场，两面受攻，一面飞来红帽子，使我们苦笑，另一面又骂你是'帮闲'，骂你是'法西斯帮凶'，更使我们莫名其妙。"[6]这些执拗的自由主义者们在现实政治中就是这般左右挨批，难以自处。

战与和的问题，是战后中国政治局势中最为敏感的问题，它关乎交战双方的政治命运。国共之间是以武力逻辑说话的，自由主义者以和平逻辑给予评判，必定会遭到双方的指责。《世纪评论》一篇社论以反省的态度指出：

我们对内战一向是反对的。我们在本栏内也曾作过多次的呼吁。现在我们对于这种呼吁的价值有些怀疑。现在我们又深深地感觉，像这样的呼吁，在表面上，即在呼吁者的内心

〔1〕伍启元：《从经济观点论内战问题》，《观察》1卷2期，第4页，1947年9月7日。

〔2〕储安平：《评蒲立特的偏私的、不健康的访华报告》，《观察》3卷9期，第5页，1947年10月25日。

〔3〕张申府：《呼吁和平》，《观察》5卷9期，第1页，1948年10月23日。

〔4〕张申府：《呼吁和平》，《观察》5卷9期，第1页，1948年10月23日。

〔5〕关于此文的背景，张申府回忆说："不过，1948年，所有针对我们的运动尚未到来，但储安平所办的杂志已开始感觉压力了，因为它报道政府军失利的消息。每个人都对战争厌烦了，但对我来说，情况更为不妙，因为我被困在北平。于是我写了《呼吁和平》。几个月之前中共自己也曾作出同样的呼吁，但我不知道战局在农村中已扭转了，中共已取得上风，他们要打下去直至胜利为止。几个星期的时间，几百里路的距离，使我的文章落后于中共的观点。"参见〔美〕舒衡哲《张申府访谈录》，李绍明译，北京图书馆出版社2001年版，第220页。

〔6〕王芸生：《论宣传休战》，上海《大公报》1946年5月30日社评。

里，虽然是保持着不偏不倚，公允忠实的态度，而究其实际，
是不是在不知不觉中为某一方面作了义务的帮忙？最近有人对
我们说，中国现在的情形有点像西班牙的内战，可是中国人的
政治意识却比不上西班牙人。因为每一个西班牙人在内战的时
候都有鲜明的立场，而中国大多数的人却以第三者自居。像这
样的悲惨局面，我们都有被牺牲的可能，我们能置身局外，以
第三者自居吗？[1]

自由主义者的和平呼吁和他们实际的居间调停一样，注定逃不出失败
的命运。

三　支持同情学生运动

国共"内战"期间，国统区的学潮是最引人注目的政治事件之
一。学生的抗议活动尽管都有具体的起因，但基本上是以反战为核
心的运动，它将公众的注意力集中到国共冲突上，因而它本身就成
为"内战"时政治中的一个问题。这一时期，引起全国关注的学潮
主要有 1945 年昆明"一二·一运动"；1946 年底至 1947 年初"抗
议美军在华暴行"的示威；1947 年 5 月至 6 月"反饥饿反内战运
动"；1948 年 4 月至 6 月间反迫害反饥饿运动。其中，1947 年的
"反饥饿反内战运动"规模最大，国统区大多数城市的大学和中学被
卷入，学生们通过集会、游行、请愿和罢课的方式抗议政府的"内
战"政策，而政府的严厉举措进一步使学潮发展成为向国民党政权
权威挑战的运动。毛泽东将此视为"国统区"第二条战线的形成：
"现在又出现了第二条战线，这就是伟大的正义的学生运动和蒋介石
反动政府之间的尖锐斗争。学生运动的口号是要饭吃，要和平，要
自由，亦即反饥饿，反内战，反迫害。"[2]对于这一次全国规模的学
潮，自由主义者给予了极大的关注，他们连续发表各种声明意见，
表明声援学生的立场。

首先，他们指出，学潮发生的原因是由于现实政治的腐败与黑暗，
"反内战反饥饿"口号是切中时弊的。自由主义者分析认为，看起来各地

学潮最初的起因各不相同，有教育经费问题、教授待遇问题、学生副食问题、男女分校问题、会考问题、人权问题、迁校问题等等，但究其实质，这些具体问题背后潜伏着严重的政治问题，这就是青年学生对于现状普遍的不满。无论从任何角度说，当时的社会现实都太令青年人失望了：

> 今天的中国青年，是被重重的烦闷围困着。他们首先为国家烦闷，胜利的中国为什么要在连绵不休的内战中趋于毁灭？其次他们为自己烦闷，平津大学生都在啃窝窝头，他们生活苦。再想想他们的前途，无论今年或明年，毕业即失业，前途茫茫，漆黑一片，竟无出路。再其次，他们再看看他的家乡以及社会大群，兵荒困苦，大家不得聊生，这更使他们烦闷。[3]

种种的烦闷与危机，无不与内战问题相关，"因为在这种内战的局面下，无论是国家的或者是个人的前途，都被内战打得一干二净，没有一丝生路。"[4]且饥饿与"内战"更是一对孪生兄弟，"是一个问题的两个方面，因为饥饿是内战的结果，内战是饥饿的原因。"[5]在这种状况下，青年学生们发出"反内战反饥饿"的呼声，实在"已不仅仅是他们大学生的要求，而实已成为所有关心国家前途的国民的共同要求了。"[6]

"反内战反饥饿"口号得到了自由主义者的高度评价。他们认为这个口号不仅反映了人民的愿望，也表明学生运动的政治意识演进到了更高层

〔1〕社论：《和运的悲哀》，《世纪评论》1卷24期，第4页，1947年9月7日。

〔2〕毛泽东：《蒋介石政府已处在全民包围中》，《毛泽东选集》第4卷，北京：人民出版社1991年版，第1224页。

〔3〕王芸生：《我看学潮》，上海《大公报》1947年5月25日。

〔4〕储安平：《学生扯起义旗·历史正在创造》，《观察》2卷14期，第3页，1947年5月31日。

〔5〕翦伯赞：《学潮评议》，《时与文》1卷13期，第8页，1947年6月6日。

〔6〕武汉大学教授金克木、张培刚等六人：《我们对学潮的意见》，《观察》2卷15期，第22页，1947年6月7日。

面："反内战"是一贯的呼声，而"反饥饿"则提出了一个社会的公平问题，它表明现实状况中的不公平已经到了人民能够容忍的边缘。正因为这个口号揭示了中国社会与政治问题的症结，才引起了广泛的共鸣，并促成学生运动从局部、个别，走向目标一致、步骤统一的全国规模：

> 北方的学生在这个时候直截了当的提出了"反内战反饥饿"的口号，认为"饥饿源于内战"，要活非先停战不可。这个"反内战反饥饿"的口号，立即为南方学生所接受。南北两地的学潮发展到这个地步，目标趋于一致，步骤亦渐统一，而真正成为一个有历史意义的学潮，遂开始在南北两地，并肩迈进。[1]

学生运动所蕴涵的政治意义，使其成为一个具有历史意义的学潮。

其次，自由主义者不认可政府将学生运动的政治倾向归结为被人利用，反对政府对学生运动武力镇压。他们强调，学生运动历来就是国家政治的"寒暑表"，学潮激荡无不反映当时政治的腐败和黑暗，举国一致的呼声应当使执政者反躬自省，而不是归罪于他人：

> 我们亦决不承认，此次学生请愿，系受他人利用。学生目击国家危急，深受饥饿苦痛，痛中思痛，一切罪恶皆源自内战，起而呼吁，起而反对，为什么一定要说他们受人利用？老实说，在今日这种局面下，假如还要受了他人的利用，才喊"反对内战"，我们真要向苍天呼号："人心何在"了！[2]

即使是有人利用，也说明确实存在一些重大失误是可供"利用"和"鼓动"的，值得当权在位者深切思考，而一定要说学潮是"受人利用"，无疑是政府对学潮施行武力镇压的借口。

对于国民党政府 1947 年 5 月 18 日颁行的《维持社会秩序临时办法》，[3] 自由主义者皆持反对态度。他们指出这个针对学生的条律完全没有道理，因为真正扰乱社会秩序的绝不是那些学生，制止了学生的请愿游行，未必就是维持了社会秩序。在学生的活动中"纵然学生们的行动，间有失检之处，政府如要执法以绳，也尽可由各地负责治安的当局,依照违警罚法办理,何需特别颁发一个'临时办法',在'紧急措施'的名义之下,授各地军警当局以生杀予夺之权?"[4]由此可能引发青年学生轻则伤身重则丧命的流血惨案,使社会陷入真正的无序。实际上,政府对学生的武力压迫,只能使学生与政府更加疏远,斗争的觉悟与意志更加高涨。"水龙先生、皮带先生、木棍先生、石子先生的教训,学生在心灵上又骤然跨前一步,孕育出一种更为崇高更为伟大的精神。他们了然他们在今日这个时代中已肩负一种新的任务,亦即历史的任务。他们现在正企图以他们的热血来旋转这个天地!南京学生饥饿请愿团的主席曾说过:'现在公教人员和老百姓不敢喊。他们不敢喊,我们要替他们喊出来!'"[5]学生不会被镇压吓倒,反而更具有了使命感和责任感,因为他们背后站着的是全国的开明进步分子。

平息学潮的根本办法不在于消极的武力镇压,而要从积极方面,解救当前的国家危机,痛下决心清除各种培养不满情绪的措施,"过去政府放过了许多自省的机会;这可能是最后的一次,切不要使全国人民绝望。把一切责任推诿于中共是不智而无意义的,这是得不到民心的下策,好比参加一种竞赛,将自己的失败归过于对手,并不因此而获得锦标。"[6]在学潮问题上,自由主义者不认为中共有什么过错,重要的是政府需要

[1]储安平:《学生扯起义旗·历史正在创造》,《观察》2卷14期,第3页,1947年5月31日。

[2]储安平:《学生扯起义旗·历史正在创造》,《观察》2卷14期,第3页,1947年5月31日。

[3]此次学潮自1947年4月底发生后,连续不断有学生的请愿与示威,为了制止5月20号学生将要举行的大游行,5月18日,行政院在南京开会,颁布了《维持社会秩序临时办法》,这些措施禁止10人以上的罢课、游行及请愿,地方执法部门有权使用一切必要的执法手段。参见张宪文等著《中华民国史·第四卷(1945—1949)》,南京:南京大学出版社2006年版,第145—146页。

[4]武汉大学教授金克木、张培刚等六人:《我们对学潮的意见》,《观察》2卷15期,第23页,1947年6月7日。

[5]储安平:《学生扯起义旗·历史正在创造》,《观察》2卷14期,第4—5页,1947年5月31日。

[6]钟伯平:《学潮平息以后的认识》,《观察》2卷17期,第5页,1947年6月21日。

反省自己的所作所为。

学生力量的涌现是现代中国政治中一个引人注目的现象。从 20 世纪上半期的历史看，自由主义者，尤其是立足校园的自由知识分子，对待学潮的态度常常是矛盾的：一方面他们怜惜学生的爱国热情，希望政府能"屈如所请"；另一方面，又对学生的过激方式颇为担心，并认为学生爱国，当以积极的方法，而不必采用罢课、请愿、游行等行为。但在此次学潮中，几乎看不到此种矛盾，自由主义者们对学潮的态度不仅是同情爱护的，更是赞赏支持的：

> 每当我们目击青年学生游行示威时，无不衷心激动，热泪盈眶。这些青年何不幸而生在这样一个腐败黑暗的国家，竟使他们不能安心在校读书，冒暴雨或烈日，自清晨至深夜，声嘶力竭，奔走终日，曾不顾一己之疲乏与饥饿，凭着一股热血，以寻觅国家的光明。我们生在这样腐败黑暗的国家内，亦何幸尚有这一批热血青年，能责无旁贷地起来呼吁我们国家的灵魂。[1]

青年们揭橥的"反内战反饥饿"的政治主题与自由主义者的主张基本一致，因而引起了他们强烈的共鸣。学潮期间，许多自由主义学人以个人或集体名义发表声明，甚至断然罢教以示支持。[2]他们对学潮中学生的评价也空前之高，认为今日的学生素质和能力绝非此前二十年的学生所能比拟：

> 今日这一代学生，无论是他们的活动能力，组织能力，处理能力，或是宣传能力，都远非二十年或十年以前的学生所能比拟，他们已建立了他们的尊严。在多年多种的锻炼下，他们不仅完全成熟，而且他们那样沉着坚韧，竟非中年或老年人所能想像。[3]

有学者进而指出自发和主动的学生运动在教育上也应当加以鼓励，一是可以培养学生的共同利益观念，使他们注重研究国家的切要问题；二是可以锻炼学生的组织能力；三是可以逐步养成国民由下而上的民主政治作风。[4]"我认为，全中国的学生运动，甚至全世界的学生运动，都是值得我们赞美和发扬的。"[5]对自由主义者而言，学生运动的政治意义最为可贵，因为他们对现实的抨击表达了民众的共同心声，因此它可以成为继五四和一二·九以后第三次有历史意义的学潮。[6]自由主义学人对学潮的态度反映着深刻的政治内涵，它预示着国民党政权已经走向穷途末路。

四　批判现行经济政策

经济问题关系国计民生。国民政府在战后实施的经济举措，对国统区民众的经济生活乃至政治态度发生着重要影响，成为备受自由主义者关注的核心问题之一。他们指出战后中国的经济状况实在令人不满：经济结构极端不合理、贫富差距日益扩大且日益悬殊，国家整体经济实力不仅没有从战时状态走向恢复，反而每况愈下，整个经济已陷于崩溃之中："抗战已经结束一年一个多月了，别的国家经济情形大都恢复了原状，或正在恢复的途中迈进，连战败国的日本经济也在欣欣向荣，独有战胜的中国是江河日下。"[7]缘由十分清楚，因为中国还在"内战"，国民政府还在采取片面和错误的经济政策，长久下去中国经济的前景如何不黯淡？

（一）偏护富人的财经政策

自由主义者认为，国民政府财经政策最主要的特点是为既得利益集团

〔1〕储安平：《大局浮动·学潮如火》，《观察》2卷13期，第3页，1947年5月24日。

〔2〕1947年5月28日，平津教授费孝通、吴晗、陈岱孙、金岳霖、陈序经、卞之琳等585人发表联合宣言，呼吁和平，要求制止内战，指出"学潮均为当前形势下必然之产物。"5月31日，复旦大学教授洪深等一百人发表罢教宣言，反对政府对学生镇压。参见金冲及《转折年代——中国的1947年》，北京：三联书店2002年版，第213页。

〔3〕储安平：《大局浮动·学潮如火》，《观察》2卷13期，第4—5页，1947年5月24日。

〔4〕樊弘：《教育莫忘群育！读书莫忘救国！》，《观察》2卷20期，第6—7页，1947年7月20日。

〔5〕樊弘：《教育莫忘群育！读书莫忘救国！》，《观察》2卷20期，第6页，1947年7月20日。

〔6〕吴世昌：《试论美国的"中韩调查团"及我国的反映》，《观察》2卷24期，第9页，1947年8月9日。

〔7〕笪移今：《中国经济危机的出路》，《观察》1卷9期，第7—8页，1946年10月26日。

服务，其财政来源始终以征课社会中下阶层为目标，富裕阶层几乎没有负担。这一基本方针体现在许多方面。首先，长期实行通货膨胀政策且赋税分配极不合理。自抗战爆发以来，国民政府弥补财政收支不平衡的主要手段是发行通货，这种筹措经费的办法是对中下阶层恶劣的剥夺，广大人民在日常生活中无时不受到通货膨胀的侵害："其中军队、守法的公务人员和各级学校的教师曾经于钞票增发与物价高涨之下受到极痛苦的牺牲，同时一般的人民，特别是农民，又在贪污、剥削、克扣、侵夺等程序之下接受着转嫁来的负担。"[1]将通货膨胀作为国家主要的财政手段，并持续十余年之久，足以说明国家财政政策的基本取向。租税是财政中第二项重要收入，其总值低于通货发行所得，并呈继续下降趋势。从赋税的内容看，直接税（包括所得税、过分利得税、遗产税、印花税、营业税）所占比重很小，"但其税法妨碍了正当工业，而对特殊的富裕人们和暴利的攫取者实际上可说没有征课。"[2]间接税（包括关税、战时消费税、货物税等）以及几种专卖的比重甚大，这些税收主要转嫁于普通民众，"是课取一般消费者而放松富裕阶级更不待言。"[3]在农村，田赋征实是抗战后期最重要的税收，其苛扰和弊端甚多，"且未采行累进税率（有特殊势力的大地主们还根本不肯交纳），所以征实的负担主要还是加于农民和小地主的肩上。"[4]可以看出，国民政府整个财政政策的设计是祖护富人，剥夺普通民众的。

其次，外汇和黄金政策同样体现着维护富裕阶层的倾向。长期以来，国民政府推行低价放售黄金和外汇的政策（远低于市价水平），试图以此压制物价。但实际上，压低黄金价格并不能阻止物价上涨，反会由于金价波动而带动其他物价的不断上涨，人民的生活水准更加降低。外汇低价同样几无收效，而由此形成的外汇价格与本币价格的巨大落差，使国内民族工业受到极大冲击。事实是，在黄金、外汇政策中获利的只有富裕阶层。低价出售的黄金，说是面向公众，但实际可以购到黄金的只有与政府有关的官僚资本和富裕阶层，"黄金价格既是长期的镇压而短期的准它一跳一跳的涨，那么有能力在低价大量吃进黄金的大户们，到了一跳的时候便可以发一笔横财。政府的黄金政策不啻是一项津贴这些专门作投机生意的政客富贾们的办法"[5]。而低价的外汇，也是"很少一般人能买到。尤其是大量的，必须有（购买）力的始能购到，因为要经过'审核'的。权贵势力愈大的，收购越多，这样便宜法，最便宜权贵。"[6]因此，黄金、外汇政策的唯一结果是帮助富裕阶层进一步致富。"近十年来政府运用外汇和黄金的方式是大大的帮助富裕阶级和既得利益集团，让他们获取极大的财富。"[7]广大民众和国家经济却在此政策中走向毁灭。傅斯年因此斥责对此负有重要责任的国民政府行政院长宋子文："这样的宋子文非走开不可"，因为"国家吃不消他了，人民吃不消他了，他真该走了，不走一切垮了"。[8]只有既得利益集团获得好处的黄金外汇政策，遭到自由主义者普遍的强烈谴责。

再次，国民政府在物价统制、信用和利率等方面的政策，对富裕阶层也是宽纵有余。自由主义者指出，在物价管制方面，虽然实行限价，但对于迫使富裕阶层出钱以制止通货膨胀始终没有切实执行过。"同时对有势力的大囤积者亦多宽纵。"[9]黄金风潮后[10]，政府出台《经济紧急措施方案》旨

〔1〕杨西孟：《枝节应付、阶级利益、经济失衡》（上），《世纪评论》1卷11期，第5页，1947年3月15日。

〔2〕杨西孟：《枝节应付、阶级利益、经济失衡》（上），《世纪评论》1卷11期，第5页，1947年3月15日。

〔3〕杨西孟：《枝节应付、阶级利益、经济失衡》（上），《世纪评论》1卷11期，第6页，1947年3月15日。

〔4〕杨西孟：《枝节应付、阶级利益、经济失衡》（上），《世纪评论》1卷11期，第6页，1947年3月15日。

〔5〕严仁赓：《检讨黄金政策》，《世纪评论》1卷8期，第9页，1947年2月22日。

〔6〕傅孟真：《宋子文的失败》，《世纪评论》1卷8期，第7页，1947年2月23日。

〔7〕杨西孟：《枝节应付、阶级利益、经济失衡》（上），《世纪评论》1卷11期，第6页，1947年3月15日。

〔8〕傅孟真：《这个样子的宋子文非走开不可》，《观察》2卷1期，第25页，1947年3月1日。

〔9〕杨西孟：《枝节应付、阶级利益、经济失衡》（上），《世纪评论》1卷11期，第7页，1947年3月15日。

〔10〕国民政府采取开放外汇市场和抛售黄金的办法来抑制通货膨胀，致使黄金价格暴涨，引起"黄金风潮"。1946年3月到1947年2月，国民政府共售出4亿余美元外汇和350余万两黄金。一些政府要员凭借手中的权力，从事黄金投机倒卖活动。由于上海金价较低，各地人员纷纷奔上海抢购，造成金融极度混乱。1947年2月15日，政府被迫宣布停售。行政院长宋子文、中央银行总裁受弹劾下台。参见尚海、孔凡军等主编《民国史大辞典》，北京：中国广播电视出版社1991年版，第590—591页。

在由放任变为管制。但政府停止黄金、外汇抛售的结果，并没有使市场物价平稳，部分生活必需日用品如米、面、生油、纱、布、肥皂等价格继续上扬，"在此次物价的四月涨潮中，除掉证券市场游资有一部分出路以外，大部分游资都向着各种日用品疯狂猛攻了"[1]。物价管控使有钱的囤积者总是可以投机操纵而获利，而普通百姓则由于工薪在"严格管制"之中，生活成本反而增加。"在各种价格的上下变化中一般人穷了，少数人富无止境。"[2]由国家银行低利贷款和抵押放款于工商业，本应起到辅助、调剂、救济之用，但问题是，政府放贷出去的巨款"有不小的部分转到囤积和投机等途上。"[3]信用膨胀政策使有资本的富裕阶层更容易获得贷款，而社会其他阶层却根本无法获得，"农贷"的数量更是有限。

纵观国民政府的财政经济政策，每一环节似乎都以枝节应付为主旨，结果是整个经济不断出现失衡，一项政策的出台可能诱发某个问题的产生，为应付而再出台另一项政策，却又因此带来新的问题。于是，失衡——应付——再失衡——再应付，"这样一直推展下去，使失衡和病态愈来愈扩大，愈来愈深化。"[4]在这种枝节应付下，却始终有一个万变不离其宗的指导思想——维护既得阶级的利益。

> 十年来（政府的）财政经济上的所谓枝节应付，实际上是自成体系，以维护并扩大某一个阶级的利益为坚定的中心，不惜极度地伤害其他阶级。[5]

由于这个总方针的指导，中国社会出现了两个更大的失衡：

> （一）中间阶层在经济地位上大都沦为下层，社会分化为贫与富两极端；富的一端不但积聚了巨额的财富，而且控制着国家的经济命脉；要讲经济自由，那就是他们的自由；要讲经济统制，那就是他们来统制。这是社会结构上一个大失衡。（二）危害国家利益的人得势，贪污流行，走正路的人吃苦，这一类现象改变了社会风气，使一般人对是非和价值标准于不知不觉中发生倒置和错乱。……后一种搅乱的害处恐怕比前一种还严重，因为一国之

内社会正义泯灭，将何以自存于世界呢？[6]

极端的贫富分化和价值标准失范是国民政府财经政策所导致的严重后果，社会的危机和紊乱无不与此相关。自由主义者认为，说到底，如果不改变国民政府在财政政策上对富人一贯偏袒的做法，一切的枝节应付终将无济于事。

（二）严重的通货膨胀

通货膨胀是国民政府自抗战以来首选的财政政策，其结果不仅使国民经济处于全面的崩溃状态，也让"国统区"每一个百姓深受切肤之痛，自由主义者对此批判最多。

批评者指出，通货膨胀政策由来已久，早在抗战初期政府就采用了，算起来至少已有十年的历史，战后的通货膨胀是十年来这一政策的继续。"通货膨胀是十年来政府的一贯政策，当今物价水准高度是过去通货增加积累的结果。过去的财政当局早已种下了祸根，而且祸毒已爆发到不可收拾的程度。"[7]黄金、外汇政策也不同程度地加重了物价上涨速度。整体言，中国的经济被笼罩在极不正常的通货膨胀之中。

通货膨胀所带来的物价上涨，对中国整体经济形成巨大的破坏，首当其冲的是民族工业。在物价暴涨的情况下，必然造成工业资本的极度缺乏，市场价格根本就无法使其产品获利，为了维持

[1]张西超：《经济前途还能乐观吗?》，《时与文》1卷9期，第9页，1947年5月9日。

[2]杨西孟：《枝节应付、阶级利益、经济失衡》（下），《世纪评论》1卷12期，第12页，1947年3月22日。

[3]杨西孟：《枝节应付、阶级利益、经济失衡》（上），《世纪评论》1卷11期，第7页，1947年3月15日。

[4]杨西孟：《枝节应付、阶级利益、经济失衡》（下）《世纪评论》1卷12期，第11页，1947年3月22日。

[5]杨西孟：《枝节应付、阶级利益、经济失衡》（上），《世纪评论》1卷11期，第7页，1947年3月15日。

[6]杨西孟：《枝节应付、阶级利益、经济失衡》（下），《世纪评论》1卷12期，第12页，1947年3月22日。

[7]刘涤源：《物价狂涨! 物价狂涨!》，《观察》4卷18期，第4页，1948年6月26日。

生存，几乎每个企业家都要向银行贷款，而"银行的利率势必全部吞噬工业的利润率，而使工业不能长久维持"[1]。政府救济工商业的办法是给予贷款，也就是增发钞票数量或扩张信用，但在通货膨胀的经济中，这一措施几乎不起作用。因为通货膨胀越多，则物价涨得越多，而美元的汇率却固定不动，国产货品的价格和美国产品的价格相差越远，实际成本和会计成本相差越多，"工业家为维持同样的生产规模所缺乏的资金越多，黑市场的利息率遂越高，投机商人侵蚀工业的机会亦越多，工业家赔本的亦越多。纵令政府加速运转印刷钞票的机器，而以新钞票贷于工业，亦不足于维持工业于不坠。"[2]每天都有工厂宣布倒闭和关门，工不如商，商不如囤成为普遍的情形，"又因工资高，利率高，从事生产无利可图，工厂停顿，原有的工业资本，改向投机市场流去。"[3]中国的民族工业就是在这样物价暴涨的状态下被断送了。

提供出口的农业和矿业在物价暴涨的过程中也趋于崩溃。中国本就是一个经济极端落后的国家，可供出口的主要是农业和矿业等原材料产品，但通货膨胀使国内农矿产品的生产成本节节攀升，在出口中处于极其不利的地位。经济学家樊弘以中美之间的贸易作了一个比较："纵令中美两国货价涨得一样高，假如美汇涨得慢，中国出口货的价格涨得快，中国出口商也要赔累不堪。为什么呢？因为在这一种情境下，中国货必然在本国较贵，而在美国较贱。何况美国的物价，截至今日为止，比战前只增高了百分之八十，可是中国的物价至少已涨高了一万五千倍。"[4]即使政府后来提高了汇率并对部分农矿产品采取了津贴政策，但比起物价上涨的幅度仍然是微不足道的。这种状况下，中国对外贸易实际上根本无法进行。对此傅斯年痛斥："在这样外币贬，国币贵的情形下，入口极易，出口极难，一悬数倍，简直要断送中国货的出口，大开外国的入口，岂特入超而已，简直一个是无限大，一个是零，这真断送中国的经济命脉了。"[5]

广大民众在通货膨胀中遭受的损失更是无以数计，生活状况极为不堪。政府曾一再调整公教人员的津贴，但相对于狂涨的物价，可怜的津贴无济于事，贫困状况越来越严重。1947年10月北京大学与清华大学的十位教授在一份联合声明中称，公办教师和公职人员甚至无法维持最低生活水平，饥寒交迫已成为他们及其家庭日常生活的现实。[6]政府职员的生活同样糟糕。一位任职上海的公务员这样描述其生活状况："胜利两年以来，每天为着微薄的收入不够分配在油、盐、柴、米的几项需要上，内心焦愁的几乎爆炸时，真会感喟着人生太没有意义。不只我一人如此，千千万万的公务员生活濒临绝境。"严重的时候"这十天来我们完全以包谷粥充饭，煮的又稀，坐8个钟头的办公桌，简直饿的头晕眼花"[7]。军队待遇也低得可怜："军队的待遇，已经降到了不能维持官兵的战斗意志与能力。官则直接间接兼营投机事业以自肥，兵必因此减低了他们对于长官的信心。"[8]其他阶层的百姓无不受通货膨胀之苦。于是，人民对国家发行的"法币"已完全失去了信心："有许多交易是以外币或实物计算，而外币流通的禁止也形同取消；甚至政府财政的收支亦早有一部分用实物，而发行债券亦以美金做标准。这些都表示大家对法币的信任已丧失殆尽。"[9]更严重的是，通货膨胀一方面导致人民生活极度痛苦，另一方面却使少数人积聚了更多财富，经济危机正在演化为政治危机。"物

[1]樊弘：《物价继涨下的经济问题》，《世纪评论》1卷11期，第8页，1947年3月15日。

[2]樊弘：《物价继涨下的经济问题》，《世纪评论》1卷11期，第9页，1947年3月15日。

[3]马润庠：《如何安定社会经济——对改革币制的问题的商榷》，《世纪评论》1卷17期，第8页，1947年4月26日。

[4]樊弘：《物价继涨下的经济问题》，《世纪评论》1卷11期，第9页，1947年3月15日。

[5]傅孟真：《宋子文的失败》，《世纪评论》1卷8期，第7页，1947年2月22日。

[6]王遵明等：《我们对于改善公教人员待遇的意见》，《观察》3卷8期，第3页，1947年10月8日。

[7]曾祥辉：《血泪话公务员》，上海《大公报》1948年3月13日。

[8]樊弘：《物价继涨下的经济问题》，《世纪评论》1卷11期，第10页，1947年3月15日。

[9]杨西孟：《中国当前的经济祸患应由既得利益阶级负责》，《观察》2卷17期，第6页，1947年6月21日。

价涨的愈凶，财富愈向少数人集中，多数人变得愈穷愈苦。于是经济
危机就要演变为社会危机，助长政治动乱。"[1]通货膨胀政策最终的结
果一定是搬起石头砸自己的脚。

自由主义者认为，政府对待通货膨胀虽然采取过一些应对措施，
但都是枝节应付，未及根本。就理论和现实讲，解决财政失衡的手段
决不限于通货膨胀一种，最可运用的就是征收财产税："例如征收累进
的所得税或资产税，或强制的发行公债，岂不也可增加国库的收入
吗？"[2]开征针对富人的财产税不仅是可行的，而且是保持社会公正所
必须的，因为发行钞票其实也等于征税，只是负担全部落在广大人民
头上。物价上涨中的价格失衡，使有钱有势的人更容易投机、操纵和
垄断，穷人进一步遭到剥夺，富人则进一步致富，这种不公正任何一
个社会都是不能容忍的。为了保持社会的公平与正义，必须向富人征
税。经济学教授杨西孟认为：

> 要解决当前物价及经济问题，至少需解除目前通货、物资和
> 一般心理上的非常情势，而下手处是应该打破既得利益集团对财
> 政经济的控制，严惩贪污并清算豪门巨室，并重征富裕阶级的租
> 税，藉此表示决然制止通货膨胀并实现社会正义。[3]

傅斯年更是直呼应该征用孔宋两家的豪门资本：

> 总而言之，借用两家财产，远比黄金抮回法币多，可以平衡
> 今年预算。所以要征用，最客气的办法是征用十五年，到民国五
> 十一年还他们本息，他们要的是黄金美钞，到那时都可以的。你
> 们饶国家十五年，给一个喘息的机会罢。[4]

另一位学者指出，可以征用富裕阶层逃逸到国外的资产。根据美国方
面提供的数字，中国私人在国外拥有的黄金、外币大约是五亿美元，
征用这些财产在法理上和政策上都可以成立。[5]总之，中国经济的祸患
应由既得利益集团负责，政府只有对他们采取必要的财政手段，通货
膨胀的局面才有可能抑制。

（三）失败的货币改革

面对全面的经济危机，国民政府于 1948 年 8 月 19 日，出台了一项经济紧急改革措施，其核心内容是以国家发行的新货币"金圆券"替代"法币"，藉此稳定经济，恢复公众信心。[6]这是国民政府在经济困境中的最后一搏。对于这一改革计划，自由主义者多有质疑。

首先，币制改革的可行性。1947 年的下半年，自由主义者已经在讨论中国的货币改革问题。大多数学者对实行币制改革持否定态度。"改革币制的真正目的在稳定币值，安定物价，使正当生产可以按照计划进行，使人民生活不受剧烈变动的威胁，使国家财政可以步入常轨。"[7]这一币制改革目标在中国经济日趋崩溃的状态下是不可能实现的。因为稳定币值的最重要条件，是不能用发行通货来弥补财政赤字，而是要增加财政收入以实现收支平衡，但在最近的将来，人们都知道这个条件是无法满足的。战争还在继续，大量费用不可免；同时生产严重不足，财政平衡没有指望，这表明中国根本不存在币制改革的基本条件。强行币改，不仅社会经济不会因此有所好转，反而会使人民多受一次突变式的损失：

〔1〕笪移今：《物价往哪里去？》，《观察》2 卷 5 期，第 12 页，1947 年 3 月 29 日。

〔2〕樊弘：《物价继涨下的经济问题》，《世纪评论》1 卷 11 期，第 10 页，1947 年 3 月 15 日。

〔3〕杨西孟：《非常情形下的物价及经济问题》，《世纪评论》2 卷 7 期，第 9 页，1947 年 8 月 16 日。

〔4〕傅孟真：《论豪门资本必须铲除》，《观察》2 卷 1 期，第 8 页，1947 年 3 月 1 日。

〔5〕简贯三：《再为征用国外资产呼吁》，《观察》4 卷 16 期，第 5—6 页，1948 年 6 月 12 日。

〔6〕1948 年 8 月 19 日，国民政府颁布《财政经济紧急处分令》，主要内容，即日起以金圆券代替法币和东北流通券；限制收兑黄金、白银及外汇；限期登记管理国人存放国外之外汇资产，均交中央银行保管。同日公布的《金圆券发行办法》规定，新币金圆券与法币比率为 1：3000000，新币的总发行量限定为 20 亿金圆券。实行物价冻结，金银和外汇到指定银行换金圆券。参见史全生《中华民国经济史》，第 561 页。

〔7〕巫宝三：《假如有十亿美元借款就可以改革币制了吗？》，《世纪评论》2 卷 16 期，第 5 页，1947 年 10 月 18 日。

　　　　站在人民的立场，我们认为今天不是币制改革的时候。纵然改革
也不过是变换货币的计算单位，无异是发行名称不同的新钞，对正在
加速败坏中的经济，不仅无益，而且是苛扰。打开中国经济僵局的关
键，不是美援和改币，而是改变生产关系，提高生产力。[1]

如果以为币制改革是一棵救命的稻草，无疑会药石误投，难有结果。
金圆券改革的事实的确验证了这种判断。

　　其次，金圆券改革的评价。1948 年 8 月 19 日政府紧急财政措施
出台后，各方关注甚切。首先受到非议的是紧急措施中的物价管制。
自由主义者认为，物价管制是国家现代化的产物，它需要一系列现代
化的管制条件和手段，比如，全国人口调查数据，各种物资生产、运
输、分配等精确统计等等。在这些条件都不具备的情况下强行实行物
价管制，其结果必然是适得其反。有学者指出，紧急财政措施中的强
行限价弊端多多：物价的硬性管制使国内的工业生产差不多到了空前
的不景气状态，由于管制太严，厂家缺原料、商家无货物，企业难以
为继；内外贸易也在管制中趋于停止，人民无力用自备的外汇输入器
材和原料，输出产品又必定会赔本；限价购买物资，使人民的消费一
时膨胀，商店的物资一抢而空；政府为收兑金银外币放出大量筹码，
而工商业却因萎缩而将现款壅积于市场，游资的疏导更加无力；因采
取物资禁运，使区域间的物资交流出现障碍，几个实行限价的城市处
于孤立状态，结果大城市没有粮食，乡村没有日用品。[2]总之，强制限
价中的每一项政策似乎都没有通盘的考虑和适当的方法，只是使物资
的分配状况更加不合理。"政府采用一切应付物价的方法和手段，不惟
不是管制物价应采取的正当方策，反而多数违背着管制物价所应采取
的正当方策。"[3]尽管当时上海物价管制实行了很短一个时期的"打虎"
政策，"以为政的基本精神言，是值得赞美的。但是，这种区域性的局
部物价管制纵然能完全成功，对全国物价动态之贡献究有多大，也是
一个疑团；更何况在物价波动中，区域性管制是难于收效呢"[4]？在自
由主义者看来，政府在现阶段所实行的限价政策必定会是失败的。

　　事实上，强制的限价只持续了四十多天，全国各地就掀起了抢购风潮。

所谓的货币改革,完全没有实现稳定物价的目的,反而进一步加剧了通货膨胀的程度。分析者认为,按照金圆券的面值,只要发行2亿金圆券就可以收回流通的600余万亿法币,但金圆券的法定额度却高达20亿,留出了18亿的增发余地,同时发行中对流通速率的控制也缺乏相应办法。"因此,金圆券的发行办法,给予我们的印象,不仅为单位的改变,无异于发大钞,且似为法币增发所设计的一个掩盖方法,政府还想借着通货膨胀政策支持一年半载再说。"[5]这个变相继续增发货币的改革,对于国民经济和民众生活而言,没有任何积极意义:"在短短一月期间,货币流通数量增加了四倍,发行竟已达到法定最高发行额的半数,宁可不警!对于物价,这将是如何大的威胁!"[6]一方面在冻结物价,一方面在增发货币,这种矛盾的政策如何可以有成效?10月30日政府又出台了补充办法,[7]实际放弃了最高限价政策。"限价和管制固然是绝路,议价和自由涨价也一样是绝路。今后通货膨胀的速度必然会超过过去的任何时期,物价上涨的速度也必然会超过过去的任何时期,多数人民所受的损

[1]笪移今:《箭在弦上的币值改革》,《观察》4卷18期,第7页,1948年6月26日。

[2]笪移今:《限价解除·危机依旧》,《观察》5卷11期,第2页,1948年11月6日。

[3]严仁赓:《政治力量安能稳定物价!》,《观察》5卷6期,第4页,1948年10月2日。

[4]刘涤源:《论物价局部管制》,《观察》5卷6期,第7页,1948年10月2日。

[5]康永仁:《货币是个仆人不是主人,是个方法不是目的——论财政经济紧急处分之一》,《世纪评论》4卷9期,第6页,1947年8月28日。

[6]严仁赓:《政治力量安能稳定物价!》,《观察》5卷6期,第4页,1948年10月2日。

[7]1948年10月31日,国民政府翁文灏内阁宣布金圆券改革除收进金银1.9亿美元以外,其他目的均告失败,10月31日通过"补救"办法:(一)取消限价,实行议价;(二)开放粮食交易,禁止阻关阻运;(三)六大都市配售粮食,仍由政府继续办理;(四)取缔黑市投机;(五)调整税收;(六)公用及交通事业涨价;(七)调整公教人员待遇及工资。

失和痛苦也只有日益加甚。"[1]

　　自由主义者进一步指出，币制改革的唯一成果，就是用金圆券收兑了金银1.9亿美元。虽然规定任何人都须将金银外汇兑换成金圆券，但在海外拥有3000美元资产以上的人仅需作资产登记，不到此数的人甚至无须申报，抽逃海外的资本可以安然无恙。而收兑货币的损失者，都是中小市民，"依法缴兑黄金、白银、外币的，也是这般中小市民，官僚资本真正的富豪，却未损其毫末，这些人的金银外汇资产，早放置在最安全的地方，无法动用其分文。这种不公平不合理的处分，伤透了人心。"[2]补充办法对百姓更加不公平："把这个新办法和'八一九办法'合在一起看，则这个新办法是非常不道德的。出尔反尔，时间前后不到三个月，而黄金白银外币之收兑增加了四倍；而且黄金白银之出售价则因须同时存款一年之故，实际上增加九倍，对于原先交兑金银之人，都无丝毫补偿。从其后果看，则又增加了财富分配之不平均。以前交兑者大抵是善良守法不富有的老百姓，现在去收购者却是比较富有人士。"[3]

　　一切方面都表明，政府改换币制"这张王牌"的基本原则仍然是以"换汤不换药"的传统方式维持现状。有学者对政府历来的财经改革作了如下总结：

> 　　政府关于财政金融诸方面所公布的法令、办法及方案，数目很多，前后颇多错综变化，但是，万变不离其宗：即一方面无魄力、无决心与无能力运用大刀阔斧的方策，去实行"有钱出钱"以根绝通货膨胀的洪流，而另一方面却采行一些不关痛痒的枝枝节节的办法。远之如黄金抛售、票据不准抵用等，近之如八一九金币改革及十月三十一日的"补充办法"等都是如此。把截断通货膨胀洪流的主题撇开不谈，或轻轻带过，而要用次要的枝节方法去解救这病入膏肓的重疴，实无异于"缘木求鱼"，结果不仅空费力气，无补于事，而且治丝益纷，使事态日形严重，演成当今不可收拾的危殆局面。[4]

货币的价值不在货币本身，而在于政府的信用和反映货币的社会生产力。政府的信用本是品格、能力和资产的综合，而国民政府在三方面都有严重的缺陷，"才把原来很树立过功绩的法币制度弄得一败涂地，这并不是法币害了政府，而是政府害了法币"[5]。金圆券改革同样如此。政府造成的经济弊政所付出的政治代价将是惨重的，它"绝不下于前线军事失利，比打个大败仗还要可怕"[6]。民心与政府的日渐远离，预示着社会的全面崩溃即在眼前。储安平用"烂污"（上海方言）来形容这场所谓的币制改革和整个国民党的统治："七十天是一场小烂污，二十年是一场大烂污！烂污烂污，二十年来拆足了烂污！"[7]

第三节　兼亲美苏的国际策略

在国际政策方面，自由主义者也体现着特有的中间立场。他们认为在战后国际环境中，中国的自处之道是保持中立，兼亲美苏，并成为美苏之间的桥梁。相较而言，他们对战后的美国寄予很高的期望，然而美国以其国家利益为中心的对华政策，让自由主义者大失所望，为此他们展开激烈的抨击，表现出强烈的民族主义取向。

一　兼亲美苏的外交路线

自由主义者对中国战后外交战略的判断建筑在国际形势和自身利益的分析之上。他们认为，战后国际形势最主要的特点是美国与苏联两个大国的对立与抗衡。此种国际环境下，中国的自处之道是保持中立，兼亲美苏。

（一）美苏对立的国际形势

自由主义者认为，确立中国外交政策的首要环节，是理解战后国际形势形成的

〔1〕施复亮：《论最近官方拯救经济危机的办法》，《观察》5卷12期，第6页，1948年11月13日。

〔2〕笪移今：《限价解除·危机依旧》，《观察》5卷11期，第3页，1948年11月6日。

〔3〕徐毓枬：《两次币值改革中之技术错误》，《观察》5卷17期，第3页，1948年12月18日。

〔4〕刘涤源：《论金币铸造与修正》，《观察》5卷14期，第2页，1948年11月27日。

〔5〕崔敬伯：《改革币制与稳定物价》，《世纪评论》4卷9期，第3页，1948年8月28日。

〔6〕康永仁：《作茧自缚、骑虎难下、回头是岸——论财政紧急处分之五》，《世纪评论》4卷18期，第3页，1948年10月30日。

〔7〕储安平：《一场烂污》，《观察》5卷11期，第1页，1948年11月6日。

原因和特点。显然，美苏之间的对立是战后国际形势最主要的特点。他们从两种角度分析了此种状况：

一种看法侧重于美苏强权政治的特征。有学者指出，美苏对立虽然有不同制度的因素，但更主要的是两大强权国家的利益之争："我们要认识，美苏之间的矛盾，尤其是今日紧张的局面，与其说受不同制度的支配，毋宁说受强权政治的影响。"[1] 强权政治是现实和残酷的，他们一般遵循三个基本法则，一是没有一个强国会把自己的未来寄予与另一强国达成的允诺和协定之上；二是每一个强国都把有利于自己的法律放在手中，若想对其势力扩张进行限制，只有其他强国的武力；三是强大的国家必须用一切方法，防止其他国家渐次强大起来。这三项最实际的生存法则，使国际关系中没有绝对不变的政策，"尽管主义是对的，政策是对的，战术还可能有错误。而且一个国家无论奉行何种主义，决不会一成不变。比宣传与号召更重要的是生存，为了生存，纵使与主义背道而驰的政策也得执行。"[2] 所以，自由主义者认为观察国际形势不应有教条主义的成见。

由于美国与苏联成了世界上最强大的两个国家，几乎世界每一个角落都有与它们相关的利害冲突，各处都有彼此势力的摩擦。尽管形式上双方都以指责对方制度不良为能事，但掩盖在制度之下的根本，依然是对各自利益的关注：

> 在美苏相互攻击的舌战中，我们了解社会主义制度与资本主义制度虽有不相同，但非美苏冲突的主因，美苏积极表示不能相容的还是归咎于强权政治。因为彼此的经济制度虽有不同，截至今日还没有彼此不能相容的事实，而强国互相牵制，彼此惧怕对方占了上峰，倒是很明显的事实。[3]

自由主义者强调，认清美苏之争与各自所实行的社会制度不太相关非常重要，这有助于国人以清醒和理智的态度认真考虑事实，不被"主义"与"制度"所蒙蔽，"以为天下的'是'都在这一面，天下的'非'都在那一面。"[4] 美苏之争决不可以用制度的好恶来衡量，盲目地亲美或是亲苏，都会丧失中国独立自主的外交立场。

另一种角度的分析认为，美苏之争是由于各自对对方的恐惧心理。这种彼此恐惧的心理源于两国不同的文化传统、民族性格和不同的意识形态。美国方面的"恐苏症"很是突出："从美国立国本质到最近杜鲁门发表援助希（腊）土（耳其）两国政策，许多地方指出他们人民和他们政府同样恐惧苏联共产主义势力扩张，来威胁或消灭美国自以为最理想的那一套民主方式的生活。尽管甚多美国人自己认为生活程度较他人为高，美国国内没有容让共产主义滋长的园地，但他们却深深恐惧外来的共产主义势力侵入美国，危害他们生活，或苏联共产势力扩张，致使美国孤立而在生存上遭受严重威胁。"[5]苏联对美国的恐惧也不为轻："苏联心理上也矛盾，他们向来相信资本主义终必溃灭于共产主义之前，但又恐惧资本主义国家抢先围攻苏联。"[6]双方互相恐惧对方会威胁其生存，各自竞相扩张势力范围以求安全，"愈感不安全，愈扩张势力范围，愈增添接触机会，愈感觉遭受威胁，愈加深双方互相恐惧的心理。美国时常揣想东欧'铁幕'内容，越揣想，越恐惧，再想到远东，把'铁幕'看成'铁圈'则更恐惧。"[7]就美苏实力而言，美国处于相对优势，其势力遍及世界各地，除了以自己的生活方式作榜样外，"金元外交"是赢得叫好的更有力资本，"苏联听了到处'顶好'之声，深深恐惧美国正在领导世界包围苏联"[8]于是在这样的互相猜忌中，美苏两个大国的对立愈演愈烈。

〔1〕周鲸文：《论中国对美苏的外交关系》，中国人民大学中共党史研究室编《批判中国资产阶级中间路线》（第四辑），第281页。

〔2〕傅雷：《我们对美苏关系的态度》，《观察》2卷10期，第22页，1947年5月3日。

〔3〕周鲸文：《论中国对美苏的外交关系》，中国人民大学中共党史研究室编《批判中国资产阶级中间路线》（第四辑），第282页。

〔4〕傅雷：《我们对美苏关系的态度》，《观察》2卷10期，第22页，1947年5月3日。

〔5〕蔡维藩：《美苏间的恐惧》，《观察》2卷8期，第5页，1947年4月19日。

〔6〕蔡维藩：《美苏间的恐惧》，《观察》2卷8期，第5页，1947年4月19日。

〔7〕蔡维藩：《美苏间的恐惧》，《观察》2卷8期，第5页，1947年4月19日。

〔8〕蔡维藩：《美苏间的恐惧》，《观察》2卷8期，第5页，1947年4月19日。

应该说，两种角度的分析比较准确地反映了战后美苏对立的特点。不论是由于各自的利益还是相互的恐惧，大多数自由主义者认为，这种对立不会导致美苏直接的武力冲突。经过第二次世界大战的巨大付出，美苏两国都不愿意再投入一场规模庞大的战争，尤其是苏联更需要休养生息，加紧国内的经济建设；而美国也同样需要安定与和平，为其高度膨胀的工业寻求世界市场。因此，美苏对立很可能以另一种方式表现出来，这就是"两个世界"的对立："美国恐惧苏联，乃领导着反共产主义的国家，来防范苏联。苏联恐惧美国，乃领导着共产主义的国家，来防范美国。他们基于恐惧心理而领导出来的斗争，不仅是他们两国间的斗争，也可说是他们把一个世界分裂成为'两个世界'的斗争。"[1]而斗争的手段主要是意识形态领域的互相诋毁和宣传："每一方总要尽量批评、攻击、诋毁对方，充分利用科学，开展宣传战，把自己宣传得像天堂，把对方宣传得像地狱，弄得许多国家头昏眼花，满呈纷乱之象。"[2]上述的描述和分析表明，自由主义者对美苏对立新态势的观察颇具洞察力，也有学者用"冷战"概括战后的国际形势特征。而应对这种国际形势，是中国考虑外交政策的重要出发点。

（二）兼亲美苏的外交战略

鉴于对国际形势的上述判断和分析，自由主义者认为，政府应当采取的外交策略不是倾向任何一方的"一边倒"，而是中立的兼亲美苏路线。

首先，中国应当以兼亲美苏作为独立自主的外交政策的核心。由于美苏两国处于非武力的对立之中，从中国自身利益出发，保持与两者之间的平衡和友好是至关重要的：

> 只若美苏的矛盾未解除，任何一方还不敢向中国逞其所欲，中国还有举足轻重的作用。我们自可以自己的利害关系周旋于两大国之间，我们行动的方针本甚简单，我们交友的条件也甚明显。即以维护中国本身的权利而奋斗，以不损害我之权益者为友。[3]

维持与美苏两大国之间的友好关系，是一种"最富有弹性的方针"，[4]可以在强权政治的倾轧中，更加游刃有余地维护中国的国家利益。一边倒的"亲苏反美，或亲美反苏，归根结底都是于中国不利，而且易

招致很多的灾难。"[5]所以，为了民族和国家利益，

> 我们惟有兼亲美苏，才能因世界的安全而获致中国的安全，才能因两国之资助而致国内的建设。[6]

他们同时指出，亲苏、亲美并不是献媚依附于大国，甘心做任何一国的附庸，而是要保持自己独立自主的立场，不卑不亢地应对国际局势的风云变幻。

国民政府所奉行的亲美反苏的外交政策，很受自由主义者的指责。政治学家钱端升指出，近一两年，国民政府的外交政策明显站在美国一方。"行动乃只能限于迎合美国，并在国际场合附和英美若干表决。""这种偏向一方的，甚或结此攻彼的作法，在美苏不走战争方向的大势中，实在毫无意义。唯一的结果是减少了中苏友好的可能。"[7]中苏关系要从大处着眼，"我们决不能因有国共之争，而断定中国应反苏或亲苏。"[8]也不能因为苏联对中国的某些错误就决定反苏，因为与苏联和谐相处也是中国利益所在。退一步说，即使美苏的斗争继续加剧，也仍然没有偏向美国而反对苏联的道理："美苏如有斗争，我们第一工作是尽力以疏解两方，使斗争变为合作。疏解不成，则我们应本我们的道义感，站在有理的一方。从过去美苏的争执中，我们能说美国总是直的，苏联总是曲的么？"[9]不论是美苏斗争的前景还是

〔1〕蔡维藩：《美苏斗争的影响》，《观察》3卷22期，第7页，1948年1月24日。

〔2〕蔡维藩：《美苏斗争的影响》，《观察》3卷22期，第7页，1948年1月24日。

〔3〕周鲸文：《论中国对美苏的外交关系》，中国人民大学中共党史教研室编《批判中国资产阶级中间路线》（第四辑），第282—283页。

〔4〕周鲸文：《论中国对美苏的外交关系》，中国人民大学中共党史教研室编《批判中国资产阶级中间路线》（第四辑），第283页。

〔5〕周鲸文：《论中国对美苏的外交关系》，中国人民大学中共党史教研室编《批判中国资产阶级中间路线》（第四辑），第283页。

〔6〕钱端升：《世界大势与中国地位》，《观察》2卷3期，第6页，1947年3月15日。

〔7〕钱端升：《世界大势与中国地位》，《观察》2卷3期，第5页，1947年3月15日。

〔8〕钱端升：《世界大势与中国地位》，《观察》2卷3期，第5页，1947年3月15日。

〔9〕钱端升：《世界大势与中国地位》，《观察》2卷3期，第5页，1947年3月15日。

现实的中国利益或道义原则，与美国结盟反对苏联均是不明智的做法。当然，他们对共产党与苏联的关系也并不满意，认为中共"过于崇奉外邦、一味视外邦为宗旨，则不免丧失自己的独立意识和独立人格。"[1]

　　总之，自由主义者理想的外交政策是美苏兼顾，无所偏废。需要注意的是，所谓兼亲美苏，并不意味着与美苏保持同等的关系。实际上，在许多自由主义者的内心，中国与美苏之间的密切程度还是颇不相同的。张东荪的说法很有代表性：

> 中国并不要对美苏同等亲善，中国只求不反苏，对美可作亲善一些，或可说亲美甚于亲苏。因为苏联没有余力资助中国和平后的建设，所以在积极方面，中国希望于美国者甚多。中国今后要复兴，在建设方面只有依赖美国的经济与物资的援助，这是中国人应得知道的。[2]

从中国国家现实利益出发，与美国关系密切一些会获得更多的实惠。张氏还天真地说，应该由"第三方面"分别组织访美代表团和访苏代表团，向他们彻底说明中国的想法，一方面让美国了解中国决不会投入苏联的"怀抱"；另一方面，也让苏联了解中国的苦衷并予谅解："我们必须告诉苏联，中国当前唯一的路是在不反苏的条件下亲美，苏联必须谅解这一点。"[3] 所以，所谓兼亲美苏的外交策略，实际上是在不反苏的前提下亲美。

　　其次，兼亲美苏的具体方式是在独立自主的立场上，作好美苏之间的"桥梁"。自由主义者解释，作好桥梁的含义，就是要以积极友善的态度发挥沟通作用，尽量消除两大国之间在许多问题上的隔膜与误会。"美国固然流行恐苏病，苏联也有遗传的排外主义与共产党的传统恐惧。要消除他们的猜忌而促进了解，不是我们能力所及。但第三者少动感情，少作偏袒，在消极方面至少可以不助长他们的猜忌。"[4] 尤其是事关中国自己的问题时，消除美苏彼此的误解非常必要，"如果要静候美苏自己来缓和，那又未免太被动了。所以中国人应该鼓起自己信心，不要自己以为渺小，要毅然决然集合力量，冲破这个难关，先从美苏个别疏通与说服入手，采取主动的态度，对于双方作切实的保证。"[5]

当然，要真正作好桥梁，首要条件是中国实现民主和团结统一，否则"桥梁"便无从搭建。目前中国的"内战"只能加深美苏之间的对立和怨恨：

> 中国继续内战，美苏为其各自利害关系不能不注视中国问题的发展，美国不能不实际的支持亲美的党派，苏联也不能不想法支持亲苏的党派，结果因中国内政纠纷，而使美苏彼此摩擦日益加深。我们中国各党派虽以美苏合作的桥梁自任，但若内战继续下去，中国不但不能给人家作桥梁，而且是制造美苏冲突分裂的鸿沟。[6]

由此可见，实现美苏关系"桥梁"作用的关键是停止"内战"。

值得指出的是，对于上述问题也有不同的声音。南开大学教授蔡维藩认为，固然中国或其他地区的一些国家希望充当美苏之间的桥梁，但从实际情形来看，美苏是否留有"桥梁"的余地？是否允许他国站在桥梁之上？颇成疑问。以目前美苏扩张的态势言，所谓桥梁根本无从建立："地球面积有限，美苏在'两个世界'斗争中的扩张企图则无止境，他们像一国主政的政党不宽容其他政党一样，不喜欢，也不容许他国站在他们中间，而必用种种方法逼着他国择边站立，所谓'桥梁'，根本无从建立，即或他国勉力支撑起来，他们也会站在两头，把它拆去。"[7]所谓充当美国与苏联之间的"桥梁"

〔1〕储安平：《共产党的前途》，《客观》（重庆版）第 4 期，第 1 页，1945 年 12 月 1 日。

〔2〕张东荪：《美国对华与中国自处》，《观察》2 卷 6 期，第 26 页，1947 年 4 月 5 日。

〔3〕张东荪：《美国对华与中国自处》，《观察》2 卷 6 期，第 26 页，1947 年 4 月 5 日。

〔4〕傅雷：《我们对美苏关系的态度》，《观察》2 卷 10 期，第 23 页，1947 年 5 月 3 日。

〔5〕张东荪：《美国对华与中国自处》，《观察》2 卷 6 期，第 26 页，1947 年 4 月 5 日。

〔6〕周鲸文：《论中国对美苏的外交关系》，中国人民大学中共党史教研室编《批判中国资产阶级中间路线》（第四辑），第 284 页。

〔7〕蔡维藩：《美苏斗争的影响》，《观察》3 卷 22 期，第 8—9 页，1948 年 1 月 24 日。

之说，可能只是某些人一相情愿的想法而已。

问题还在于，不仅这些国家根本无法成为联结美苏之间的"桥梁"，反会由于美苏两国的对立而引起国家内部的分裂：

> 事实上，他们逼着许多国家选择的结果，却是先把每一国一分两半，而形成上面所说的"两个世界"的每一个世界之内又有甚多小的"两个世界"。而这许多小的"两个世界"不一定加强美苏各自世界的斗争力量，往往容易表现普遍的分裂、对峙、仇恨、纷乱以至于自相残杀。这与其说，美苏两强在彼此斗争中领这世界上许多大大小小的斗争，毋宁说，他们自己并未怎样激烈斗争，倒鼓动了其他国家或民族老打或将打很难结束的"自相残杀"的战争。[1]

二战后形成的美苏对立是造成许多国家内部战争的一个主要因素，这是对世界和平最危险的影响。

应该承认，蔡氏的分析击中了自由主义者的要害。如同自由主义的中间路线在国内战争中无法立足一样，在美苏尖锐对立的国际形势中，保持中立并充当"桥梁"的良好愿望，其实是难以实现的。他们必然会被以美苏两国为首的两大阵营所肢解，成为非此即彼的一个成员，这是中国自由主义者不愿接受，但却无力逃避的历史命运。

二　美苏对华政策评说

战后中国的国际关系中，美苏两国占了举足轻重的地位，它们的对华政策自然受到中国自由主义者的高度关注。

（一）关于苏联对华政策

民国政府自建立以来，在中苏外交方面基本上没有大的作为。抗战期间两国关系有所改善，尤其是抗战末期签订了中苏友好条约，苏联逐步成为中国外交关系中的重要因素。战后初期苏联军队进入中国东北，中苏双边关系的发展进一步引起国人高度的关注。

首先，自由主义者认为苏联的外交本质是国家主义。他们指出，苏联是一个以社会主义和共产主义著称于世的国家,人们最容易从"主义"的角度去观察判断其外交政策,这实在是一种教条主义的误读。实际上,苏联的外交政策以国家主义为中心,考虑的主要是自身的国家利益,与他们所宣称的"主义"没有太大关系。"在纯洁的心灵中,国家主义似乎与苏联的理想与主义根本不相容。青年人为了维持固有的信仰而不承认现实,固然可以原谅,但究竟不是一种进步。"[2]傅雷非常赞同美国学者史诺对苏联领袖"两重人格"的分析,即第一是实际政治家,第二才是马克思主义者。所以"一切苏联的宣言,实在需要同时用两副眼镜去读的"[3]。在判断苏联对外政策时同样不要被表面说词所蒙蔽,而忽略了其外交政策的本质——国家主义或国家利益。钱端升也有同样看法:"史大林(今通译斯大林——引者)向来是从现实主义中锻炼出来的。加以苏联自从立国以迄大战,均在强恶势力环伺之中。"[4]因而苏联采用现实的"自卫政策"和国家主义是顺理成章的结果。

其次,《雅尔塔协定》、《中苏友好同盟条约》以及苏联在中国东北的行动有损中国利益。《雅尔塔协定》是美苏英三国以他国权益做交易的典型事例,[5]深刻体现了自由主义者所指斥的强权政治。1946年2月11日公布以后,引起了自由主义者对美英尤其是对苏联的极大不满,舆论抨击随之而起。《大公报》发表傅斯年、王云五、宗白华、储安平等20人署名的《我们对雅尔塔秘密协定的抗议》颇有代表性。该文称

[1]蔡维藩:《美苏斗争的影响》,《观察》3卷22期,第9页,1948年1月24日。

[2]傅雷:《我们对美苏关系的态度》,《观察》2卷10期,第22页,1947年5月3日。

[3]傅雷:《我们对美苏关系的态度》,《观察》2卷10期,第22页,1947年5月3日。

[4]钱端升:《世界大势与中国地位》,《观察》2卷3期,第4页,1947年3月15日。

[5]《雅尔塔协定》:全称《美苏英三国关于日本的协定》。美苏英三国政府首脑于1945年2月11日苏联雅尔塔会议上秘密签订。主要内容是在欧洲战场结束后两到三个月内苏联对日本作战,其条件包括:维持外蒙古(今蒙古)的现状;大连商港须国际化;苏联租用旅顺口为海军基地;中苏共同经营中长铁路;千岛群岛须交予苏联;苏联和国民党政府签订友好同盟条约等。参见《辞海》(中),上海:上海辞书出版社1999年版,第3856页。

此协议"实为近代外交史上最失道义的一个纪录","苏联在雅尔塔会议的要求,完全违反对侵略的法西斯国家共同作战的目的,违反列宁先生与中山先生共同建设的中苏友爱的新基础"。"苏联所揭示的是打倒帝国主义,然则今日苏联要求恢复其俄罗斯帝国之权利,又何以自解?"[1]钱端升在回顾历史时说:"帝俄在(中国东北地区的)南北满拓张势力纯是帝国主义,非今代国际法或国际道德所能容许。帝俄所能做者不是苏联之所应做。苏联一九二四年取消不平等条约的行为表示了它的进步性。苏联一九四五年在雅尔塔的要求表示了它的退步。"[2]苏联对中国的举动不仅是国家主义的,甚至是帝俄遗风的延续,激起自由主义者的普遍义愤。

先于雅尔塔协定公布的《中苏友好同盟条约》(1945年8月27日公布)[3],以承认外蒙古独立和租借旅顺为条件,换取苏联对日本作战,其中隐藏着蒋介石以此赢得苏联不再支持中共的政治目的。尽管当时的自由主义舆论基本无大异议,《大公报》的社论认为"得比失大",但还是有人对苏联提出的要求表示不满。傅雷后来说:"前年11月中苏条约公布以后,有一般少数人士,一方面要求民主,赞成社会主义,一方面又重视国家权利,把正义与平等看做高于任何主义;他们当时很严厉的指摘中苏条约,特别关于中东路与旅顺大连的部分"[4]。

在东北问题的实际执行中,自由主义者对苏联的不满达到极点。主要原因起于苏联在东北的一系列行为:1946年2月1日苏军逾期未撤军;苏军将中国东北工矿设备拆卸搬运回国;苏军提出超越中苏条约范围的经济合作要求;张莘夫事件;苏联支持新疆的民族起义。[5]1946年2月22日至3月初,重庆和全国主要城市,相继发生以学生为主体的大规模的反苏反共游行示威活动,[6]一大批社会名流亦被卷入,他们纷纷发表声明指责苏联的行径。[7]事后梁实秋感慨地说:"中国胜利之后受美国的压迫,不得已而遵照雅尔塔密约签订了中苏条约,这是惨痛的经验。更惨痛的是我们牺牲了四百多万方里的土地六百多万的人口和不少的特权,而结果换来的是东北不能完全收复,工厂器材被搬走,张莘夫被害,友好的诺言不能兑现,任何爱国的中国人都要愤怒!""苏联在中国东北的表演真是太不高明,太欺侮我们,我们不但不该喝彩而且不该沉默,不但不该沉默,而且要

〔1〕傅斯年等人：《我们对于雅尔塔秘密协定的抗议》(1946年2月22日)，秦孝仪主编：《中华民国重要史料初编——对日抗战时期》第七编，战后中国（一），第623页。

〔2〕钱端升：《世界大势与中国地位》，《观察》2卷3期，第5页，1947年3月15日。

〔3〕《中苏条约》：全称《中苏友好同盟条约》。1945年8月14日，国民党政府与苏联政府在莫斯科签订。主要内容是确定对日本作战和战后中苏政府之间的关系。约文八条并附件两则。其中附属条约规定：中苏共管中东、南满铁路30年；旅顺为共用海军基地30年；苏军进入中国东北后，中国派员设立行政机构并派军事代表和苏联联系；日本投降后，最迟三月内苏军全部撤出中国东三省。中国政府申明，日本战败后，外蒙古公民投票证实其独立愿望，中国政府应当承认外蒙之独立，并以其现在之边界为边界。参见《民国史大辞典》，第576页。

〔4〕傅雷：《我们对美苏关系的态度》，《观察》2卷10期，第22页，1947年5月3日。

〔5〕关于撤军：《中苏友好同盟条约》规定，在对日战争结束后的三个月内，苏军撤离，后经两度延期，最终定在1946年2月1日，苏军提出超越中苏条约的经济合作要求。简言之，就是苏方将日本在中国东北的产业，视为苏军战利品，要求作为苏联产业与中方合作经营。而中方则认为，中国东北日本资本企业，应作为日本对中国的赔偿，归中国所有。双方争论陷入僵局。参见秦孝仪主编《中华民国重要史料初编——对日战争时期》第七编，战后中国（一），第429—442页。

张莘夫事件：张莘夫当年47岁，先后毕业于北京大学，美国密歇根大学。此次的东北职务为国民政府经济部东北接收委员。1946年1月14日，受张嘉璈指派，张莘夫偕随员七人，由沈阳乘火车前往抚顺，与苏方接洽抚顺煤矿接收事宜。16日晚返回沈阳途中，在李石寨车站，被不明身份的武装人员杀害。此事的背景是中苏经济合作的争执。参见秦孝仪主编《中华民国重要史料初编——对日战争时期》第七编，战后中国（一），第313—316页。

新疆民族起义：1944年8月——1945年8月，新疆伊犁、塔城、阿勒泰地区先后发生民族起义，史称"三区起义"。1946年11月12日，起义军在伊犁成立了"东土尔其斯坦共和国临时政府"。这是在苏联支持下进行的，当年参与起义的赛福鼎说："我们认为苏联政府的有力支持，是三区革命从爆发到取得胜利的重要因素之一。"参见秦孝仪主编《中华民国重要史料初编——对日战争时期》第七编，战后中国（一），第752—761页。

〔6〕反苏反共游行：1947年2月到3月间，从重庆开始的学生游行，逐渐扩展到北平、南京、昆明、郑州等一些大城市。对中共的不满主要是：中共的军队阻击以接收主权名义进军东北地区的国民党军队。参见秦孝仪主编《中华民国重要史料初编——对日战争时期》第七编，战后中国（一），第637—665页。

〔7〕1946年2月23日西南联合大学王力、朱自清、吴大猷、冯友兰、汤用彤等110位教授联名发表关于东北问题的宣言。3月7日，北平陈岱孙、顾颉刚、齐思和、翁独健等40多位文化名人发表联名意见。2月23日"民盟"的黄炎培、沈钧儒、张君劢、彭一湖四人，在上海发表对东北问题的四项主张。参见秦孝仪主编《中华民国重要史料初编——对日战争时期》第七编，战后中国（一），第625—626页；第628—629页；《黄炎培日记》1946年2月23日。

抗争。"[1]可以看出，苏联在中国东北的行为已引起了中国自由主义者的愤慨。

自由主义者尽管对苏联在东北的举动极为不满，但是他们同时认为这"并不能构成反苏的理由"。[2]反对某国的某种行为并不意味着反对这个国家，"我们实在看不出苏联有威胁我们安全独立的企图，甚至连重要的可能冲突也是找不出来。"[3]因此，从中国国家利益和国际关系的大处着眼，决没有必要与苏联形成敌对关系。前文提到的张东荪已经很好地表明了自由主义者对苏联的外交态度——不反苏，这就是亲苏的限度和准则。

（二）关于美国对华政策

美国对华政策是自由主义者关注的焦点。抗战期间美国作为中国最重要的盟友，赢得了中国知识分子普遍的好感。储安平一段充满情感的描述颇能代表这种心情："在战争时期，中国人民对于美国都怀有一种广泛的好感。这种感情包含着感激和敬佩两种成分。在战争中，美国援助我们，鼓励我们，支持我们；除了在日后发觉的雅尔塔会议一次以外，美国没有背负过我们。我们赖有美国的支持和援助，乃得咬紧牙关，撑过最艰苦最黑暗的日子，以期获取最后的胜利。……中国人感激美国，器重美国，甚至崇拜美国！这种广泛普遍的友情，在国际历史中亦不多见。"[4]在战后重建中，中国的自由主义者依然对美国寄予厚望，然而不到一年的时间，美国采取的政策与举动就令其大失所望。"这种感情在过去短短几个月中，已经起了很大的变化。"[5]自由主义者们不满意美国的对华政策，并且随着时间推移，不满意的程度越来越深，批评的力度越来越大。

1. 美国对华政策的本质性错误

首先，自由主义者指出，美国战后的对外政策同苏联一样，具有浓厚的国家主义色彩。美国从自身的全球战略出发，确定其对华政策的主要基调，即希望中国成为美国的反苏基地。这种将中国问题国际化的策略，完全没有顾及中国自身的利益。张东荪指出："因为中国问题确是已成为世界问题的一部分，美国对于中国问题的解决，完全采取这个世界性的观点，根本忽视中国本身的福利，专打它自己的算盘。"[6]自由主义者认为，中国需要独立自主的外交路线，在战后国际环境中，中国没有必要反对苏联，更无意成为美国的反苏基地：

> 中国人的愿望是很简单的：即请美国不要把中国列为反苏基地之一。美国要建立反苏基地，请向他处去建立，务必把中国除外。中国并不管美苏间的关系如何：战争也好，调和也好。我想中国人这个愿望，美国当局不是不能考虑。[7]

他们进一步指出在中国建立美国的"反苏基地"，是一个根本性的战略选择错误。第一，美国在强迫中国成为其附庸和"尾巴"，这是乘人之危的强权政治，中国并不愿意成为任何一国的附庸。第二，加重了中国"内战"的复杂性。由于"反苏基地"的目的，使国共之争更加具有了国际背景，直接间接地助成了中国"内战"，"如果美国自己反苏下去，而希望中国亲美亲苏的两党能合作，这样的政治逻辑，只有山姆叔才亏他想得通。"[8]第三，这个"反苏基地"其实也无法建成："他们只要对中国情形详细考察一下，便知道把中国建为反苏基地，必是（一）所费太大；（二）麻烦太多；（三）最后未必成功。详言之，主要的困难还是在于有中国共产党。美国决不能自己动手来消灭它；借手于国民党又无效率，等于白费军火。长期战乱对于建立反苏基地只有害而无益。"[9]"反苏基地"的设想既违背了中国人民的意志，

〔1〕梁实秋：《罗隆基论》，《世纪评论》2卷15期，第9页，1947年10月11日。

〔2〕钱端升：《世界大势与中国地位》，《观察》2卷3期，第6页，1947年3月15日。

〔3〕钱端升：《世界大势与中国地位》，《观察》2卷3期，第6页，1947年3月15日。

〔4〕储安平：《我们对于美国的感觉》，《观察》1卷11期，第3页，1946年11月9日。

〔5〕储安平：《我们对于美国的感觉》，《观察》1卷11期，第3页，1946年11月9日。

〔6〕张东荪：《美国对华与中国自处》，《观察》2卷6期，第26页，1947年4月5日。

〔7〕张东荪：《为中国问题忠告美国》，《观察》2卷20期，第23页，1947年7月20日。

〔8〕吴世昌：《论当前的政局和美国对华政策》，《观察》3卷5期，第5页，1947年9月27日。

〔9〕张东荪：《为中国问题忠告美国》，《观察》2卷20期，第23页，1947年7月20日。

加重了"内战",也不可能达到美国预期的目的。它是美国一系列对华政策中最本质的错误。

其次,"片面"援华就是上述思想指导下的又一个根本错误。由于美国的根本战略是反对苏联,因此其战后的一个重要政策是扶植一些不进步却亲美的政权,并认为进步势力总是与苏联有缘,"美国以为这些国家的不安是由于左派作祟,又有苏联在背后煽动"。[1]这种观念指导下,美国在中国必然会扶持反苏反共的国民党政权:"美国为了对苏,在不惜一战之前,必须造成包围的墙壁,则对于中国因地势关系,当然不会放手。既不放手便需进一步把中国造成一个反苏基地。根据这个目的,美国可能更在军事与财政两方面大量援助中国现政权。"[2]

美国对苏联无由的恐惧以及援助中国现政府的急切,在 1947 年10 月蒲立特的访华报告中表现尤为突出[3]。储安平指出,统观全文,蒲氏的中心思想是反苏防苏。从这个思想出发,蒲氏认为目前最能够给统治中国带来威胁的就是苏联;中共是"苏维埃强权政治的工具",苏联想利用中共这一工具把中国沦为"苏联的附庸"。"因此,蒲氏认为美国必须对国民政府作立刻的全盘的援助"。[4]但实际上,这个完全以美国利益为中心的报告,是很不公正的:它不愿中国陷入苏联的"掌握"之中,却企图将中国控制在自己手中;美国正在独霸中国,却宣称苏联企图"独霸"中国,这种议论,实在有欠公允。其实,美国之所以会大力援助中国目的很明确:

> 拆穿了说,他不过是要利用中国,正如他在文章里开头所说的,动员中国的人力来对抗苏联,以保障美国的利益罢了。美国有钱,美国企图用金钱来收买中国,要中国人替美国牺牲,为美国而死;除此之外,他还有什么理由要独厚于中国,要借钱给我们,援助我们?[5]

自由主义者强调,美国为自身利益而选择的对华援助,不是要援助整个的中国,而是中国的国民政府,这种片面的援华政策不被中国人民所欢迎。第一,从理论上说,政府是代表国家的,但从中国的现实讲,这个政府已成为中国人民所不能忍受的政府。无数事实可以证明，它二十年来的统治，已经使人民处于无底的深渊。储安平多次淋漓尽致地指责国民政府的失败统治。他总结说："若从历史的眼光看，这个前后统治了中国二十年的政府，实实在在耽误了中国的国运，它阻碍了中国的进步。"[6]"因此我们可以很公平地说，这个政府确已与人民脱节！与人民的需要脱节，与人民的福利脱节，与人民的意愿脱节。在法律上，它迄今仍然是国内国外所公认的政府，但在政治上，它已不能代表中国人民，不能满足中国人民。这个政府不仅已与人民脱节，而且照目前的情形来看，这种脱节的程度，也将愈来愈深。"[7]美国如果真的要过问中国的问题，怎么可以不关注中国人民对这个政府的感受？一个无法走上

〔1〕张东荪：《为中国问题忠告美国》，《观察》2卷20期，第23页，1947年7月20日。

〔2〕张东荪：《为中国问题忠告美国》，《观察》2卷20期，第23页，1947年7月20日。

〔3〕蒲立特及其访华报告背景：威廉·蒲立特，1933年美苏建立正式的外交关系后第一任美国驻苏大使。早年为新闻记者，1917年十月革命后为当时威尔逊总统派往苏联的两名记者之一，见过苏联领导人列宁。1936年调任美国驻法大使。1939年德国占领法国后离任返美，以后再未出任公职，但一直以"知名公民"身份进行政治活动。1934年在任驻苏大使期内曾奉罗斯福总统之命访问中国，见过中国最高领袖蒋介石，对蒋产生好感。1947年应《时代—生活》杂志老板亨利·鲁斯之请，访问"内战"方酣的中国，又见了蒋介石。回国后在10月13日《生活》杂志上发表长文，鼓吹美国制订三年计划，以13.5亿美元帮助蒋打败共产党，以大量美国剩余武器供给蒋军，并由麦克阿瑟指挥蒋军作战。蒲立特由此在中国进步人士中获得"战争贩子"之名。参见资中筠《追根溯源：战后美国对华政策的缘起与发展（1945—1950）》，上海：上海人民出版社2000年版，第303—304页。

〔4〕储安平：《评蒲立特的偏私的、不健康的访华报告》，《观察》3卷9期，第3页，1947年10月25日。

〔5〕储安平：《评蒲立特的偏私的、不健康的访华报告》，《观察》3卷9期，第4页，1947年10月25日。

〔6〕储安平：《评蒲立特的偏私的、不健康的访华报告》，《观察》3卷9期，第5页，1947年10月25日。

〔7〕储安平：《评蒲立特的偏私的、不健康的访华报告》，《观察》3卷9期，第5页，1947年10月25日。

"民主之路"的政府，是美国应当支持的吗？"我们实难发现任何足使美国必须支持今日中国这样一个政府的理由。"[1]为了美国自身利益而置中国的进步与发展而不顾，"美国必将失去众多中国人民对于美国的感情，而这种感情，就是多年以来美国的政治家外交家所要获致的。"[2]

　　第二，无论是美国杜鲁门总统的对华声明还是总统特使马歇尔将军的调解原则，都明确希望中国成为一个"强盛、团结、民主的中国"，这是中国人民极其赞同和渴望的。但中国的现实却是陷入了深刻的"内战"，在这种情形下，美国任何方式的单方面援助，都会进一步加重中国内战危机：

　　　　中国现在事实上已是一个全面内战的局面。在这一个内战中，无论美国有未在任何形式之下给予内战中两造之任何一造以任何直接的支助，但至少，美国有未考虑过：美军驻华、物资转让、经济贷款、以及其他行为，在事实上，足以使今日中国内战中两造的任何一造在心理上得到一种倾向内战的鼓励？美国有未考虑过在这方面美国所负有的道德责任？[3]

中国人民不愿看着自己的国家陷于长久的战乱之中，希望迅速停止内战，这是符合中国自身利益的合理逻辑，无论哪一国对于中国作战的任何一方有所援助，便是使中国"内战"延长与扩大。战争的方式决不能解决中国的问题，惟有政治解决才是美国应该采取的路线。

　　2. 以美国利益为中心的对华调解和调查

　　战后初期，最引人注目的是总统特使马歇尔的对华调停。关于马歇尔调停的基本原则，自由主义者皆表赞同。张东荪曾说，"马歇尔初到中国来的时候所定的那个莫斯科三次外长会议的共同声明。内容含三点：一是立即停止内战，二是组织联合政府，三是不干涉中国内政。这些虽到了今天仍旧是中国人民所欢迎的。"[4]如果能够切实贯彻这些原则，中国很有可能走上民主的坦途。调停的失败，使中国丧失了这次极好的机会，这不能不是一种莫大的遗憾。

　　对于马歇尔调停告败，自由主义者们自有看法。他们认为失败的因素固然复杂，但马歇尔在调停中的失误也是不能忽略的。首先，没有将军事问题与政治问题联系在一起解决。调停从整军方案入手自然不错，但单纯谈整军是不可能的。尤其对共产党而言，贯彻整军必以政治改革为前提，"这些政治问题，马帅以其为中国内政，不敢坚决表示态度以支持中国的民主派，其实他应知道政治与军事是不可分的，他既与闻了军事，便有何法不与闻政治呢?"[5]储安平在调解进行时就指出，调解"党争"的目的，在于促进中国的民主和进步，而阻碍中国进步的问题显然不止"党争"一项，国民政府自身的改革恐怕是更重要的问题，"美国既然过问中国的问题，就须一方面调解目前中国政治上最迫切的党争问题，一方面须从根本上压迫政府做事实上的种种改革"。而在这方面美国"可谓一无努力"[6]。由于美国没有在政治改革方面对国民党施以足够的压力，迫使其执行政协决议，致使调停的公正性大打折扣，各项方案随之搁浅。其次，东北问题没有列入政协决议，这一点一直被自由主义者认为是"内战"爆发的重要导火线。究其缘由，马歇尔出于美国利益的考虑，是导致这一"漏洞"的主要原因。社会学家费孝通指出："这个漏洞其实并非是马歇尔的疏忽，而有他的打算。东北依着战时的美苏谅解并不在美国圈内的。可是东北太肥，美国是否能包括这片地域在自己圈子内的问题，在美国立场说，不妨试探一下。美国不便自己开口，于是留给中国政府去开枪。这是漏洞的来源。"[7]

〔1〕储安平:《我们对于美国的感觉》,《观察》1卷11期,第6页,1946年11月9日。

〔2〕储安平:《我们对于美国的感觉》,《观察》1卷11期,第6页,1946年11月9日。

〔3〕储安平:《我们对于美国的感觉》,《观察》1卷11期,第4页,1946年11月9日。

〔4〕张东荪:《为中国问题忠告美国》,《观察》2卷22期,第23页,1947年7月20日。

〔5〕张东荪:《美国对华与中国自处》,《观察》2卷6期,第26页,1947年3月15日。

〔6〕储安平:《我们对于美国的感觉》,《观察》1卷11期,第6页,1946年11月9日。

〔7〕费孝通:《美国对华政策的一种看法》,《观察》2卷16期,第21页,1947年6月14日。

　　由于整个的调停过程，交织着复杂的美苏对抗背景和美国利益的考虑，公正的调停原则在执行时实际走了模样，将中国作为美国对苏联的军事防御线，必然会对国民党寄予更多的支持和希望，"马歇尔能以未来国务卿的身份，冒炎暑一趟一趟的飞庐山是有苦心的。"[1]国民党正是洞悉了美国之需要，才使调停"以致为国民党玩弄于股掌之上"。[2]调停没有取得结果，马歇尔是负有责任的，"今天说一句马帅所不愿听的话，他的努力最后所以变为徒劳，完全是由于他自己做的。"[3]从根本上说，调停失败是美国对华政策内在矛盾的必然结果，学者吴世昌的分析不乏敏锐与深刻：

　　　　最妙的是美国一面要利用中国为反苏基地，一面又劝导源于苏联的中国共产党与政府合作，使这块反苏基地变成整个的而不是残破的。马歇尔以此抱负来调解中国内战，不成功则大骂双方。七十岁的老人竟然全不想美国政策的本身与他的使命有着内在的矛盾！[4]

实际上，美国的对华政策始终在矛盾中犹豫徘徊，进退失据。

　　1947年7月魏德迈来华调查时，自由主义者的民族主义情绪更加强烈，尤其是美国方面盛气凌人的霸权主义态度，更引起自由主义者普遍的不满。他们指出，美国此次调查冠以"中韩调查团"的名称，将中国和仍在美军管制下的韩国等而视之，这是对中国的一种侮辱。"中国是独立的国家，抗日战争结束后，曾经被称为四强之一或五强之一，不管怎样，中国人民对于战争的牺牲与贡献都是很大的"，[5]"可是在今日美国政府的观念中，中国的重要性显然是存在于美国本身的利益上，其作用与南韩只是程度上的差别，而不是本质上的不同，在这一点意义上，美国政府至少在下意识中早已把中韩联系在一起"[6]。歧视还不仅在此，魏德迈发表的离华报告，对中国政府指责之严重，在外交史上也无先例。[7]吴世昌说："魏氏将怎样建议援华，其数量、性质、时期、条件如何，此时虽尚不可知，但魏氏的态度之劣，确是伤害了中国的自尊心，这比（民国）三十四年夏天中国官员在莫斯科商订中苏友好条约时所受的尊荣真是不可同日而语呵！即使是抗战前的川樾茂，也不曾对中国政府有过这样的态度。"[8]尽管中国的自由主义者对国民党政府进行过无数的抨击，但在他们看来，这属于中国的内政，毋庸美国指手画脚。

3. 美国在华其他政策和举措的评价

除了美国总体性对华政策失误以外，自由主义者对美国在中国的一些具体政策和行为也多有评价。1946 年 11 月 4 日，中美两国政府经过一系列谈判，签订了一个内容广泛的《中美友好通商航海条约》，其主要精神是彼此给予最惠国待遇。国民政府对此大加宣传，评价甚高。但自由主义者的态度却相当冷静，尤其是有关经贸方面的规定，受到极大的质疑。他们指出，美国是一个发达国家，中国是一个落后国家，美国拥有大量的资本，而中国只有廉价资源和劳力。这种状况下，真正可以享受条约中平等互惠条件的实际上只有美国。复旦大学教授夏炎德指出，"这完全是本着美国目前的要求

〔1〕费孝通：《美国对华政策的一种看法》，《观察》2 卷 16 期，第 21 页，1947 年 6 月 14 日。

〔2〕张东荪：《为中国问题忠告美国》，《观察》2 卷 22 期，第 27 页，1947 年 7 月 20 日。

〔3〕张东荪：《为中国问题忠告美国》，《观察》2 卷 22 期，第 27 页，1947 年 7 月 20 日。

〔4〕吴世昌：《论当前的政局和美国对华政策》，《观察》3 卷 5 期，第 5 页，1947 年 9 月 27 日。

〔5〕许德珩：《魏德迈回国后，美国将如何的对待中国问题》，《观察》3 卷 1 期，第 4 页，1947 年 8 月 30 日。

〔6〕吴世昌：《试论美国的"中韩调查团"及我国的反映》，《观察》2 卷 24 期，第 10 页，1947 年 8 月 20 日。

〔7〕魏德迈一行于 1947 年 7 月 22 日抵华，进行了一个月的考察。8 月 22 日魏德迈应邀在"国府委员会"和政府全体部长联席会议上发表演说。魏氏以施主的姿态，大训了一通话，历数中国军队、政府、经济、生活等各方面的弊端，指责国民党失去人心助长了共产党的势力。一个外国政府的使者在出使国举行的政府最高会议上采取这样痛揭其短的做法，在外交史上可以说是空前的。参见资中筠《追根溯源——战后美国对华政策的缘起与发展（1945—1950）》，第 132—138 页。

〔8〕吴世昌：《论当前政局和美国对华政策》，《观察》3 卷 5 期，第 5 页，1947 年 9 月 27 日。

而设立的，中国纯处于被动地位。"在这个条约下，美国的对华政策有两条路可走："第一条路是加紧美国（产品）对华倾销，以独占中国市场，以中国产业为代价而保持本国的繁荣，以中国劳工的失业换取本国的充分就业；这个目的如果单独在经济方面达不到时，设法施展政治的压力。第二条路是转移一部分剩余资本与高明的技术来助我完成工业建设，以期从根本上提高中国的生产力与购买力，扩大中国市场的范围，增进两国间贸易与友好关系。"[1]很显然，美国当前走在第一条路上，在表面平等掩盖下的实际不平等，"非陷中美关系于穷途不可"[2]。

对于美国在华经济政策，自由主义者的批评基本上还是建议性的。但对于美国在华的军事政策以及随之而来的问题，他们的批评态度要强硬得多。美国在华驻军始终遭到自由主义者的大力抨击，储安平曾说："我们即使在十分心平气和的检讨下，亦不得不说：美国继续驻华确是一种不合事宜的行为，美国也许认为，在华驻军，可以有助于中国的和平统一。但事实上，这个假定是无法成立。……美军继续驻华这一行为，仅仅使在中国内政上业已非常复杂混乱的局面，因此增加若干更多意外纠纷，同时并因此引起许多在中美国民邦交上所不必要的批评和指责。"[3]正如储安平的判断，美国在华驻军及其种种恶劣行为同样引起了全国人民的愤慨。

1946 年 12 月 24 日，北京发生沈崇事件，全国各地迅速形成了一场声势浩大的抗议美军暴行的爱国反美活动。自由主义杂志和报纸均及时发表评论报道，表达对美军暴行的强烈谴责和对全国"抗暴"运动的支持。[4]数月之后，北京大学教授费青对当事人美国士兵皮尔逊被释一事表示：美国这样做已"牺牲了法律的原有价值"，"自由主义原是以法律上的公道为起码条件，现在美国连这点公道都不想再维护，他怎样还能举起自由主义作号召呢？"[5]在自由主义者看来，美国在中国的行径充满了霸权主义，与他们自己所标榜的自由、民主相去甚远，完全背离了美国应有的国际形象。

（三）充满矛盾的"美国情结"

与政治上的反美情绪形成反差的是，在另一个领域，自由主义者眼中的美国俨然是别一种模样。自由主义者对美国的民主政治及其现代化程度具有很高的认同度。如果说，他们对美国的自由资本主义还有微词的话，罗斯福"新政"及其"新自由主义"却是他们极为推崇的，战时的美国因此受到了高度赞扬。储安平的一段评述很是动人：

> 在这次战争中，美国所充分表现了的那种令人难以相信的活力，使全世界获有深刻的印象：美国男女竟然不仅仅是"公子哥儿"，亦复为有血有汗的英勇斗士。无论是美国国内的生产速率、社会管制、团结合作，或在全球各区战场美（国）人所表现的冲刺力、组织力以及勇敢坚毅的牺牲精神，具有超度成就，赢得全世界的敬服。罗斯福总统不仅使大局从逆势中扭转过来，并且赖有他所崇高的人格和理想，使这个战争，从一个实际上纯然是一个利害冲突的战争，变成为一个有理想、有原则、有灵性的战争。他所领导的大西洋宪章以及他所号召的四大自由，成了无论在前方后方直接间接参加战争生活的千万男女心灵上所共有的一个神圣的鹄的。[6]

这段文字直白地表露了储安平对罗斯福"新自由主义"近乎崇拜的赞赏，这种情绪在中国自由主义者中是很普遍的。战后自由主义者指责杜鲁门主义，却很赞赏美国副总统华莱士，在他们看来，华莱士依然热衷于"四大自由"，是罗斯福"新政"的继承者。更重要的是，无论是谁当政，美国持续二百年的民主政治体制不会改变，尽管这一制度也有缺陷，但它"不是

〔1〕夏炎德：《论中美经济关系之前途》，《观察》1卷19期，第7页，1947年1月4日。

〔2〕夏炎德：《论中美经济关系之前途》，《观察》1卷19期，第7页，1947年1月4日。

〔3〕储安平：《我们对于美国的感觉》，《观察》1卷11期，第4页，1946年11月9日。

〔4〕参见吴世昌《论美军事件》，《观察》1卷21期，第3—4页，1947年1月18日。

〔5〕费青：《皮尔逊强奸案翻案事答问》，《观察》3卷1期，第13页，1947年8月30日。

〔6〕储安平：《我们对于美国的感觉》，《观察》1卷11期，第4页，1946年11月9日。

那制度本身发出来的，而在其社会经济制度缺乏调整"。[1]因此，美国仍然是"十足地道的民主国家"中最重要的典范之一。

在政治文化的视野以外，美国的民族精神和价值观念也是中国自由主义者所欣赏的。在中间派的杂志中，大量文化学、社会学意义的美国评述，从更广泛的角度对美国的文化特性及民族精神给予了探讨。其中，《观察》杂志连载费孝通的八论美国人的性格最引人注目。费氏对美国人性格特征的概括是：永无止境的"攀登"；注重公平（fair）而不是平等（equal）的竞争，与英国人一样有着 fair Play 的传统，但是不服输；骨子里充满着清教 Puritan 的精神，"信仰里有着一个严厉的上帝"支配着芸芸众生。[2]这些描述处处透露着对美国每一个文化侧面的赞许，也暗含着对中国或东方文化落伍的不满，这正是他对美国性格及文化的基本态度。表述更坦率的是张义昌的《从美国看中国》：

> 美国是一个新兴的国家，由于组成的种族复杂，一般地说有两种极显然的特征：第一他们富于冒险、进取、热情、豪放的性格，虽然份子复杂，还可以相容并育，求取发展。他们有一种生气蓬勃，崇尚自由的精神。地理环境、民主思想、自由原则，这些都是他们建国的推动力，难怪国势蒸蒸日上。第二，因为美国是一个新兴的国家，短短一百多年的建国期间，在思想文化上的表现，虽然有其独特的风格，可是还没有达到成熟圆满的阶段。但他们富于创造改进的精神是值得重视的。这是一切进步发展的源泉，有了这，再加上安定的社会生活，在已有的成果上，益以时间的锻炼追求，未来的成就当然是可惊的！[3]

可以看出，自由主义者对美国文化精神的崇尚溢于言表。

事实是，基于民族主义的政治反美倾向，并不足以从总体上动摇中国自由主义者根植于内心的美国文化认同。他们依然认为在美国，自由主义的力量最发达，最富有历史传统。甚至有学者将未来中国和世界自由主义的政治、经济、文化的希望集于美国一身，提出建立"民主国际"的主张："美国今后的外交使命，不仅是'国'与'国'间的正当外交关系，同时也必须觅取一种外交方式，以促进美国政府与全世界自由主义份子及其政党间的联系。这种方式就是'民主国际'。惟有通过'民主国际'的方式，大量援助全世界自由主义分子及其政党，始足以真正解除共产主义的威胁。""只要美国不帮助反动政权，中国自由主义份子向美国拉紧些是可能的。中国必须产生一个国共以外的一个新势力。我们相信只要获得美国的保证，一个超越马克斯（马克思）主义的思潮便可产生。"[4]

自由主义信念与民族主义立场并存，使自由主义者在对美态度上充满了矛盾。面对战后的美国，这种不和谐表现得尤为突出。一方面，他们严厉谴责美国在国际政策上的本位主义、霸权主义和强权政治，另一方面，又高度认同美国的民主政治、民族精神以及现代化成果，并对美国在自由主义世界中的"主导作用"寄予厚望。应该说，自由主义者的矛盾与困惑，首先源自于战后美国的所作所为，他们不能接受一个自由主义头号强国，何以会有截然不同的表现？何以会出现与自由主义原则大相径庭的行为？现实与理想的不和谐使他们的心灵备受煎熬。早在得知雅尔塔协议时，自由主义者便已陷入此种内心冲突，傅斯年、任鸿隽、陈衡哲、王云五等20人在重庆发表的《我们对雅尔塔秘密协定的抗议》，充分表达了这种复杂的

[1]《中国民主同盟临时全国代表大会的政治报告》，（1945年10月11日），中国民主同盟中央文史资料委员会编《中国民主同盟历史文献》，第77页。

[2]费孝通：《美国在旅程到尽头——美国人的性格之一》，《在记录与起码之间——美国人的性格之二》，《有条件的父母之爱——美国人的性格之三》，《不令人服输的成功——美国人的性格之四》，《猜不透上帝得意志——美国人的性格之五》，《蛮一点孩子——美国人的性格之六》，《道德上有个毒刺——美国人的性格之七》，《负了气出的门——美国人的性格之八》，《观察》2卷11、13、15、16、17、20、21、22期。

[3]张义昌：《从美国看中国》，《观察》1卷22期，第14页，1947年1月25日。

[4]杨光时等10人：《我们对于大局的看法与对策——正告美国》，《观察》2卷21期，第4页，1947年7月19日。

心情：

> 雅尔塔会议的召开，正在中国中原湘桂各次战役失利以后，原子弹尚未成功以前。罗斯福在两面作战的形势下，急于要求苏联对日宣战，其处境心情，我们容能了解。但不顾道义，违背本心，同意苏联的要求，侵略中国的领土主权，其事绝不可恕，罗斯福及其领导的美国，在中国人民心灵上，原占有极其友好的地位，但这种地位已因雅尔塔秘密协定，大受打击，我们绝不能因为罗斯福在这次整个的战争中所作的贡献，以及他过去对于中国的同情及援助，就原宥他这次的过失和责任。[1]

这里既有理解，但更多的是失望、痛心和愤懑。储安平在批评战后美国对华政策时也表现出同样的"复杂的，然而却是痛苦的"心境。[2]即使在反对强权政治越来越激烈的1948年，仍有学者对发生的变化不胜惋惜："曾几何时，这种热情的交流阻塞了、中断了，至少也在隐约中蒙上了一层尘埃。代之而起的是怀疑、是冷淡，甚至是轻蔑，是憎恨。不可讳言的，这种情绪仍在一天天的滋长蔓延中。中国不是一个忘'恩'的民族，可是中国人看不惯那种君临的态度。"[3]认识并且批评心目中完好形象的缺陷，这个过程无疑是痛苦的。

进一步说，自由主义者内心的复杂矛盾乃至痛苦，来源于他们特殊的身份和思想状态。从更广泛的意义讲，中国的自由主义者，无论就其教育背景，还是其倡导的价值理念，都与"西方"有着密切的关系，因而其理论与实践上的困局，尤甚于其他思潮。激进主义与保守主义都将自由主义置于与民族主义对立的境地，将其作为帝国主义的代言人和民族文化虚无主义的代表。但事实上，中国自由主义思想及其实践本身，也在证明民族主义是一项共同的观念。可以肯定，近代中国不断遭受屈辱的不幸境遇，进一步强化了中华民族的身份认同，特别是这些有着异域经历和切身感受的自由主义学人，更加理解个人与国家不可分割的密切关系，增添了日益强烈的中国人意识，就此言，他们的民族情感绝不亚于任何其他的民族主义者。当美国以霸权主义和强权政治的姿态出现时，中国自由主义者的警惕和批判实乃顺理成章。

　　同时需要注意的是，自由主义者的民族主义取向与现代中国炽热的民族主义有所不同。从本质上说，自由主义者强调普世价值，高度认同"自由"、"民主"、"公正"等自由主义的普遍价值和民主政体，并认为这也是中国建立现代国家的目标和准则。因此他们虽然捍卫民族主权和国家独立，但却不主张"排外"，他们认为民族自强的关键在于"自我拯救"，而不能仅仅归因于"外族入侵"，他们很少以帝国主义的"侵略"来解释中国面临的困境。在他们看来，挽救民族的方式仍然需要自由主义，在这个层面应该向美国学习。民族主义的此种理解，使我们看到了这样一个事实：日益激进的反美政治倾向与并未动摇的美国文化认同同时并存，它似乎是不和谐的，但却符合中国自由主义者的思想逻辑。自由主义与民族主义的内在困境与张力也都体现于此。

〔1〕傅斯年等：《我们对于雅尔塔秘密协定的抗议》（1946 年 2 月 22 日），秦孝仪主编：《中华民国重要史料初编——对日抗战时期》第七编，战后中国（一），第 623 页。

〔2〕储安平：《我们对于美国的感觉》，《观察》1 卷 11 期，第 4 页，1946 年 11 月 9 日

〔3〕志徐：《论司徒雷登大使声明》，《世纪评论》3 卷 24 期，第 3 页，1948 年 6 月 20 日。

第 六 章

自由主义阵营的分化与"中间道路"的破产

抗战胜利后，"中间道路"经历了从高潮迅速走向衰落直至破产的历史过程。中间道路存在的前提，有赖于国共两党合作背景下的对立。两党关系破裂之日，乃是中间道路开始消亡之时。政协会议之后，自由主义者已开始走向分化，随着"内战"的爆发和战争形势的急剧变化，自由主义者的分化程度日益加深。1948年战争局势的明朗，促使中间党派和自由主义者走向完全分化，以"新政协"召开为标志，"中间道路"宣告最终破产。

第一节　自由主义阵营的分化

随着"内战"形势的急剧变化和国共双方对中间势力的争夺，自由主义者的分化程度日益加深。中间党派在国共两党不同政策影响下，快速走向右右分化。而分布在教育界和文化界的自由主义者，虽然保持独立的状态相对较长，但也同样不可避免地经历着日趋分化的过程。

一　内战形势的急剧变化

对内战前景的判断，是自由主义者政治选择的依据之一。在相当一段时间内，他们都认为"内战"将是一场无法在短期内结束的拉锯战。然而形势的发展出乎许多人的预料，战局在1948年迅速趋于明朗，一些敏感的自由主义者也洞察到战场形势的重大变化。

实际上，国共力量对比在1947年已经开始发生转折性的变化。这年5月的孟良崮战役在国民党内部引起巨大震动。包括蒋介石自己也困惑万般，占优势的"国军"何以迟迟无法获胜。6月在军官训练团的一次讲话中蒋介石不无迷惑地谈到这个问题："比较敌我的实力，不论就哪一方面而言，我们都占有绝对的优势。军队的装备、作战的技术和经验，匪军不如我们。尤其是空军、战车以及后方交通运输工具如火车、轮船、汽车等，更完全是我们国军所独有。一切军需补给，如粮秣弹药等，我们也比匪军丰富十倍。重要的交通据点，大都市和工矿资源，也完全控制在我们手中。无论就哪一方面实力来比较，共产党绝对不能打败我们。……可是剿匪军事，到现在已经荏苒一年了，我们不但尚未把共匪消灭，而且不能使剿匪军事告一段落，这究竟是什么缘故呢？"[1]这是一个以军事实力为中心的分析，显然它无法揭示影响国共军事变化的其他因素，而这些因素应该是更本质的原因。

　　自由主义者的观察似乎比身居高位的蒋介石要深刻得多。1947年6月16日，《时与文》杂志发表题为《内战新阶段》的文章，在描述了各个战场的状况后写道："看了上面这些现象，每一个人总会觉得：内战的形势的确在变化了。但是，战争的转换，就其实质来说，却不是今天才发生的。战争有其一定的规律，与任何事物的变化一样，有其渐变到质变的过程。不明白这点，就会以为战争双方突然发生了剧变。"该文继续分析指出，"内战"开始以来，"国军"奉行力争城市交通线的方针，其成果容易被人看到，而"共军"则采取以城市换有生力量的策略，表面上似乎处处失败，但一段时间后结果就显现出来，"当有生力量消长（决定战争的根本因素）发生变化后，战局也随之逐渐变化，逐渐由'国军进攻'变为'互有进退'，由'进多退少'变为'退多进少'了——这才是战局变化的真

[1]秦孝仪总编纂：《总统蒋公大事长编初稿》卷六（下册），第459页，（台北）中正文教基金会1978年出版印刷。

相，这就不会使人感到神秘，感到突然，感到'外来援助之突然改变。"[1]此种战略角度的分析是相当准确的。

正是在这种形势下，共产党军队由战略防御转入了战略进攻。1947年6月至8月，中共中央决定三路大军南下，将战线由黄河以北推移到长江以北，变中原地区为解放军的前方战线。《观察》在刘伯承、邓小平所率大军进抵大别山的第二天就撰写了通讯，还发表了一幅《鄂豫陕晋鲁形势图略》，用粗箭头标明中共军队"刘伯诚（承）部动向"和"陈赓部动向"，一目了然地反映出形势的变化。《时与文》在《论战局》一文中说："从（1947年）7月初起，战场上的形势已经发生了与前不同的质的变化。"即"战争的前线，已经从黄河流域扩展到淮河流域和扬子江流域，""更接近国军心脏"，并认为由于战场的扩展，将对"内战"双方的兵力部署发生巨大影响，"战事已经发生全面的变化，新局面已经代替旧局面而演出了。"[2]《国讯》的文章也指出，"中央所指为流窜者，其战略，不可轻视。"[3]

到1947年年底，"内战"双方的胜负趋向已经愈发明显。中共领袖毛泽东在"十二月会议"的报告中明确指出："中国人民的革命战争，现在已经达到了一个转折点。""这是一个历史的转折点。这是蒋介石的二十年反革命统治由发展到消灭的转折点。这是一百多年以来帝国主义在中国统治由发展到消灭的转折点。这是一个伟大的事变。这个事变所以带着伟大性，是因为这个事变发生在一个拥有四亿七千五百万人口的国家内，这个事变一经发生，它就将必然地走向全国的胜利。"[4]根据这个判断，打倒蒋介石政权，建立"新中国"已经提到现实的议事日程。

进入1948年，不少的自由主义者已经预感到战局将会发生根本性的重大变化。在《国讯》"一九四八年希望"专栏中，一些学者所写的笔谈，反映出他们对时局的感受和希冀。吴泽说："如果说，一九四七年是自由民主的黎明年，那么，一九四八年将是自由民主的胜利年。"[5]徐铸成说："一九四八年这一年内，中国的大局，总可以见个分晓了。……为了民主和恒久的和平，当然不应吝惜任何代价，更不宜姑息而解决得拖泥带水。但我们总希望在可能范围内，能够避免或减

少一切不必要的牺牲，因为国家的元气太亏
了，多保留一分元气，建国工作可以少绕多
少圈子。而人民也够苦了！"[6] 即使是一些仍
然以自由主义相号召的学人，也转向对自由
主义者文化使命的寄望，而不再坚持自由主
义的现实路线。的确，在战局快速变化中，
自由主义者们是无法置身度外的。

　　中国共产党的军队经过一年的"外线作
战"，优势更加明显，兵力和装备均有了长
足进步，并且"运动战"和"城市攻坚战"
的能力大大提高。而国民党军队则只能困
守东北、华北、华东、华中、西北五个彼
此孤立的战略地区，士气低落，所谓的
"重点防御"变成了"重点挨打"。面对有
利的战争形势，中共将战争引向最后的战
略决战，而这也意味着自由主义者即将面
临最后的抉择，保持中立的可能性已经不
复存在。

二　分化的加剧

　　国共"内战"的特殊历史背景，使自由
主义者经历了一次前所未有的激烈分化。实
际上，这个过程在政治协商会议之后就已经
开始。1948年张东荪曾这样描述中国知识分
子在几年之内的变化：

　　　　国内知识分子的动态，最近的是与
　　抗战期间政协的当时完全不同。在抗战
　　期中，"抗战"二字是一个目标，可以将
　　所有的知识分子的意志都不约而同集中
　　在这一点上。政治协商的时期，虽则为

〔1〕萧遥：《内战的新阶段》，
　　《时与文》1卷16期，
　　第4页，1947年6月27
　　日。
〔2〕萧遥：《论战局》，《时与
　　文》2卷2期，第9—12
　　页，1947年9月19日。
〔3〕卫玉：《满城风雨近重
　　阳》，《国讯》第431期，
　　第1页，1947年9月21
　　日。
〔4〕毛泽东：《目前形势和我
　　们的任务》，《毛泽东选
　　集》第4卷，人民出版
　　社1966年版，第1187、
　　1188页。
〔5〕吴泽：《我准备为中国历
　　史写新页》，《国讯》第
　　445期，第5页，1948
　　年1月10日。
〔6〕徐铸成：《两点希望》，
　　《国讯》第445期，第9
　　页，1948年1月10日。

时甚短，但确亦有一个目标，把大家的希望集中于其上，这就是和平。因为胜利以后，和平是举国一致的要求，正和抗战时期的抗战一样。抗战与和平都是举国一致的要求，故可使全国知识分子自然而然团结在这个一致的要求之下。不幸现今这些一致的要求都成为过去的事，现在的状态乃是知识分子已经由苦闷而趋于分化。[1]

和平是战后自由主义者共同的强烈诉求，由于政协决议无法付诸实现，自由主义者寄予厚望的和平建国遂成泡影。与此同时，国共两党的斗争空前激烈起来。就本质讲，国共两党的道路，都不是自由主义者心目中的理想之路，然而他们又无力使任何一方遵从自己的设想，其结果只能是自由主义者自身在两种道路中择一而事。有学者如下分析：

　　对于政协，中国知识分子是以全心全力贡献了的。他们无愧于任何一点。唯其如此真诚，所以教训也最透辟。这不是书本上得来的，而是血汗中得来的。所以政协之后，中国知识分子有一个分裂。多数坚强地越过了自由主义前进，落后的却从自由主义向后退。两者方向不一，而脱离自由主义的阵地则一。[2]

　　导致自由主义者不断分化的重要原因，乃是日趋激烈的国共斗争。1947年后，随着战局的变化和演进，国共两党对"第三种势力"的争夺趋于白热化，自由主义者的分化也随之加深。国民党继续采取分化瓦解政策，在拉拢"青年党"和"民社党"加入政府的同时，对"民盟"施以勒令解散的彻底打击，迫使公开活动的"民盟"和其他中间党派不得不纷纷转入"地下"，并将其领导机构转移至香港。叶汉明女士分析指出，40年代后期香港的政治生态，很利于各方面缓和矛盾，彼此平衡并暂时共存。相对于中国内地而言，香港称得上是一个自由世界。香港的言论自由和准许中国人自由入口的政策，使它成为中国政党的极佳"避难所"，而港英当局也尽量在他们之间保持中立。[3]有人称：香港"是一个既不是蒋管区，也不是解放区的'第三种地带'"，这里"不像解放区那么动荡，也不像蒋管区那样受迫害"[4]。因而它一度成为各中间党派开展活动的一块特殊基地。1947 年底到 1948 年春，这里集中了"民盟"、"民革"、"农工"、"救国会"、"民联"、"民促"、"民进"、"致公"八个中间党派，可以说，香港为南来的中间党派提供了一个重整力量的空间。

　　同样，香港也为共产党联络和渗透各党派提供了良机。与国民党对"民盟"的迫害相反，共产党加紧对"民盟"和其他左翼党派的扶持和帮助。中共香港分局，不仅积极配合上海、南京、重庆等地的中共"地下党"组织，帮助各党派领导人安全转移至香港，安置好他们的生活。同时在思想上和政治上对各党派人士做了细致的争取和团结工作，他们通过定期举行座谈会或登门拜访的方式，耐心倾听各方意见，交换对时局的看法，解答各种问题，宣传共产党的统战政策，促使各党派领导人放弃"中间道路"的幻想。为了使更多的中间人士"左转"，1948 年中共香港分局通过《华商报》出面，组织了一场批判"自由主义运动"的专题座谈会，沈钧儒、谭平山、马叙伦、郭沫若、邓初民、侯外庐、李章达、邵全麟等知名人士被邀出席，他们的批判性发言在该报陆续登出，对于教育和帮助动摇不定的自由主义者起了重要作用。中共香港分局还切实帮助中间党派重建组织机构。"民盟"一届三中全会的召开以及"民盟"领导机关的重建，都得到了中共的积极支持。[5]民盟中央机关报《光明报》在香港的复刊，也得到中共的协助。[6]共产党的"统战"政策成效显著，"民

〔1〕张东荪：《知识分子与文化的自由》，《观察》5卷11期，第4页，1948年11月6日。

〔2〕念慈：《自由主义与中国知识分子侧论》，《观察》5卷11期，第4页，1948年11月6日。

〔3〕参见叶汉明《从"中间派"到"民主派"：中国民主同盟在香港（1946—1949）》，《近代史研究》2003年第6期。

〔4〕转见袁小伦《香港新政协运动与中共领导的多党合作》，《中共党史研究》2001年第4期。

〔5〕张军民：《中国民主党派史（新民主主义时期）》，北京：华夏出版社1989年版，第641页。

〔6〕陆诒《〈光明报〉在香港复刊记》，钟紫主编：《香港报业春秋》，广州：广东人民出版社1991年版，第226—227页。

盟"和其他中间党派很快完成了向左的"一边倒",香港成为中间党派转向革命的熔炉。

分散在教育和文化界的自由主义者同样经历着日趋分化的过程。相对于中间党派,这些身在各处的自由主义者处于更加涣散的状态,他们受到的直接外力影响较小,因而保持独立状态的时间相对较长,持续至1948年10月左右的自由主义讨论足以说明问题。当然,对一些重要的自由主义者,国共两党都不会放过。蒋介石一刻也没有停止对自由主义头面人物胡适的劝说,从考试院院长、总统、行政院院长都有许诺,胡适始终坚辞未就。[1]共产党也以特有的方式努力争取自由主义者的转向。自由主义的重要阵地《大公报》社内,中共地下党员李纯青和杨刚就以看文件、学习社会发展史等方法,对曾经非常坚定的自由主义者王芸生、萧乾给予引导,在他们的转变过程中发挥过重要作用。

总体上看,特殊的政治环境对自由主义者的日趋分化起了决定性作用。争取"第三种势力"是国共之间的另一条战线。国民党压制"民盟"的结果,不仅没有达到减少对立的目的,反倒促使"民盟"和其他中间党派迅速放弃中间立场而左转。正如"民盟"人士周鲸文所言,"民盟"组织中原仍有人时与国民党人接触,但是由于"国民党铁了心,硬把民盟向共产党那边推"。[2]而共产党则以其"统战"技艺迎来八方来客,他们表现出的宽广襟怀和细致入微的工作作风,打动了许多自由主义者。无枪的争夺必以有枪的争斗为依托,国共两个战场的胜负无疑是相辅相成的。对自由主义者而言,分化已经成为无可回避的事实,更严重的考验是,战局的演变正在逼迫他们做出最后的选择。

第二节 "中间道路"的破产

"中间道路"在"内战"战局明朗化后,必无存在余地。1948年5月,代表"中间道路"的主要党派参加中共领导的"新政协运动",完全认同新民主主义路线和共产党的领导,最终完成了由中间党派向中共领导下的"民主党派"的转变。1948年年底,自由主义者面临最后非此即彼的选择，他们各自复杂的心理状态尤其值得关注。

一　参与中共的"新政协"

"中间道路"作为自由主义的现实路线，在"内战"战局快速变化中越来越没有生存余地。正如本书第三章已有的讨论，1947 年上半年，自由主义者们还在争论"中间路线"的实现问题，而到了战局渐趋明了的 1948 年，讨论的方向已经从现实政治转向自由主义者的文化历史使命。力主中间路线的施复亮，在 1948 年 1 月发表了《论自由主义的道路》之后，再没有强调过现实中的中间路线。他们清醒地认识到"中间路线"势必归于破灭。1948 年年初，中间党派的"一边倒"战略，标志着中间路线已经被放弃，而该年 5 月开始的"新政协运动"，则宣告了"中间道路"的彻底破产。

1948 年 1 月 5 日至 19 日，中国民主同盟召开一届三中全会，制定了新的政治路线，主要是：彻底推翻国民党反动统治；坚决反对美国对华政策；赞成土地改革和没收官僚资本；支持共产党武装斗争方针；宣布放弃中间路线，与共产党合作。[3]"民盟"一届三中全会制定的政治路线，标志着它已经放弃所奉行的中间路线，而转向共产党倡导的"新民主主义路线"。曾任职"民盟"中央的叶笃义对三中全会有这样的评价：

> 民盟从此进入一个新阶段，这是因为：一，以前民盟总是公开宣称自己是第三者立场，承认国民党政府的合法领导地位，同它进行合法的斗争，现在则公开提出推翻它，

〔1〕1947 年 2 月，蒋介石请胡适出任国府委员兼任考试院长。1948 年 3 月行宪"国大"后，又意欲提名胡适为总统候选人。1948 年 11 月下旬，翁文灏内阁垮台，蒋介石提请胡适来南京组阁，收拾残局。对蒋介石三番五次的邀请胡适均婉言拒绝。

〔2〕周鲸文：《风暴十年：中国红色政权的真面貌》，香港：时代批评社 1962 年版，第 55 页。

〔3〕参见《中国民主同盟一届三中全会政治报告》（1948 年 1 月 19 日）和《中国民主同盟今后组织工作计划》（1948 年 1 月 5 日），《中国民主同盟历史文献》，第 394、397、370 页。

改为对它进行非法斗争。二,如上所述,民盟以前在若干重大政
治关键问题上同中共采取了相互配合的一致行动,但作为一个公
开的政党,民盟总是宣称自己是站在国民党和共产党之间的第三
者身份,而现在则公开声明同中共通力合作,明确了一边倒的态
度。三,以前总是幻想能够争取美国改变援蒋立场,而现在幻想
破灭之后,三中全会宣言最后以口号的形式公开提出"反对美国
反动派的对华侵略政策"。[1]

作为中国最具代表性的中间党派,其政治路线的改变,意味着中间道
路已经失去了重要的组织力量。

1948年5月由中共号召,各党派响应的"新政协运动",则表明各中
间党派完全接受了中共的"新民主主义路线"及共产党的领导,在行动上
宣告了中间路线的彻底破产。1948年春夏之交,国民党因军事上的不断溃
败而陷入全面危机。为了配合战场形势,中共中央于4月30日发布纪念
"五一"国际劳动节口号二十三条,最引人注目的第五条提出:"各民主党
派,各人民团体及社会贤达,迅速召开政治协商会议,讨论并实现召集人
民代表会议,成立民主联合政府!"[2]中共领导人周恩来指出,提出召开
"新政协"的口号,从形式上看是恢复1946年1月政协的名称,但性质和
内容都不同了,"五一口号"是行动口号,不是宣传口号。另一位中共领
导人刘少奇也认为,目前召开"新政协"的国际与国内形势已经成熟,先
提"政协"这个口号,可以起号召作用,要争取90％的人,团结一切可以
团结的力量,中共在全国人民中赢得50％以上的人拥护是没有问题的,其
他任何政党都没有这个能力。显然,"五一口号"的实质,是要动员各民
主党派和进步人士展开一场围绕"新政协"的运动,从行动上切实推进
"新政权"的建立。

集聚在香港的各民主党派即刻热烈响应。5月5日,各民主党派
领导人和无党派人士李济深、何香凝(民革)、沈钧儒、章伯钧(民
盟)、马叙伦、王绍鏊(民进)、陈其尤(致公党)、蔡廷锴(民促)、
谭平山(民联)、彭泽民(农工党)、李章达(救国会)、郭沫若(无党
派)等联名致电中共领袖毛泽东及各界人士,称中共"五一口号",尤
其是第五项内容,"密合人民时势之要求,尤符同人等之本旨。除电达

中共表示同意外，事关国家民族前途，至为重要。全国人士自宜迅速集中意志，研讨办法，以期根绝反动，实现民主。"[3]此后，直到当年的 7 月份，各党派纷纷在香港单独发表通电、声明、宣言，响应和拥护中共的"五一口号"，愿意为"新政协"的召开协同努力。

在"民主党派"的响应热潮中，有两个内容表明他们完全接受了"新民主主义路线"。首先，承认中共在中国革命中的领导地位。"民主党派"历来和中共多有配合，但只是将共产党视为"友党"，即使"民盟"三中全会后，也只明确与共产党通力合作。中共"五一口号"发布后，各民主党派明确表示承认中共的领导地位。"民革"领导人谭平山撰文说："为着争取革命的前提胜利，是要大家多负责任的，而领导的责任，更不能不放在中国共产党肩上，这是历史发展上一种不容放弃的任务。"[4]中国致公党的宣言称："中共在中国革命长期而艰苦的斗争中，贡献最大而又最英勇，为全国人民起了先导和模范作用，因此，这次新政协的召开，无疑我们得承认它是领导者和召集人。"[5]"民盟"的邓初民指出："中国无产阶级及其政党"，"具备了领导中国革命的一切条件"[6]民主促进会第四次理事会议文件声明："民主联合政府为无产阶级、小资产阶级、民族资产阶级之各阶级之共同执政之民主联合政权，但人民民主革命之彻底完成，必须无产阶级及其政党领导。"[7]可以看出，中国主要"民

〔1〕叶笃义：《中国民主同盟的由来和演变》，《中华文史资料文库》第 8 卷，北京：中国文史出版社 1996 年版，第 159 页。

〔2〕《中共中央发布纪念"五一"劳动节口号》（1948 年 5 月 1 日），《中国民主同盟历史文献》，第 419—420 页。

〔3〕《中国民主同盟与各民主党派领导人通电全国响应中共筹开新政协》（1948 年 5 月 6 日），《中国民主同盟历史文献》，第 418 页。

〔4〕谭平山：《中共五一号召》，香港《华商报》1948 年 5 月 23 日。

〔5〕中国致公党：《响应中共五一号召》，香港《华商报》1948 年 6 月 19 日。

〔6〕邓初民：《中间路线没有现实的依据》，香港《华商报》1948 年 7 月 16 日。

〔7〕《中国民主促进会拟提出政治协商会议之行动公约及政治纲领》（1948 年 7 月 31 日），中国民主促进会中央宣传部编《中国民主促进会四十年》，北京：开明出版社 1990 年版，第 184 页。

主党派"都公开表示承认共产党的领导地位，这是一个不容忽视的转变。其次，承认共产党的建国方式。"民主党派"始终向往中国成为一个英美式的"十足地道的民主国家"。"五一口号"发布后，他们热烈拥护"新政协"，愿意同共产党一道建立一个无产阶级领导的、以工农联盟为基础的人民民主的"新中国"，这表明他们放弃了坚持已久的建立英美式共和国的方案。可以说，"五一口号"后民主党派的政治主张与共产党的新民主主义革命路线完全一致，独立的中间路线已无踪迹可寻。

　　"民主党派"不仅在路线上完全赞同中共的主张，而且将一系列围绕"新政协"的活动冠名为"新政协运动"。1948 年 6 月 19 日，"民盟"中央在其机关报《光明报》上发表《民盟致全国各民主党派、各人民团体、各报馆暨全国同胞书》首先倡议开展"新政协运动"：要建立一个民主的"新中国"，只有在消灭"独裁集团之后，通过新政协和组织民主联合政府才能获得保障。所以，发动新政协运动，其意义不只在于准备新政协会议本身，而尤其在于通过这一运动来加速独裁政权的覆灭，以为新民主中国之诞生造成前提"[1]。其后，《光明报》陆续发表章伯钧、邓初民、沈志远等人的文章，讨论关于"新政协"的各种问题。其他"民主党派"也纷纷召开会议，发表议论，为"新政协"的召开献计献策。

　　在这场持续近一年的"新政协运动"中，中共始终居于领导地位。在中共香港分局的组织和安排下，各"民主党派"参加了一些定期和非定期的座谈会，围绕"新政协"召开的时间、地点、参加范围、召集人、共同纲领及如何召集等进行了广泛的讨论，并取得共识。与此同时，他们还积极从事瓦解国民政权的工作，一方面在报刊上发表文章，指斥"内战"的反动性，号召国民党官兵"弃暗投明"。另一方面利用各种社会历史关系，开展对国民党军队的策反和情报工作。在卓有成效的舆论攻势和情报活动的基础上，成功策划了在港国民党上层人士脱离蒋介石政权的活动。

　　随着战事的进一步变化，1948 年 9 月"新政协运动"从讨论磋商进入实际行动阶段。在中共中央和周恩来的缜密策划下，三百五十余位"民主人士"，在近一年的时间中，分 20 批陆续到达解放区。经过数月筹备，1949 年 9 月 21 号，"新政协"第一届全体会议在北平隆重开幕，各党派中的许多"民主人士"成为新政府中的成员。在整个"新政协运动"中，各"民主党派"自觉接受了一党领导下多党合作的政治体制。"中间路线"作为一种现实的政治路线，完全销声匿迹了。

二 自觉或无奈的不同选择

与中间党派所做的选择相比，自由主义者个人对出路的选择要复杂得多。1948 年迅速明朗的战局，使自由主义者立刻陷入最后选择的时刻。《时与文》杂志的一位撰稿者说："今天中国的知识分子，正徘徊在歧路之中。自有历史以来，这也许是第一次，我们得由自己来决定我们的命运：做主人还是做奴隶，进步还是沉沦。这也许还是最后一次，让我们来决定，做人，还是帮凶，这是我们受到的最严重的一次考验。和过去历史上所遭遇的不同。"[2]

面对抉择，自由主义者的态度和表现大致可分为两类：自觉的选择或无奈的等待。对于大多数自由主义者而言，国民党和共产党都不是他们心之所向，因此，选择哪一方都将是矛盾和痛苦的。一般讲，属于党派骨干的自由主义者，政治立场比较鲜明，在何去何从的问题上，内心斗争或左右为难的程度很小，比如"青年党"和"民社党"的领导人会选择国民党，而"民盟"领导者会选择共产党，他们的决定是果断和无须犹豫的。而一些无党派的自由主义者则大有不同，他们的选择表现出更多的矛盾和复杂。青年学者徐毓楠的一段叙述正表明了这种状况：

> 目前国内两大政治势力似乎都不向英国式工党政府这条路上走，主张温和的改良主义，自己又没有力量可以实现这种理想，于是有些人徘徊而无所选择，他们觉得要比两大政治势力改变其作风，其难易程度似乎相等；有些人则同情或依附一个政治势力，觉得这一个比那

[1]《民盟致全国各民主党派、各人民团体、各报馆及全国同胞书》，香港《光明报》1948年6月19日。

[2]流金：《知识分子的路》，《时与文》3卷8期，第6页，1948年6月4日。

一个离理想近些。只要选择出之于信念（conviction）以及对事物之理智判断，而不仅其他外来因素之影响，则任何选择都是合理的，都该受人尊敬。没有信念而必须选择，却是当前一部分智识分子所遭遇的迫切难题。[1]

如果说，出之于信念的选择是自觉的，而没有信念却必须选择则必定是困惑和矛盾的。

（一）离开大陆的自由主义者

倾向于国民党的典型代表，应属最知名的自由主义者胡适，40年代后期胡适已不再是自由主义的活动中心，但他依然是自由主义者尊崇的"精神偶像"。胡适的政治倾向一向明确，尽管他数次婉拒国民党领袖蒋介石邀请其加入政府的要求，但支持政府之心却始终未改。他曾反复强调自己不入政府之用心："我在野——我们在野——是国家的、政府的一种力量，对国外、对国内，都可以帮政府的忙，支持他，替他说公平话，给他做面子。若做了国府委员，或做了一院院长，或做了一部部长，虽然在一个短时期也许有做面子的作用，结果是毁了我三十年养成的独立地位，而完全不能有所作为。结果是连我们说公平话的地位也取消了，——用一句通行的话，'成了政府的尾巴'！……如果毛泽东执政，或是郭沫若当国，我们当然都在被'取销'的单子上。因为我们不愿见毛泽东或郭沫若当国，我们愿意接受政府的命令办我们认为应该办的事。这个时代，我们做我们的事就是为国家、为政府树立一点力量。"[2]可以看出，在国共之间，胡适不会犹豫。在北平陷入中共军队的包围后，他不得不于1948年12月15日，乘坐国民党专机飞往南京。

傅斯年与胡适的政治倾向基本一致。傅曾对胡适说："我们与中共必成势不两立之势，自玄学至人生观，自理想至现实，无一同者。"[3]但在去留问题上并非义无反顾。1948年11月从美国治病回国不久的傅斯年，勉强接受了台湾大学校长的任命，但实际仍在犹豫之中。次年1月5日，与傅私交甚好的新任台湾省主席陈诚电邀其即刻赴任，一向办事干脆果断的傅斯年为此三日三夜未出房门，绕室踱步，反复吟咏书写陶渊明《种桑长江边》的诗句，最后还是决定暂去台湾就职，看一看再说。傅原想带全家赴台湾，并且已买好机票，临时又决定留下部分亲属以及许多图书、家产。傅对家人说：共产党对文人还是要用的，我可能很快就回来。1 月 19 日，傅斯年只带部分亲人和主要生活用品去了台湾。[4]

与这些和政府关系密切的自由主义者相比，青年学者蒋硕杰匆忙赶赴台湾，可能更能代表一般自由主义者的选择状态。据当时执教北京大学的蒋硕杰回忆，1948 年 12 月，在北平的公共汽车上，听到两个美国新闻记者谈论战事，知道北平已经很吃紧，"我在前面听了吓一跳，那时报纸上绝对不曾这么登（载），老百姓从来没有听过北平这么吃紧，我听了以后我想也许我应该走了，我内人已经到台湾去了，因为她父母在那里，她已经去了半年了，我想战乱时一分开就不容易再碰头，就托人给我买票。那时候普通人已经买不到票，没办法，就到中央银行请他们帮忙。"[5]蒋终于搞到一张去上海的飞机票，行李未及收拾就匆匆登机。在上海又托人买船票去了台湾。蒋硕杰曾比较自己与胡适南下的不同，"他是政府派飞机去接的，我是自己想办法出来。"[6]蒋氏的选择，不仅出于政治立场，家庭等个人生活问题也是考虑的重要因素。

在本书谈到的很活跃的自由主义学人中，萧公权、刘大中也作出了离开大陆的选择。萧公权在当时已颇具名望。1948 年 3 月，萧当选为第一届国立中央研究院院士，该年秋即赴台湾大学任教，笔者目前尚未看到萧离开时的具体资料，但从萧公权的政治倾向上看，这种选择是合乎情理的。任教于清华大学的青年学者刘大中，是《新路》周刊的重要编辑，1948 年

[1]徐毓楠：《目前中国政治与经济》，《世纪评论》2 卷 10 期，第 8 页，1947 年 9 月 6 日。

[2]《胡适致傅斯年》（1947 年 2 月 6 日），《胡适来往书信选》下册，第 175 页。

[3]《傅斯年致胡适》（1947 年 2 月 4 日），《胡适来往书信选》下册，第 172 页。

[4]参见马亮宽《傅斯年在台大的最后岁月》，《炎黄春秋》2000 年第 4 期。

[5]陈慈玉等：《蒋硕杰先生访问纪录》台北：远流出版社事业股份有限公司 1995 年版，第 56 页。

[6]陈慈玉等：《蒋硕杰先生访问纪录》，第 57 页。

底赴美国任职，其间的详情笔者并不详知，似可肯定，他的离开也与国内政局密切相关。

应该注意的是，选择离开大陆，并不能完全表示与国民党的关系。即使是胡适，其内心也充满了无奈，他曾经对国民政府外交次长叶公超说："我们这样的自由主义分子之所以还依旧彻底追随你们这种人，唯一的原因就是在你们的统治下，我们至少还能享受沉默的自由。"[1]此话大有两害相权取其轻的意味。实际上，胡适与国民政府的关系始终颇为微妙。1949年后，胡没有留在台湾，而是旅居美国，并参与雷震在台湾创办的《自由中国》期刊，坚持自由主义立场，对台湾的政治多有所讽。1949年3月离开大陆的张君劢，此后的20年中也一直旅居美国，仅在1950年到过台湾一天。张作环球演讲在香港、东京等地时，甚盼台湾当局能发一邀请，不料却被拒绝。稍后，台湾方面又拟请他赴台，反被其婉拒。个中隐情难为外人详知，但彼此的扞格不入，却是显而易见的。[2]上文提到的其他数位学者，除傅斯年在赴台第二年就去世外，萧公权、蒋硕杰、刘大中都长期旅居美国，与台湾当局保持着一定距离。

（二）留在大陆的自由主义者

从数量上看，留在大陆的自由主义者远多于离开大陆的，而留下来的原因却未必完全是政治意识的作用，诸多复杂因素决定了他们的选择。

对于即将到来的变化，大多数自由主义者心存恐惧。张东荪的言论很有代表性，他在1948年5月的一篇文章中说："近几个月来，平津宁沪以及其他各地的知识分子，普遍地恐慌起来了。有人这样告诉我，我又向各方查看一下，确是如此。"[3]这年9月他又谈道："我深知今天的大学教授群中大部分人抱着一种忧虑，即恐惧将来的变局会使学术自由与思想自由完全失掉。"[4]心存忧虑的根本原因，在于这些自由主义者在思想上与共产主义以及共产党是有距离的。

在短时间内，自由主义者们做出的决定即有"自觉性"的，也有颇为无奈的。在思想上有所准备，并表现出自觉性的，应该以张东荪和施复亮为代表。前文已经讲到，40年代末期，张东荪在理论上认为，政治的自由主义已经成为过去，重要的是维持文化上的自由主义。根据他对共产党的了解，现阶段内共产党的政策是实行"新民主主义"，不会对文化自由形成威胁：

> 如果我们真能认定今天的中国还绝对无法走上严格的社会主义之路，只能依照国情，制定一个过渡时代的建国计划，这个过渡可能长到数十年至百年，这个计划又必须融合各方面，则我们便不会拿硬性的社会主义，尤其是苏联式的社会主义，强迫一切思想家都得严格驯守在其中。于是我们可以制定一个建国计划，在其中即以使文化发展到高度自由为一个项目。在这一个项目内，即在这一方面，把文化反而可以推进较现在反动政权下更有高度的自由。[5]

对依然享有文化自由的乐观态度，使张东荪对未来知识分子的作用和地位也有乐观估计，他数次劝告处于恐惧状态的自由主义者不必害怕："将来无论有何种政治上和经济上的大改变，而知识分子自有其始终不变的重要地位"。[6]持同样观点的还有施复亮，在施看来，中共实行共产主义或社会主义的时机都不成熟，目前只能实行"新民主主义社会"，"也许中国可以走自己的路，我们将会从新资本主义和新民主主义向社会主义和平过渡。"[7]因此，今日的自由主义者不必害怕共产主义的威胁。可以看出，张东荪与施复亮的选择是基于对共产党当前政策的理解和信赖，这是自觉与理性的。

另有一些自由主义者，在短时期内快速转变，并做出了颇有一些政治意味的决定，

[1]诸葛黛：《南京完了，广东如何？——胡适之的感叹》，《新闻天地》第68期，第3页，1949年4月28号。

[2]参见雷颐：《殊途同归：胡适与张君劢的历史命运》，《近代史研究》1994年第3期。

[3]张东荪：《告知识分子》，《观察》4卷14期，第19页，1948年5月29日。

[4]张东荪：《知识分子与文化的自由》，《观察》5卷11期，第3页，1948年11月6日。

[5]张东荪：《知识分子与文化的自由》，《观察》5卷11期，第5页，1948年11月6日。

[6]张东荪：《知识分子与文化的自由》，《观察》5卷11期，第3页，1948年11月6日。

[7]施复亮：《论"共产主义的危胁"》，《时代批评》4卷92期，第16页，1947年10月1日。

尽管这还不是完全的政治觉悟。王芸生和萧乾是这种类型中比较典型的。应该说，王芸生和萧乾曾经是非常坚定的自由主义者，他们为《大公报》撰写的大量社评充分反映了自由主义的精神和理念。自1948年下半年开始，在就职于《大公报》的中共地下党员杨刚和李纯青的启发下，王、萧的思想开始发生转变。1948年10月30日，王芸生得到杨刚和李纯青转给他的毛泽东的亲笔信，王"几夜没有睡好觉，辗转反侧，考虑了许久。最后，他终于决定了——投奔解放区，参加新政协"。[1]百般磨人的几天几夜，考虑的问题其实很简单，他本人的"新生"是否也可以使《大公报》跟着"新生"？不能说他没有深怀疑虑，但终究还是心有所望。11月10日，辗转来到香港的王芸生发表《和平无望》，声明"转变立场，靠拢人民"。"又在共产党员和进步人士的帮助下，领导了《大公报》香港馆的起义"[2]。1949年1月，王芸生和黄炎培、马寅初、郭沫若等"民主人士"从香港乘船北上北平。几天后，他兴奋地写了《我来到了解放区》，描述他获得"新生"的无限喜悦。6月17日，《大公报》发表王芸生的最后一篇社评《大公报新生宣言》，对这张有50年历史的老牌自由主义报纸进行了深刻的检讨和严厉清算。此后，他所有的活动几乎都不再与自由主义有多少关联，一个自由主义报人就这样消失了。

萧乾不仅是《大公报》社评的重要撰写人，也是《新路》杂志的重要作者之一。1948年春天，在中共地下党员李纯青的影响下，萧开始学习社会发展史，并清算自己政治上的自由主义。1949年初，剑桥大学筹建成立中文系，系主任何伦（Gustar Haloun）教授亲自到香港，一是购买中文书籍，二是特聘萧乾任剑桥大学终身教职，讲授中国现代文学。有人建议："上策还是接下剑桥这份聘书。中策是暂留香港工作，这样既可保持现在的生活方式，受到一定的礼遇，又可静观一下，反正这么回去太冒失。进去容易出来难哪！"[3]萧乾在经过考虑后，还是选择留在大陆，这里不仅有本能的爱国主义，也有若干思想转变的痕迹，从1950年9月他向共产党提出入党申请，便可探知业已发生的变化，他竭力使自己成为一个真正走共产主义道路的马克思主义者。

　　储安平的选择也值得关注。前文已经了解，储安平对国共两党的性质曾有过深刻剖析。1948 年 12 月《观察》遭国民政府查封时，储氏正在北平找一些知识人士商讨《观察》杂志的出路问题。被政府通缉的储安平似乎已经没有别的选择。这之后，储安平的表现相当积极，1949 年参加了中共领导的"新政协"工作，并放弃多年信守的无党无派原则，很快加入了"民盟"和"九三"两个"民主党派"。1949 年 11 月，《观察》杂志被中共中央批准复刊，仍由储安平做主编。在《观察》复刊号上，储安平基本上否定了自己的过去。在短短一年时间中，储安平快速完成了进入"新社会"的转换。这中间有多少来自于外力，多少出自于真诚，无法妄加判断。但其后的历史表明，储骨子里的自由主义气质并未改变。

　　与上述多少有些政治自觉意识的自由主义学人相比，大多数自由主义者的选择其实是本能的，或者说，他们留在大陆的理由是因为大陆是祖国的所在，浓重的"故土之情"影响和决定了他们的选择。时任清华大学文学院院长的冯友兰在回忆中说："当时我的态度是，无论什么党派当权，只要它能把中国治理好，我都拥护。这个话我在昆明就已经说过。当时在知识分子中间，对于走不走的问题，议论纷纷。我的主意拿定以后，心里到觉得很平静，静等着事态的发展。"[4] 1948 年 12 月上旬，南京政府派陈雪屏探问教授们的意向，"他来北京的目的，大家都已经心照不宣了。在吃饭中间，他果然宣布，南京派了一架专机，来接诸位先生去，如果愿意去就可以同他一起出发。在座的人都相顾无言，不置可否。"[5] 实际上，在座的大多数人都没有选择离开，而是选择了等待。他们不会为早已令人失望的国民党及其政权而离弃故土，但同时也没

〔1〕汤恒：《王芸生》，新闻界人物编辑委员会编：《新闻界人物》，第 4 辑，北京：新华出版社 1983 年版，第 104—105 页。

〔2〕汤恒：《王芸生》，新闻界人物编辑委员会编：《新闻界人物》，第 4 辑，第 105 页。

〔3〕傅光明：《人生采访者·萧乾》，济南：山东画报出版社 1999 年版，第 116 页。

〔4〕冯友兰：《三松堂自序》，北京：生活·读书·新知三联书店 1989 年版，第 120 页。

〔5〕冯友兰：《三松堂自序》，第 121 页。

有对共产党寄太大的希望："（一）我认为，我是中国人，人民政府是中国政府，我当然服从，但我不是共产党，党跟我没有直接关系。（二）我既然服从人民政府，当然跟台湾断绝关系，但是不骂台湾。'君子绝交，不出恶声'。我认为《礼记》这两句话很有道理。"[1]冯友兰的态度在当时是颇有代表性的。

　　另一位自由主义学者陈寅恪的选择则包含了更复杂的故土情感和文化意蕴。1948年底，当战火波及北平时，任教于清华大学的陈寅恪急切想离开。中文系代理主任浦江清在12月12日的日记中这样记载，当日访问寅恪先生，提到时局问题时，陈表示，如果有机会，他愿意即刻离开北平，并说有些人是要暗中离开的。[2]三天后，陈便与胡适夫妇等人同机飞往南京。不过，陈寅恪并没有听从胡适的劝说去台湾，也没有去香港定居，而是转道上海，终至广州受聘于陈序经任校长的岭南大学，兼任中文系、历史系教授。对此陈自述说："当广州尚未解放时，伪中央研究院历史语言研究所所长傅斯年多次来电催往台湾。我坚决不去。至于香港，是英帝国主义殖民地。殖民地的生活是我平生所鄙视的。所以我也不去香港，愿留在国内。"[3]此后他定居岭南，始终没有应共产党之邀北上。有学者指出，陈寅恪未应邀北上，也未赴台、港，"并不说明广州是他最理想的去处"，他在两难之中寻求归宿，大有欲归无地的悲怆情绪。"不过话说回来，'栖身岭表'的情非所愿的选择，在意象上，恰符合他毕生所追求的'处身于不夷不惠之间'的文化定位。"[4]这一解释应该说是精辟的。

　　胡素珊女士在分析40年代中国自由主义者的选择后认为，不管这些知识分子到底是什么人，他们都不应该被视为政治投机分子。"尽管自由派人士决定理智地接受共产党的统治，但并无迹象表明他们明确拥护新政权，或作出了根本性的、永久的妥协。他们的信仰可以容纳中共新民主主义的纲领，甚至可以超越到发展社会主义经济的地步，但决不会同意一党或一个阶级的专政。就像中共从未试图向中国社会隐瞒自己的长远目标一样，自由主义知识分子也没有隐瞒自己对此的反对意见。"[5]因此，"1949年中共与知识阶层的联盟虽然在一定程度上掩盖了两者之间深深的差异，但这一差异仍能清楚地解释此后两者之间长期存在的紧张关系"[6]。这番话对揭示当时自由知识分子在政治抉择中的复杂心态具有启示意义。

　　事实上，这些颇具代表性的选择表明，每一个徘徊于十字路口的知识学人，各有苦衷，各有想法，每一颗灵魂都是一个复杂缤纷的世界，绝不能用"光明与黑暗"、"进步与反动"、"两条路线决战"等二元对立的方法来衡量和理解他们。从选择的态度上看，毅然决然者固然有之，被动与无奈则更加普遍。掩卷而思，不论是留下的还是离去的，这一代自由主义者均经历了无数的坎坷曲折，其心灵所承受的煎熬和考验远远超过人们的想象。柯林武德（R. G. Collingwoood）曾强调，一切关于心灵的知识都是历史的，只有历史方法才是认识别人心灵或者一个团体或者一个时代的集体心灵的唯一方法。"历史的知识是关于心灵在过去曾经作过什么事的知识，同时它也是在重做这件事；过去的永存性就活动在现在之中。因此，它的对象就不是一种单纯的对象，不是在认识它的那个心灵之外的某种东西；它是思想的一种活动，这种活动只有在认识者的心灵重演它并且在这样做之中认识它的时候，才能被人认识。对于历史学家来说，他所正在研究其历史的那些活动并不是要加以观看的景象，而是要通过他自己的心灵去生活的那些经验"。[7] 历史研究当在什么情况下，以"了解之同情"去考察特定时空格局中的人与事，仍是很有争议的话题。但无论如何，单是以最后选择的结果而盖棺定论，无疑是过于简单与武断的推论。

〔1〕转见范鹏《道通天地：冯友兰》，济南：山东画报出版社1998年版，第160页。

〔2〕浦江清：《清华园日记　西行日记》（增补本），北京：生活·读书·新知三联书店1999年版，第246页。

〔3〕刘以焕：《国学大师陈寅恪》，重庆：重庆出版社1996年版，第239页。

〔4〕刘梦溪：《传统的误读》，石家庄：河北教育出版社1996年版，第159页。

〔5〕［美］胡素珊：《中国的内战——1945—1949年的政治斗争》，王海良等译，北京：中国青年出版社1997年版，第267页。

〔6〕［美］胡素珊：《中国的内战——1945—1949年的政治斗争》，王海良等译，第268页。

〔7〕［英］柯林武德：《历史的观念》，何兆武、张文杰译，北京：中国社会科学出版社1986年版，第247—248页。

结束语

理想与现实之间的抉择

不论是作为一种思潮或是政治运动，自由主义在近代中国的社会转型中都扮演过重要角色，尤其是 20 世纪 40 年代中后期，中国的自由主义上演了一出从高潮迅速走向衰落直至破灭的历史剧目。解读这一段具有特殊意义的自由主义理想与实践，不仅对于我们认知中国自由主义的整体特性具有价值，同时也为人们深入探讨中国的现代化进程提供了不可或缺的重要参照。

一　自由主义与中国现代化

自由主义是伴随着中国现代化历程而进入人们视野的。在本书的讨论中，对于自由主义的界定始终是比较宽泛的，这更加符合我们阐述的内容与意义。其实，即使在自由主义发祥地的西方，要给自由主义一个确切的定义也不是一件容易的事情。《民主新论》的作者萨特利曾这样写道："如果我们用'自由主义'这个标签与那些和它相近的概念比较，如民主、社会主义、共产主义，那么，自由主义在有一点上是无可匹敌的：它是所有概念中最不确定，最难以被准确理解的术语。"[1] 实际上，自由主义在西方，不仅是一种理论，一种意识形态，也是一种制度或政治运动。19 世纪末，自由主义成功地完成了政治自由主义的任务，在欧洲和美国先后实现了宪政国家和代议制民主。与此同时自由主义对社会正义的关注在社会民主党人的实践中得到了更完整和彻底的表达，自由主义的经济理想则在以保守主义命名的政治派别中得到了发扬。当然，自由主义从未将自己局限于具体的政治、社会、经济问题，其开初就试图发展成为一套关于个人、国家、社会的基本理论，从哲学的意义

对人类的发展予以观照。可以说，自由主义内涵之
丰富是其他任何"主义"所不能比拟的。无论如何
定义自由主义，明确的是，作为一种理念，自由主
义深深地根植于西方大众共同的社会、经济、政治
态度之中。西方所有的政治派别，无论是保守主义
抑或是激进主义，其本质上都带有强烈的自由主义
色彩。正如拉姆赛所言："整个西方的政治制度都
是建立在自由主义原则和价值观之上并受其制
约。"[2]毫无疑问，自由主义是现代西方占主导地位
的意识形态，它与西方的工业文明同步而行，是促
成西方现代化最主要的动力之一。

　　自由主义登陆中国一百余年的历史中，其表
现状态与西方颇为相象，它不仅是思想的，同时
也是实践的。最重要的是，不论是思想或实践，
自由主义始终是作为强国富民的重要方法之一被
中国的有识之士所关注和宣传。因此，在中国社
会转型中，自由主义扮演着一个决非学理意义的
角色，其问题意识和实践活动都与中国的现代化
进程紧密相扣。中国自由主义实际的演进历程也
足以表明它对促进中国现代意义转型所发挥的重
要作用。五四新文化运动时期，自由主义的矛头
直指封建的专制主义，突出表现为对个性价值的
肯定和张扬，争取个人的独立权利被放在十分重
要的位置，这表征着中国社会向现代文明的首度
迈进。20—30 年代，自由主义思潮进一步向更广
泛的政治领域渗透。自由主义者们关注国家的宪
政建设，企图将自由主义理念融入国家机制，形
成一套制度化的保障体系。因此，立宪政治和人
权运动成为主要的议题。进入 40 年代，伴随着中
国社会经济结构的演变，社会阶层的分化日趋明
显，贫富不均日渐突出。与此相应，自由主义的

[1] 转见李强《自
由主义》，北
京：中国社会
科学出版社
1998 年版，第
14 页。
[2] 转见李强《自
由主义》，第
25 页。

关注目光也从政治层面扩展到更广泛的经济和社会领域，社会的公正问题被推向了前所未有的高度，"经济民主"成为自由主义者普遍关注的中心话题，由此形成了政治民主与经济民主合而为一的"中间道路"的制度选择。与此同时，自由主义者们积极参与战后中国民主建国的政治实践，作为国共之间的第三种政治力量，在中国政治格局的演进中发挥了重要作用。可以肯定，中国自由主义整个的发展历史都与现代化进程息息相关，尽管自由主义并没有成为中国主流的思想意识形态，但如果离开了他们对现代化的关注和考量，人们将无法真正了解 20 世纪前半期中国现代化历程的真实面貌。

就 40 年代中后期而言，自由主义对中国现代化进程的推进和贡献主要表现在力倡政治民主、彰显经济民主、传播自由民主的文化理念、参与民主建国四个方面。

（一）力倡政治民主

在自由主义体系中，政治民主是一个最核心的议题，它包括自由、民主、宪政国家等一系列基本概念以及对应的制度体系。40 年代中国自由主义学人对政治民主的倡导体现在学理探究和现实政治批判两方面：第一，对自由主义一系列基本概念及内涵给予学理化的探究和辨正。40 年代自由主义学人几乎探讨了自由主义所有的基本概念，包括个人主义、自由的价值、自由观、自由与平等的关系、民主的价值、民主形式、法治原则、分权原则、政党政治等等，其中不乏自由主义者特定时代的修正色彩，但总体看，其诠释和理解颇得自由主义精义，直到今天，仍能使人获益良多。第二，关注现实政治，尤其致力于对国民党独裁统治的批判。40 年代后期自由主义者对国民党统治批判的深入和激烈程度超过以往任何时期。从"训政"和党治理论到政府的腐败无能，及至对人权的侵犯、民生的漠视无不受到自由主义者的批判。他们充分揭露了国民党政权不惜掠夺下层而维护既得利益集团的独裁本质。正如胡素珊的考察，自由主义思想正是在对政府的批判中获得了最有力的表现和彰显，[1]同时也以被国民党的封杀而赢得了真实的悲剧意义。

（二）彰显经济民主

对经济民主的关注是 40 年代自由主义者最突出的思想特征。他们所向往的经济民主，主要来源于当时流行的"民主社会主义"和"新自由主义"，其核心是反对经济领域的自由放任，主张以国家干预的手段实现经济和社会正义。他们构建了两种制度选择：公有制（混合所有制）与计划经济相结合；公有制（混合所有制）与市场经济相结合。同时建立社会安全和福利体系，以保障大多数人民最低的生活需求。对社会正义和弱势群体的高度关注，乃是对传统自由主义的重要修正，反映着中国自由主义向社会领域的扩展，这不仅符合当时的世界潮流，也切中国经济状况严重不平等的现实，代表着近代中国思想界对社会公正与和谐一种视角的认识。当然，在自由主义者眼中，经济民主与政治民主是相辅相成，缺一不可的，他们力图促成自由与平等的融合，这种以社会公正为目标的探索，无疑对中国现代化的方向选择提供了极具价值的重要参照。

（三）传播自由民主的文化理念

自由主义作为一种文化哲学理念，备受 40 年代自由主义者的重视。他们认为，从本质上说，自由主义是一种人生态度和观念方式，其核心是崇尚理性、笃信自由、讲究宽容、注重科学。中国现代化的实现有赖于文化的现代化，也就是人的现代化。因此引导人们树立正确的人生信念和思想方法，是 40 年代自由主义学人孜孜以求的目标。他们创办的各种人文杂志，以大量篇幅多角度地对人类发展的基本问题予以探究，不仅体

〔1〕〔美〕胡素珊：《中国的内战——1945—1949 年的政治斗争》，王海良等译，第 161 页。

现着自由主义者深厚的文化关怀，也蕴涵着启发青年一代运用现代思维、关注人类终极价值的深刻用心。在自由主义者看来，文化传播的最终目的，在于培养和重塑新的中华民族精神，实现中国文化的现代性转换。事实上，在许多自由主义学人的心目中，中国文化的现代建设乃是他们毕生追求和向往的伟大事业。

(四) 积极参与民主建国

40 年代自由主义者的政治实践活动空前活跃，产生的影响和作用也是自由主义历史上前所未有的。"中间道路"是自由主义者设计的现代化方案，不论其政治民主与经济民主合而为一的制度选择，还是政治民主化和军队国家化为主旨的现实路线都为中国提供了不同于国共两党的又一种政治样板。中国自由主义最有代表性的一次政治参与是政治协商会议及其决议的制定。这个基本按照民主政治理想所制定的政协决议，成为相当一段时间中包括共产党在内的"进步势力"共同的奋斗目标。此外，作为第三种政治势力，自由主义者不仅在一定程度上制约了国民党的一党专政，并且在国共两党的对峙中起了明显的缓冲作用。他们为和平、民主斡旋奔波，竭其所能。在中国"民主建国"的实践进程中，自由主义者所贡献的智慧和力量有目共睹，其经验和教训都是中国现代化建设的一笔宝贵财富。

二　自由主义学人及"中间道路"的历史反思

自由主义作为中国最主要的社会思潮和政治实践之一，在 1949 年之后不可避免地走向了终结。探讨其起落得失，始终是自由主义研究中引人注目的问题，学界对此已经有不少相关的讨论，并取得了重要成果。本书在已有研究成果的基础上，更多地关注于他们的思想状态及其行为方式对其命运的影响。

(一) 自由主义与社会主义

作为一种思想状态和社会理想，40 年代的自由主义颇有特点。对于自由主义最古老的话题——政治民主，自由主义者的理解和认知相当准确，他们深入地探讨了自由、民主、自由与民主的关系，以及宪政体制等自由主义政治学说中最具本质性的问题，尽管有若干修正色彩，但总体上看，他们颇得自由主义在政治领域的精义。与政治民主相比，他们对经济民主的强调和关注更加引人注目。围绕着所有制形式、计划经济与市场经济，经济体制与民主政治的关系，自由主义者们展开的讨论是耐人寻味的。

实际上，自由主义者心目中的理想制度是政治民主与经济民主合而为一，即资本主义与社会主义之间的制度折中，正如本书第四章的分析，这种带有强烈修正色彩的自由主义，一方面来源于战后世界性的"民主社会主义"思潮和"新自由主义"的影响，另一方面也与中国文化传统和社会现实的巨大制约息息相关。从理论上说，兼而有之的社会理想将传统自由主义中忽略的平等和公平问题提到一个重要位置，使之成为与自由等而视之甚至更重要的价值。因此，以强调平等为特征的社会主义，自然获得了自由主义者的普遍青睐。他们构建的两种未来图景中，社会主义无疑是一个重要的价值参照体系：第一，公有制与计划经济相结合，实现经济管制，保障经济平等，自由的范围只能在政治领域甚至退缩到文化领域。第二，公有制与市场经济相结合，即保留市场经济，以确保人们的经济自由和政治自由。不论哪一种倾向，都是以实现社会主义为预设前提。当然，他们心目中的社会主义图景主要不是苏俄式的，而是英国的民主社会主义或美国在经济领域的社会化。可以看出，两种方案都充满了理想色彩，后一种主张的理想化更甚于前者，但后者高度重视经济管制下民主政治可能受到的威胁，其思考角度令人深思。

如何解决政治民主与经济民主的关系，的确是40年代自由主义学人面临的一个难题。事实上，由于经济民主的凸显，使他们的论说陷入了某种困境。换言之，这个问题既是他们最为关注的，也是他们备感困惑的，事关重要的社会合法性的论证基石并没有因此而建立。殷海光1951年的说法正表现了这一代人的困扰：

同"五四"运动以后许多倾向于自由主义的年轻人一样，那个时候我之倾向自由主义是未经自觉地从政治层面进入的。自由主义还有经济的层面。自由主义的经济层面，受到社会主义者严重的批评和打击，包括从边沁这一路导衍出来的自由主义者为主流的自由主义者，守不住自由主义的正统经济思想，纷纷放弃了自由主义的这一阵地，而向社会主义妥协。同时挟"经济平等"的要求而来的共产主义者攻势凌厉。在这种危疑震撼的情势逼迫之下，并且部分地由于缓和这种情势的心情驱使，中国倾向自由主义的知识分子酝酿出"政治民主、经济平等"的主张……正当我的思想陷于这种困惑之境的时候，突然读到海耶克教授的《到奴役之路》这本论著，我的困惑迎刃而解，我的疑虑顿时消失。海耶克教授的理论将自由主义失落到社会主义的经济理论重新救回来，并且扩大到伦理基础上。[1]

来源于哈耶克的启示，使殷海光摆脱了"政治民主"与"经济民主"的纠缠，从而告别了社会主义。而在 40 年代的社会背景下，中国的自由主义者显然没有殷海光式的决断。

任剑涛在分析中国自由主义思想历史时，提出了有关理论内部的"自洽问题"。[2]也就是说一种理论可以自洽的最低标准是在自身构建方面能够避免矛盾并能从基本理念下贯为一个与之相适应的制度结构，并具备与之和谐的生活方式的"设计"。而 40 年代自由主义者对社会主义的向往，使其自由主义的理论界限进一步模糊，自身的理论构建无法完善，尤其是自由的真实基础问题难以落实。即使是颇受哈耶克影响的吴景超和蒋硕杰，对经济自由的理解也是与私有产权相分离的，他们主张市场经济，却又认可生产资料公有制。而对于哈耶克理论确立的知识论基础，即人类"自发秩序"的"进化论理性主义"与乌托邦的"构建论的理性主义"的本质不同，自由主义者的关注和研究则更为薄弱。

从另一个视角看，40 年代自由主义者的思想状态与中国自由主义始终具有的工具理性特征密切关联。换言之，中国的社会现实状况是自由主义者理论思维的根本依据。从本质上说，40 年代自由主义学人困惑的关键在于面对中国现实时的价值取舍：一方面基于对贫富悬殊的严重不满，他们大多追求社会主义式的平等，另一方面，又不愿意放弃民主自由的价值，这种从现实出发的选择折射于理论，必然地表现为自由与平等的悖论。以强调自由为特征的自由主义学说，在平等的内涵上有其特定的解释，注重的主要是权利的平等而不是现实生活中实际状况的平等。而40年代自由主义者对平等的理解则基本上定位于现实状况的平等，试图将自由与社会主义意义的平等加以调和，这是理论上的一个两难选择，因此他们所渴望的公正难免表现得含混和模糊。

历史人物总是受制于他们生活的时代。20世纪上半期，古典自由主义遭到全球性的质疑，中国的自由主义者自然不能脱此而存。考量其时自由主义者的思想状态和理论探索，这一时代背景是不能忽略的。因而笔者以为，重要的并不在于自由主义者是否获得了一个完全自洽的圆满结论，而在于新的探索所蕴涵的价值。一方面这种探索反映着世界自由主义的发展趋势，另一方面也折射出对中国现实状况的深切关注。从更深的层面说，表面的混乱恰恰表明自由主义向社会领域的扩展，将社会正义纳入自由主义的视野，是中国自由主义的一个重要发展，40年代自由主义学人制度选择的意义也主要在此。

（二）自由主义现实路线——"中间道路"的破灭

自由主义的现实路线，是用和平方式实现政治民主化、军队国家化、经济现代化。这条路线反映的内容不仅是具体的而且极有针对性，政治民主化意在反对政治独裁，其矛头直指国民党政府，而军队国家化意在反对武装割据，主要指向共产党。这种不同于国共的中间立场，充分体现了中间势力的政治理性。问题的关键是，这条政治路线赖以实现的方式是和平的，也就是说，自由主义者冀望用和平协商的方式，

〔1〕殷海光：《自序》，林正弘主编：《殷海光全集》（第6集），第5—6页，台北：桂冠图书公司1990年。海耶克又译哈耶克。《到奴役之路》又译《通往奴役之路》。

〔2〕参见任剑涛《中国现代思想脉络中的自由主义》，北京：北京大学出版社2004年版，第281—282页。

让国民党交"权"，共产党交"枪"。在国共两大武装集团对立的状态下，可能性几乎是零。

贯彻自由主义的现实路线，社会的外部保障条件起着至为重要的作用。尽管早在 20 世纪初期自由主义便在中国登台亮相，但促使其成长壮大的社会条件始终没有成熟。从西方国家自由主义的发展历史可以看出，资本主义的发展程度与自由主义的兴起发展密切相关，"西方自由主义的兴起，不是一天形成的简单事。它是十八世纪以来欧洲近代国邦之发展，王权衰落，自由贸易，中产阶层之壮大，诸大思想家之鼓吹，以及伴随而来的民主政治之成长，……等等条件辐辏构成的。"[1]近代中国一波三折的现代化进程，欠发达的资本主义经济，使自由主义缺少适宜的社会氛围和成长空间。关于这一点，学界多年来的研究已经取得了比较一致的看法。大家普遍认为中国经济基础的落后、农民人口的众多，中产阶级的薄弱，从根本上制约了自由主义的发展，其先天的软弱性导致自由主义者所渴望的"中间道路"必然会走向失败。

中国自由主义不利的生存环境，不仅来自于社会经济条件的制约，同时也受制于中国传统的政治博弈方式。某种意义说，相同的社会经济条件下，个体和群体的政治活动方式并非只有一种选择，而不同的选择、不同的决定，会带来不同的政治结果，它实实在在地影响着事件的发展方向和有关个体与群体的命运，当然也影响着社会历史发展的本身。甘阳的研究指出，20 世纪中国的政治行动者一代又一代相互模仿以强权决定胜负的单一的政治行动方式。"正因为政治行动者几乎从一开始就已把政治行动方式自我限制为只有一种，政治策略的选择也只一种，那么，政治结果也就变成了只有一种，即：不是东风压倒西风就是西风压倒东风，谈判妥协是绝对不可能的。在这种情况下，与其说是历史形成的种种结构性制约限制了政治行动者的主观选择，不如说是政治行动者的行动方式限制了历史结构的变化和改造。因为在这样一种政治博弈方式中，即使历史结构的制约已经明显出现裂缝和空隙，即使历史情景已经提供了机会和可能，政治行动者也要把这些裂缝和空隙再度堵死，从而使向'民主过渡'的历史机遇和可能白白丧失。换言之，正是中国政治行动者这种单行道式政治行动方式在不断地修复着、巩固着、加强着中国历史形成的种种非民主政治机制。"[2]

中国自由主义的政治实践展开于国共之争的背景之下。国共两党都是以武力为依恃的政党，他们相互之间的斗争决定着中国政治的活动方式。正如甘阳的分析，两党都同样认为，政治冲突的解决方式就是"一方战胜另一方，一方吃掉另一方"，或者说"要赢就全赢，不然就全输"。在这种政治策略下，武力必然成为决定胜负的唯一法则，因此，国共之间的政治逻辑其实就是"武力"逻辑。以和平政争为手段的"中间党派"和自由主义者在"武力"逻辑下注定会无所作为。唯一按照自由主义逻辑行事的是1946年特殊背景下召开的政治协商会议。从表面上看，参加会议的武装与非武装的、执政与非执政的中国各党派，相当一致地遵循了民主政治的政党原则，对一党专政体制进行了政治清算。会议通过的五项决议，没有给一党制留出任何余地，一个以武力取得政权的政党，似乎要在非武力的方式下交出半壁江山。对于这样的结果，"中间党派"和自由主义者无不欢欣鼓舞。现在看来，这的确是中国向民主过渡的一个极好契机。然而，"武力"逻辑很快使这个机会和可能转瞬即逝。邓野如此评说："当政协会议以雄辩的方式，引经据典，酣畅淋漓地将民国政治的逻辑排斥殆尽后，国共政争的方式骤然间返璞归真，重新回到逻辑上来。"[3]说到底，国共两党最相信的还是自己手中的武力。张东荪的反省是准确的："协商的失败是逻辑的；成功倒反变为奇迹了。"[4]国民党依赖"武力"对政协决议的漠视，导致了"内战"再起。自由主义者最得意的时光一去不返，尽管他们以后不断呼吁回到"政协路线"，但历史没有再给他们任

[1] 殷海光：《中国文化的展望》，上海：上海三联书店2002年版，第256页。
[2] 甘阳为邹谠《二十世纪中国政治——从宏观历史与微观行动角度看》所作《序言》，香港：牛津大学出版社1994年版。
[3] 邓野：《联合政府与一党训政——1944—1946年间的国共政争》，第461页。
[4] 张东荪：《和平何以会死了》，《观察》2卷6期，第25页，1947年4月5日。

何重温旧梦的机会。

　　作为一种中间势力，自由主义者始终想保持自己的独立性，但实际上，中间势力政治地位和政治空间的获得，乃是依赖于两大政治集团的相互关系。其生存的前提是两大武装力量合作前提下的对立，双方关系破裂之日，也必定是中间方面消亡之时。中共领导人周恩来曾对各党派人士说："各党派今天之所以有地位，是共产党与人民的努力取得的，连青年党也不得不暗自说，因为有共产党才能有他们的地位。"[1] 道理十分明白，共产党力量愈是发展，与国民党力量对比愈是接近，中间势力的政治空间便愈有拓展的余地。从这个意义讲，一个与武力没有关系的党派，却通过另一个方面折射了武力所具有的制约力。如果说，这种关系在通常情况下尚不十分明显，那么，国共分离对中间力量的消亡，却产生着直接影响。内战初期，陈立夫便对黄炎培明确表示，国民党不容许共产党存在，第三者将国共并称忽视国民党正统，从事调停，是延缓中共问题的解决。[2] 此言意思是，既然国共不能并存，中间立场就无法存在。以后的事实表明，中间力量在国共破裂后，很快就走向分化，不是与国民党为伍，就是与共产党并肩，这个远离"武力"的政治派别，以自身的兴亡证明，它终究无法生存于"武力"逻辑之外。

　　"中间道路"的悲剧命运，正体现在它无力改变国共之间固有的政治活动方式。著名学者格里德 1970 年代提出的看法，今天看来依然是精准和值得回味的：

　　　　自由主义在中国的失败并不是因为自由主义本身没有抓住为他们提供的机会，而是因为他们不能创造他们所需要的机会。自由主义之所以失败，是因为中国那时正处于混乱之中，而自由主义所需要的是秩序。自由主义的失败是因为，自由主义所假定应当存在的共同价值标准在中国却不存在，而自由主义又不能提供任何可以产生这类价值标准的手段。它的失败是因为中国人的生活是由武力来塑造的，而自由主义的要求是，人应靠理性来生活。简言之，自由主义之所以会在中国失败，乃因为中国人的生活淹没在暴力和革命之中，而自由主义则不能为暴力与革命的重大问题提供什么答案。[3]

(三) 自由主义学人的历史命运

任何一个社会角色的充分展示都需要时代创造的机遇良缘。20 世纪 40 年代后期提供给中国自由主义者的历史舞台似乎格外令人激动，世界性的民主潮流和重建国家的历史机遇，使自由主义者们大有"千载难逢"之感，由此激发的政治参与热情也达到了前所未有的高度。无论是"观念式"还是"行动式"人物，都在这个难得的舞台上，充满激情地演绎着自己的角色，他们所形成的社会影响力在自由主义发展史上绝无仅有。

作为议政者，其议政的方式比之议政的内容更关乎自身的命运。40 年代自由主义学人特有的发言方式无疑是引人注目的，他们最突出的自我定位是"独立的、客观的、超党派的"立场，换言之，也就是公正的民众的立场，而且他们深信自己是唯一可以做到这一立场的群体。因为，无党无派意味着不受任何党派利益的左右。北京大学教授朱光潜的说法代表了议政者们普遍的自我评价：

　　　他（自由主义学人——引者）在思考时只需就事论事，无须为庇护某一条党纲或某一种政策而去对某一件事情作偏袒底赞成和抨击。所以他的意见往往较能从四面八方着眼，大公无私，稳健纯正。如果象他这种人能在一个社会里形成一个舆论，那舆论也必是平正底、健全底、有助于社

〔1〕周恩来：《周恩来一九四六年谈判文选》，第 703 页。

〔2〕黄炎培日记，1946 年 7 月 26 日。

〔3〕〔美〕格里德：《胡适与中国的文艺复兴——中国革命中的自由主义（1917—1950）》，鲁奇译，南京：江苏人民出版社 1989 年版，第 368 页。

会安定底。[1]

　　另一个重要依据是，自由主义者所代表的是占人口大多数的中间阶层，包括农民、小知识分子、中产阶级等：

　　　　实际上自由分子在社会上往往占多数，尤其是在目前的中国，而这多数人的立场即同是中立底超然地，他们对于国家重要问题自然是很容易客观地就国家全局着想，他们所见到的自然是公是公非而不是党是党非。所以在象中国这样的国家里，真正能代表民意的是自由分子。[2]

显然，自由主义者将自己视为中国民众利益的代表和社会的良心。从实际的论政内容看，他们对和平的呼吁、对时政弊端的激烈抨击，对民间疾苦的深切关注以及对社会改革的热切冀望，的确反映着民众的意愿。但问题的关键是，代表者和被代表者之间并没有建立起一种足以沟通和互动的渠道，表现在两个方面：第一，在中国社会阶层日趋分化的现实下，代表"民众"乃是一个抽象和模糊的概念，其言说自然难以产生广泛的社会性反响。第二，从本质上说，自由主义学人们充满了"精英意识"，他们的议论其实只是向有高度选择性的受众来表达自己的心迹。最有影响力的《观察》杂志，其最初的读者定位就是高级知识分子，就实际发行状况看，主要的读者首先集中在知识界，其次是工商界、政界、军界等。事实上，这些经过严格学术训练的自由主义者，是以做学问的方式来发表政见，他们各种内容的时政评论基本上是学理化的，这自然与一般民众有极大的距离。自由主义者始终不屑于"革命"的诉求和"到农村去"的民粹主义关切，因此，也决不会让自己的论政方式成为面向民众的通俗化宣传，属于自由主义者的论政方式只能如此。也惟其如此，可以断言，他们与民众的关系并不像自己想象的那么具有代表性和联系性。

　　自由主义者言说方式的另一个特点也不容忽视，就是他们批判现实的基础主要源自于自身特殊的文化背景。40 年代自由主义学人的特殊性在于，他们的思想与志业差不多都定型于欧美留学时期，自由主义思想及价值理念是他们衡量和评判事物的基本标准，也是放言论政的根本立足点。西方已有的"现代化"图景，显然是对中国进行现实批判的重要参照系。因此，无论是关于国共两党的政治活动方式、现行的若干政策、战和的是非以及国际局势的判断等无不体现这一路向的思考。更重要的是，自由主义式的批判均是理性和改良主义的，他们批评的目的不在于颠覆现实秩序，而在于促进改革中的渐变，即所谓的"忠诚的反对"。但事实上，这种立场不仅不被当道者领情，反而屡遭迫害。到1948年底，许多自由主义报刊遭到查封的厄运。自由主义者们执意要维护理性的尊严和思想自由，而当局者却根本无意遵守理性的规范。从这个意义讲，中国自由主义者以西方文化理念为基础的理想化思维与中国的现实的确格格不入。

　　与议政方式相仿佛，自由主义者的参政形式，完全采纳西方政党政治的政争原则，面对中国的政治现实，其处境之尴尬同样可想而知。蒋介石对中间党派的定位颇有意味，他在与顾维钧的谈话中说，中国在国民党之外，除了共产党，再没有什么其他党派了，所谓其他党派是不能算数的。[3]在蒋氏心目中，非武装的党派，其实是不具备政党资格的，这是对一个例外于现实逻辑政党的精彩点评。中间党派很满意他们在政协会议中的作用，但在特殊国际背景下发生的特殊事件，只不过是昙花一现而已。处在"内战"战火中的中间党派，曾经致力于居间调停，由于没有实力支撑，其调停不仅无果，还常常遭到双方的指斥。比之议政的自由主义者，中间党派更知道如何与

〔1〕朱光潜：《自由分子与民主政治》，《观察》3卷19期，第20页，1948年1月3日。

〔2〕朱光潜：《自由分子与民主政治》，《观察》3卷19期，第20页，1948年1月3日。

〔3〕顾维钧：《顾维钧回忆录》第5册，北京：中华书局1983年版，第475页。

现实妥协。他们很快做出了各自不同的政治选择，要么把宪政希望托付于国民党，要么把民主理想希冀于日渐强大的共产党，自身则在分化中走向消亡。实际上，中间党派作为第三种力量的真正意义的确相当有限。

从根本上讲，自由主义者的悲剧性命运，也许要归结于理想与现实之间无法逾越的距离。在一个不恰当的时间扮演一个不合时宜的角色，其尴尬与困境几乎是无法避免的。自由主义理想及其渐进改良的方式，预设着最低限度的社会、政治和文化秩序的存在，在这一秩序之内渐进和平方式的逐项改革才有可能落实。而40年代中国的社会环境显然并不具备这样的条件，这无疑使自由主义的言说与参政方式都与社会现实结构产生了距离，他们立足于稳定社会秩序下的变革，而社会现实的发展却是社会秩序的再构。如章清的分析："这也意味着，他们所自负的力量，其实只是建构了理性秩序的境况中才能体现出来的力量，在这样的现实环境中，知识分子作为社会良心的立言，才能期望发挥其相应的作用。倘若没有基本社会秩序的保障，从自由主义立场展开的社会批判，以及为中国社会所规划的美好远景，不仅对于当政者来说不能产生实际的效果，对斯时的民众来说更是过于奢望的空中楼阁。而当这一社会群体的言路游离于变革与改造中国现实社会的现实运动之外，不能经由广泛吸引民众投入其中而显示其力量，便也毫不足怪了。"[1]

当然，自由主义在近代中国的命运，决不意味着自由主义理想与价值失去了意义。40年代的自由主义者已经充分认识到，他们的作用不在于是否夺取政权，也不在一时一地的成败，而在其肩负的文化历史使命。正如施复亮在1948年所说，"自由主义者的这种努力，在个人方面也许要归于失败，但在民主政治的促进上决不会失败，尤其在民主政治的教育上更不会失败。"[2]自由主义的历史价值是无可否认的，它所包含的许多价值理念和精神文化传统，依然是今天中国走向现代的极为重要的思想资源。

〔1〕章清：《"胡适派学人群"与现代中国自由主义》，上海：上海古籍出版社 2004 年版，第 502—503 页。

〔2〕施复亮：《论自由主义者的道路》，《观察》3 卷 22 期，第 4 页，1948 年 1 月 24 日。

主要参考资料

一 报纸、期刊

《大公报》（上海、天津）

《文汇报》（上海）

《新民报》（南京）

《新华日报》（重庆）

《华商报》（香港）

《客观》（重庆）

《世纪评论》（南京）

《展望》（南京）

《主流》（南京）

《民主周刊》（北平）

《周论》（北平）

《新路》（北平）

《知识与生活》（北平）

《社会科学》（北平）

《新月》（北平）

《现代评论》（上海）

《观察》（上海）

《中国建设》（上海）

《时与文》（上海）

《周报》（上海）

《民主》（上海）

《再生》（上海）

《经济评论》（上海）

《中坚》（上海）

《国讯》（上海、香港）

《时代批评》（香港）

二　文献、文集、日记、回忆录等

孔令河译注：《五经注译》，山东友谊出版社 2001 年版。

杨伯峻译注：《论语译注》，中华书局 1980 年版。

杨伯峻译注：《孟子译注》，中华书局 1960 年版。

陈鼓应注译：《庄子今注今译》，中华书局 1983 年版。

［英］拉斯基著：《国家的理论与实际》，王造时译，上海商务印书馆 1937 年版。

［英］拉斯基著：《民主政治在危机中》，王造时译，长沙商务印书馆 1940 年版。

［英］拉斯基著：《政治典范》，张君劢译，上海商务印书馆 1931 年版。

［英］拉斯基著：《论当代革命》，朱曾汶译，商务印书馆 1965 年版。

［英］萧伯纳主编：《费边论丛》，袁绩藩等译，三联书店 1958 年版。

张东荪著：《思想与社会》，上海商务印书馆 1946 年版。

张东荪著：《理性与民主》，上海商务印书馆 1946 年版。

张东荪著：《民主主义与社会主义》，上海观察社 1948 年版。

张君劢著：《立国之道》，商务印书馆 1947 年第 4 版。

张君劢著：《中华民国民主宪法十讲》，上海商务印书馆 1947 年版。

吴知椿著：《法治与民治》，生活书店 1946 年版。

吴恩裕著：《民主政治的基础》，上海商务印书馆 1947 年版。

杭立武著：《政治典范要义》，上海黎明书局 1933 年版。

周鲸文著：《论多数人的政治路线》，香港时代批评社 1947 年版。

周鲸文著：《中国需要联邦制度》，香港时代批评社 1947 年版。

萧公权著：《自由的理论与实际》，上海商务印书馆 1948 年版。

潘光旦著：《自由之路》，上海商务印书馆 1946 年版。

中国民主同盟中央文史资料委员会编：《中国民主同盟历史文献（1941—1949）》，
　　文史资料出版社 1983 年版。

中国人民大学中共党史教研室编：《批判中国资产阶级中间路线参考资料》第 4
　　辑，中国人民大学 1958 年版。

中国历史档案馆编：《中国民主社会党》，档案出版社 1988 年版。

中国民主同盟中央委员会编：《中国民主同盟六十年：1941—2001》，群言出版社

2001 年版。

中国民主促进会中央宣传部编：《中国民主促进会四十年》，开明出版社 1990 年版。

中国第二历史档案馆编：《中华民国史档案资料汇编》第 5 辑第 3 编，政治（一）（二），江苏古籍出版社 2000 年版。

中国社会科学院近代史研究所中华民国研究室编：《胡适来往书信选》，中华书局香港分局 1983 年版。

世界知识出版社编：《中美关系资料汇编》第 1 辑，世界知识出版社 1960 年版。

中国人民政治协商会议全国委员会文史资料研究委员会编：《文史资料选辑》第 20 辑，中华书局 1961 年版。

孟广涵编：《政治协商会议纪实》，重庆出版社 1989 年版。

秦孝仪主编：《中华民国重要史料初编——对日抗战时期》第七编，战后中国（一）、（二）（三），（台北）中国国民党中央委员会党史委员会 1981 年版。

秦孝仪总编纂：《总统蒋公大事长编初稿》卷六（下册），（台北）中正文教基金会 1978 年版。

中共中央文献研究室编：《周恩来年谱（1898—1949)》，中央文献出版社 1989 年版。

逄先知著：《毛泽东年谱：一八九三——一九四九》，中央文献出版社 2002 年版。

中共中央文献研究室编：《周恩来一九四六年谈判文选》，中央文献出版社 1996 年版。

北京广播学院新闻系编：《中国报刊广播文集》第 1 辑，广播出版社 1980 年版。

中国文化书院学术委员会编：《梁漱溟全集》第 6 卷，山东人民出版社 1993 年版。

《毛泽东选集》第四卷，人民出版社 1991 年版。

《孙中山文集》上册，团结出版社 1997 年版。

卢云昆编：《社会剧变与规范重建——严复文选》，远东出版社 1996 年版。

张新颖编：《储安平文集》，东方出版中心 1998 年版。

《周恩来选集》上卷，人民出版社 1980 年版。

《罗斯福选集》，商务印书馆 1982 年版。

罗竹风主编：《平心文集》第 2 卷，华东师范大学出版社 1985 年版。

《殷海光全集》，桂冠图书有限公司 1990 年版。

殷海光著：《中国文化的展望》，上海三联书店 2002 年版。

萧公权著：《迹园文录》，台北联经出版事业公司 1983 年版。

《傅斯年文集》，天津人民出版社 1996 年版。

《潘光旦文集》第5卷，北京大学出版社1997年版。

"中央研究院"近代史研究所《口述历史》编辑委员会编：《口述历史》[八]，（台北）"中国近代史研究所"1996年版。

王云五著：《岫庐八十自述》，（台北）商务印书馆1967年版。

王为松编：《傅斯年印象》，学林出版社1997年版。

北京图书馆文献丛刊编辑部编：《中国当代社会科学家》第二辑，书目文献出版社1982年版。

北京图书馆文献丛刊编辑部编：《中国当代社会科学家》第三、四、五辑，书目文献出版社1983年版。

北京图书馆文献丛刊编辑部编：《中国当代社会科学家》第六辑，书目文献出版社1984年版。

北京图书馆文献丛刊编辑部编：《中国当代社会科学家》第八、九辑，书目文献出版社1986年版。

北京图书馆文献丛刊编辑部编：《中国当代社会科学家》第十辑，书目文献出版社1987年版。

关鸿、魏平主编：《问学谏往录——萧公权治学漫忆》，学林出版社1997年版。

冯友兰著：《三松堂自序》，生活·读书·新知三联书店1989年版。

刘军宁主编：《北大传统与近代中国》，中国人事出版社1998年版。

何廉著：《何廉回忆录》，朱佑慈等译，中国文史出版社1988年版。

陈慈玉等：《蒋硕杰先生访谈录》，（台北）远流出版社1995年版。

周雨编：《大公报人忆旧》，中国文史出版社1991年版。

胡适著：《胡适口述自传》，唐德刚译注，广西师范大学出版社2005年版。

钱昌照著：《钱昌照回忆录》，中国文史出版社1998年版。

徐铸成著：《徐铸成回忆录》，生活·读书·新知三联书店1998年版。

[美]舒衡哲著：《张申府访谈录》，[美]李绍明译，北京图书馆出版社2001年版。

高增德、丁东编：《世纪学人自述》第4卷，十月文艺出版社2000年版。

顾维钧著：《顾维钧回忆录》第5册，中华书局1987年版。

唐纵著：《在蒋介石身边八年》，群众出版社1991年版。

浦江清著：《清华园日记 西行日记》（增补本），生活·读书·新知三联书店1999年版。

黄炎培著：《黄炎培日记》，《中华民国史资料丛稿》增刊第5辑，中华书局1979年版。

新闻界人物编辑委员会编：《新闻界人物》第 4 辑，新华出版社 1983 年版。

三　研究论著

孔繁政主编：《中国民主党派》，解放军文艺出版社 2001 年版。

马嘶著：《20 世纪中国知识分子生活状况》，北京图书馆出版社 2003 年版。

方汉奇等著：《〈大公报〉百年史》，中国人民大学出版社 2004 年版。

王人博著：《宪政文化与近代中国》，法律出版社 1997 年版。

王功安、毛磊编著：《国共两党关系史》，武汉出版社 1988 年版。

王永祥著：《中国现代宪政运动史》，人民出版社 1996 年版。

王焱等编：《自由主义与当代世界》，生活·读书·新知三联书店 2000 年版。

公羊编：《思潮——中国“新左派”及其影响》，中国社会科学出版社 2003 年版。

史全生主编：《中华民国经济史》，江苏人民出版社 1989 年版。

石元康著：《当代自由主义理论》，台北联经出版公司 1993 年版。

石毕凡著：《近代中国自由主义宪政思潮研究》，山东人民出版社 2004 年版。

孙晓华主编：《中国民主党派史》，辽宁人民出版社 1999 年版。

邓野著：《联合政府与一党训政——1944—1946 年间国共政争》，社会科学文献出
　　版社 2003 年版。

邓正来、［英］J.C. 亚历山大编：《国家与市民社会》，中央编译出版社 2002 年
　　版。

左玉河著：《张东荪文化思想研究》，中国社会科学出版社 1998 年版。

许纪霖主编：《中国现代化史 1840—1949》第一卷，上海三联书店 1995 年版。

许纪霖著：《无穷的困惑——黄炎培、张君劢与现代中国》，上海三联书店 1998 年
　　版。

许纪霖编：《二十世纪中国思想史论》上、下，东方出版中心 2000 年版。

许纪霖著：《中国知识分子十论》，复旦大学出版社 2003 年版。

许纪霖编：《20 世纪中国知识分子史论》，新星出版社 2005 年版。

刘山鹰著：《中国的宪政选择：1945 年前后》，北京大学出版社 2005 年版。

刘以焕著：《国学大师陈寅恪》，重庆出版社 1996 年版。

刘梦溪著：《传统的误读》，河北教育出版社 1996 年版。

刘军宁著：《共和·民主·宪政——自由主义思想研究》，上海三联书店 1998 年
　　版。

刘军宁等编：《直接民主与间接民主》，生活·读书·新知三联书店 1998 年版。

刘军宁编：《民主与民主化》，商务印书馆 1999 年版。

李良玉著:《思想启蒙与文化重建》,吉林人民出版社 2001 年版。

李谷城著:《香港中文报业发展史》,上海古籍出版社 2005 年版。

李强著:《自由主义》,中国社会科学出版社 1998 年版。

李世涛主编:《知识分子立场——自由主义之争与中国思想界的分化》,时代文艺
出版社 2000 年版。

李世涛主编:《知识分子立场——激进与保守之间的动荡》,时代文艺出版社 2000
年版。

李泉著:《傅斯年学术思想评传》,北京图书馆出版社 1999 年版。

汪朝光著:《中华民国史》第三编第五卷,中华书局 2000 年版。

朱宗震、陶文钊著:《中华民国史》第三编第六卷,中华书局 2000 年版。

任剑涛著:《中国现代思想脉络中的自由主义》,北京大学出版社 2004 年版。

任桐著:《徘徊于民本与民主之间——〈大公报〉政治改良言论述评(1927—
1937)》,生活·读书·新知三联书店 2004 年版。

杨晓青著:《社会民主主义法学思想研究》,知识产权出版社 2007 年版。

应奇、刘训练主编:《后伯林的自由观》,江苏人民出版社 2007 年版。

宋亚文著:《施复亮政治思想研究 1919—1949》,人民出版社 2006 年版。

沈卫威著:《自由守望——胡适派文人引论》,上海文艺出版社 1997 年版。

张允起著:《宪政、理性与历史:萧公权的学术与思想》,北京大学出版社 2005 年
版。

张月明著:《民主社会主义在东欧》,上海人民出版社 1999 年版。

张军民著:《中国民主党派史(新民主主义时期)》,华夏出版社 1989 年版。

张连国著:《在理想与现实之间:中国自由主义知识分子的历史命运》,红旗出版
社 2005 年版。

张学仁等主编:《二十世纪之中国宪政》,武汉大学出版社 2002 年版。

张育仁著:《自由的历险——中国自由主义新闻史》,云南人民出版社 2002 年版。

张济顺著:《中国知识分子的美国观(1943—1953)》,复旦大学出版社 1999 年版。

张宪文等著:《中华民国史·第四卷(1945—1949)》,南京大学出版社 2006 年版。

张涛甫著:《报纸副刊与中国知识分子的现代转型》,广西师范大学出版社 2007 年
版。

张汝伦著:《现代中国思想研究》,上海人民出版社 2001 年版。

张灏著:《思想与时代》,上海文艺出版社 2002 年版。

余英时著:《中国传统思想的现代诠释》,江苏人民出版社 1989 年版。

吴雁南等编:《中国近代社会思潮》,湖南教育出版社 1998 年版。

何怀宏著:《公平的正义》,山东人民出版社 2002 年版。

何卓恩著:《殷海光与近代中国自由主义》,上海三联书店 2004 年版。

陈哲夫等编:《现代中国政治思想流派》,当代中国出版社 1999 年版。

范 鹏著:《道通天地:冯友兰》,山东画报出版社 1998 年版。

林代昭等著:《马克思主义在中国——从影响到传入到传播》下册,清华大学出版
　　社 1983 年。

林毓生著:《中国传统的现代化转变》,生活·读书·新知三联书店 1988 年版。

周仲秋著:《平等观念的历程》,海南出版社 2002 年版。

周鲸文著:《风暴十年:中国红色政权的真面貌》,香港时代批评社 1962 年版。

赵立彬著:《民族立场与现代追求——20 世纪 20—40 年代的全盘西化思潮》,生
　　活·读书·新知三联书店 2005 年版。

钟紫主编:《香港报业春秋》,广东人民出版社 1991 年版。

金冲及著:《转折年代——中国的 1947 年》,生活·读书·新知三联书店 2002 年
　　版。

郑大华著:《张君劢传》,中华书局 1997 年版。

郑大华著:《民国思想家论》,中华书局 2006 年版。

郑大华、邹小站主编:《传统思想的近代转换》,社会科学文献出版社 2007 年版。

郑大华、邹小站主编:《中国近代史上的民族主义》,社会科学文献出版社 2007 年
　　版。

郝平著:《无奈的结局——司徒雷登与中国》,北京大学出版社 2002 年版。

胡伟希、高瑞泉、张利民著:《十字街头与塔:中国近代自由主义思潮研究》,上
　　海人民出版社 1991 年版。

胡伟希著:《观念的选择:20 世纪中国哲学与思想透析》,云南人民出版社 2002
　　年版。

胡逢祥著:《社会变革与文化传统》,上海人民出版社 2000 年版。

彦奇主编:《中国民主同盟历史研究》,中国人民大学出版社 1994 年版。

姜平著:《中国百年民主宪政运动》,甘肃人民出版社 1998 年版。

闻黎明著:《第三种力量与抗战时期的中国政治》,上海书店出版社 2004 年版。

哈佛燕京学社、三联书店编:《儒家与自由主义》,生活·读书·新知三联书店
　　2001 年版。

侯杰著:《〈大公报〉与近代中国社会》,南开大学出版社 2006 年版。

秦晖著:《问题与主义》,长春出版社 1999 年版。

耿云志等著:《西方民主在近代中国》,中国青年出版社 2003 年版。

钱伯城、李国章主编：《中华文史论丛》第 60 辑，上海古籍出版社 1999 年版。

钱伯城、李国章主编：《中华文史论丛》第 61 辑，上海古籍出版社 2000 年版。

钱理群著：《1948：天地玄黄》，山东教育出版社 1998 年版。

徐大同主编：《20 世纪西方政治思潮》，天津人民出版社 1991 年版。

徐宗勉、张亦工等著：《近代中国对民主的追求》，安徽人民出版社 1996 年版。

徐贲著：《知识分子——我的思想和我们的行为》，华东师范大学出版社 2005 年版。

徐讯著：《民族主义》，中国社会科学出版社 1998 年版。

徐复观著：《中国思想史论》，台北学生书局 1988 年版。

资中筠著：《追根溯源——美国对华政策的缘起和发展（1945—1950)》，上海人民出版社 2000 年版。

黄岭峻著：《激情与迷思——中国现代派民主思想的三个误区》，华中科技大学出版社 2001 年版。

萧公权著：《康有为思想研究》，汪荣祖译，台湾联经出版事业公司 1988 年版。

章清著：《"胡适派学人群"与现代中国自由主义》，上海古籍出版社 2004 年版。

彭明等编：《近代中国的思想历程》，中国人民大学出版社 1999 年版。

傅光明著：《人生采访者·萧乾》，山东画报出版社 1999 年版。

傅国涌著：《1949 年：中国知识分子的私人记录》，长江文艺出版社 2005 年版。

谢泳著：《逝去的年代——中国知识分子的命运》，文化艺术出版社 1999 年版。

谢泳著：《储安平与〈观察〉》，中国社会出版社 2005 年版。

谢维雁著：《从宪法到宪政》，山东人民出版社 2004 年版。

熊月之著：《中国近代民主思想史》，上海人民出版社 1986 年版。

［英］玛格丽特·柯尔（M. Cole）著：《费边社史》，杜安夏译，商务印书馆 1984 年版。

［英］柯尔（G. D. H. Cole）著：《社会主义思想史》第三卷，何瑞丰译，商务印书馆 1978 年版。

［美］胡素珊著：《中国的内战——1945—1949 年的政治斗争》，王海良等译，中国青年出版社 1997 年版。

［英］卡尔·波普尔著：《开放社会及其敌人》上、下册，陆衡等译，中国社会科学出版社 1999 年版。

［英］以塞亚·柏林著：《自由四论》，陈晓林译，台北联经出版事业公司 1986 年版。

［美］史华慈等著：《近代中国思想人物论——自由主义》，（台北）时报文化出版

事业有限公司 1980 年版。

[美] 萨义德著：《知识分子论》，单德兴译，生活·读书·新知三联书店 2002 年版。

[英] 霍布豪斯著：《自由主义》，朱曾汶译，商务印书馆 1996 年版。

[英] 约翰·密尔著：《论自由》，程崇华译，商务印书馆 1959 年版。

[英] 金斯利·马丁著：《拉斯基评传》，奚博铨译，商务印书馆 1995 年版。

[英] 弗里德利希·冯·哈耶克著：《个人主义与经济秩序》，贾湛等译，北京经济学院出版社 1991 年版。

[英] 弗里德利希·冯·哈耶克著：《自由秩序原理》，邓正来译，生活·读书·新知三联书店 1997 年版。

[美] 米尔顿·弗里德曼著：《资本主义与自由》，张瑞玉译，商务印书馆 2001 年版。

[美] 邹谠著：《美国在中国的失败（1941—1950）》，王宁、周先进译，上海人民出版社 1997 年版。

[美] 约翰·罗尔斯著：《正义论》，何怀宏、何包钢、廖申白译，中国社会科学出版社 2003 年版。

[法] 邦雅曼·贡斯当著：《古代人的自由与现代人的自由——贡斯当政治论文选》，阎克文等译，商务印书馆 1999 年版。

[英] 弗里德利希·冯·哈耶克著：《自由主义社会理论》，邓正来译，山东人民出版社 2003 年版。

[英] 安东尼·吉登斯著：《第三条道路——社会民主主义的复兴》，郑戈译，北京大学出版社 2000 年版。

[美] 约翰·罗尔斯著：《政治自由主义：批评与辩护》，万俊人等译，广东人民出版社 2003 年版。

[德] 托马斯·迈尔著：《社会民主主义的转型——走向 21 世纪的社会民主党》，殷叙彝译，北京大学出版社 2001 年版。

[美] 埃里克·方纳著：《美国自由的故事》，王希译，商务印书馆 2002 年版。

[美] 理查德·隆沃思著：《全球经济自由化的危机》，应小端译，生活·读书·新知三联书店 2002 年版。

[美] 史景迁著：《天安门——知识分子与中国革命》，中央编译出版社 1998 年版。

[美] 卡尔·博格斯著：《知识分子与现代性的危机》，李俊、蔡海榕译，江苏人民出版社 2002 年版。

[美] J. B. 格里德著：《胡适与中国的文艺复兴——中国革命中的自由主义

（1917—1950）》，鲁奇译，江苏人民出版社 1989 年版。

〔美〕杰弗里·C. 戈德法布著：《"民主"社会中的知识分子》，杨信彰、周恒译，辽宁教育出版社 2002 年版。

〔英〕弗里德利希·冯·哈耶克著：《科学的反革命——理性滥用之研究》，冯克利译，译林出版社 2003 年版。

〔法〕卢梭著：《社会契约论》，何兆武译，商务印书馆 2002 年版。

〔法〕托克维尔著：《论美国的民主》，董果良译，商务印书馆 2002 年版。

〔法〕洛克著：《政府论》，瞿菊农、叶启芳译，商务印书馆 1996 年版。

〔法〕卢梭著：《论人类不平等的起源和基础》，李常东译，商务印书馆 1997 年版。

〔法〕皮埃尔·勒鲁著：《论平等》，王充道译，商务印书馆 1996 年版。

〔英〕弗里德利希·冯·哈耶克著：《通往奴役之路》，王明毅、冯兴元译，中国社会科学出版社 1997 年版。

〔美〕布鲁斯·罗宾斯编著：《知识分子美学、政治与学术》，王文斌等译，江苏人民出版社 2002 年版。

〔英〕阿克顿著：《自由史论》，胡传胜等译，译林出版社 2001 年版。

〔美〕乔·萨托利著：《民主新论》，冯克利、阎克文译，东方出版社 1993 年版。

〔俄〕尼古拉·别尔嘉耶夫著：《论人的奴役与自由》，张百春译，中国城市出版社 2002 年版。

〔美〕伊曼努尔·华勒斯坦等著：《自由主义的终结》，郝名伟、张凡译，社会科学文献出版社 2002 年版。

〔美〕邹谠著：《二十世纪中国政治——从宏观历史与微观行动角度看》，（香港）牛津大学出版社 1994 年版。

〔英〕柯林武德著：《历史的观念》，何兆武、张文杰译，中国社会科学出版社 1986 年版。

〔英〕理查德·贝拉米著：《重新思考自由主义》，王萍、傅广生等译，江苏人民出版社 2005 年版。

〔英〕杰弗里·马歇尔著：《宪法理论》，刘刚译，法律出版社 2006 年版。

四　外文文献

1. Srenson, Plarina: The Chinese conception of humen rights. The debate of human rightes in China 1898—1949. (Sneden hand Univ, 1996, 346pp. OAI-C199758 (1): 52-CJ58/195).

2. Tsai, wan-hni: Patters of political elite mobility in modern China, 1912—

1949. Hangkong: Chinese MeterialsCenter, 1983. p. 224

3. Shaw, Chorghal petey: The role of the U. S. in Chinese civil conflicts, 1944—1949. Saint Louis Univ. 1987. p. 556

4. Seymour, jamesD: China's satellite parties. Armorks: M. E. Sharpe, 1987. p. 151

5. Goldman, Merle & others eds. China's intellectuals and He state, in search of a new relationship. Harvard Univ, Press, 1989. p. 389

6. Spar, Fredric J. : Liberal political opposition in Kuomintang and Communist China: Lo Lung-chi in Chinese politics, 1928—1959. Brown Univ. 1980 366p DAI.

7. Eastman, Llgel E. : Seads of obstruction, Nationalist China in War and nerolution, 1937—1949. Stanford university Press, 1984. p. 328

8. Chen, F. Grilbert ed: China at the crossroads. Nationalism and Communists, 1927—1949. boulder Press, 1980, p. 267

9. Giovanni Satori, "The Relevance of Liberalism in Retrospect," in Zbigniew Brzeinski et al ed. , The Relevance of Liberalism, Boulder, Colorado: Westview Press, 1978.

10. Maureen Ramsay, What's Wrong with Liberalism: A Radical Critique of Liberal Political Political, Leicester University Press, 1997.

后　记

　　这部书稿是在博士论文的基础上修改而成。对自由主义的关注缘于十余年前中国思想界有关"新左派"与自由主义的论争，由此产生了追溯中国自由主义发展历史的愿望。在阅读美国学者胡苏珊女士的《中国内战：1945—1949 年的政治斗争》时，发现她引用了大量的《观察》资料说明当时中国知识界的政治态度，于是《观察》杂志及其群体开始对我产生很大的吸引力。2001 年我有幸进入南京大学历史系攻读博士学位，得以将此种关注转化为比较系统的研究。从《观察》开始，又逐渐接触到《世纪评论》、《新路》、《时与文》、《中国建设》、《知识与生活》、《时代批评》、《经济评论》等一批人文刊物，从而对 40 年代后期自由主义学人的思想状态有了更多的了解和认知，博士论文便在这一过程中酝酿并最终完成。时光荏苒，博士毕业至今又是匆匆五年，五年中这些研究成果以论文的方式在国内主要学术刊物上已发表十余篇，如今拙著的出版算是对这一问题研究的一个阶段性总结。

　　南京大学是我学习和研究的福地。1995 年我便师从著名的中国近现代史专家毛家琦先生进修学习，研究长江中下游城市，尤其是南通的近代社会转型问题，在毛先生指导下于 2001 年完成出版了南京大学中国思想家研究中心主持、匡亚明先生主编的中国思想家评传丛书中《张謇评传》的撰写，这是我学术研究的第一个重要成果，毛先生的治学风范以及给我的指点和熏陶使我受用至今。进入博士学习后，我的研究方向和兴趣开始转向一直有所关注的中国自由主义。我的导师史全生先生是民国经济史研究方面的著名专家，当我有些忐忑地将偏向政治思想史的选题告诉史老师时，获得了积极赞许和肯定。在论文的撰写过程中，史老师在章节纲目的安排和方法内容上给予过重要的指导，极大地帮助了论文的完成。同时，老师营造的既严谨又宽松的学术氛围，使我受益匪浅，特别是老师温厚和善的长者风范，从不令我拘谨和畏惧。近几年老师也时常关心我的工作和生活，在得知论文即将出版时很快撰写了四千余字的序言，在此对老师的关爱和付出表示深切的感谢！在南京大学三年学习期间，还聆听过张宪文先生、崔之清先生、蒋广学先生、李良玉先生、高华先生、朱庆葆先生等诸位老师的授课和报告，他们各具特色的学术研究和个人风采也使我获益良多，点点滴滴均铭记在心！

　　拙著的研究在很多方面都仰赖于前人的基础，这里无法一一列举，谨借此机会对在自由主义领域卓有成就的研究者表示由衷的感佩之情！华东师范大学历史系许纪霖先生有关中国自由主义和知识分子的系列研究，在许多方面具有指导和启示性意义，近几年有幸聆听过先生的讲座，并获得过指教，深表敬意！中国社会科学院近代史所的郑大华先生，在中国近现代思想史领域建树颇多，承蒙关照多次受邀参加学界同人会议，在交流和学习中颇有收益。郑先生还在百忙中为我撰写序言，在此也致诚挚的感谢！

　　在本书的出版过程中，山东大学的傅永军先生、冯克利先生，中国社会科学院的高全喜先生曾给予了多方帮助，本人心存感激，一一言谢！本书的编辑李是先生，认真负责，为本书的出版付出了辛苦劳动，也表谢意！

　　对于40年代自由主义的研究，本人的兴趣依然未减，本书主要是思想史和政治史视野下的研究，下一步将在此基础上，从公共领域的视角进一步探讨上海、南京、北京三地自由主义政论期刊及其学人群体，学术视野的扩展必会带来新的收获。学无止境，当自勉之！

卫春回

2009 年 12 月于上海